HIGH SCHOOL
ENGLISH

내신평정

양현권 | 강규한 | 백순도 | 남택현

NE 능
룰

HIGH SCHOOL
ENGLISH 내신평정 평가문제집

지 은 이 양현권, 강규한, 백순도, 남택현

연 구 원 임시나, 김지영

영문교열 Thomas Field

디 자 인 내지: 우명균 표지: 로브웍스

맥 편 집 ㈜ 이츠북스

마 케 팅 정영소, 박혜선, 오하야

영　　업 한기영, 주성탁, 박인규, 정철교, 장순용

제　　작 한성일, 장선진, 심현보

Preface

"When one door of happiness closes, another opens, but often we look so long at the closed door that we do not see the one that has been opened for us."

— Helen Keller

"행복의 한쪽 문이 닫히면 다른 문이 열리지만, 우리는 종종 닫힌 문을 너무나 오랫동안 바라보고 있느라 우리에게 열린 문을 보지 못한다."

Introduction

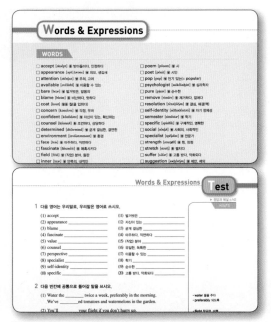

Words & Expressions

교과서에 제시된 주요 어휘와 어구 표현의 의미를 파악하고 간단한 문제를 통해 확인할 수 있습니다.

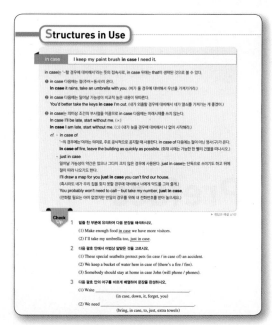

Structures in Use

교과서의 핵심 문법에 대한 설명과 확인 문제를 통해 문법을 좀 더 알기 쉽게 이해할 수 있습니다.

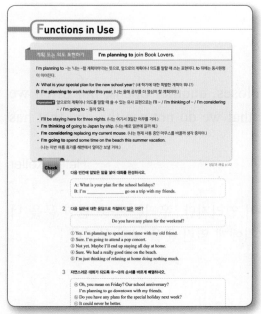

Functions in Use

교과서에 제시된 의사소통 기능 구문에 대한 설명과 다양한 예시문을 통해 해당 표현이 사용되는 상황을 유의미한 맥락에서 이해할 수 있습니다.

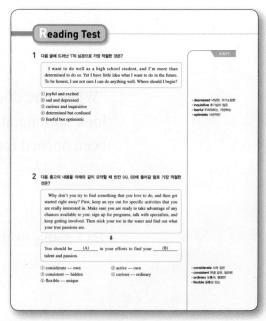

Reading Test

교과서 지문을 활용한 수능 문제 유형을 통해 교과서 내용을 좀 더 심도 있게 이해를 할 수 있습니다.

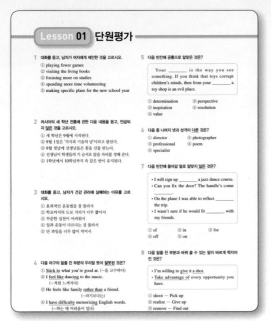

단원평가

듣기와 주관식이 포함된 다양한 유형의 문제를 통해 각 단원의 내용을 다시 한 번 점검할 수 있습니다.

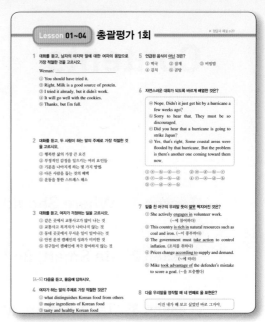

총괄평가

내신 유형을 반영한 문제들을 통해서 학교시험을 철저하게 대비할 수 있습니다.

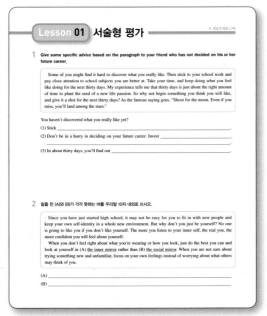

서술형 평가

각 단원의 주제를 다룬 서술형 평가 유형 문제를 통해 독해, 쓰기 능력을 강화하는 한편 수행평가에 대비할 수 있습니다.

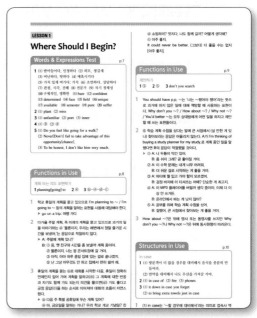

정답과 해설

각 문제에 대한 정답은 물론 우리말 해석과 자세한 해설을 통해 스스로 학습하고 확인할 수 있습니다.

Contents

LESSON 1

Where Should I Begin?

Functions in Use

▶ 계획 또는 의도 표현하기
I'm planning to join Book Lovers.

▶ 제안하기
Why don't you join the Get Along Program?

Structures in Use

▶ in case
I want to keep my paint brush **in case** I need it.

▶ 「주격 관계대명사＋be동사」의 생략
Take advantage of any chances **(that are) available to you**.

Words & Expressions

- [ ] accept [əksépt] 통 받아들이다, 인정하다
- [ ] appearance [əpí(:)ərəns] 명 외모, 생김새
- [ ] attention [əténʃʌn] 명 주의, 고려
- [ ] available [əvéiləbl] 형 이용할 수 있는
- [ ] bare [bɛər] 형 벌거벗은, 알몸의
- [ ] blame [bleim] 통 비난하다, 탓하다
- [ ] coat [kout] 명통 칠(을 입히다)
- [ ] concern [kənsə́ːrn] 명 걱정, 우려
- [ ] confident [kánfidənt] 형 자신이 있는, 확신하는
- [ ] counsel [káunsəl] 통 조언하다, 상담하다
- [ ] determined [ditə́ːrmind] 형 굳게 결심한, 결연한
- [ ] environment [inváiərənmənt] 명 환경
- [ ] face [feis] 통 마주하다, 직면하다
- [ ] fascinate [fǽsənèit] 통 매혹시키다
- [ ] field [fiːld] 명 (직업) 분야, 들판
- [ ] inner [ínər] 형 안쪽의, 내적인
- [ ] involve [inválv] 통 관련시키다, 포함하다
- [ ] miss [mis] 통 놓치다, 그리워하다
- [ ] passion [pǽʃən] 명 열정
- [ ] perspective [pərspéktiv] 명 관점, 시각, 견해
- [ ] plant [plænt] 통 심다 명 식물

- [ ] poem [póuəm] 명 시
- [ ] poet [póuit] 명 시인
- [ ] pop [pap] 형 인기 있는(= popular)
- [ ] psychologist [saikálədʒist] 명 심리학자
- [ ] pure [pjuər] 형 순수한
- [ ] remove [rimúːv] 통 제거하다, 없애다
- [ ] resolution [rèzəljúːʃən] 명 결심, 해결(책)
- [ ] self-identity [sèlfaidéntəti] 명 자기 정체성
- [ ] semester [siméstər] 명 학기
- [ ] specific [spisífik] 형 구체적인, 명확한
- [ ] social [sóuʃəl] 형 사회의, 사회적인
- [ ] specialist [spéʃəlist] 명 전문가
- [ ] strength [streŋkθ] 명 힘, 장점
- [ ] stretch [stretʃ] 통 펼치다
- [ ] suffer [sʌ́fər] 통 고통 받다, 악화되다
- [ ] suggestion [sədʒéstʃən] 명 제안, 제의
- [ ] unfamiliar [ʌnfəmíljər] 형 친숙하지 않은, 낯선
- [ ] unique [juːníːk] 형 유일한, 독특한
- [ ] value [vǽljuː] 통 가치 있게 여기다 명 가치
- [ ] wing [wiŋ] 명 날개
- [ ] worthy [wə́ːrði] 형 가치 있는

- [ ] act on 실천하다, 행하다
- [ ] before long 곧, 머지않아
- [ ] come off (칠, 단추 등이) 떨어지다, 벗겨지다
- [ ] concentrate on ~에 집중하다
- [ ] feel like v-ing ~하고 싶다
- [ ] fit in with ~와 어울리다, ~에 조화하다, ~에 잘 맞다
- [ ] get along with ~와 잘 지내다
- [ ] give ~ a shot ~을 시도해 보다
- [ ] have difficulty v-ing ~하는 데 어려움이 있다
- [ ] keep an eye out for ~을 주시하다[계속 살피다]
- [ ] leave out 빼다, 생략하다
- [ ] pay attention to ~에 주의를 기울이다

- [ ] rather than ~라기보다는
- [ ] reflect on ~을 되돌아보다, ~을 반성하다
- [ ] sign up for ~에 등록하다, ~을 신청하다
- [ ] stick one's toe in the water ~을 시험 삼아 해 보다, 잘하는지 알기 위해 시작하다
- [ ] stick to ~을 고수하다, ~에 충실하다
- [ ] stretch out ~을 쭉 뻗다[펴다]
- [ ] take a break 쉬다
- [ ] take advantage of ~을 이용[활용]하다
- [ ] to be honest 솔직히 (말하자면)
- [ ] turn to ~에 의지하다
- [ ] vote for ~에게 (찬성) 투표하다

▶ 정답과 해설 p.142

1 다음 영어는 우리말로, 우리말은 영어로 쓰시오.

(1) accept _____
(2) appearance _____
(3) blame _____
(4) fascinate _____
(5) value _____
(6) counsel _____
(7) perspective _____
(8) specialist _____
(9) self-identity _____
(10) specific _____

(11) 벌거벗은 _____
(12) 자신이 있는 _____
(13) 굳게 결심한 _____
(14) 마주하다, 직면하다 _____
(15) (직업) 분야 _____
(16) 유일한, 독특한 _____
(17) 이용할 수 있는 _____
(18) 학기 _____
(19) 순수한 _____
(20) 고통 받다, 악화되다 _____

2 다음 빈칸에 공통으로 들어갈 말을 쓰시오.

(1) Water the _____ twice a week, preferably in the morning.
We've _____ed tomatoes and watermelons in the garden.

(2) You'll _____ your flight if you don't hurry up.
Your mom and I are going to _____ you at Christmas.

- **water** 물을 주다
- **preferably** 되도록

- **flight** 항공편, 비행
- **hurry up** 서두르다

3 짝지어진 단어들의 관계가 같도록 빈칸에 알맞은 말을 쓰시오.

(1) familiar : _____ = general : specific

(2) poem : _____ = novel : novelist

(3) _____ : outer = land : take off

- **specific** 특정한, 구체적인

- **take off** 이륙하다

4 밑줄 친 단어와 바꿔 쓸 수 있는 것을 고르시오.

(1) Julia wants to <u>eliminate</u> all the possible risks of failure.
① pose   ② plant   ③ remove
④ accept   ⑤ miss

(2) The child showed great <u>enthusiasm</u> for painting.
① effort   ② energy   ③ doubt
④ passion   ⑤ indifference

- **risk** 위험
- **failure** 실패

- **painting** 그림

5 우리말과 같은 뜻이 되도록 괄호 안에 주어진 표현을 활용하여 영작하시오.

(1) 산책 가고 싶어? (feel like, go for a walk)
→ _____

(2) 이 기회를 반드시 활용해라. (fail to, take advantage of)
→ _____

(3) 솔직히 말해서, 저는 그를 별로 안 좋아해요. (to be honest, very much)
→ _____

- **never[not] fail to** 반드시 ~하다, 기필코 ~하다

Functions in Use

계획 또는 의도 표현하기 **I'm planning to** join Book Lovers.

I'm planning to ~는 '나는 ~할 계획이야'라는 뜻으로, 앞으로의 계획이나 의도를 말할 때 쓰는 표현이다. to 뒤에는 동사원형이 이어진다.

A: What is your special plan for the new school year? (새 학기에 대한 특별한 계획이 뭐니?)
B: **I'm planning to** work harder this year. (나는 올해 공부를 더 열심히 할 계획이야.)

Expressions⁺ 앞으로의 계획이나 의도를 말할 때 쓸 수 있는 유사 표현으로는 I'll ~ / I'm thinking of ~ / I'm considering ~ / I'm going to ~ 등이 있다.

- **I'll** be staying here for three nights. (나는 여기서 3일간 머무를 거야.)
- **I'm thinking of** going to Japan by ship. (나는 배로 일본에 갈까 해.)
- **I'm considering** replacing my current mouse. (나는 현재 사용 중인 마우스를 바꿀까 생각 중이야.)
- **I'm going to** spend some time on the beach this summer vacation.
  (나는 이번 여름 휴가를 해변에서 얼마간 보낼 거야.)

▶ 정답과 해설 p.142

Check Up

1 다음 빈칸에 알맞은 말을 넣어 대화를 완성하시오.

> A: What is your plan for the school holidays?
> B: I'm _____ _____ go on a trip with my friends.

2 다음 질문에 대한 응답으로 적절하지 <u>않은</u> 것은?

> Do you have any plans for the weekend?

① Yes. I'm planning to spend some time with my old friend.
② Sure. I'm going to attend a pop concert.
③ Not yet. Maybe I'll end up staying all day at home.
④ Sure. We had a really good time on the beach.
⑤ I'm just thinking of relaxing at home doing nothing much.

3 자연스러운 대화가 되도록 ⓐ~ⓓ의 순서를 바르게 배열하시오.

> ⓐ Oh, you mean on Friday? Our school anniversary?
>   I'm planning to go downtown with my friends.
> ⓑ Do you have any plans for the special holiday next week?
> ⓒ It could never be better.
> ⓓ For shopping? That sounds great. Can I join you? What do you think?

Why don't you join the Get Along Program?

Why don't you ~?는 '~하는 게 어때?'라는 뜻으로, 상대방에게 어떤 일을 제안하거나 권유할 때 쓰는 표현이다. you 다음에는 동사원형으로 시작하는 표현이 이어진다.

A: What should I do to get healthier? (더 건강해지려면 어떻게 해야 할까?)
B: **Why don't you** work out every day? (매일 운동을 하는 게 어때?)

상대방의 제안이나 권유에 대해서는 Okay, I will.(그래, 그렇게 할게.) / All right.(좋아.) / That sounds like a good[great] idea.(정말 좋은 생각이야.) / I'd like[love] to, but I can't.(그러고 싶지만, 그럴 수 없어.) 등의 표현을 사용해 대답할 수 있다.

Expressions⁺ 상대방에게 제안이나 권유를 할 때 쓸 수 있는 유사 표현으로는 How[What] about ~? / I think you should ~ / You'd better ~ / What do you say to ~? / Why not ~? / Wouldn't it be a good idea to ~? 등이 있다.

- **How about** using a mug instead of a paper cup? (종이컵 대신에 머그잔을 사용하는 게 어때?)
- **I think you should** take a break for a few days. (너는 며칠 동안 쉬는 게 좋겠다.)
- **Why not** invite all your classmates to the party? (반 친구들 전부를 파티에 초대하는 건 어때?)

▶ 정답과 해설 p.142

Check Up

1 다음 중 나머지 넷과 의미가 <u>다른</u> 것은?

① You'd better go to bed earlier.
② Why not go to bed earlier?
③ How about going to bed earlier?
④ Why don't you go to bed earlier?
⑤ You should have gone to bed earlier.

2 다음 중 짝지어진 대화가 자연스럽지 <u>않은</u> 것은?

① A: I have a slight headache.
   B: Why don't you take some rest? You'll feel better soon.
② A: This math problem is too challenging for me.
   B: You'd better start with easier ones.
③ A: I have no idea what to wear for the party.
   B: How about this T-shirt with black pants? Simple is the best.
④ A: I'm thinking of throwing this MP3 player away. I don't use it anymore.
   B: Wouldn't it be a better idea to sell it online?
⑤ A: I bought a study planner for my study.
   B: Great job! You'd better search for it in a big store.

3 다음 두 문장이 같은 의미가 되도록 빈칸에 알맞은 말을 쓰시오.

What about searching for the news online?
= Why _____ _____ _____ for the news online?

Structures in Use

in case	I keep my paint brush **in case** I need it.

in case는 '~할 경우에 대비해서'라는 뜻의 접속사로, in case 뒤에는 that이 생략된 것으로 볼 수 있다.

❶ in case 다음에는 절(주어＋동사)이 온다.
   In case it rains, take an umbrella with you. (비가 올 경우에 대비해서 우산을 가져가거라.)

❷ in case 다음에는 일어날 가능성이 비교적 높은 내용이 뒤따른다.
   You'd better take the keys **in case** I'm out. (내가 외출할 경우에 대비해서 네가 열쇠를 가져가는 게 좋겠어.)

❸ in case는 의미상 조건의 부사절을 이끌므로 in case 다음에는 미래시제를 쓰지 않는다.
   In case I'll be late, start without me. (×)
   In case I am late, start without me. (○) (내가 늦을 경우에 대비해서 나 없이 시작해라.)

cf. • in case of
   '~의 경우에는'이라는 의미로, 주로 공식적으로 공지할 때 사용한다. in case of 다음에는 절이 아닌 명사(구)가 온다.
   In case of fire, leave the building as quickly as possible. (화재 시에는 가능한 한 빨리 건물을 떠나시오.)

• just in case
   일어날 가능성이 약간은 있으나 그다지 크지 않은 경우에 사용된다. just in case는 단독으로 쓰이기도 하고 뒤에 절이 따라 나오기도 한다.
   I'll draw a map for you **just in case** you can't find our house.
   (혹시라도 네가 우리 집을 찾지 못할 경우에 대비해서 너에게 약도를 그려 줄게.)
   You probably won't need to call—but take my number, **just in case**.
   (전화할 필요는 아마 없겠지만 만일의 경우를 위해 내 전화번호를 받아 놓으세요.)

▶ 정답과 해설 p.142

Check Up

1 밑줄 친 부분에 유의하여 다음 문장을 해석하시오.

   (1) Make enough food <u>in case</u> we have more visitors.

   (2) I'll take my umbrella too, <u>just in case</u>.

2 다음 괄호 안에서 어법상 알맞은 것을 고르시오.

   (1) These special seatbelts protect pets (in case / in case of) an accident.

   (2) We keep a bucket of water here in case of (there's a fire / fire).

   (3) Somebody should stay at home in case John (will phone / phones).

3 다음 괄호 안의 어구를 바르게 배열하여 문장을 완성하시오.

   (1) Write _____.
      (in case, down, it, forget, you)

   (2) We need _____.
      (bring, in case, to, just, extra towels)

「주격 관계대명사+be동사」의 생략　　Take advantage of any chances (**that are**) available to you.

일반적으로 목적격 관계대명사는 생략이 가능하지만, 주격 관계대명사는 생략할 수 없다. 하지만 「주격 관계대명사+be동사」
가 함께 생략되는 경우가 있다.

❶ 「주격 관계대명사+be동사」는 현재분사나 과거분사 앞에서 또는 보어로 사용된 형용사 앞에서 자주 생략된다.

The girl (**who is**) wearing a hat is Linda. (모자를 쓰고 있는 소녀가 Linda야.)

A large basket (**which was**) full of oranges was placed in front of the girls.

(오렌지로 가득 찬 큰 바구니가 소녀들 앞에 놓여 있었다.)

cf. 목적격 관계대명사의 생략

관계대명사절의 목적어 역할을 하는 목적격 관계대명사는 생략할 수 있다.

Some words (**that**) I encountered in the text were unfamiliar. (내가 그 글에서 마주친 몇몇 단어는 낯설었다.)

❷ 관계대명사절에서 「주격 관계대명사+be동사」가 생략된 나머지 부분은 형용사구[분사구]로 앞의 명사를 수식해 준다. 즉,
명사 뒤에서 명사를 수식하는 형용사구[분사구]는 「주격 관계대명사+be동사」가 생략된 형태로 이해할 수 있다.

Susan sat on a chair (**which was**) **close to the window**. (Susan은 창문 가까이에 있는 의자에 앉았다.)

Who were those people (**who were**) **waiting outside**? (밖에서 기다리고 있던 저 사람들은 누구였니?)

The restaurant should stop selling food (**which is**) **made of old ingredients**.

(그 식당은 오래된 재료로 만든 음식을 파는 것을 중단해야 한다.)

▶ 정답과 해설 p.143

Check Up

1　〈보기〉를 참조하여 밑줄 친 부분을 수식하는 형용사구 또는 형용사절을 괄호로 묶으시오.

> 보기　Do you know the girl (who is crying over there)?

(1) There was a woman who was hurt in the accident.

(2) An email sent to me this morning had a fatal virus.

(3) A person living in Switzerland may speak Italian, German, and French.

2　다음 문장에서 생략할 수 있는 부분을 찾아 괄호로 묶으시오.

(1) Do you know the boy who is waiting to be served?

(2) The watches which are made in Switzerland are famous for their quality.

(3) Mary is carrying the bag which I've been looking for.

(4) Every action which is imaginable should be taken.

3　다음 두 문장이 같은 의미가 되도록 빈칸에 알맞은 말을 쓰시오.

> Most of the goods made in this factory are exported.
> = Most of the goods _____ _____ made in this factory are exported.

1 다음 글에 드러난 'I'의 심경으로 가장 적절한 것은?

> I want to do well as a high school student, and I'm more than determined to do so. Yet I have little idea what I want to do in the future. To be honest, I am not sure I can do anything well. Where should I begin?

① joyful and excited
② sad and depressed
③ curious and inquisitive
④ determined but confused
⑤ fearful but optimistic

2 다음 충고의 내용을 아래와 같이 요약할 때 빈칸 (A), (B)에 들어갈 말로 가장 적절한 것은?

> Why don't you try to find something that you love to do, and then get started right away? First, keep an eye out for specific activities that you are really interested in. Make sure you are ready to take advantage of any chances available to you: sign up for programs, talk with specialists, and keep getting involved. Then stick your toe in the water and find out what your true passions are.

↓

> You should be _____(A)_____ in your efforts to find your _____(B)_____ talent and passion.

① considerate — own   ② active — own
③ consistent — hidden   ④ curious — ordinary
⑤ flexible — unique

3 (A), (B), (C)의 각 네모 안에서 어법에 맞는 표현으로 가장 적절한 것은?

Some of you might find it (A) hard / hardly to discover what you really like. Then stick to your school work and pay close attention to school subjects you are better at. Take your time, and keep doing what you feel like doing for the next thirty days. My experience tells me that thirty days (B) is / are just about the right amount of time to plant the seed of a new life passion. So why not begin something you think you will like, and give it a shot for the next thirty days? As the famous saying goes, "Shoot for the moon. (C) Since / Even if you miss, you'll land among the stars."

	(A)	(B)	(C)
①	hard	is	Since
②	hard	is	Even if
③	hard	are	Since
④	hardly	are	Since
⑤	hardly	is	Even if

4 다음 글의 밑줄 친 부분 중, 문맥상 낱말의 쓰임이 적절하지 <u>않은</u> 것은?

Since you have just started high school, it may not be easy for you to fit in with new people and ① <u>keep</u> your own self-identity in a whole new environment. But why don't you just be yourself? No one is going to like you if you don't like yourself. The more you listen to your ② <u>inner</u> self, the real you, the more confident you will feel about yourself.

When you don't feel ③ <u>right</u> about what you're wearing or how you look, just do the best you can and look at yourself in the inner mirror rather than the social mirror. When you are not sure about trying something new and ④ <u>familiar</u>, focus on your own feelings instead of worrying about what ⑤ <u>others</u> may think of you.

1 대화를 듣고, 남자가 여자에게 제안한 것을 고르시오.

① playing fewer games
② visiting the living books
③ focusing more on studies
④ spending more time volunteering
⑤ making specific plans for the new school year

2 러시아의 새 학년 전통에 관한 다음 내용을 듣고, 언급되지 <u>않은</u> 것을 고르시오.

① 새 학년은 9월에 시작된다.
② 9월 1일은 '지식과 기술의 날'이라고 불린다.
③ 9월 첫날에 선생님들은 꽃을 선물 받는다.
④ 선생님이 학생들의 키 순서로 앉을 자리를 정해 준다.
⑤ 1학년에서 10학년까지 죽 같은 반이 유지된다.

3 대화를 듣고, 남자가 건강 관리에 실패하는 이유를 고르시오.

① 효과적인 운동법을 잘 몰라서
② 학교까지의 도보 거리가 너무 짧아서
③ 꾸준한 실천이 어려워서
④ 일과 운동이 다르다는 걸 몰라서
⑤ 단 과일을 너무 많이 먹어서

4 다음 밑줄 친 어구의 우리말 뜻이 잘못된 것은?

① <u>Stick to</u> what you're good at. (~을 고수하다)
② I <u>feel like</u> dancing to the music.
　　(~처럼 느껴지다)
③ He feels like family <u>rather than</u> a friend.
　　　　　　　(~라기보다는)
④ I <u>have difficulty</u> memorizing English words.
　　(~하는 데 어려움이 있다)
⑤ Check the candidates and <u>vote for</u> who you favored.　　　　(~에게 투표하다)

5 다음 빈칸에 공통으로 알맞은 것은?

> Your _____ is the way you see something. If you think that toys corrupt children's minds, then from your _____ a toy shop is an evil place.

① determination　　② perspective
③ inspiration　　　④ resolution
⑤ value

6 다음 중 나머지 넷과 성격이 <u>다른</u> 것은?

① director　　　　② photographer
③ professional　　④ poem
⑤ specialist

7 다음 빈칸에 들어갈 말로 알맞지 <u>않은</u> 것은?

> • I will sign up _____ a jazz dance course.
> • Can you fix the door? The handle's come _____.
> • On the plane I was able to reflect _____ the trip.
> • I wasn't sure if he would fit _____ with my friends.

① of　　　　② in　　　　③ for
④ off　　　⑤ on

8 다음 밑줄 친 부분과 바꿔 쓸 수 있는 말이 바르게 짝지어진 것은?

> • I'm willing to <u>give it a shot</u>.
> • <u>Take advantage of</u> every opportunity you have.

① shoot — Pick up
② realize — Give up
③ remove — Find out
④ try — Make use of
⑤ recommend — Take care of

9 다음 중 의도하는 바가 나머지 넷과 다른 것은?

① I'm going to apply to several colleges.
② I'm about to apply to several colleges.
③ I'm planning to apply to several colleges.
④ I'm considering applying to several colleges.
⑤ I'm thinking of applying to several colleges.

10 다음 대화의 빈칸에 들어갈 말로 적절하지 않은 것은?

> A: I'm afraid I forgot to bring my history homework.
> B: _____

① How about calling your mom and asking her to bring it?
② What a disaster! I was planning to copy yours.
③ Wouldn't it be a better idea to ask the teacher what the homework is?
④ Why don't you do it again? It will not take much time.
⑤ Don't worry. Just tell the teacher you'll bring it next time.

11 다음 중 밑줄 친 부분의 쓰임이 어색한 것은?

① Carry some more money in case you need it.
② You must listen to the radio in case of emergency.
③ We'd better carry a map in case we'll get lost.
④ In case of fire, exit quietly down the stairs.
⑤ Please walk the dog in case I don't come back on time.

12 다음 중 어법상 틀린 것은?

① The kids found it hard to stay still.
② The more you have, the more you want.
③ The woman sitting next to me started talking to me.
④ Tom drove such quickly that he arrived half an hour early.
⑤ I'd like to say goodbye now in case I cannot see you after the meeting.

13 다음 문장의 ✔ 자리에 생략된 말을 각각 쓰시오.

> (1) Can you recognize the actor ✔ waving his hand to the people around him?
> (2) The librarian found an old book ✔ written in the year 1000.

[14~15] 다음 글을 읽고, 물음에 답하시오.

> When I started high school, I wanted to do well but nothing went right. I had troubles with my friends and my grades suffered. I had no idea what I really wanted to do.
> I wanted to change, and started to reflect on myself. Realizing (A) that / which I loved taking photos, I tried doing that for a month. I joined a photography club. I went from looking at pictures all day to actually (B) take / taking them. Before long I found out (C) which / what I liked and dreamed of becoming.　(I = Mike)

14 (A), (B), (C)의 각 네모 안에서 어법에 맞는 표현으로 가장 적절한 것은?

	(A)	(B)	(C)
①	that	take	which
②	that	taking	which
③	that	taking	what
④	which	take	what
⑤	which	taking	which

15 윗글을 읽고 답할 수 없는 질문은?

① What problems did Mike have at the beginning of high school?
② Reflecting on himself, what did Mike realize?
③ What club did Mike join in high school?
④ How were Mike's grades when he started high school?
⑤ What kind of photos did Mike usually take in high school?

[16~17] 다음 글을 읽고, 물음에 답하시오.

Why don't you try to find something that you love to do, and then get started ⓐ right away? First, keep an eye out for specific activities that you are really interested in. Make sure you are ready to take advantage of any ⓑ chances available to you: ⓒ sign up for programs, talk with ⓓ specialists, and keep getting involved. Then ⓔ stick your toe in the water and find out what your true passions are.

16 윗글의 밑줄 친 ⓐ~ⓔ와 바꿔 쓸 수 있는 말이 잘못 짝지어진 것은?

① ⓐ right now
② ⓑ probabilities
③ ⓒ register
④ ⓓ experts
⑤ ⓔ dip

17 윗글의 목적으로 가장 적절한 것은?

① to advertise
② to complain
③ to give tips
④ to make an excuse
⑤ to inquire about a process

18 다음 글의 빈칸에 들어갈 말로 가장 적절한 것은?

When you don't feel right about what you're wearing or how you look, just do the best you can and look at yourself in the inner mirror rather than the social mirror. When you are not sure about trying something new and unfamiliar, focus on your own feelings instead of worrying about _____.

① your personality problems
② exploring a new stage of life
③ what is the best choice for you
④ what others may think of you
⑤ what you can do to get along better with others

[19~20] 다음 글을 읽고, 물음에 답하시오.

Philip
I want to do well as a high school student, and I'm more than determined to do so. Yet I have little idea what I want to do in the future. To be honest, I am not sure I can do anything well. Where should I begin?

Jane
I have a lot of questions about myself. "How good do I look to others?", "How many students in my class really like me?", and "How worthy am I?" These questions come to me so often that I find it difficult to get along with friends and to concentrate on my school work.

 주관식

19 Read the passages above and choose each of the teens' worries among the given sentences.

Philip's worry: _____
Jane's worry: _____

 보기

ⓐ I can't concentrate on my school work due to worries about my future.
ⓑ I've got lost in my pursuit of my future career. I'm confused.
ⓒ I look quite different from my friends, which makes me feel isolated.
ⓓ I'm too conscious of my looks and what others think of me, which makes it hard to concentrate on my work.

 주관식

20 윗글에서 다음 영영풀이에 해당하는 단어를 찾아 쓰시오.

_____ : having a strong desire to do something, so that you will not let anyone stop you

[21~22] 다음 글을 읽고, 물음에 답하시오.

I used to keep my paint brush with me
Wherever I needed to go,
In case I needed to cover up myself
So the real me didn't show.

I'd like to remove all my paint coats
To let the true me show
To have the inner self out,
I hope it won't be too slow.

Now all my paint coats are coming off
I feel bare and cold,
But I love all that I see
The real me, pure as gold.

21 위 시에서 **the social me**와 **the real me**를 상징하는 표현을 각각 찾아 쓰시오.

- the social me: _____ (3단어)
- the real me: _____ (1단어)

22 위 시에 나타난 'I'의 심경 변화로 가장 적절한 것은?

① pleased → sad
② fearful → satisfied
③ envious → hopeful
④ excited → frustrated
⑤ proud → embarrassed

23 다음 글의 빈칸에 들어갈 말로 알맞은 것은?

Some people love the wonderful feeling of making a fresh start. To most students, _____, the new school year can be stressful. We asked students about their new school year worries, and here's what we heard. Thirty-two percent of students worry about their school work, thirty percent have problems making friends, and twenty-five percent are concerned about their appearance.

① that is
② however
③ in addition
④ for instance
⑤ on the other hand

24 다음 글의 괄호 안의 단어를 주어진 우리말과 일치하도록 바르게 배열하시오.

Since you have just started high school, it may not be easy for you to fit in with new people and keep your own self-identity in a whole new environment. But why don't you just be yourself? No one is going to like you if you don't like yourself. The more you listen to your inner self, the real you, (confident, more, yourself, about, will, the, feel, you).

자신의 내적 자아, 즉 진정한 자신의 목소리를 들으면 들을수록, 자기 자신에 대해서 자신감을 더 많이 느끼게 될 겁니다.

→ The more you listen to your inner self, the real you, _____
_____.

25 다음 글에서 전체 흐름과 관계 <u>없는</u> 문장은?

Some of you might find it hard to discover what you really like. Then stick to your school work and pay close attention to school subjects you are better at. ① Take your time, and keep doing what you feel like doing for the next thirty days. ② My experience tells me that thirty days is just about the right amount of time to plant the seed of a new life passion. ③ Passion is quite different from the work you do for a living. ④ So why not begin something you think you will like, and give it a shot for the next thirty days? ⑤ As the famous saying goes, "Shoot for the moon. Even if you miss, you'll land among the stars."

Lesson 01 서술형 평가

1 Give some specific advice based on the paragraph to your friend who has not decided on his or her future career.

> Some of you might find it hard to discover what you really like. Then stick to your school work and pay close attention to school subjects you are better at. Take your time, and keep doing what you feel like doing for the next thirty days. My experience tells me that thirty days is just about the right amount of time to plant the seed of a new life passion. So why not begin something you think you will like, and give it a shot for the next thirty days? As the famous saying goes, "Shoot for the moon. Even if you miss, you'll land among the stars."

You haven't discovered what you really like yet?

(1) Stick _____.

(2) Don't be in a hurry in deciding on your future career. Invest _____

_____.

(3) In about thirty days, you'll find out _____.

2 밑줄 친 (A)와 (B)가 각각 뜻하는 바를 우리말 10자 내외로 쓰시오.

> Since you have just started high school, it may not be easy for you to fit in with new people and keep your own self-identity in a whole new environment. But why don't you just be yourself? No one is going to like you if you don't like yourself. The more you listen to your inner self, the real you, the more confident you will feel about yourself.
>
> When you don't feel right about what you're wearing or how you look, just do the best you can and look at yourself in (A) the inner mirror rather than (B) the social mirror. When you are not sure about trying something new and unfamiliar, focus on your own feelings instead of worrying about what others may think of you.

(A) _____

(B) _____

LESSON 2

Be Smart,
Be Healthy

Functions in Use

▶ 열거하기

First ..., then ..., then ....

▶ 강조하기

It's important to go to sleep at a fixed time every night.

Structures in Use

▶ 「the same ~ as ...」

Now I want you to experience **the same** benefits **as** I did.

▶ 「주장, 명령, 제안, 요구, 권고를 나타내는 동사＋that＋주어(＋should)＋동사원형」

I **suggest that** you (**should**) **replace** sugary drinks such as soft drinks and juice with water.

Words & Expressions

- aerobics [ɛəróubiks] 명 에어로빅
- backwards [bǽkwərdz] 부 뒤로, 뒤쪽으로
- bend [bend] 동 구부리다, 굽히다
- benefit [bénəfit] 명 혜택, 이득
- boost [bu:st] 동 신장시키다, 북돋우다, 증대시키다
- cell [sel] 명 세포
- circulation [sə̀rkjəléiʃən] 명 순환
- contain [kəntéin] 동 함유하다, ~이 들어 있다
- dehydration [dì:haidréiʃən] 명 탈수
- disadvantage [dìsədvǽntidʒ] 명 불리한 점, 단점
  (↔ advantage 유리한 점, 장점)
- emphasize [émfəsàiz] 동 강조하다
- expert [ékspə:rt] 명 전문가
- fixed [fikst] 형 고정된, 정해진
- flavor [fléivər] 동 (~로) 풍미[향기]를 더하다, ~에 맛을 내다
  명 풍미, 향미, 맛
- forearm [fɔ́:rà:rm] 명 아래팔, 팔뚝
- glow [glou] 명 (피부의) 윤기, 빛, 백열 동 빛나다, 타다
- herb [hə:rb] 명 약초, 허브
- host [houst] 명 사회자, (손님을 초대한) 주인
- hydrate [háidreit] 동 수분을 공급하다(↔ dehydrate)
- intake [íntèik] 명 섭취(량)
- lift [lift] 동 들어 올리다(= raise)
- lower [lóuər] 동 낮추다[내리다], 줄이다
- maintain [meintéin] 동 유지하다, 지속[계속]하다
- neutral [njú:trəl] 형 중립의, 중립적인
- nutritionist [nju:tríʃənist] 명 영양학자, 영양사
- perform [pərfɔ́:rm] 동 수행하다, 실시하다
- physical [fízikəl] 형 육체의, 신체의(↔ mental)
- pillow [pilou] 명 베개
- pose [pouz] 명 포즈 동 자세를 취하다
- position [pəzíʃən] 명 위치, 자리
- posture [pástʃər] 명 자세
- preferred [prifə́:rd] 형 선호되는
- press-up [présʌp] 명 (엎드려) 팔굽혀 펴기
- pressure [préʃər] 명 압박, 압력
- prevent [privént] 동 예방하다, 방지하다, 막다
- professional [prəféʃənəl] 명 전문가 형 전문적인, 프로의
- relatively [rélətivli] 부 비교적, 상대적으로
- repetition [rèpətíʃən] 명 반복
- reusable [ri:jú:zəbl] 형 재사용할 수 있는
- snore [snɔ:r] 동 코를 골다
- specialist [spéʃəlist] 명 전문가
- spine [spain] 명 척추, 등뼈
- stiff [stif] 형 뻣뻣한, 경직되어 있는
- straight [streit] 형 일직선의 부 똑바로
- straighten [stréitən] 동 똑바르게 하다, 곧게 하다
- strengthen [stréŋkθən] 동 강화하다, 튼튼하게 하다
- sugary [ʃúgəri] 형 설탕이 든, 설탕 맛이 나는
- support [səpɔ́:rt] 동 (떠)받치다, 지탱하다, 지지하다, 부양하다
- upwards [ʌ́pwərdz] 부 위로
- wrinkle [ríŋkl] 명 주름, 잔주름

- a great deal of 많은 양의 ~
- as far as ~하는 한, ~에 관한 한
- be known for ~로 유명하다, ~로 알려져 있다
- curl up (눕거나 앉아서) 몸을 웅크리다[동그랗게 말다]
- cut back on ~을 줄이다
- get rid of ~을 제거하다[없애다], ~을 버리다
- in real time 실시간으로, 즉시, 동시에
- interact with ~와 상호 작용하다[소통하다]
- lead to ~로 이어지다, ~을 초래하다
- lean over ~ 너머로 몸을 기울이다
- lie on one's stomach 배를 깔고 눕다, 엎드려 눕다
- make sure (that) 반드시 ~하도록 하다, ~을 확실히 하다
- plenty of 많은 ~
- push against ~에 대고 밀다, ~쪽으로 밀다
- replace A with B A를 B로 대체[대신]하다
- rich in ~이 풍부한
- stay in shape 건강을 유지하다, 체력 관리를 잘하다
- suffer from ~으로 고통 받다, ~에 시달리다
- take in ~을 섭취[흡수]하다
- up to (특정한 수·정도) ~까지

▶ 정답과 해설 p.148

HINTS

1 다음 영어는 우리말로, 우리말은 영어로 쓰시오.

(1) backwards _____

(2) bend _____

(3) dehydration _____

(4) pillow _____

(5) circulation _____

(6) posture _____

(7) nutritionist _____

(8) neutral _____

(9) snore _____

(10) stiff _____

(11) 세포 _____

(12) 함유하다, ~이 들어 있다 _____

(13) 불리한 점, 단점 _____

(14) 고정된, 정해진 _____

(15) 예방하다, 방지하다 _____

(16) 사회자, 주인 _____

(17) 압박, 압력 _____

(18) 반복 _____

(19) 척추, 등뼈 _____

(20) 재사용할 수 있는 _____

2 짝지어진 단어들의 관계가 같도록 빈칸에 알맞은 말을 쓰시오.

(1) professional : _____ = lift : raise

(2) straight : straighten = low : _____

(3) mental : _____ = advantage : disadvantage

(4) _____ : dehydrate = forwards : backwards

3 다음 문장의 밑줄 친 표현과 같은 의미가 되도록 빈칸을 채우시오.

(1) Chronic stress can result in heart disease. (= _____ to)

(2) Julia needs to cut back on her daily calorie intake. (= r_____)

(3) We have to do regular exercise to stay healthy. (= stay in s_____)

(4) The food contains a lot of the vitamin A necessary for our body.
= The food is _____ in the vitamin A necessary for our body.

• daily calorie intake
일일 칼로리 섭취량

• vitamin 비타민

4 우리말과 같은 뜻이 되도록 괄호 안에 주어진 표현을 활용하여 문장을 완성하시오.

(1) 좋아하는 스타와 실시간으로 이야기 나누고 그에게 투표할 수 있습니다.
(talk to, star, in real time, vote for)
→ You can _____.

(2) 우리들 각자가 피자 세 조각까지 먹을 수 있다. (have, up to, piece)
→ Each one of us can _____.

(3) 그 공장은 공장 노동자 대부분을 로봇으로 대체했다. (replace ~ with ..., worker)
→ The factory _____.

Functions in Use

열거하기	**First ..., then ..., then ....**

First ..., then ..., then ....은 '우선…, 다음으로…, 그다음으로…'라는 뜻으로 여러 가지 사항을 열거해서 말할 때 쓰는 표현이다. 시간 순으로 일어나는 일뿐만 아니라 여러 항목을 하나씩 열거할 때도 사용된다.

A: What do you usually do after class? (방과 후에는 보통 뭐 하니?)

B: **First**, I eat something, **then** do some homework, and **then** have fun until 7 or 8.
(우선 뭘 좀 먹고, 그다음에는 숙제를 하고, 그러고는 7시나 8시까지 재미있게 놀아.)

Expressions⁺ 비슷한 의미의 표현으로는 First .... Second .... Third .... / First of all .... Next[Second, Then] .... Lastly [Finally, Last] .... / Firstly ..., secondly ..., thirdly .... 등이 있다. 또 열거의 시작이나 처음에는 to begin with(우선)를, 끝에는 last but not least(마지막으로, 하지만 마찬가지로 중요한)를 쓸 수 있다.

A: What do I need to do to sleep better? (더 잘 자려면 제가 무엇을 해야 하나요?)

B: **First of all**, clean your room and make it tidy. **Next**, exercise for at least 10 minutes every night. **Lastly**, change your sleeping position from the stomach position to the back position.
(우선, 당신의 방을 청소해서 깔끔하게 만드세요. 그런 다음, 매일 밤 적어도 10분씩은 운동을 하세요. 마지막으로 당신의 수면 자세를 엎드려 자는 자세에서 등을 대고 반듯이 누워 자는 자세로 바꾸세요.)

▶ 정답과 해설 p.148

Check Up

1 다음 대화의 밑줄 친 ⓐ, ⓑ 대신에 쓸 수 있는 표현을 〈보기〉에서 모두 고르시오.

> 보기 First of all   Finally   Next   Secondly   To begin with   Thirdly   Lastly

A: Tell me what's wrong with you.

B: First, I began to feel some pain in my ear. ⓐ <u>Then</u> my skin became red. ⓑ <u>Then</u> my face swelled like Hulk in the movie!

[2~4] 다음 빈칸에 알맞은 말을 〈보기〉에서 고르시오.

2 I like summer. First I like the sunlight. Second, _____. Third, I can enjoy watermelons, my favorite fruit.

3 To take a picture, you have to decide on the target first. Next, point your phone toward it. And then _____.

4 To begin with, _____. Secondly set the limit on how much you can spend each day. Last but not least, set a small amount of money aside each month for future use.

> 보기 ⓐ touch the button
> ⓑ it's important to check your spending habits
> ⓒ I can go to the beach and enjoy swimming

It's important to go to sleep at a fixed time every night.

It's important to ~는 '~하는 게 중요하다'라는 뜻으로, 상대방에게 간접적으로 충고하거나 어떤 사실의 중요성을 강조할 때 쓰는 표현이다. 여기서 it은 가주어이고, to부정사 이하가 진주어이다.

A: What should I do to feel refreshed in the morning? (아침에 상쾌함을 느끼려면 어떻게 해야 할까?)
B: **It's important to** have a sound sleep at night. (밤에 푹 자는 게 중요하지.)

Expressions⁺ 비슷한 의미의 표현으로는 It's important that ~ / I want to stress[emphasize] that ~ / It's critical to ~ / I can't emphasize enough ~ 등이 있다. 상대방에게 중요성을 강조해 그 행동을 유도하려는 목적을 띠는 표현으로 It is necessary to ~ / You need to ~ / You should ~ / Make sure to ~ 등으로도 바꿔 쓸 수 있다.

I want to stress that you should write the key point down when you learn something.
(뭔가를 배울 때는 중요 포인트를 적어 두어야 한다고 강조하고 싶다.)

▶ 정답과 해설 p.149

Check Up

[1~2] 두 문장이 같은 뜻이 되도록 빈칸에 알맞은 말을 쓰시오.

1 You need to focus your attention on what you're doing.

   = It's _____ _____ focus your attention on what you're doing.

2 It's important to write down your idea when it occurs to you.

   = I _____ _____ _____ that you should write down your idea when it occurs to you.

3 다음 질문에 대한 응답으로 적절하지 <u>않은</u> 것은?

   What should I do to save money?

   ① You should not buy unnecessary things.
   ② You have to check every day what you spend your money on.
   ③ You need to borrow some money for your spending.
   ④ It's necessary to think twice before you decide to buy something.
   ⑤ It's important to make a budget on a monthly basis.

[4~5] 주어진 우리말과 일치하도록 괄호 안의 어구를 바르게 배열하시오.

4 인생에서 코치를 갖는 게 중요하다. (to have, important, in life, it's, a coach)

   → _____

5 영어 단어를 배울 때는 기억에서 사라지기 전에 반복하는 것이 중요하다.
   (to repeat, it's, they, them, your mind, before, get, important, out of)

   → When you learn English words, _____.

Structures in Use

「the same ~ as ...」 Now I want you to experience **the same** benefits **as** I did.

「the same ~ as ...」는 '…와 같은 (종류의) ~'라는 뜻으로, 이때의 as는 형용사절을 이끌어 그 앞의 명사(선행사)를 수식하는 관계대명사의 역할을 한다.

❶ 「the same ~ as ...」는 같은 종류를 뜻하지만, 「the same ~ that ...」은 동일물을 뜻한다.

He purchased **the same** watch **as** I did. <같은 종류를 말함>

(그는 내가 산 것과 같은 시계를 구입했다.)

He was wearing **the same** shirt **that** he'd had on the day before. <동일물을 말함>

(그는 그 전날 입었던 것과 같은 셔츠를 입고 있었다.)

❷ 관계대명사 as 뒤에 이어지는 절의 동사는 앞 절의 동사에 준한다.

Look! The woman *is wearing* the same shoes **as** you *are*.

(저기 좀 봐! 저 여자 네가 신고 있는 것과 같은 구두를 신고 있어.)

cf. 관계대명사 as의 쓰임

• 선행사가 the same, such, as 등의 수식을 받을 때

I have **the same** trouble **as** you have. (나는 네가 가진 것과 같은 걱정을 가지고 있다.)

Such food **as** they gave us was scarcely fit to eat.

(그들이 우리에게 준 그러한 음식은 먹기에 거의 적합하지 않았다.)

She has **as** much money **as** is needed. (그녀에게는 필요한 만큼의 많은 돈이 있다.)

• 앞 또는 뒤에 있는 절 전체를 선행사로 하여 보충 설명을 할 때

He was late for work, **as** is often the case. (그는 회사에 지각했는데, 그것은 흔히 있는 일이다.)

▶ 정답과 해설 p.149

Check Up

1 다음 문장을 우리말로 해석하시오.

(1) The thief used the same symbol as was found in other recent theft cases.

(2) She is wearing the same kind of necklace as the model in the picture is.

2 다음 괄호 안에서 어법상 알맞은 것을 고르시오.

(1) I have the same book as you (are / have).

(2) He is as honest a man (as / that) I've ever met.

(3) You must choose such staff (who / as) will benefit you.

(4) Most young people will have the same kind of difficulties as we older generations (will / had).

3 주어진 우리말과 일치하도록 괄호 안의 단어를 활용하여 영작하시오.

나는 네가 산 것과 같은 카메라를 사고 싶다. (want, buy, same, do)

→ _____

「주장, 명령, 제안, 요구, 권고를 나타내는 동사+that+주어(+should)+동사원형」	I **suggest that** you (**should**) **replace** sugary drinks such as soft drinks and juice with water.

주장, 명령, 제안, 요구, 권고를 나타내는 동사(insist, order, suggest, propose, demand, require, recommend 등) 가 이끄는 that절에서는 주어에 상관없이 동사원형을 쓴다. 이것은 동사원형 앞에 should가 생략된 형태인데, 앞으로 이루 어져야 할 내용, 즉 당위성을 나타낸다.

The director **suggested that** the actor (**should**) **say** his lines more clearly.
(감독은 그 배우에게 대사를 좀 더 또렷이 말해 보라고 제안했다.)
Doctors **recommend that** fathers (**should**) **be** present at their baby's birth.
(의사들은 아빠들이 그들의 아기가 태어날 때 그 자리에 있을 것을 권한다.)
They **insisted that** everyone (**should**) **come** to the party. (그들은 모두가 그 파티에 와야 한다고 주장했다.)

cf. 주장하는 내용이 이미 일어난 일, 즉 과거의 일일 때 또는 suggest가 '제안하다'의 의미가 아닌 '넌지시 암시하다 [시사하다]'의 뜻으로 쓰일 때는 that절에 should를 쓰지 않고 동사를 인칭과 시제에 일치하게 써야 한다.
The painter **insisted that** another artist **copied[had copied]** his work.
(그 화가는 다른 화가가 자기 작품을 베꼈다고 주장했다.)
There is no scientific evidence to **suggest that** underwater births **are** dangerous.
(수중 분만이 위험하다고 시사하는 어떠한 과학적 증거도 없다.)

▶ 정답과 해설 p.149

1 다음 괄호 안의 말을 알맞은 형태로 고쳐 쓰시오.

(1) I demanded that he (apologize) first.

(2) They insisted that all real names (delete) from the report.

(3) In her speech she proposed that the UN (set) up a research center for the environment.

2 다음 문장이 어법상 옳으면 ○표를 하고, 어법상 **틀리면** 어색한 부분을 찾아 바르게 고쳐 쓰시오.

(1) He insisted that I pay the bill. _____

(2) My doctor recommended that I stopped smoking. _____

(3) This study suggests that women be under constant pressure to be abnormally thin. _____

3 다음 문장을 우리말로 해석하시오.

(1) The boy insisted that the flower vase fell by itself.

(2) I suggested everyone bring a dish to the party.

Reading Test

1 다음 글의 내용을 한 문장으로 요약하고자 한다. 빈칸 (A), (B)에 들어갈 말로 가장 적절한 것은?

> Hello, I'm Susan. I'm a professional personal trainer. When I started exercising, I found that it boosted my energy, reduced stress, and helped me feel good. Now I want you to experience the same benefits as I did.
>
> You want to stay in shape, don't you? Then exercise. Physical activities such as running and aerobics help improve blood circulation and strengthen your muscles. This will give you more energy and even boost your brain power.

⬇

> Exercising not only makes you more _____(A)_____ but it also contributes to making you feel good and your brain _____(B)_____ better.

① stressful — function
② helpful — focus
③ energetic — function
④ powerful — experience
⑤ depressed — focus

HINTS

• **not only A but also B** A뿐만 아니라 B도
• **contribute to** ~에 기여하다
• **depressed** 우울한, 의기소침한

2 주어진 글 다음에 이어질 글의 순서로 가장 적절한 것은?

> Wait a minute. Someone with the ID *wannahealthybody* posted a question.

(A) This poor posture may cause their necks to bend forward and produce pain. But here's some good news. McKenzie exercises can help prevent and reduce neck pain. This is how you do them.

(B) This is because they spend many hours per day leaning over a desk while studying or using smartphones in a fixed position.

(C) Let me just give an answer to that. As you know, many young people these days suffer from neck pain.

① (A) — (C) — (B)   ② (B) — (A) — (C)   ③ (B) — (C) — (A)
④ (C) — (A) — (B)   ⑤ (C) — (B) — (A)

this, that 등 대명사가 가리키는 대상을 놓치지 않는다.

3 다음 글에서 전체 흐름과 관계 <u>없는</u> 문장은?

So how can we increase our water intake? First of all, I suggest that you replace sugary drinks such as soft drinks and juice with water. This will reduce your sugar intake and help you to feel full. ① You can also increase your water intake by eating more fruits and vegetables. ② Fruits and vegetables are a good source of vitamins and keep you energetic during the whole day. ③ Because these foods contain a great deal of water, they can provide up to 20% of the water your body needs each day. ④ In case you get thirsty between meals, you can carry a water bottle with you. ⑤ You can also flavor your water with fruits or herbs to enjoy it more. Remember, drinking lots of water will help you look and feel better.

글의 주제가 무엇인지 파악하여 글의 전체 흐름에 벗어나는 문장을 찾는다.

[4~5] 다음 글을 읽고, 물음에 답하시오.

Hello, I'm Edward and I'm a nutritionist. Let me ask you a question. This special drink will help you reduce stress, increase energy, and maintain a healthy body weight. What drink am I talking about? In fact, this magical drink is something that you all know. It's water! Do you also want to have nice skin? Drink water. Water is nature's own beauty cream. Drinking water hydrates skin cells, giving your skin a healthy glow. _____(A)_____, water is very important for basic body functions because about 70% of our body is water, and we need about 2 liters of water a day. _____(B)_____, many of us don't get enough water and eventually experience dehydration. For this reason we have to drink plenty of water.

4 윗글의 빈칸 (A), (B)에 들어갈 말이 바르게 짝지어진 것은?

① For example — However
② For example — On the contrary
③ On the other hand — For example
④ Likewise — For example
⑤ Likewise — However

빈칸 (A), (B)의 앞뒤 내용이 각각 어떤 관계로 연결되는가에 초점을 맞춘다.

5 윗글의 제목으로 가장 적절한 것은?

① Water: The Ultimate Health Solution
② Dehydration: An Enemy of Our Body
③ How Skin Feeds on Water
④ Cells: Born Out of Water
⑤ Ways to Survive Without Water

• ultimate 최고의, 궁극적인
• feed on ~을 먹고 살다

1 다음을 듣고, 여자가 하는 말의 목적으로 가장 적절한 것을 고르시오.

① to advertise a sleep clinic
② to give tips for sound sleep
③ to introduce her personal blog
④ to explain how to relieve stress
⑤ to inform students of dormitory regulations

2 대화를 듣고, 두 사람의 관계를 가장 잘 나타낸 것을 고르시오.

① doctor — patient
② interviewer — parent
③ show host — guest
④ social worker — volunteer
⑤ personal trainer — trainee

3 다음을 듣고, 균형 잡힌 식사를 위한 여자의 조언이 <u>아닌</u> 것을 고르시오.

① 채소를 많이 먹어야 한다.
② 통곡물을 섭취해야 한다.
③ 몸에 좋은 단백질을 섭취해야 한다.
④ 물을 충분히 마셔야 한다.
⑤ 기름진 음식을 삼가야 한다.

4 다음 중 나머지 넷과 성격이 <u>다른</u> 하나는?

① spine   ② forearm   ③ shoulder
④ weight   ⑤ elbow

5 다음 영어 설명에 해당하는 단어는?

> to supply someone or something with water to keep them healthy and in good condition

① boost   ② hydrate   ③ replace
④ interact   ⑤ contain

6 다음 빈칸에 알맞은 표현을 <보기>에서 골라 쓰시오. (단, 필요하면 형태를 바꿀 것)

take in	make sure
stay in shape	suffer from

(1) More and more elderly people are _____ Alzheimer's disease these days.

(2) What's your secret to _____? You look much younger than your peers.

(3) From now on, please try to _____ more food with calcium.

7 다음 밑줄 친 부분과 바꿔 쓸 수 있는 말이 잘못 짝지어진 것은?

① Korean food <u>is known for</u> its health benefits.
    (= is famous for)
② Game centers are good places to <u>get rid of</u> stress.   (= relieve)
③ There is <u>a great deal of</u> dust in the new house.
    (= plenty of)
④ The concert hall can hold <u>up to</u> 7,000 people.
    (= approximately)
⑤ Wash your hands often <u>in order to</u> avoid food poisoning.   (= so as to)

8 다음 중 어법상 <u>틀린</u> 문장은?

① This is the same kind of bacteria as I saw in Africa.
② I propose everyone of us donate something for the poor.
③ Before leaving the office, I turned off the computer.
④ The findings suggest that women be emotionally stronger than men.
⑤ The use of computers has made it possible for more people to work from home.

9 다음 세 문장의 빈칸에 공통으로 알맞은 말을 쓰시오.

> • This is the same tablet PC _____ I lost.
> • Please let me know your decision as soon _____ you can.
> • Jane is in a bad mood _____ her father won't let her go to the party tonight.

[10~11] 다음 글을 읽고, 물음에 답하시오.

> Hello, everyone. Welcome ___ⓐ___ the TV show, *Healthy Life*. I'm your host, Jenny. Today, we will hear ___ⓑ___ three experts who will tell us about the importance of exercise, drinking water and sleep. You can interact ___ⓒ___ the experts in real time by typing your opinion on our webpage. At the end of the program, please vote ___ⓓ___ the most helpful and interesting speaker. Now, here they are!

10 윗글의 빈칸 ⓐ~ⓓ에 들어갈 수 <u>없는</u> 것은?

① for ② from ③ of
④ to ⑤ with

11 윗글에 대한 설명으로 알맞지 <u>않은</u> 것은?

① The show focuses on giving information on health improvement in everyday life.
② Health experts are invited to the show as guests.
③ The audience is allowed to ask questions on health issues in the studio.
④ Access to the website is needed to participate in the show.
⑤ The audience is required to evaluate the three experts at the end of the show.

12 다음 글의 밑줄 친 ①~⑤ 중 어법상 틀린 곳을 두 군데 찾아 바르게 고쳐 쓰시오.

> Hello, I'm Susan. I'm a professional personal trainer. When I started exercising, I found that it boosted my energy, reduced stress, and ① helped me feel good. Now I want you to experience the same benefits as I ② have.
> You want to stay in shape, don't you? Then exercise. Physical activities such as running and aerobics ③ helps improve blood circulation and ④ strengthen your muscles. This will give you more energy and even ⑤ boost your brain power.

[13~14] 다음 글을 읽고, 물음에 답하시오.

> Wait a minute. Someone with the ID *wannahealthybody* posted <u>a question</u>. Let me just give an answer to that. As you know, many young people these days ① <u>suffer</u> from neck pain. This is because they spend many hours per day ② <u>leaning</u> over a desk while studying or using smartphones in a ③ <u>fixed</u> position. This ④ <u>poor</u> posture may cause their necks to bend forward and ⑤ <u>reduce</u> pain. But here's some good news. McKenzie exercises can help prevent and reduce neck pain. This is how you do them.

13 윗글의 밑줄 친 **a question**의 내용으로 가장 적절한 것은?

① "I sleep enough. Still I'm sleepy all day."
② "I feel a constant pain in my neck. What should I do?"
③ "I just cannot stop using my cell phone."
④ "I study hard. Still my grades remain the same."
⑤ "Could you recommend any exercises I can do sitting on a chair?"

14 윗글의 밑줄 친 ①~⑤ 중, 문맥상 낱말의 쓰임이 적절하지 <u>않은</u> 것은?

[15~16] 다음 글을 읽고, 물음에 답하시오.

So how can we _____?
First of all, I suggest that you replace sugary drinks such as soft drinks and juice with water. This will (A) encourage / reduce your sugar intake and help you to feel full. You can also increase your water intake by eating more fruits and vegetables. Because these foods contain a great deal of water, they can provide up to 20% of the water your body needs each day. In case you get (B) thirsty / thrifty between meals, you can carry a water bottle with you. You can also (C) favor / flavor your water with fruits or herbs to enjoy it more. Remember, drinking lots of water will help you look and feel better.

15 윗글의 빈칸에 들어갈 말로 가장 적절한 것은?

① increase our water intake
② be exposed to health risks
③ tell healthy drinks from unhealthy ones
④ control ourselves not to gain too much weight
⑤ stop enjoying sugary drinks when our body desires them

16 (A), (B), (C)의 각 네모 안에서 문맥에 맞는 낱말로 가장 적절한 것은?

	(A)	(B)	(C)
①	encourage	thirsty	favor
②	reduce	thirsty	flavor
③	reduce	thrifty	favor
④	reduce	thirsty	favor
⑤	encourage	thrifty	flavor

[17~18] 다음 글을 읽고, 물음에 답하시오.

For most people, the best position for sleeping is on your back. If you sleep on your back, you will have less neck and back pain because your neck and spine will be straight when you are sleeping. Sleeping on your back can also prevent wrinkles because nothing is pushing against your face as you sleep. One disadvantage of this position is _____ some people snore more when they sleep on their backs.

17 윗글의 빈칸에 적절한 말을 한 단어로 쓰시오.

18 윗글의 주제로 가장 적절한 것은?

① why people have their own sleeping habit
② impacts of sleeping positions on our body
③ merits and demerits of sleeping on your back
④ how to best relax your body during sleep
⑤ disadvantages of snoring during sleep

19 밑줄 친 ⓐ~ⓔ의 의미가 적절하지 않은 것은?

While lying on your ⓐ stomach, place your hands under your shoulders and slowly ⓑ straighten your elbows. Keep the lower part of the body relaxed while raising your back upwards as far as possible. Then relax and return to the starting ⓒ position. Only ⓓ raise your back as far as the pain will allow. Perform 10 ⓔ repetitions, 1-2 times per day.

① ⓐ the front part of your body, below your chest
② ⓑ to make something straight
③ ⓒ the way someone is standing, sitting, or lying
④ ⓓ to increase an amount, number, or level
⑤ ⓔ doing or saying the same thing many times

[20~21] 다음 글을 읽고, 물음에 답하시오.

The second best position is ⓐ <u>sleeping</u> on your side with your body straight. This can reduce snoring and it allows you to keep your spine relatively straight. ___(A)___, you may develop more wrinkles because of the pressure on your face.

◆ The perfect pillow: A thick one. You need to fill the space above your shoulder ___(B)___ your head and neck are supported in a neutral position.

20 윗글의 밑줄 친 ⓐ와 쓰임이 같은 것은?

① You're <u>driving</u> at ninety miles an hour!
② Her dream was <u>becoming</u> the first female astronaut.
③ He is looking at the leaves <u>falling</u> on the ground.
④ Listen to those people. What language are they <u>speaking</u>?
⑤ Do you mean the woman <u>looking</u> straight at the camera?

21 빈칸 (A), (B)에 적절한 말이 바르게 짝지어진 것은?

① That is — though
② However — so that
③ Moreover — because
④ However — as long as
⑤ For instance — in order that

22 (A), (B), (C)의 각 네모 안에서 어법에 맞는 표현을 고르시오.

A poor position for sleeping is on your side with your knees (A) | curling / curled | up to your stomach. This position makes (B) | it / that | difficult to breathe and can cause back and neck pain. So just straighten out a bit and try not to curl up so much.
◆ A helpful pillow: A thick one — the same (C) | as / which | the side position, to give support to your head and neck.

[23~25] 다음 글을 읽고, 물음에 답하시오.

Hello, I'm Edward and I'm a nutritionist. Let me ask you a question. This special drink will help you reduce stress, increase energy, and maintain a healthy body weight. What drink am I talking about? In fact, ⓐ <u>이 마법의 음료는 여러분 모두가 알고 있는 것입니다</u>. It's water! Do you also want to have nice skin? Drink water. Water is nature's own beauty cream. Drinking water ___ⓑ___ skin cells, giving your skin a healthy glow. Likewise, water is very important for basic body functions because about 70% of our body is water, and we need about 2 liters of water a day. However, many of us don't get enough water and eventually experience ___ⓒ___. For this reason we have to drink plenty of water.

주관식

23 윗글의 밑줄 친 ⓐ의 우리말과 같은 뜻이 되도록 괄호 안의 단어를 바르게 배열하시오.

이 마법의 음료는 여러분 모두가 알고 있는 것입니다
(something, this, you, magical, drink, is, know, that, all)

→ _____

24 윗글의 빈칸 ⓑ, ⓒ에 들어갈 말이 바르게 짝지어진 것은?

① dehydrates — thirst
② hydrates — dehydration
③ dehydrates — hydration
④ hydrates — weight loss
⑤ stimulates — weight gain

25 윗글에 언급된 물(water)에 대한 설명이 <u>아닌</u> 것은?

① 물은 에너지를 증가시키고 건강한 체중 유지를 돕는다.
② 물은 자연이 만들어 낸 미용 크림이다.
③ 물은 우리 몸의 체온을 조절해 준다.
④ 우리 몸의 약 70%가 물이다.
⑤ 우리는 하루에 약 2리터의 물이 필요하다.

Lesson 02 서술형 평가

1 다음 글의 밑줄 친 <u>the same benefits</u>가 가리키는 것을 세 가지 찾아 10자 이내의 우리말로 쓰시오.

> Hello, I'm Susan. I'm a professional personal trainer. When I started exercising, I found that it boosted my energy, reduced stress, and helped me feel good. Now I want you to experience <u>the same benefits</u> as I did.
> You want to stay in shape, don't you? Then exercise. Physical activities such as running and aerobics help improve blood circulation and strengthen your muscles. This will give you more energy and even boost your brain power.

(1) _____

(2) _____

(3) _____

2 다음 사진을 참조하여 아래 대화를 완성하시오.

(1)  (2)  (3)  (4)

> A: What are your secrets to staying healthy?
> B: Well, first, I'm trying to (1) _____ instead of soft drinks.
> A: And next?
> B: Next ... to keep in shape you need (2) _____.
> A: Anything else?
> B: Next, it's important (3) _____. Also try to cut back on your cellphone time.
> A: And your last tip?
> B: Lastly, you should (4) _____. For that, you should go to bed before midnight.
> A: Oh, thank you!
> B: You're welcome. You'll soon feel a big change in your body!

LESSON 3

Take Action, Make a Difference

Functions in Use

▶ 유감이나 동정 표현하기
I'm sorry to hear that.

▶ 도움 제안하기
Can I be of any help with that?

Structures in Use

▶ 「to one's+감정명사」
To my surprise, teachers agreed to make it official.

▶ 주어 역할을 하는 절을 이끄는 관계대명사 what
What I learned is that we can contribute to making a better world.

Words & Expressions

WORDS

□ **abandon** [əbǽndən] 통 버리다, 유기하다

□ **affordable** [əfɔ́ːrdəbl] 형 (가격이) 알맞은, 감당할 수 있는

□ **alert** [əlɔ́ːrt] 명 경계, 경보 형 방심하지 않는, 경계하는

□ **application** [æ̀pləkéiʃən] 명 응용 프로그램, 적용, 응용

□ **attach** [ətǽtʃ] 통 붙이다, 달다, 부착하다

□ **bully** [búli] 명 (약자를) 괴롭히는 사람 통 괴롭히다

□ **campaign** [kæmpéin] 명 캠페인, (사회 · 정치적 목적을 위한 조직적인) 운동[활동]

□ **caregiver** [kɛ́ərgìvər] 명 돌보는 사람, 간병인

□ **celebrity** [səlébrəti] 명 유명 인사

□ **circuit** [sɔ́ːrkit] 명 (전기) 회로

□ **collapse** [kəlǽps] 통 무너지다, 붕괴되다

□ **community** [kəmjúːnəti] 명 공동체, 지역사회

□ **conclude** [kənklúːd] 통 결론을 내리다

□ **conflict** [kánflikt] 명 갈등

□ **deeply** [díːpli] 부 몹시, 대단히

□ **delight** [diláit] 명 기쁨, 즐거움(= joy, pleasure)

□ **detect** [ditékt] 통 감지하다, 탐지하다

□ **disaster** [dizǽstər] 명 재해, 재난, 참사

□ **donate** [dóuneit] 통 기부하다

□ **elderly** [éldərli] 형 연세가 드신, 연로한

□ **encourage** [inkɔ́ːridʒ] 통 격려[고무]하다, 용기를 북돋우다

□ **entire** [intáiər] 형 전체의, 완전한

□ **gain** [gein] 통 얻다, 획득하다 명 이득

□ **hateful** [héitfəl] 형 몹시 싫은, 혐오스러운

□ **hurtful** [hɔ́ːrtfəl] 형 상처가 되는

□ **locker** [lákər] 명 (자물쇠가 달린) 개인 물품 보관함

□ **note** [nout] 명 메모, 쪽지

□ **official** [əfíʃəl] 형 공식적인

□ **ordinary** [ɔ́ːrdənèri] 형 평범한(↔ extraordinary)

□ **overcome** [òuvərkʌ́m] 통 극복하다, 이겨내다

□ **positive** [pázitiv] 형 긍정적인(↔ negative)

□ **powerful** [páuərfəl] 형 강력한, 영향력 있는

□ **pressure** [préʃər] 명 압력, 압박

□ **program** [próugræm] 통 프로그램화하다

□ **purpose** [pɔ́ːrpəs] 명 목적

□ **sacrifice** [sǽkrəfàis] 통 희생하다 명 희생

□ **scold** [skould] 통 꾸짖다, 나무라다

□ **sensor** [sénsər] 명 감지기, 센서

□ **shelter** [ʃéltər] 명 보호소, 쉼터, 피난처, 은신처

□ **soul** [soul] 명 사람, 정신, 마음, 영혼

□ **spread** [spred] 통 퍼뜨리다, 퍼지다

□ **sticky** [stíki] 형 끈적거리는, 달라붙는

□ **strength** [streŋkθ] 명 힘, 기운

□ **support** [səpɔ́ːrt] 명 지지, 응원 통 지지하다

□ **thumb** [θʌm] 명 엄지손가락

□ **trigger** [trígər] 통 (장치를) 작동시키다

□ **trip** [trip] 통 발을 헛디디다

□ **violence** [váiələns] 명 폭력

□ **wander** [wándər] 통 돌아다니다, 헤매다

□ **wireless** [wáiərlis] 형 무선의

□ **worth** [wəːrθ] 형 ~의 가치가 있는

EXPRESSIONS

□ **all over** 도처에, 사방에

□ **as a result of** ~의 결과로

□ **be of help** 도움이 되다

□ **be struck by** ~에 감명 받다

□ **break into** ~을 억지로 열다, ~에 침입하다

□ **contribute to** ~에 기여[공헌]하다

□ **deal with** ~을 다루다, ~을 처리하다

□ **give ~ a hand** ~에게 도움을 주다

□ **in a row** 한 줄로, 나란히

□ **live up to** ~에 부응하다, ~에 부끄럽지 않게 살다

□ **make a difference** 차이가 나다, 영향을 주다

□ **nursing home** 양로원, 요양원

□ **of one's own** 자기 자신의, 자기 소유의

□ **put ~ up** ~을 게시하다, ~을 내붙이다

□ **reach out** (손 등을) 뻗다, 접근하다

□ **senior citizen** 노인, 고령자, 어르신

□ **set out** 착수하다, 시작하다

□ **suffer from** ~으로 고통 받다

□ **take action** 조치를 취하다, 행동에 옮기다

□ **take the place of** ~을 대신[대체]하다(= replace)

□ **Thumbs up!** 엄지 척!, 잘했어!

□ **trip over** ~에 걸려 넘어지다

▶ 정답과 해설 p.155

1 다음 영어는 우리말로, 우리말은 영어로 쓰시오.

(1) sticky _____

(2) donate _____

(3) circuit _____

(4) hateful _____

(5) note _____

(6) official _____

(7) trigger _____

(8) sacrifice _____

(9) strength _____

(10) conclude _____

(11) 유명 인사 _____

(12) 돌보는 사람, 간병인 _____

(13) 감지하다, 탐지하다 _____

(14) 버리다, 유기하다 _____

(15) 긍정적인 _____

(16) 연세가 드신, 연로한 _____

(17) 목적 _____

(18) 감지기, 센서 _____

(19) 발을 헛디디다 _____

(20) 무선의 _____

2 짝지어진 단어들의 관계가 같도록 빈칸에 알맞은 말을 쓰시오.

(1) apply : application = press : _____

(2) detect : detector = sense : _____

(3) _____ : extraordinary = encourage : discourage

- **discourage** 의욕을 꺾어 놓다, 낙담시키다

3 다음 영어 설명에 해당하는 말을 〈보기〉에서 골라 쓰시오.

> 보기   bully   attach   caregiver   detect   wander   alert

(1) _____ : to fasten or connect one object to another

(2) _____ : a warning to people to be prepared to deal with something dangerous

(3) _____ : someone who uses their strength or power to frighten or hurt someone who is weaker

(4) _____ : to walk slowly across or around an area, usually without a particular direction or purpose

- **fasten** 단단히 고정시키다, 매다
- **object** 물건, 물체

- **frighten** 겁먹게[놀라게] 만들다

4 다음 문장의 밑줄 친 부분과 바꿔 쓸 수 있는 말을 고르시오.

(1) Can you give me a hand to lift this?

① save   ② affect   ③ help

④ deliver   ⑤ trigger

(2) The court may allow another relative to take the place of the parent.

① gain   ② replace   ③ support

④ abandon   ⑤ encourage

(3) The exam results were put up on the bulletin board yesterday.

① shared   ② posted   ③ predicted

④ concluded   ⑤ damaged

- **lift** 들어 올리다

- **bulletin board** 게시판

Functions in Use

I'm sorry to hear that.

I'm sorry to hear that.은 '그 소식을 듣게 되어 유감이야.[그것 참 안됐구나.]'의 뜻으로 상대방으로부터 나쁜 소식을 들었을 때 유감이나 동정을 표시하기 위해 사용하는 표현이다.

A: I failed the driving test again. (운전면허 시험에 또 떨어졌어.)
B: **I'm sorry to hear that**. (저런, 안됐다.)

Expressions+ 비슷한 의미의 표현으로는 That's too bad. / That's a pity. / What a pity! / What a shame! / I deeply sympathize with you. 등이 있다. 또한 상대방의 안 좋은 일이나 나쁜 소식에 대해서는 **Don't be depressed. / Don't lose heart. / Cheer up**! 등으로 위로나 격려의 말을 할 수도 있다.

A: My best friend Endy is leaving soon. (내 가장 친한 친구인 Endy가 곧 떠나.)
B: **What a pity!** You will miss him. (그것 참 안됐구나. 너는 그가 그리울 거야.)

▶ 정답과 해설 p.155

Check Up

1 다음 대화의 빈칸에 들어갈 말로 알맞지 <u>않은</u> 것은?

> A: Oh, my! I forgot to save the file. All my work is gone.
> B: _____

① What a pity! You must be very upset.
② That's too bad. Is the work very important?
③ Don't give up yet. There must be a way to recover the file.
④ Sorry to hear that, but that's exactly what happened to me the other day.
⑤ God bless you! It's important to delete unnecessary files on your desktop.

2 다음 두 문장이 같은 뜻이 되도록 빈칸에 알맞은 말을 쓰시오.

I'm sorry to hear that you lost the last chance to get a ticket.
= It's _____ _____ that you lost the last chance to get a ticket.

3 다음 중 짝지어진 대화가 자연스럽지 <u>않은</u> 것은?

① A: I ruined my English speech.
   B: Cheer up. I'm sure you'll do better next time.
② A: I lost my pet dog yesterday.
   B: Don't be depressed. You'll find it soon.
③ A: I fell on the stairs and broke my leg last week.
   B: What a pity! It must have hurt a lot.
④ A: I have a huge amount of homework to do today.
   B: I'm sorry to hear that.
⑤ A: I heard the whole town is flooded and it'll cost a lot to restore it.
   B: That's not too bad. I'll give it a try.

Can I be of any help with that?

'제가 그것을 좀 도와드릴까요?'라는 뜻의 Can I be of any help with that?은 상대방에게 도움을 제안할 때 사용하는 표현으로 Can I help you with that? / Can I give you a hand with that? / Let me help you with that. 등으로 바꿔 쓸 수 있다.

A: **Can I be of any help?** (제가 뭐 좀 도와드릴까요?)
B: Sure. Will you bring all those dishes here, please? (물론이지. 저 접시를 모두 이곳으로 가져다줄래?)

Expressions⁺ 그 밖에 도움을 제안하는 표현으로는 Is there something I can help you with? / Is there any way I can help you? / Is there anything I can do for you? / Do you need a hand? / What can I do to help you? 등이 있다. 한편, 도움을 요청할 때는 Can you help me with ~? / Please help me with ~ / Will you give me a hand with ~? 등의 표현을 쓴다.

• A: **Can I give you a hand?** (제가 뭐 좀 도와드릴까요?)
  B: Thanks! It would be great if you could carry these books for me.
    (고마워요! 저 대신 이 책들을 좀 들어 주시면 좋겠어요.)
• A: **Is there something I can help you with?** (내가 도와줄 일이 있니?)
  B: Sure. Let me see .... Can you help me move this desk into the classroom?
    (물론이야. 어디 보자…. 이 책상을 교실 안으로 옮기는 것 좀 도와주겠니?)

▶ 정답과 해설 p.156

Check Up

1 다음 대화의 빈칸에 알맞은 말을 쓰시오.

> A: I just can't solve this math problem. I'm stuck.
> B: Can I _____ _____ _____ _____ with that? It looks a little difficult for you.
> A: Oh, thanks. You're my lifesaver!

2 다음 중 의도하는 바가 나머지 넷과 <u>다른</u> 것은?

① Can I help you?　　　　　② Let me help you.
③ Will you do me a favor?　　④ What can I do to help you?
⑤ Is there anything I can do for you?

3 자연스러운 대화가 되도록 ⓐ~ⓓ를 바르게 배열하시오.

> ⓐ What's the problem?
> ⓑ That'd be great. Thanks.
> ⓒ Can I give you a hand with that? I can show you my notes.
> ⓓ My glasses are broken, and I can't read the writing on the board.

Structures in Use

To my surprise, teachers agreed to make it official.

「to one's+감정명사」는 '~하게도'의 의미로 어떤 일의 결과로 생긴 감정을 강조하는 부사구이다. 또한 이 표현은 「to the+감정명사+of+명사」의 형태로도 쓸 수 있다.

❶ 감정을 느끼는 주체는 감정명사 앞에 소유격 (대)명사의 형태로 쓴다.

   To my disappointment, he didn't come to the party.
   (실망스럽게도, 그는 그 파티에 오지 않았다.)

   To their delight, he has made a full recovery. (기쁘게도, 그는 완전히 회복했다.)

❷ 문장 전체를 수식하는 문장부사에 준한다.

   To my surprise, she pretended not to know me. (놀랍게도, 그녀는 나를 모르는 체했다.)

   = **Surprisingly**, she pretended not to know me.

   = **It was surprising that** she pretended not to know me.

❸ 「much to one's+감정명사」의 형태로 문장 끝에 쓰이기도 하는데, 이때는 앞에 콤마를 찍어 구분한다.

   I lost touch with her, **much to my regret**. (무척 아쉽게도, 나는 그녀와 연락이 끊겼다.)

※ 감정을 나타내는 명사들

surprise, shock, joy, delight, amazement, astonishment, sorrow, disappointment, regret, dismay, relief, embarrassment 등

▶ 정답과 해설 p.156

Check Up

1 다음 괄호 안에서 알맞은 것을 고르시오.

(1) To my (delight / delighted), the girl accepted my proposal.

(2) To her (satisfaction / embarrassment), she couldn't remember his name.

(3) To my disappointment, I was (accepted / not accepted) to the college.

2 세 문장이 같은 의미가 되도록 빈칸에 알맞은 말을 쓰시오.

> It is surprising he didn't know about the scandal while everyone else knew about it.
> = _____, he didn't know about the scandal while everyone else knew about it.
> = _____ _____ _____, he didn't know about the scandal while everyone else knew about it.

3 다음 문장을 밑줄 친 부분에 유의하여 우리말로 해석하시오.

(1) The next morning my arms felt better, much to my relief.

(2) Six weeks later we heard, to our great sorrow, that he had died.

(3) To our regret, we must inform you that all the tickets are sold out.

<table>
<tr>
<td>주어 역할을 하는 절을 이끄는
관계대명사 what</td>
<td>**What I learned** is that we can contribute to making a better world.</td>
</tr>
</table>

선행사를 포함하는 관계대명사 what은 '~하는 것(= the thing(s) which[that])'이라는 뜻으로, 문장에서 주어, 목적어, 보어 역할을 하는 절을 이끈다.

❶ 관계대명사 what이 이끄는 절은 문장에서 명사절의 성격을 띤다.

What he did on April Fools' Day made us all laugh. (만우절 날 그가 한 일이 우리 모두를 웃게 했다.)

I can't believe **what she says**. (나는 그녀가 말하는 것을 믿을 수 없다.)

That is **what I saw that night**. (그게 그날 밤 내가 본 것이다.)

He's good at making up a story from **what he has experienced**.

(그는 자신이 경험한 것으로부터 이야기를 지어내는 것을 잘한다.)

❷ 관계대명사가 what이 이끄는 절이 주어로 쓰이는 경우에는 대개 뒤에 that절이 이끄는 명사절을 보어로 취하여 that 이하의 명사절의 내용을 강조한다.

What surprised me was that he set a new world record in the 100 meter race.

(나를 놀라게 한 것은 그가 100미터 경주에서 세계 신기록을 세웠다는 것이다.)

What I mean is that owning a pet can be a very worthwhile experience.

(내 말은 애완동물을 가지는 것이 매우 보람 있는 경험이 될 수 있다는 것이다.)

cf. 명사(구)를 강조할 때는 「It is[was] ~ that ...」 강조구문을 사용한다.

It was *the chance to travel* **that** attracted me most to the job.

(그 일에 내 마음이 가장 끌린 것은 여행을 할 수 있는 기회 때문이었다.)

▶ 정답과 해설 p.156

Check Up

1 다음 두 문장이 같은 뜻이 되도록 빈칸에 알맞은 말을 넣으시오.

> What really concerns me is your health.
> = _____ _____ _____ really concerns me is your health.

2 다음 괄호 안에서 어법상 알맞은 것을 고르시오.

(1) All (that / what) matters most is that you are safe.

(2) It was the tone of his voice (what / that) surprised me.

(3) (That / What) I want to stress is that parents play an important role in preventing youth crime.

3 다음 중 밑줄 친 **what**이 관계대명사로 쓰인 것을 <u>모두</u> 고르면?

① <u>What</u> a horrible thing to do!　　② He drinks <u>what</u> is left in his glass.

③ They're discussing <u>what</u> to do next.　　④ Who knows <u>what</u> will happen tomorrow?

⑤ <u>What</u> surprised me most was Mary's new hairstyle.

Reading Test

1 글의 흐름으로 보아, 주어진 문장이 들어가기에 가장 적절한 곳은?

It was so hurtful and difficult to overcome.

Hi, everyone. Nice to meet you all here today. I'm Annie from Ottawa. You know what these yellow sticky notes are for and probably use them for many purposes. (①) I am here to tell you how I use them. (②) It's to encourage people, give them strength, and help them feel happy. (③) When I was in middle school, someone broke into my locker and used my smartphone to post hateful things on my SNS page. (④) But after a lot of thinking and talking with my parents and closest friends, I concluded that although bullies use words to hurt people, I should use them to encourage others. (⑤)

2 다음 글의 빈칸에 들어갈 말로 가장 적절한 것은?

To make this system work, I made a small wireless circuit with a thin film sensor attached to it. This circuit is planted in a sock or a shoe. When the patient steps out of bed, the pressure causes the system to send an alert to a smartphone application that I also programmed. _____, it worked! I will never forget how deeply moved and excited my family and I were when we first saw my device detecting my grandfather's wandering. At that moment, I was struck by what I could do for people, using my knowledge and skills. Now I am making more sensors to donate to nursing homes for Alzheimer's patients.

① Nevertheless
② What is more
③ To my delight
④ On the other hand
⑤ In short

HINTS

주어진 문장의 It이 무엇을 가리키는지 찾아본다.

빈칸 전후의 내용을 살펴 적절한 연결어를 찾아본다.

• **nevertheless** 그럼에도 불구하고
• **in short** 요컨대, 한마디로 말하면

3 다음 글의 밑줄 친 부분 중, 어법상 **틀린** 것은?

Once I started high school, I took action. The idea was to spread kindness by ① posting notes with positive messages all over the school. I spent an entire weekend ② making positive notes, such as "You're amazing!" and "You are worth more than you think!" The following Monday I put them up around the school, and ③ named my campaign "Positive Post-It Day."

Guess what happened next. I was scolded for making a mess! But don't be disappointed yet. It didn't take long before the campaign gained attention and support. To my surprise, teachers also agreed to make it ④ officially, and friends joined me to create an SNS page for the campaign. We are now getting support from people all over the world. Positive and powerful words are taking the place of negative and hateful ⑤ ones in our school, in our community, and in the world.

〈S+V+O+C〉 구조에서 목적격 보어 자리에 어떤 형태가 오는지 생각해 본다.

[4~5] 다음 글을 읽고, 물음에 답하시오.

My grandfather is dealing with Alzheimer's disease. As some of you might know, Alzheimer's patients often suffer from wandering. Well, my grandfather sometimes wanders without knowing where he is going. Wandering around at night is especially (A) | secure / dangerous |. In fact, my grandfather had several accidents because his caregiver (B) | managed / failed | to wake up when he started wandering in the middle of the night.

I really wanted to help my grandfather. So I set out to design a wireless system that (C) | removes / triggers | an alert on a caregiver's smartphone when a patient steps out of bed.

4 (A), (B), (C)의 각 네모 안에서 문맥에 맞는 낱말로 가장 적절한 것은?

	(A)		(B)		(C)
①	secure	.....	failed	.....	triggers
②	secure	.....	managed	.....	removes
③	dangerous	.....	failed	.....	triggers
④	dangerous	.....	failed	.....	removes
⑤	dangerous	.....	managed	.....	triggers

5 윗글의 제목으로 가장 적절한 것은?

① How My Grandfather Lost His Memory
② The Seriousness of Alzheimer's Disease
③ The Relation Between Exercise and Disease
④ Steps of Aging and Their Characteristics
⑤ A New Plan to Help My Grandfather

- **seriousness** 심각성
- **relation** 관계, 관련(성)

1 대화를 듣고, 남자의 마지막 말에 이어질 여자의 응답으로 가장 적절한 것을 고르시오.

Woman: _____

① Be careful about what you say when texting.
② That's okay. I'll take the package tour, then.
③ What a pity! I'll clean the stairs this afternoon.
④ Right. Texting is sometimes easier than real talking.
⑤ Oh, did you? That's exactly what happened to me last winter.

2 대화를 듣고, 내용과 일치하지 <u>않는</u> 것을 고르시오.

① 대호는 오늘 보육원에서 처음 자원봉사를 한다.
② 긴장한 대호를 수민이가 격려해 주고 있다.
③ 대호는 아이들이 숙제하는 것을 돕고 싶어 한다.
④ 수민이는 아이들에게 간식을 만들어 주고 싶어 한다.
⑤ 대호는 수민이에게 아이들과 축구를 하라고 제안한다.

3 대화를 듣고, 여자가 하는 말의 목적으로 가장 적절한 것을 고르시오.

① 기부의 여러 유형을 설명하려고
② 연예인이 되는 법을 설명하려고
③ 재능 발견의 중요성을 알리려고
④ 효율적인 영어 공부 방법을 소개하려고
⑤ 재능 기부 참여를 촉구하려고

4 밑줄 친 어구의 우리말 뜻이 <u>잘못</u> 짝지어진 것은?

① They <u>set out</u> to discover a cure for cancer.
　　(~을 단념하다)
② You can't help <u>being struck by</u> her kindness.
　　　　　(~에 감명 받다)
③ Sales have not <u>lived up to</u> expectations this year.　　(~에 부응하다)
④ <u>As a result of</u> the pilots' strike, all flights have had to be cancelled. (~의 결과로)
⑤ I asked my friend to <u>give</u> me <u>a hand</u> picking out a color for my room. (~을 도와주다)

5 다음 빈칸에 알맞은 말이 바르게 짝지어진 것은?

- Is there anything that can _____ the place of parents' love?
- We need to _____ with problems like pollution and climate change.

① do — cope　　② take — go　　③ take — deal
④ make — keep　　⑤ make — deal

6 다음 설명의 빈칸에 알맞은 단어는?

If a building, wall, etc. _____s, it falls down suddenly, usually because it is weak or damaged.

① shake　　② detect　　③ trigger
④ collapse　　⑤ remove

7 다음 중 짝지어진 대화가 자연스럽지 <u>않은</u> 것은?

① A: I just can't solve this problem.
　B: Can I be of any help?
② A: Do you need a hand?
　B: Yes. Can you help me put this baggage in the trunk?
③ A: What's wrong with your foot?
　B: I broke my right big toe playing football yesterday.
④ A: I got a speeding ticket on my way to work this morning.
　B: What a relief! You must be a safe driver.
⑤ A: Yuna got the flu, so she can't enter the singing contest.
　B: I'm sorry to hear that.

주관식

8 두 문장이 같은 의미가 되도록 빈칸에 알맞은 말을 쓰시오.

Disappointingly, he didn't prepare anything for my birthday.
= _____ _____ _____, he didn't prepare anything for my birthday.

[9~10] 다음 글을 읽고, 물음에 답하시오.

Once I started high school, I took action. The idea was ⓐ (spread) kindness by posting notes with ⓑ positive messages all over the school. I spent an entire weekend ⓒ (make) positive notes, such as "You're amazing!" and "You are worth more than you think!" The following Monday I put them up around the school, and named my campaign "Positive Post-It Day."

주관식

9 윗글의 괄호 안의 동사 ⓐ, ⓒ의 형태를 문맥에 맞게 고치시오.

10 윗글의 밑줄 친 ⓑ **positive messages**에 해당하지 않는 것은?
① "You have a lovely voice."
② "You are full of possibilities."
③ "Everyone has a talent and so do you."
④ "You seem to have lost your last chance."
⑤ "I think your ideas and opinions are always creative."

[11~12] 다음 글을 읽고, 물음에 답하시오.

Hi, everyone. Nice to meet you all here today. I'm Annie from Ottawa. You know what these yellow sticky notes are ⓐ_____ and probably use (A) them for many purposes. I am here to tell you how I use them. It's to encourage people, give them strength, and help them feel happy. When I was in middle school, someone broke ⓑ_____ my locker and used my smartphone to post hateful things ⓒ_____ my SNS page. It was so hurtful and difficult to overcome. But after a lot of thinking and talking ⓓ_____ my parents and closest friends, I concluded that although bullies use words to hurt people, I should use (B) them to encourage others.

11 윗글의 빈칸 ⓐ~ⓓ에 들어갈 말로 알맞지 않은 것은?
① into   ② at   ③ with
④ on   ⑤ for

주관식

12 윗글의 밑줄 친 (A), (B)가 가리키는 것을 본문에서 각각 찾아 쓰시오.
(A): _____ (4단어)
(B): _____ (1단어)

[13~14] 다음 글을 읽고, 물음에 답하시오.

You probably know of great souls ⓐ_____ sacrificed themselves to help others and make the world a better place to live in. It may seem difficult or practically impossible for ordinary people to live up to ⓑ_____ Dr. Schweitzer did. But small actions ⓒ_____ we take for our family and friends in our everyday lives can make a difference toward creating a better world. Today we are going to listen to the stories of two teenagers who have taken such actions.

13 윗글의 빈칸 ⓐ~ⓒ에 알맞은 말이 바르게 짝지어진 것은?

	ⓐ	ⓑ	ⓒ
①	which	that	how
②	who	what	that
③	whose	what	that
④	that	where	which
⑤	whom	which	what

14 윗글 다음에 이어질 내용으로 가장 적절한 것은?
① 자기 자신을 희생해 타인의 목숨을 구한 사례
② 평범한 사람이 천재보다 더 평가받은 사례
③ 방황하던 십 대가 훌륭한 성인으로 돌아온 사례
④ 보통 사람으로서는 도전하기 힘든 일을 해낸 사례
⑤ 주위 사람을 위한 작은 노력으로 더 나은 세상을 만든 사례

[15~18] 다음 글을 읽고, 물음에 답하시오.

Guess what happened next. I was (A) praised / scolded for making a mess! But don't be disappointed yet. It didn't take long before the campaign gained attention and support. To my ⓐ____, teachers also agreed to make it official, and friends joined me to create an SNS page for the campaign. We are now getting ⓑ____ from people all over the world. Positive and powerful words are replacing negative and hateful ones in our school, in our community, and in the world.

What I learned from this experience is that there is something we ordinary teenagers can do to (B) distribute / contribute to making a better world. No matter how simple it is, it can bring a (C) change / exchange to our family, school, and community. My friends and I are looking forward to spreading our positive sticky note messages over the entire world next year. Why don't you join us?

15 (A), (B), (C)의 각 네모 안에서 문맥에 맞는 낱말로 가장 적절한 것은?

	(A)	(B)	(C)
①	praised	distribute	change
②	praised	contribute	exchange
③	scolded	distribute	change
④	scolded	contribute	change
⑤	scolded	contribute	exchange

16 윗글의 빈칸 ⓐ, ⓑ에 들어갈 말이 바르게 짝지어진 것은?

① regret — attention ② joy — donation
③ surprise — support ④ excitement — blame
⑤ disappointment — prize

17 윗글에 나타난 필자의 심경 변화로 가장 적절한 것은?

① hopeful → frustrated
② frustrated → excited
③ excited → embarrassed
④ resentful → disappointed
⑤ determined → confused

18 윗글을 다음과 같이 요약할 때, 빈칸 (A)와 (B)에 적절한 말끼리 짝지어진 것은?

The writer's small efforts to ____(A)____ to people in depression ____(B)____.

① be helpful — ended up a failure
② be of help — only worsened the situation
③ be of use — brought a reverse effect
④ be helpless — finally worked out
⑤ be of help — paid off eventually

[19~21] 다음 글을 읽고, 물음에 답하시오.

Hi, I'm Greg. I live in New York City. I love playing computer games. ⓐ Who doesn't at my age? I even learned computer programming because I wanted to make a computer game of my own! But recently I found another way to use my skills, and I'm excited to share it with you today.

My grandfather is dealing with Alzheimer's disease. As some of you might know, Alzheimer's patients often suffer ⓑ____ wandering. Well, my grandfather sometimes wanders ⓒ____ knowing where he is going. Wandering ⓓ____ at night is especially dangerous. In fact, my grandfather had several accidents because his caregiver failed to wake up when he started wandering ⓔ____ the middle of the night.

I really wanted to help my grandfather. So I set out to design a wireless system that triggers an alert on a caregiver's smartphone when a patient steps out of bed.

19 윗글의 밑줄 친 ⓐ의 의미로 가장 적절한 것은?

① People across all ages love playing computer games.
② Anyone my age loves playing computer games.
③ People my age have difficulty playing computer games.
④ Playing computer games is a symbol of being young in heart.
⑤ Age doesn't matter when it comes to enjoying computer games.

20 윗글의 빈칸 ⓑ~ⓔ에 들어갈 말로 알맞지 <u>않은</u> 것은?

① in　　　　　② from　　　　　③ without
④ against　　　⑤ around

21 윗글의 'I'에 대한 설명으로 옳지 <u>않은</u> 것은?

① He's good enough at computer programming to develop his own computer game.
② He's trying to use his skills with computers as a tool for helping others.
③ He has a grandfather who is suffering from a disease.
④ He's taking care of his grandfather as a caregiver.
⑤ He's working on a device that could be of help to his grandfather.

[22~24] 다음 글을 읽고, 물음에 답하시오.

To my delight, it worked! I will never forget how deeply moved and excited my family and I were when we first saw my device ⓐ (detect) my grandfather's wandering. At that moment, I was struck by what I could do for people, using my knowledge and skills. Now I am making more sensors to donate to nursing homes for Alzheimer's patients.

(A) <u>What</u> I really wanted to tell you today is that your knowledge and skills, whatever they are, can be used ⓑ (help) others. It's exciting to imagine (B) <u>what</u> would happen if all of us were to join in to help others with what we can and like to do best. I don't know exactly what such a world would look like, but I'm certain it would be a much better world.

22 윗글의 괄호 ⓐ, ⓑ의 알맞은 형태가 바르게 짝지어진 것은?

① detect — helping　　② detected — to help
③ detecting — helping　④ to detect — helping
⑤ detecting — to help

23 윗글의 밑줄 친 (A), (B)와 쓰임이 같은 것을 각각 〈보기〉에서 고르시오.

① I didn't know <u>what</u> his last name was.
② Music is <u>what</u> helps me most when I'm depressed.
③ He asked his friend <u>what</u> he should bring to the party.
④ <u>What</u> that kid needs is some love and affection.

주관식
24 다음 영영풀이에 해당하는 단어를 본문에서 찾아 쓰시오.

a piece of equipment used for discovering the presence of light, heat, movement, etc.

25 (A), (B), (C)의 각 네모 안에서 어법에 맞는 표현으로 가장 적절한 것은?

To make this system work, I made a small wireless circuit with a thin film sensor (A) attaching / attached to it. This circuit (B) plants / is planted in a sock or a shoe. When the patient steps out of bed, the pressure causes the system to send an alert to a smartphone application (C) that / where I also programmed.

	(A)	(B)	(C)
①	attaching	plants	that
②	attaching	is planted	where
③	attached	plants	that
④	attached	is planted	that
⑤	attached	is planted	where

Lesson 03 서술형 평가

1 다음 글을 읽고, 물음에 답하시오.

Once I started high school, I took action. The idea was to spread kindness by posting notes with positive messages all over the school. I spent an entire weekend making positive notes, such as "You're amazing!" and "You are worth more than you think!" The following Monday I put them up around the school, and named my campaign "Positive Post-It Day."

Guess what happened next. I was scolded for making a mess! But don't be disappointed yet. It didn't take long before the campaign gained attention and support. To my surprise, teachers also agreed to make it official, and friends joined me to create an SNS page for the campaign. We are now getting support from people all over the world. Positive and powerful words are taking the place of negative and hateful ones in our school, in our community, and in the world.

What I learned from this experience is that there is something we ordinary teenagers can do to contribute to making a better world. No matter how simple it is, it can bring a change to our family, school, and community. My friends and I are looking forward to spreading our positive sticky note messages over the entire world next year. Why don't you join us?

(1) What campaign did the writer start?

_____

(2) What is the main idea of the passage? Write in Korean.

_____

2 〈보기〉에 주어진 동사를 사용하여 'I'가 고안한 경보 시스템의 작동 원리를 완성하시오.

I really wanted to help my grandfather. So I set out to design a wireless system that triggers an alert on a caregiver's smartphone when a patient steps out of bed.

To make this system work, I made a small wireless circuit with a thin film sensor attached to it. This circuit is planted in a sock or a shoe. When the patient steps out of bed, the pressure causes the system to send an alert to a smartphone application that I also programmed.

How the Alert System Works

A wireless circuit with a sensor _____ to it _____ in a sock or a shoe of the patient.

⬇

Pressure made on the sock or the shoe by the patient's step _____ an alert to a smartphone application of the caregiver.

⬇

The caregiver wakes up and _____ the patient to where he or she wants to go.

보기	accompany	send	place	attach

LESSON 4

Some Like It Cold, Some Like It Hot

Functions in Use

▶ 음식 권하기
   Would you like something to eat?
▶ 알고 있는지 묻기
   Have you heard about *Naju gomtang*?

Structures in Use

▶ 「with+명사+분사」
   With the summer progressing, the weather kept getting hotter.
▶ 동격의 of
   The idea of eating *samgyetang* sounded good.

Words & Expressions

WORDS

- [ ] **alternate** [ɔ́:ltərnit] 통 번갈아 하다, ~의 사이를 오락가락하다
- [ ] **amazement** [əméizmənt] 명 놀라움
- [ ] **approach** [əpróutʃ] 통 다가오다, 접근하다
- [ ] **attain** [ətéin] 통 이루다, 획득하다
- [ ] **balance** [bǽləns] 통 균형을 이루다 명 균형, 조화
- [ ] **batter** [bǽtər] 명 반죽
- [ ] **beat** [bi:t] 통 이기다
- [ ] **benefit** [bénəfit] 명 혜택, 이득, 효능
- [ ] **besides** [bisáidz] 전 ~ 외에, ~에 더하여
- [ ] **boil** [bɔil] 통 끓다
- [ ] **breath** [breθ] 명 숨결, 호흡
- [ ] **breeze** [bri:z] 명 산들바람, 미풍
- [ ] **broth** [brɔ(:)θ] 명 묽은 수프, 국물
- [ ] **chill** [tʃil] 통 차게 식히다, 차게 해서 내다, (음식물을) 냉장하다
- [ ] **common** [kámən] 형 흔한, 공통적인
- [ ] **complete** [kəmplí:t] 형 완전한, 전부의 통 완료하다, 끝마치다
- [ ] **contain** [kəntéin] 통 포함하다, 함유하다
- [ ] **convenient** [kənví:njənt] 형 편리한
- [ ] **cucumber** [kjú:kʌmbər] 명 오이
- [ ] **cure** [kjuər] 명 치료법, 치료제
- [ ] **degree** [digrí:] 명 정도, (각도 · 온도의 단위인) 도
- [ ] **diverse** [divə́:rs] 형 다양한
- [ ] **entire** [intáiər] 형 전체의
- [ ] **garlic** [gáːrlik] 명 마늘
- [ ] **ginseng** [dʒínseŋ] 명 인삼
- [ ] **glance** [glæns] 명 흘깃 봄
- [ ] **global** [glóubəl] 형 세계적인, 지구의(globalize 통 세계화하다)
- [ ] **grilled** [grild] 형 구운, 그을은
- [ ] **herbal** [hə́:rbəl] 형 허브의, 약초의
- [ ] **ingredient** [ingrí:diənt] 명 재료

- [ ] **investigate** [invéstəgèit] 통 조사[수사]하다, 연구하다
- [ ] **local** [lóukəl] 형 지역의, 현지의
- [ ] **logical** [ládʒikəl] 형 논리적인
- [ ] **melt** [melt] 통 녹다
- [ ] **mustard** [mʌ́stərd] 명 겨자
- [ ] **noodle** [nú:dl] 명 면, 국수
- [ ] **oily** [ɔ́ili] 형 기름기 많은, 기름투성이의
- [ ] **part** [pɑːrt] 통 헤어지다 명 부분, 역할
- [ ] **pepper** [pépər] 명 후추, 고추
- [ ] **philosophy** [filásəfi] 명 철학
- [ ] **progress** [prágres] 통 (시간이) 경과하다, 진행되다
- [ ] **reasonable** [rí:zənəbl] 형 이상적인, 합리적인, 적당한
- [ ] **recipe** [résəpi:] 명 조리법
- [ ] **refreshed** [rifréʃt] 형 (기분이) 상쾌한
- [ ] **refreshing** [rifréʃiŋ] 형 신선한, 상쾌하게 하는
- [ ] **relaxing** [rilǽksiŋ] 형 느긋하게 하는, 편한
- [ ] **research** [risə́:rtʃ] 통 조사[연구]하다 명 연구, 조사
- [ ] **smoky** [smóuki] 형 연기가 자욱한, 훈제 맛이 나는
- [ ] **specialize** [spéʃəlàiz] 통 전문으로 하다, 전공하다
- [ ] **spice** [spais] 명 양념, 향신료
- [ ] **steam** [sti:m] 명 증기, 수증기
- [ ] **stuff** [stʌf] 통 채우다
- [ ] **suit** [sjuːt] 통 맞다, 적합하다, 어울리다
- [ ] **support** [səpɔ́:rt] 통 (사실임을) 뒷받침하다, 지지하다
- [ ] **sweat** [swet] 통 땀을 흘리다
- [ ] **tender** [téndər] 형 부드러운, (음식이) 연한
- [ ] **topping** [tápiŋ] 명 토핑, 고명
- [ ] **version** [və́:rʒən] 명 형태, 설명, 변형
- [ ] **well-known** [wélnóun] 형 잘 알려진
- [ ] **wisdom** [wízdəm] 명 지혜

EXPRESSIONS

- [ ] **according to** ~에 따르면, ~에 의하면
- [ ] **as well as** ~뿐만 아니라 …도
- [ ] **be in need of** ~가 필요하다
- [ ] **breathe out** 숨을 내쉬다
- [ ] **commit to** ~에 전념하다
- [ ] **drop into** ~에 들르다
- [ ] **freshen up** 상쾌하게 하다, 새롭게 하다

- [ ] **in honor of** ~을 기념하여
- [ ] **make sense** 의미가 통하다, 이해가 되다
- [ ] **needless to say** 말할 필요도 없이
- [ ] **specialize in** ~을 전문으로 하다
- [ ] **stare at** ~을 응시하다
- [ ] **top ~ with ...** ~에 …을 올리다
- [ ] **turn out** ~인 것으로 드러나다[밝혀지다]

▶ 정답과 해설 p.162

1 다음 영어는 우리말로, 우리말은 영어로 쓰시오.

(1) global _____
(2) beat _____
(3) philosophy _____
(4) tender _____
(5) ingredient _____
(6) investigate _____
(7) alternate _____
(8) benefit _____
(9) balance _____
(10) broth _____

(11) 포함하다, 함유하다 _____
(12) 양념, 향신료 _____
(13) 치료법, 치료제 _____
(14) 산들바람, 미풍 _____
(15) 땀을 흘리다 _____
(16) 마늘 _____
(17) 논리적인 _____
(18) 편리한 _____
(19) 전문으로 하다 _____
(20) 지혜 _____

2 다음 우리말과 일치하도록 빈칸에 알맞은 말을 쓰시오.

(1) I meditate every morning to _____ _____ my mind.
(나는 매일 아침 마음을 새롭게 하기 위해 명상을 한다.)

(2) The area is having a drought, so it is _____ _____ _____ rain.
(그 지역은 가뭄을 겪고 있어서 비가 필요하다.)

(3) _____ _____ _____, my family is the most precious thing to me.
(말할 필요도 없이, 나의 가족은 내게 가장 소중하다.)

- meditate 명상하다

- drought 가뭄

- precious 귀중한, 값비싼, 소중한

3 다음 밑줄 친 단어와 바꿔 쓸 수 있는 것을 고르시오.

(1) She is a <u>well-known</u> animal rights activist and hosts a talk show on TV.
① notorious ② famous ③ familiar
④ common ⑤ anonymous

(2) The rooms are <u>stuffed</u> with antiques and priceless treasures.
① dealt ② filled ③ littered
④ shared ⑤ decorated

(3) I had a chance to meet people from <u>diverse</u> cultures on my journey.
① various ② unlike ③ indifferent
④ unusual ⑤ awesome

- animal rights activist 동물 권리 보호 운동가
- host (TV · 라디오 프로를) 진행하다
- antique 골동품
- treasure 보물

- journey 여행

4 다음 밑줄 친 부분에 유의하여 다음 문장을 우리말로 옮기시오.

(1) I know a nice restaurant <u>specializing in</u> vegetarian dishes.
→ _____

(2) My sister can play the piano <u>as well as</u> string instruments.
→ _____

(3) The news report about the explosion <u>turned out</u> to be false.
→ _____

- string instrument 현악기

음식 권하기	**Would you like** something to eat?

Would you like ~?는 '~을 드시겠어요?'라는 뜻으로, 음식을 권할 때 쓰는 표현이다. like 뒤에는 권하고 싶은 음식 이름이 이어진다. 상대방의 음식 권유를 수락할 때는 Yes, please.로, 음식 권유를 거절할 때는 No, thanks. I'm full. 등으로 대답한다.

A: **Would you like** apple pie for dessert? (디저트로 애플파이 좀 드실래요?)
B: Yes, please. I'd love some. (네, 주세요. 조금 먹고 싶네요.)

Expressions⁺ 그 밖에 음식을 권할 때 쓰는 표현으로는 Try[Have] some ~ / Do you want ~? / Would you like to have[try] ~? / Why don't you have ~? / Help yourself to ~ 등이 있다.

• **Do you want** some fried chicken? (프라이드 치킨 좀 드실래요?)
• **Why don't you have** some ice cream? (아이스크림 좀 먹어 보지 그래?)
• **Would you like to try** my steak? (제 스테이크 좀 드셔 보실래요?)
• **Help yourself to** some cookies. (쿠키 좀 드세요.)

▶ 정답과 해설 p.162

Check Up

1 다음 대화의 빈칸에 알맞은 말을 쓰시오.

> A: Mom, I'm hungry. Is there anything to eat?
> B: We have potato pizza. _____ _____ _____ some?
> A: Yes, please.

2 다음 중 의도하는 바가 나머지 넷과 다른 것은?

① Try some fruit salad.
② Do you want some fruit salad?
③ Help yourself to some fruit salad.
④ Can I have some more fruit salad?
⑤ Why don't you have some fruit salad?

3 주어진 말에 이어질 대화의 순서를 바로 잡으시오.

> A: Would you like some tea or coffee?
> ⓐ Yes, please. I'd love some.
> ⓑ Would you like some cookies, too?
> ⓒ Of course. Would you like some orange juice?
> ⓓ No, thanks. Just orange juice is fine.
> ⓔ Thank you, but could I have a cold drink?

→ _____

Have you heard about *Naju gomtang*?

Have you heard about ~?은 '~에 대해 들어 본 적 있니?'라는 의미로, 상대방에게 어떤 것에 대한 정보나 지식을 알고 있는지 물을 때 사용하는 표현이다. heard 다음에 about 대신 of를 쓰기도 하며, 물어본 것에 대해 알고 있을 때는 Yes, I have., 모를 때는 No, I haven't.로 대답한다.

A: **Have you heard about** *samgyeopsal*? (삼겹살에 대해 들어 본 적 있니?)
B: No, I haven't. What's that? (아니, 없어. 그게 뭐야?)

Expressions⁺ 비슷한 의미의 표현으로는 Do you know about ~? / Have you been told anything about ~? / Do you happen to know about ~? / I'm wondering whether[if] you've heard about ~ 등이 있다.

- A: **Do you know about** YOLO? ('욜로'에 대해 아니?)
  B: YOLO? What's that? (욜로? 그게 뭔데?)
- A: **I'm wondering whether you've heard about** *hanbok*?
  (네가 한복에 대해서 들어 본 적 있는지 궁금해.)
  B: No, I haven't. Tell me more about it. (아니, 못 들어 봤어. 그것에 대해 더 말해 봐.)

▶ 정답과 해설 p.162

Check Up

1 다음 괄호 안의 말을 바르게 배열하여 대화를 완성하시오.

A: (new, have, about, Korean, the, heard, you, restaurant) near here?
  It just opened last month.
B: Yes, I have. I heard that it's famous for Korean barbecue.

2 다음 대화의 빈칸에 알맞은 것을 모두 고르면?

A: What's your favorite Korean food?
B: _____ I like it best.
A: I like it, too. It tastes very good.

① Will you have *memil guksu*?　　② Have you heard of *memil guksu*?
③ Have you tried any Korean foods?　　④ Do you know about *memil guksu*?
⑤ Would you like some Korean food?

3 주어진 우리말과 일치하도록 빈칸에 알맞은 말을 쓰시오.

(1) _____ _____ _____ _____ anything about *Yeongdeok Daege*?
  (영덕 대게에 대해서 들은 것이 있니?)

(2) I'm wondering _____ _____ _____ about driverless cars.
  (네가 무인 자동차에 대해 들어 본 적 있는지 궁금해.)

Structures in Use

「with+명사+분사」 **With the summer progressing**, the weather kept getting hotter.

「with+명사+분사」는 '~가 …한 채로'라고 해석되는 분사구문의 한 형태로 부대상황을 나타낸다. 즉, 주절의 동작에 동반되는 상태 또는 동작을 설명하여 주절에 대해 부가적으로 함께 일어나는 일을 나타낸다.

❶ 「with+명사+분사」 구문에서 분사는 명사의 동작이나 상태를 설명해 주는데, 명사와 분사가 능동 관계이면 현재분사(v-ing)를, 수동의 관계이면 과거분사(v-ed)를 쓴다.

With the deadline approaching, I hastily prepared my essay.
(마감일자가 다가와서 나는 서둘러서 내 에세이를 작성했다.)

I saw a man standing at the gate **with his arms crossed**.
(나는 한 남자가 팔짱을 낀 채로 문에 서 있는 모습을 보았다.)

❷ 「with+명사+현재분사」 구문에서 명사와 현재분사(v-ing)는 능동의 관계이므로 주어와 술어로 풀이할 수 있다.

Susan watched the movie **with her tears falling**. (Susan은 눈물을 흘리며 그 영화를 봤다.)

cf. 「with+명사+분사」 구문에서 분사 대신에 형용사나 부사구를 쓸 수도 있다. 이때 형용사나 부사구 앞에 being이 생략된 것으로 볼 수 있다.

We lay in d **with the window (being) open**. (우리는 창문을 열어 놓은 채로 침대에 누웠다.)

He was sleeping on the sofa **with his legs (being) on the table**.
(그는 테이블 위에 다리를 올린 채로 소파에서 자고 있었다.)

▶ 정답과 해설 p.162

Check Up

1 다음 괄호 안에서 어법상 알맞은 것을 고르시오.

(1) Don't speak (in / with) your mouth full.

(2) The dog rushed toward him with its tail (wagging / wagged).

(3) She listened to classical music with her arms (folding / folded).

2 다음 우리말과 일치하도록 괄호 안의 단어를 바르게 배열하시오.

(1) 그 아이는 모자를 쓴 채로 잠이 들었다.
  → The child fell asleep (on, his, with, hat).

(2) Longman 씨는 눈을 감은 채로 그의 과거를 회상했다.
  → Mr. Longman looked back on his past, (his, closed, with, eyes).

(3) Jenny는 그녀의 개가 그녀를 뒤따르게 한 채로 산책하러 나갔다.
  → Jenny went out for a walk, (her, following, with, dog, her).

3 다음 문장에서 어법상 어색한 부분을 찾아 바르게 고치시오.

(1) He sat reading, with his cat dozed in front of the fire.

(2) She was sleeping on the sofa with the radio turning on.

(3) The kid came into the classroom, with his shoes covering in mud.

동격의 of	**The idea of eating *samgyetang* sounded good.**

추상적인 개념을 나타내는 명사인 belief, chance, dream, idea, hope, news, opinion, possibility, thought 뒤에 이 명사의 의미를 보충 설명하거나 바꾸어 말하기 위해 사용하는 of가 이끄는 전치사구가 나올 경우, 이는 앞의 추상명사와 동격 관계를 나타낸다.

He gave up **the idea of entering college**. (그는 대학을 가겠다는 생각을 단념했다.)
She had finally achieved **her dream of winning an Olympic gold medal**.
(그녀는 올림픽 금메달을 따겠다는 그녀의 꿈을 마침내 이루었다.)

cf. 동격절을 이끄는 접속사 that
접속사 that은 앞의 명사의 의미를 보충 설명하거나 바꾸어 말하기 위해 사용하는 동격의 명사절을 이끌기도 하는데, fact, idea, news, opinion 등의 명사 다음에 that절이 쓰이는 경우가 주로 이에 해당한다. 동격절을 이끄는 접속사 that은 뒤에 「주어+동사」의 완전한 문장이 따라오고 that을 생략할 수 없음에 유의한다.

I'll take into consideration **the fact that you were sick**. (나는 네가 아팠다는 사실을 참작할 것이다.)
I just heard **the news that there was an earthquake in Nepal**.
(나는 네팔에 지진이 났다는 소식을 막 들었다.)

▶ 정답과 해설 p.163

Check Up

1 다음 우리말과 같은 의미가 되도록 〈보기〉에서 알맞은 말을 골라 문장을 완성하시오.

보기	news	dream	habit	hope

(1) 그 프로젝트에 대해 재정적인 지원을 받을 희망이 있나요?
→ Is there any _____ _____ getting financial support for the project?

(2) 나는 긴장하면 손톱을 물어뜯는 버릇이 있다.
→ I have _____ _____ _____ biting my fingernails when I'm nervous.

(3) 우리는 태풍이 이 지역을 곧 강타할 것이라는 소식을 들었다.
→ We heard _____ _____ _____ a typhoon would hit this region soon.

2 다음 두 문장이 같은 의미가 되도록 빈칸에 알맞은 말을 쓰시오.

We are considering the possibility that we may provide a new class for advanced students.
= We are considering the possibility _____ _____ a new class for advanced students.

3 밑줄 친 부분에 유의하여 다음 문장을 우리말로 옮기시오.

(1) Some people have a belief that aliens exist on other planets.
(2) Endangered species have a good chance of becoming extinct if they aren't protected.

Reading Test

1 다음 글의 빈칸 (A), (B)에 들어갈 말로 가장 적절한 것은?

From this old man, I learned that *naengmyeon* is wonderfully diverse, but that the two main versions are *mulnaengmyeon*—water chilled noodles, and *bibimnaengmyeon*—mixed chilled noodles. When you want something cool and refreshing, go for *mulnaengmyeon*. When you want something a little drier and spicier, try *bibimnaengmyeon*.

Naengmyeon, _____(A)_____, is not complete without its cold noodles being topped with hot spices. The real taste of *mulnaengmyeon* comes out when the noodles are topped with mustard sauce, and that of *bibimnaengmyeon* when the noodles are served with a red pepper sauce. _____(B)_____, it's not just the coldness of the noodles, but the heat from peppers that Koreans have used for centuries to beat the summer heat.

	(A)		(B)
①	therefore	·····	Thus
②	therefore	·····	Furthermore
③	however	·····	Instead
④	Nevertheless	·····	Likewise
⑤	however	·····	Thus

- **furthermore** 게다가, 더욱이
- **instead** 그 대신에
- **nevertheless** 그럼에도 불구하고

2 다음 글에 드러난 필자의 심경 변화로 가장 적절한 것은?

I turned the chicken around and investigated it, looking for the most logical place to begin. Still not knowing, I alternated between tender chicken, rice, and broth. I ate every drop. Damil wasn't far behind me, and between the two of us, we ate the entire dish of *kimchi*, two peppers each and a whole lot of cucumbers. Needless to say, we filled the bone bucket with the empty chicken bones.

We cleaned each dish on the table and stared at each other in amazement. There we were, sweating, full and happy. Then we looked around. We were not alone. The whole restaurant was filled with people, eating and sweating, sweating and eating. There wasn't an unhappy face to be seen.

① curious → pleased
② curious → disappointed
③ upset → proud
④ unsatisfied → annoyed
⑤ fearful → embarrassed

- **annoyed** 짜증난
- **fearful** 두려운
- **embarrassed** 당황한

3 (A), (B), (C)의 각 네모 안에서 어법에 맞는 표현으로 가장 적절한 것은?

The idea of eating *samgyetang* sounded good, but I didn't want to try it all alone. So I asked my friend Damil to join me, and then I committed to the experience. After researching nearby restaurants, I decided on one specializing in this soup. When we arrived, the owner of the restaurant gave us a broad, curious smile, and showed us to a table (A) covering / covered with *kimchi*, hot green peppers, and red pepper sauce. Within minutes, two boiling bowls (B) placed / were placed on our table. With a delight only matched by children on Christmas morning, I blew on the soup to part the steam and catch my first glance of this tasty treat: a whole young chicken stuffed with ginseng, garlic, and rice, served in a clear broth. It all made sense now. I finally understood the old man's wisdom. The ingredients (C) using / used in *samgyetang* would take my summer blues away.

	(A)	(B)	(C)
①	covering	placed	using
②	covering	were placed	used
③	covered	placed	using
④	covered	were placed	using
⑤	covered	were placed	used

4 다음 글에서 전체 흐름과 관계 <u>없는</u> 문장은?

As we left the restaurant, I felt a breath of fresh air. Whether the wind was real or imagined, and whether the benefit of the soup was real or imagined, I felt truly refreshed. ① With that feeling came a sudden understanding of the 'fight fire with fire' wisdom: enjoy something really hot, let the body breathe out, and find yourself refreshed in a breeze. ② With the summer progressing, the weather kept getting hotter. ③ Finally, Seoul's summer heat felt as cool and fresh as the late fall in Los Angeles. ④ Damil and I didn't go home right away. ⑤ We stayed around to enjoy the summer evening, laughing and talking about another 'fight fire with fire' experience—the chance of enjoying spicy *ramyeon* after taking a boiling bath at a hot spring.

1 대화를 듣고, 남자의 마지막 말에 대한 여자의 응답으로 가장 적절한 것을 고르시오.

Woman: _____

① No, thanks. I am full now.
② Well, I've just had oily chicken.
③ No, this is not what we asked for.
④ No, that will be all for now, thanks.
⑤ I prefer some less oily food and a low-calorie drink.

2 대화를 듣고, 두 사람이 하는 말의 주제로 가장 적절한 것을 고르시오.

① why foreigners like Korean foods
② the most well-known Korean foods
③ how to cook Korean food at home
④ obstacles to globalizing Korean foods
⑤ a newly opened global Korean restaurant

3 'Unbelievable Kimchi'에 관한 다음 내용을 듣고, 일치하지 않는 것을 고르시오.

① 다양한 김치 요리를 맛볼 수 있는 식당이다.
② 이 식당은 Mirae Street에 위치해 있다.
③ 찌개, 찜, 볶음밥, 국수, 파전을 먹을 수 있다.
④ 식당은 일주일 내내 문을 연다.
⑤ 식당 영업시간은 오전 11시부터 오후 9시까지이다.

4 다음 설명의 빈칸에 알맞은 것은?

If you _____ something such as food or drink, it becomes very cold but does not freeze.

① order   ② chill
③ attain   ④ serve
⑤ alternate

5 다음 세 문장의 빈칸에 공통으로 알맞은 것은?

• Exercise has become _____ of my daily routine.
• They _____ed, promising to meet again in the future.
• Parents play a significant _____ in the habit formation of their children.

① role   ② deal
③ part   ④ support
⑤ benefit

6 다음 중 나머지 넷을 포괄하는 단어는?

① salt   ② pepper
③ mustard   ④ cinnamon
⑤ spice

7 밑줄 친 부분의 우리말 뜻이 잘못 짝지어진 것은?

① This house is in need of repair. (~가 필요하다)
② We ended up having to postpone our vacation. (결국 ~하게 되었다)
③ They specialize in cosmetics, but they also sell accessories. (~을 전문으로 하다)
④ It turned out drugs had nothing to do with his death. (생산되었다)
⑤ They own a house in France as well as a villa in Spain. (~뿐만 아니라 …도)

주관식

8 주어진 우리말과 일치하도록 빈칸에 알맞은 말을 쓰시오.

_____ _____ newspaper reports, more than 100 people have died of the disease in Mexico since April.
(신문 보도에 따르면, 4월 이래로 100명이 넘는 사람들이 멕시코에서 이 병으로 사망했다고 한다.)

[9~13] 다음 글을 읽고, 물음에 답하시오.

The idea ⓐ of eating *samgyetang* sounded good, but I didn't want to try it all alone. ___(A)___ I asked my friend Damil to join me, and then I committed to the experience. ___(B)___ researching nearby restaurants, I decided on (C) one specializing in this soup. When we arrived, the owner of the restaurant gave us a broad, curious smile, and showed us to a table ⓑ covered with *kimchi*, hot green peppers, and red pepper sauce. Within minutes, two boiling bowls were placed on our table. With a delight only ⓒ matched by children on Christmas morning, I blew on the soup to part the steam and catch my first glance of (D) this tasty treat: a whole young chicken ⓓ stuffed with ginseng, garlic, and rice, served in a clear broth. It all ⓔ made sense now. I finally understood the old man's wisdom. The ingredients ⓕ used in *samgyetang* would take my summer blues away.

9 윗글의 밑줄 친 ⓐ와 같은 용법으로 쓰인 것은?

① Two of the guests are vegetarians.
② Avocado salad is a favorite of mine.
③ *Sunflowers* is one of his best known paintings.
④ She showed me some photographs of her family.
⑤ I had no thought of gaining any personal advantage.

10 윗글의 빈칸 (A), (B)에 들어갈 말로 가장 적절한 것은?

	(A)		(B)
①	So	·····	After
②	Yet	·····	Before
③	So	·····	Despite
④	Instead	·····	After
⑤	Instead	·····	While

11 윗글의 밑줄 친 (C), (D)가 가리키는 것이 바르게 짝지어진 것은?

① idea — steam
② restaurant — *samgyetang*
③ experience — steam
④ restaurant — *kimchi*
⑤ experience — *samgyetang*

12 윗글의 밑줄 친 ⓑ~ⓕ 중 쓰임이 나머지 넷과 다른 것은?

① ⓑ   ② ⓒ   ③ ⓓ   ④ ⓔ   ⑤ ⓕ

13 다음 영영 뜻풀이에 해당하는 표현을 윗글에서 찾아 문장을 완성하시오.

- to have a clear meaning and be easy to understand
- to be a sensible thing to do

→ If something doesn't _____, please tell me.

14 다음 문장에서 어법상 틀린 부분을 찾아 바르게 고쳐 쓰시오.

(1) The road joined the two villages is very narrow.

(2) Bogart starred in the movie *Casablanca*, that was made in 1942.

(3) I flew to a tropical island with my bathing suit packing.

[15~16] 다음 글을 읽고, 물음에 답하시오.

When we parted, the wise old man told me that a real 'fight fire with fire' experience comes with *samgyetang* in the very middle of summer. Later, _____ⓐ_____, the weather kept getting hotter. So I decided to try out my newly attained cultural wisdom, and walked outside along the hot street ⓑ to find Mr. Kim's cure all, *samgyetang*.

15 윗글의 빈칸 ⓐ에 들어갈 말로 알맞은 것은?

① with the summer progressing
② with the summer progressed
③ despite the summer progressing
④ as the summer progresses
⑤ as the summer progressing

16 윗글의 밑줄 친 ⓑ와 쓰임이 같은 것은?

① Now is the best time to watch stars.
② You are to finish the work by eight today.
③ I expect to see your family someday soon.
④ It isn't healthy to eat a lot of greasy foods.
⑤ You should do these exercises to strengthen your arms.

17 다음 글의 빈칸에 들어갈 말로 가장 적절한 것은?

From this old man, I learned that *naengmyeon* is wonderfully diverse, but that the two main _____ are *mulnaengmyeon* —water chilled noodles, and *bibimnaengmyeon* —mixed chilled noodles. When you want something cool and refreshing, go for *mulnaengmyeon*. When you want something a little drier and spicier, try *bibimnaengmyeon*.

① aims   ② versions
③ concerns   ④ purposes
⑤ characteristics

[18~19] 다음 글을 읽고, 물음에 답하시오.

What else do you expect in summer in Seoul, ① besides the long days and hot, sleepless nights? It was summer again in Korea, and I ② was melting like an ice cream in a child's hand on Seoul's hot summer streets. ③ Regrettably, in the middle of the city, I found the perfect thing to ④ freshen me up and met the perfect person to ⑤ help me out. After taking a relaxing walk along the back streets of Jongno, I happened to ⓐ drop into a noodle shop, enjoyed their cold noodles, and met a kind old man.

18 윗글의 밑줄 친 ①~⑤ 중, 문맥상 낱말의 쓰임이 적절하지 않은 것은?

19 윗글의 밑줄 친 ⓐ와 바꿔 쓸 수 있는 것은?

① get on   ② pick up   ③ stop by
④ run into   ⑤ call off

20 다음 글의 빈칸 (A), (B)에 알맞은 말이 바르게 짝지어진 것은?

"We enjoy cold noodles when the summer heat arrives," Mr. Kim said. He also told me that we are healthy only when the degree of coldness and hotness of our body is balanced. This is exactly ___(A)___ I read about in a book on Korean culture and philosophy: When our yin and yang are out of balance, our body is in need of a good tune up. "Of course, during summer in Korea, that is often easier said than done, and that's ___(B)___ we have cold noodles in summer," he added.

	(A)		(B)
①	why	·····	how
②	what	·····	why
③	that	·····	why
④	what	·····	because
⑤	which	·····	because

[21~23] 다음 글을 읽고, 물음에 답하시오.

Naengmyeon, however, is not complete without its cold noodles being topped with hot spices. The real taste of *mulnaengmyeon* comes out when the noodles are topped with mustard sauce, and ⓐ <u>that of *bibimnaengmyeon* when the noodles are served with a red pepper sauce.</u> Thus, it's not just the coldness of the noodles, but the heat from peppers ⓑ <u>that</u> Koreans have used for centuries to beat the summer heat. As the old saying 'fight fire with fire' goes, enjoying hot spices in the summer helps people stay cool, and this, interestingly, is supported by modern findings in herbal medicine: certain herbs and spices cause sweating, ____ⓒ____ naturally cools the body.

주관식

21 윗글의 밑줄 친 ⓐ에 생략되어 있는 말을 넣어 문장을 다시 쓰시오.

22 윗글의 밑줄 친 ⓑ와 쓰임이 같은 것은?
① Is it true <u>that</u> you have a girlfriend?
② I enjoy movies <u>that</u> have happy endings.
③ It was such spicy food <u>that</u> I couldn't eat it.
④ It was in New Zealand <u>that</u> Elizabeth first met Mr. Gere.
⑤ I agree with your opinion <u>that</u> we need more dialogue.

23 윗글의 빈칸 ⓒ에 들어갈 말로 알맞은 것은?
① that   ② which
③ what   ④ when
⑤ where

[24~25] 다음 글을 읽고, 물음에 답하시오.

As we left the restaurant, I felt a breath of fresh air. Whether the wind was real or imagined, and whether the benefit of the soup was real or imagined, I felt truly refreshed. With that feeling (A) coming / came a sudden understanding of the 'fight fire with fire' wisdom: enjoy something really hot, let the body (B) breathe / to breathe out, and find yourself refreshed in a breeze.

Finally, Seoul's summer heat felt as (C) cool and fresh / cooly and freshly as the late fall in Los Angeles. Damil and I didn't go home right away. We stayed around to enjoy the summer evening, laughing and talking about another 'fight fire with fire' experience—the chance of enjoying spicy *ramyeon* after taking a boiling bath at a hot spring.

24 (A), (B), (C)의 각 네모 안에서 어법에 맞는 표현으로 가장 적절한 것은?

	(A)	(B)	(C)
①	coming	breathe	cool and fresh
②	coming	to breathe	cool and fresh
③	came	breathe	cool and fresh
④	came	breathe	cooly and freshly
⑤	came	to breathe	cooly and freshly

25 윗글을 읽고 답할 수 <u>없는</u> 질문은?
① How did the writer feel after leaving the restaurant?
② Did the writer understand the 'fight fire with fire' wisdom?
③ Did the writer and Damil hurry straight back home after eating?
④ What does the writer usually do after taking a boiling bath?
⑤ What did the writer and Damil talk about after they left the restaurant?

Lesson 04 서술형 평가

1 다음 글의 밑줄 친 (A)와 (B)가 각각 가리키는 것을 찾아 우리말로 쓰시오.

> *Naengmyeon*, however, is not complete without its cold noodles being topped with hot spices. The real taste of *mulnaengmyeon* comes out when the noodles are topped with mustard sauce, and (A) <u>that</u> of *bibimnaengmyeon* when the noodles are served with a red pepper sauce. Thus, it's not just the coldness of the noodles, but the heat from peppers that Koreans have used for centuries to beat the summer heat. As the old saying 'fight fire with fire' goes, enjoying hot spices in the summer helps people stay cool, and (B) <u>this</u>, interestingly, is supported by modern findings in herbal medicine: certain herbs and spices cause sweating, which naturally cools the body.

(1) that: _____

(2) this: _____

2 다음 글의 빈칸에 알맞은 말을 넣어 좋아하는 식당에 대한 후기를 완성해 보시오.

> If you like _____, drop into _____. Its best and most popular dish is _____. You will like its _____ taste a lot. What's more, the waiters are _____ and the prices are _____. I'd give this restaurant _____ stars. Isn't it great to have the chance of _____ in the neighborhood?

3 다음 글을 읽고, 밑줄 친 another 'fight fire with fire' experience의 구체적인 예를 우리말로 세 가지씩 쓰시오.

> As we left the restaurant, I felt a breath of fresh air. Whether the wind was real or imagined, and whether the benefit of the soup was real or imagined, I felt truly refreshed. With that feeling came a sudden understanding of the 'fight fire with fire' wisdom: enjoy something really hot, let the body breathe out, and find yourself refreshed in a breeze.
>
> Finally, Seoul's summer heat felt as cool and fresh as the late fall in Los Angeles. Damil and I didn't go home right away. We stayed around to enjoy the summer evening, laughing and talking about <u>another 'fight fire with fire' experience</u>—the chance of enjoying spicy *ramyeon* after taking a boiling bath at a hot spring.

_____

_____

_____

LESSON 5

We Are
What We Do

Functions in Use

▶ 걱정 표현하기
  I'm worried about soil pollution.
▶ 도덕적 의무 표현하기
  We ought to reuse things.

Structures in Use

▶ 「one of the + 최상급 형용사 + 복수명사」
  Browsing in a mall is **one of the most popular pastimes.**
▶ 「전치사 + 관계대명사」
  We are surrounded by so many ways **in which** we can shop.

Words & Expressions

WORDS

- affordable [əfɔ́ːrdəbl] 형 (가격이) 알맞은
- alter [ɔ́ːltər] 동 바꾸다, 고치다
- appeal [əpíːl] 명 매력
- bamboo [bæmbúː] 명 대나무
- bargain [báːrgin] 명 (정상 가격보다) 싸게 사는 물건
- browse [brauz] 동 (가게 안의 물건을) 둘러보다
- carbon [káːrbən] 명 탄소
- charity [tʃǽrəti] 명 자선 단체
- conservation [kànsərvéiʃən] 명 (자연환경의) 보호
- consumption [kənsʌ́mpʃən] 명 소비
- crop [krɑp] 명 농작물
- division [divíʒən] 명 (조직의) 분과
- ethical [éθikəl] 형 윤리적인, 도덕적인
- experiment [ikspérəmənt] 동 실험하다
- fiber [fáibər] 명 섬유
- fixed-up [fíkstʌ̀p] 형 수리된, 고쳐진
- footprint [fútprìnt] 명 발자국
- fringe [frindʒ] 명 술 장식, 가장자리
- garment [gáːrmənt] 명 의류
- guilty [gílti] 형 죄책감이 드는
- indifference [indífərəns] 명 무관심
- inspire [inspáiər] 동 고무하다
- latest [léitist] 형 최근의, 최신의
- launch [lɔːntʃ] 동 시작하다
- mall [mɔːl] 명 쇼핑센터
- mend [mend] 동 수리하다, 고치다
- mind [maind] 동 언짢아하다, 개의하다
- organically [ɔːrgǽnikəli] 부 유기적으로, 유기 재배로
- pastime [pǽstàim] 명 취미
- pioneer [pàiəníər] 명 개척자, 선구자
- preserve [prizə́ːrv] 동 지키다, 보호하다
- promote [prəmóut] 동 촉진하다, 홍보하다
- property [prápərti] 명 재산, 소유물, 부동산
- provide [prəváid] 동 제공하다
- publicize [pʌ́blisàiz] 동 알리다, 홍보하다
- renewable [rinjúːəbl] 형 (천연자원 등이) 재생 가능한
- resist [rizíst] 동 저항하다
- retail [ríːtèil] 형 소매의, 소매를 하는
- reusable [riúːzəbl] 형 재사용할 수 있는
- reward [riwɔ́ːrd] 동 보상하다
- second-hand [sékəndhǽnd] 형 중고의
- seek [siːk] 동 찾다, 추구하다
- shade [ʃeid] 명 (눈을 가리는 데 쓰는) 차광알, 색조
- source [sɔːrs] 동 (특정한 곳에서) 얻다
- sustainable [səstéinəbl] 형 지속 가능한
- thrill [θril] 명 흥분, 설렘
- trendy [tréndi] 형 최신 유행의
- wardrobe [wɔ́ːrdroub] 명 옷장

EXPRESSIONS

- aim to ~을 목표로 하다
- at the same time 동시에
- be aware of ~을 인식하다
- be concerned about ~에 대해 걱정하다
- be surrounded by ~에 둘러싸이다
- be worried about ~에 대해 걱정하다
- can afford to (경제적으로) ~할 여유가 있다
- care for ~을 보살피다, ~을 돌보다
- come up with (아이디어를) 떠올리다, 제안하다
- cut down on ~을 줄이다, ~을 삭감하다
- dig out 파내다
- go green 친환경적이 되다
- in fact 사실
- inside out 뒤집어서, 안팎으로
- keep ~ in mind ~을 명심하다, ~을 잊지 않다
- make every effort to ~하려고 온갖 노력을 하다
- make sure to 반드시 ~하다
- sound like ~처럼 들리다
- take responsibility for ~에 책임을 지다
- take up ~을 차지하다

▶ 정답과 해설 p.168

1 다음 영어는 우리말로, 우리말은 영어로 쓰시오.

(1) alter _____

(2) carbon _____

(3) fiber _____

(4) garment _____

(5) launch _____

(6) mend _____

(7) pastime _____

(8) wardrobe _____

(9) mall _____

(10) browse _____

(11) 대나무 _____

(12) 자선 단체 _____

(13) 발자국 _____

(14) 재생 가능한 _____

(15) 소매의 _____

(16) 보상하다 _____

(17) 윤리적인, 도덕적인 _____

(18) 소비 _____

(19) 개척자, 선구자 _____

(20) 무관심 _____

2 다음 빈칸에 공통으로 들어갈 말을 쓰시오.

(1) _____ fact, I've never traveled abroad.

Please keep _____ mind what I said.

(2) You should take responsibility _____ your actions.

He helped me to care _____ the people in that area.

3 짝지어진 단어들의 관계가 같도록 빈칸에 알맞은 말을 쓰시오.

(1) sustain : sustainable = afford : _____

(2) preserve : conserve = clothes : _____

(3) promote : promotion = consume : _____

4 다음 문장의 밑줄 친 단어와 바꿔 쓸 수 있는 것을 고르시오.

(1) I am <u>worried</u> about water shortages.

① aware   ② responsible   ③ concerned

④ crazy   ⑤ surrounded

(2) We should <u>cut down on</u> food waste.

① reduce   ② reuse   ③ resist

④ reward   ⑤ renew

5 밑줄 친 부분에 유의하여 다음 문장을 우리말로 옮기시오.

(1) While taking a walk, he <u>came up with</u> a good idea.

→ _____

(2) Don't try to do different tasks <u>at the same time</u>.

→ _____

(3) The old church <u>is surrounded by</u> a lot of trees.

→ _____

Functions in Use

I'm worried about soil pollution.

I'm worried about ~는 '나는 ~이 걱정스럽다'라는 뜻으로, 현재의 상황이나 앞으로 일어날 일에 대한 우려를 말할 때 쓰는 표현이다. about 뒤에는 명사(구)가 온다.

A: **I'm worried about** the so-called greenhouse effect. (나는 소위 말하는 온실 효과가 걱정스러워.)

B: Me, too. I think we should do something to cut down on greenhouse gases.
   (나도 그래. 나는 온실가스를 줄이기 위해 우리가 무언가 해야 한다고 생각해.)

Expressions⁺ 걱정을 표현할 때 쓸 수 있는 다른 표현으로는 I'm concerned about ~ / I'm anxious about ~ / What makes me worried is (that) ~ 등이 있다. 무엇이 걱정인지 물을 때 쓸 수 있는 What are you worried [concerned, anxious] about? / What makes you worried[concerned, anxious]?도 함께 알아 두면 좋다.

• A: What are you concerned about? (너는 뭐가 걱정스럽니?)
  B: **I'm concerned about** the low birthrate. (나는 낮은 출산율이 걱정스러워.)
• A: What makes you worried? (너는 뭐가 걱정스럽니?)
  B: **What makes me worried** is the high cost of living. (높은 생활비가 나를 걱정스럽게 해.)

▶ 정답과 해설 p.168

Check Up

1 다음 대화의 빈칸에 공통으로 알맞은 말을 쓰시오.

A: Let's talk _____ the problem of endangered animals.
B: Most people are not aware of how serious it is. I'm worried _____ their indifference.

2 다음 대화의 빈칸에 들어갈 말로 어색한 것은?

A: Why do you look so worried?
B: _____

① I'm interested in helping poor people.
② I'm concerned about the job interview.
③ My dog is sick, so it makes me worried.
④ I'm very anxious about my grandpa's health.
⑤ What makes me worried is pimples on my cheeks.

3 다음 대화의 밑줄 친 우리말을 괄호 안의 말을 이용하여 영어로 쓰시오.

A: 나는 지구 온난화가 걱정스러워. (concerned, global warming)
B: Me, too.

도덕적 의무 표현하기   **We ought to** reuse things.

We ought to ~는 '우리는 ~해야 한다'라는 뜻으로, 당위적으로 해야 하는 도덕적 의무를 말할 때 쓰는 표현이다. **to** 뒤에는 동사원형이 온다.

A: Thank God, it's Friday. Let's go for a drive to the beach.
   (아, 고마워라, 금요일이야. 해변으로 드라이브 가자.)
B: All right, but **we ought to** go there by bike. (좋아, 하지만 우리는 거기에 자전거를 타고 가야 해.)

Expressions⁺ 도덕적 의무를 표현할 때 쓸 수 있는 다른 표현으로는 We should ~ / We must ~ / We have to ~ / We're supposed to ~ 등이 있다.

- **We should** keep quiet in the theater. (우리는 극장에서 조용히 해야 해.)
- **We must** protect children from danger. (우리는 위험으로부터 아이들을 보호해야 해.)
- **We have to** do our best whatever we do. (우리는 뭘 하든 최선을 다해야 해.)
- **We're supposed to** follow the directions. (우리는 지시에 따라야 해.)

▶ 정답과 해설 p.168

1 다음 대화의 빈칸에 알맞은 것은?

> A: We _____ to eat less fast food for our health.
> B: I couldn't agree more.

① must   ② should   ③ supposed
④ ought   ⑤ would like

2 다음 중 의미가 나머지 넷과 <u>다른</u> 것은?

① We must save money for rainy days.
② We should save money for rainy days.
③ We have to save money for rainy days.
④ We used to save money for rainy days.
⑤ We are supposed to save money for rainy days.

3 다음 두 문장이 같은 의미가 되도록 빈칸에 알맞은 말을 쓰시오.

> We ought to do exercise at least three times a week.
> = We _____ _____ do exercise at least three times a week.

Structures in Use

「one of the+최상급 형용사+복수명사」	Browsing in a mall is **one of the most popular pastimes.**

「one of the+최상급 형용사+복수명사」는 '가장 ~한 것들 중 하나'라는 뜻을 나타낸다.

❶ 최상급은 보통 「the+최상급 형용사+단수명사」의 형태로 쓰이지만, '가장 ~한 것들 중 하나'라는 의미를 전달할 때는 최상급 형용사 뒤에 복수명사가 온다.

A dolphin is **the cleverest animal** in the world. (돌고래는 세상에서 가장 영리한 동물이다.)
　　　　　　the+최상급 형용사+단수명사

A dolphin is **one of the cleverest animals** in the world. (돌고래는 세상에서 가장 영리한 동물들 중 하나이다.)
　　　　　　　one of the+최상급 형용사+복수명사

❷ 「one of the+최상급 형용사+복수명사」 뒤에서 비교의 범위를 나타낼 때 장소는 「in+단수명사」로, 대상은 「of+복수명사」, 자신의 경험은 「(that) 주어+have[has] ever p.p.」 등으로 다양하게 나타낼 수 있다.

Jack is one of the tallest boys **in our school**. (Jack은 우리 학교에서 가장 키가 큰 남자아이들 중 한 명이다.)

Jack is one of the tallest boys **that I've ever seen**.

(Jack은 내가 지금껏 본 중에서 가장 키가 큰 남자아이들 중 한 명이다.)

cf. 「the+서수+최상급 형용사+단수명사」는 '~ 번째로 가장 …한'이라는 의미를 나타낸다.

Canada is **the second largest country** in the world. (캐나다는 세계에서 두 번째로 큰 나라이다.)

▶ 정답과 해설 p.168

Check Up

1 다음 괄호 안에서 어법상 알맞은 것을 고르시오.

(1) Baseball is one of (more popular / the most popular) sports in the world.

(2) Daegu is one of the busiest (city / cities) in Korea.

(3) K2 is the second highest (mountain / mountains) in the world.

2 다음 우리말을 영어로 옮길 때 괄호 안의 말을 이용하여 문장을 완성하시오.

(1) La Tomatina는 세계에서 가장 유명한 축제들 중 하나이다. (famous, festival)
　→ La Tomatina is _____ in the world.

(2) 간디는 역사상 가장 위대한 인물들 중 한 명이다. (great, man)
　→ Gandhi is _____ in history.

(3) '나니아 연대기'는 내가 지금껏 읽은 중에서 가장 재미있는 책들 중 하나이다. (interesting, book)
　→ *The Chronicles of Narnia* is _____ that I've ever read.

3 다음 중 어법상 어색한 것을 고르시오.

(1) Julia is ① one of ② the most humorous ③ girl ④ in ⑤ my class.

(2) ① One of ② luckiest ③ men ④ in the world ⑤ is me!

(3) My school is ① the three ② oldest ③ building ④ in ⑤ my town.

「전치사+관계대명사」 | We are surrounded by so many ways **in which** we can shop.

목적격 관계대명사에서 관계대명사가 전치사의 목적어일 경우에는 관계대명사 앞에 전치사를 쓸 수 있다.

❶ 목적격 관계대명사는 생략할 수 있지만, 전치사가 목적격 관계대명사 앞에 온 경우에는 생략할 수 없다.

This weekend we're going to *a farm* **which** we can see many animals **in**.

= This weekend we're going to *a farm* we can see many animals **in**. (○)

= This weekend we're going to *a farm* **in** we can see many animals. (×)

(이번 주말에 우리는 많은 동물을 볼 수 있는 농장에 갈 것이다.)

❷ 목적격 관계대명사 whom은 who나 that으로, which는 that으로 쓸 수 있지만, 전치사가 목적격 관계대명사 앞에 온 경우에는 who나 that을 쓸 수 없다.

She has *two children* **who(m)** she has to care **for**. (그녀는 돌보아야 할 아이가 둘 있다.)

= She has *two children* **that** she has to care **for**. (○)

= She has *two children* **for who** she has to care. (×)

= She has *two children* **for that** she has to care. (×)

cf. 「전치사+관계대명사」 = 관계부사

「전치사+관계대명사」는 그 선행사가 장소, 시간을 나타낼 때 각각 관계부사 where, when으로 바꿔 쓸 수 있다.

I want to visit the town **in which** my dad was born. (나는 우리 아빠가 태어난 마을을 방문하고 싶다.)

= I want to visit the town **where** my dad was born.

▶ 정답과 해설 p.169

Check Up

1 다음 문장의 빈칸에 알맞은 말을 쓰시오.

(1) This church is the place _____ _____ my parents got married.

(2) Who's that girl _____ _____ Jack is looking?

(3) I remember the day _____ _____ I saw snow for the first time.

2 다음 두 문장이 같은 의미가 되도록 빈칸에 알맞은 말을 쓰시오.

(1) Paris is the city that I studied art in.
= Paris is the city in _____ I studied art.

(2) Jeff has many friends he plays with after school.
= Jeff has many friends _____ _____ he plays after school.

(3) Summer is the season in which we can have a long vacation.
= Summer is the season _____ we can have a long vacation.

3 다음 중 어법상 어색한 것을 고르시오.

(1) We ① visited ② the house ③ in that Shakespeare ④ was born ⑤ in 1564.

(2) The gallery ① which you ② saw many pictures ③ yesterday ④ was built ⑤ in 1910.

(3) ① Do you know ② the year ③ on ④ which World War II ⑤ ended?

Reading Test

1 다음 글의 빈칸에 들어갈 말로 가장 적절한 것은?

HINTS

Some popular stores are _____. Many retail clothing chains are increasing their use of organic cotton. A few stores have also experimented with recycled fibers. In the meantime, some stores are looking at ways in which they can encourage customers to recycle. In 2015, one major store attempted to improve its eco-standards by giving its customers a big discount on a new pair of jeans when they donated their old ones to be recycled.

① making a profit
② going green
③ sharing the market
④ working together
⑤ promoting a new product

- **clothing chain** 의류 체인점
- **organic cotton** 유기농 면
- **in the meantime** 한편, 그 사이에
- **attempt** 시도하다
- **donate** 기부하다

2 (A), (B), (C)의 각 네모 안에서 어법에 맞는 표현으로 가장 적절한 것은?

Most teenagers love to shop for clothes. A day out browsing in a mall is one of the most popular (A) pastime / pastimes among young people. Part of the appeal is finding the most recent fashions at affordable prices. Bagging a bargain has become a thrill in itself. At the same time, many more of us are shopping online because it is easier and cheaper than shopping at local stores. Not everyone has access to the Internet, but we are surrounded by so many ways (B) which / in which we can shop. Sometimes it is hard (C) resist / to resist buying current fashions at a lower price. This is fast fashion.

- **recent** 근래의, 최근의
- **bag** 가방에 넣다
- **in itself** 그 자체로
- **local** 지역의, 지방의
- **access** 접근
- **current** 현재의

	(A)	(B)	(C)
①	pastime	which	resist
②	pastime	in which	to resist
③	pastimes	which	resist
④	pastimes	which	to resist
⑤	pastimes	in which	to resist

3 글의 흐름으로 보아, 주어진 문장이 들어가기에 가장 적절한 곳은?

> However, chances are that you are already greener than you think.

Making the decision to be green is not really a big one. (①) It is not difficult. (②) Some people think having a green wardrobe is going to cost them more money or be too much trouble. (③) You may already have shared clothes with your friends or given your old clothes to charity. (④) Or possibly you have reused clothes instead of throwing them out. (⑤) Just add 'Reduce' to your going green list, and you will make a real difference to the environment.

HINTS

주어진 문장이 들어갈 위치를 찾는 문제의 경우, 주어진 문장에 역접이나 예시, 결과 등을 나타내는 연결사가 있는 경우가 많다. 여기서도 However 라는 역접의 연결사로 시작하므로 글의 내용이 전환되는 곳을 찾는다.

4 Poppy에 관한 다음 글의 내용과 일치하지 <u>않는</u> 것은?

Poppy is a teenager with her own blog about fashion:
"I can't afford to buy all the latest fashions because I can't earn much money at my age. So 'make do and mend' is something I like to keep in mind. Once, instead of spending my money on something new, I dug out an old garment that my grandma gave to me. Then I changed the shape a little, and like magic, I had a new one. I also love buying, altering, and wearing second-hand items because nobody else has the same things. My fixed-up clothes are unique, so nobody can copy my fashion. Best of all, I'm caring for the planet, too."

① 유행하는 옷을 모두 살 형편이 안 된다.
② 새로운 옷을 사는 데 많은 돈을 쓰지 않는다.
③ 할머니가 주신 옷을 고쳐 입었다.
④ 누구의 옷과도 다르기 때문에 중고 물품을 즐겨 산다.
⑤ 지구를 위해 좋은 일을 하고 있다고 생각한다.

내용 일치나 불일치를 묻는 문제는 선택지가 지문에 나오는 순서대로 제시되기 때문에 하나씩 대조해 가며 진위를 파악해야 한다.

1 대화를 듣고, 여자의 마지막 말에 대한 남자의 응답으로 가장 적절한 것을 고르시오.

Man: _____

① I couldn't agree more.
② That's very kind of you!
③ Yes, that sounds like a great idea.
④ We ought to reduce greenhouse gases.
⑤ I'm worried about the Use Less, Get Smart Program.

2 다음을 듣고, 여자가 하는 말의 목적으로 가장 적절한 것을 고르시오.

① 지구의 날 행사를 안내하려고
② 안 쓰는 물건을 서로 교환하도록 독려하려고
③ 친환경 비누를 소개하려고
④ 일회용 물건을 사용하지 않도록 촉구하려고
⑤ 재사용의 중요성을 강조하려고

3 대화를 듣고, 내용과 일치하지 <u>않는</u> 것을 고르시오.

① 여자는 직접 가방을 만들었다.
② 여자는 TV 프로그램에서 가방 만드는 아이디어를 얻었다.
③ 남자는 오래된 현수막으로 가방을 만들 것을 제안했다.
④ 여자는 지구의 미래를 걱정하고 있다.
⑤ 남자는 여자의 말에 동의하고 있다.

4 다음 영영 뜻풀이에 해당하는 단어로 알맞은 것은?

> something that you do because you think it is enjoyable or interesting

① charity   ② pastime
③ failure   ④ bargain
⑤ consumption

5 다음 중 나머지를 모두 포함할 수 있는 것은?

① coat   ② jacket
③ skirt   ④ trousers
⑤ garment

6 다음 중 밑줄 친 부분의 의미로 <u>어색한</u> 것은?

① I <u>cannot afford to</u> buy that car.
(~할 여유가 없다)
② Two of his films were released <u>at the same time</u>.
(동시에)
③ The castle <u>was surrounded by</u> the king's enemies. (~에 둘러싸였다)
④ The school <u>makes every effort to</u> help students do well in school. (~하려고 온갖 노력을 하다)
⑤ I can't <u>come up with</u> such a brilliant idea like yours. (~을 따라잡다)

7 다음 중 어법상 <u>어색한</u> 것은?

① Jisu is the second oldest girl in my club.
② I don't know the way in which I can help them.
③ John is one of the best baseball player in the league.
④ My grandpa forgot the place where he put his glasses.
⑤ Do you know a restaurant in which we can have a really good meal?

8 다음 우리말을 영어로 <u>잘못</u> 옮긴 것은?

> Ben은 내가 의지할 수 있는 사람이다.

① Ben is the man I can depend on.
② Ben is the man that I can depend on.
③ Ben is the man who I can depend on.
④ Ben is the man on that I can depend.
⑤ Ben is the man on whom I can depend.

9 다음 빈칸에 알맞은 말을 <u>모두</u> 고르면?

> Do you remember the place _____ we met for the first time?

① which   ② when
③ in that   ④ where
⑤ in which

주관식

10 다음 빈칸에 공통으로 알맞은 말을 쓰시오.

> • Belgium is one of the smallest countries _____ Europe.
> • The village _____ which I was raised up was destroyed by an earthquake.

11 다음 두 문장을 한 문장으로 바르게 연결한 것은?

> • Scientists have been searching for a new way.
> • They can cure cancer in that way.

① Scientists have been searching for a new way when they can cure cancer.
② Scientists have been searching for a new way where they can cure cancer.
③ Scientists have been searching for a new way how they can cure cancer.
④ Scientists have been searching for a new way which they can cure cancer.
⑤ Scientists have been searching for a new way in which they can cure cancer.

12 다음 글의 밑줄 친 ⓐ~ⓔ 중 어법상 <u>어색한</u> 것은?

> ⓐ <u>Once you start</u> to go green, you will find lots of ways ⓑ <u>in which</u> you can get into the eco-fashion scene. You will also discover ⓒ <u>how easy</u> and rewarding being green is. Just ⓓ <u>knowing that</u> you are doing your part to preserve the planet for the future is one of ⓔ <u>the better feelings</u> ever.

① ⓐ   ② ⓑ   ③ ⓒ   ④ ⓓ   ⑤ ⓔ

[13~14] 다음 글을 읽고, 물음에 답하시오.

> Eco-fashion, also known __ⓐ__ slow fashion and sustainable clothing, is trendy, too. Motivated by concern for the earth, green consumers choose natural fibers or organically produced fabrics. Taking responsibility __ⓑ__ the environment and considering a garment's carbon footprint has become an important consideration for millions of shoppers. In fact, wearing recycled or second-hand clothing has become fashionable and seems to be much more than a passing trend.

13 윗글의 빈칸 ⓐ와 ⓑ에 들어갈 말이 바르게 짝지어진 것은?

① as — for   ② as — to
③ to — for   ④ to — with
⑤ for — with

14 윗글의 Eco-fashion에 관한 내용과 일치하지 <u>않는</u> 것은?

① 지속 가능한 의류라고도 불린다.
② 현재 유행하고 있다.
③ 지구에 대한 걱정에서 비롯되었다.
④ 천연 섬유나 유기적으로 생산된 섬유로 만들어진다.
⑤ 재활용되거나 중고 의류로 되팔 수 있도록 제작된다.

[15~16] 다음 글을 읽고, 물음에 답하시오.

These days top designers often work with eco-ideas and eco-practices, too. They make sure to source their materials ethically and publicize their eco-practices. _____, one designer came up with T-shirts made from bamboo and organic cotton. Another designer launched a new eco-friendly line of glasses whose shades are made from over 50 percent natural and renewable resources.

15 윗글의 빈칸에 들어갈 말로 알맞은 것은?

① However   ② Moreover
③ Therefore   ④ In contrast
⑤ For instance

16 윗글 바로 앞에 올 내용으로 가장 알맞은 것은?

① 과거의 디자이너들이 한 일들
② 자연적인 재생 가능한 재료의 중요성
③ 최고의 디자이너들이 재료를 얻는 방법
④ 환경을 보호하고자 한 또 다른 노력의 사례
⑤ 화학 비료를 사용하여 재배한 면으로 만든 옷의 폐해

[17~18] 다음 글을 읽고, 물음에 답하시오.

We believe that every day should be Earth Day, not just April 22nd. We hope you will do something for our planet. Just ⓐ in case you're scratching your head wondering what to do on this Earth Day, we've put together a list of our favorite eco-activities. We've included suggestions ⓑ that promote earth-loving care as well as a sense of connection to this beautiful planet we call home.

17 윗글의 밑줄 친 ⓐ의 내용적인 의미를 10자 내외의 우리말로 쓰시오.

18 윗글의 밑줄 친 ⓑ와 쓰임이 같은 것은?

① The river is not that deep.
② I lost the book that you had lent to me.
③ This car is more expensive than that one.
④ He told me that she had gone to her country.
⑤ She lied to me again and that made me angry.

[19~20] 다음 글을 읽고, 물음에 답하시오.

Most teenagers love to shop for clothes. A day out ⓐ browsing in a mall is one of the most popular pastimes among young people. Part of the appeal is ⓑ finding the most recent fashions at affordable prices. ⓒ Bagging a bargain has become a thrill in itself. At the same time, many more of us are ⓓ shopping online because it is easier and cheaper than shopping at local stores. Not everyone has access to the Internet, but we are surrounded by so many ways in which we can shop. Sometimes it is hard to resist ⓔ buying current fashions at a lower price. This is fast fashion.

19 윗글의 밑줄 친 ⓐ~ⓔ 중 쓰임이 나머지와 다른 것은?

① ⓐ   ② ⓑ   ③ ⓒ   ④ ⓓ   ⑤ ⓔ

20 다음 영영 뜻풀이에 해당하는 단어를 본문에서 찾아 아래 문장을 완성하시오. (단, 형태를 바꿀 것)

> • to look through the pages of a book, magazine, etc. without a particular purpose
> • to look at the goods in a shop without wanting to buy any particular thing

→ I don't like going into clothes shops where they don't leave you in peace to _____ .

[21~22] 다음 글을 읽고, 물음에 답하시오.

Some popular stores are also going green. Many retail clothing chains are increasing their use of organic cotton. A few stores have also experimented with recycled fibers. In the meantime, some stores are looking at ways in which they can encourage customers ⓐ recycle. In 2015, one major store attempted to improve its eco-standards by ⓑ give its customers a big discount on a new pair of jeans when they donated their old ones to be recycled.

21 윗글의 밑줄 친 ⓐ와 ⓑ의 알맞은 형태가 바르게 짝지어진 것은?

① recycled — gave
② recycling — giving
③ to recycle — giving
④ recycling — to give
⑤ to recycle — to give

22 윗글에서 소매 의류 체인점들이 환경을 위해 사용하고 있는 재료 두 가지를 찾아 쓰시오.

[23~25] 다음 글을 읽고, 물음에 답하시오.

Poppy is a teenager with her own blog about fashion:

"I can't afford to buy all the latest fashions because I can't earn much money at my age. So ⓐ 'make do and mend' is something I like to keep in mind. Once, instead of spending my money on something new, ⓑ I dug out an old garment my grandma gave to me. Then I changed the shape a little, and like magic, I had a new one. I also love buying, altering, and wearing second-hand items because nobody else has the same things. My fixed-up clothes are unique, so nobody can copy my fashion. Best of all, I'm caring for the planet, too."

23 윗글의 밑줄 친 ⓐ의 뜻을 우리말로 쓰시오.

24 윗글의 밑줄 친 ⓑ에 관계대명사 **that**을 넣을 때 들어갈 위치로 알맞은 것은?

> I (①) dug out (②) an old garment (③) my grandma (④) gave (⑤) to me.

25 윗글을 읽고 답할 수 <u>없는</u> 질문은?

① What kind of blog does Poppy have?
② Why can't Poppy afford to buy all the latest fashions?
③ What is the motto that Poppy keeps in mind?
④ How much does Poppy spend buying and altering second-hand items?
⑤ Why are Poppy's fixed-up clothes unique?

1 다음 글을 읽고 밑줄 친 **ethical clothing**이 어떤 옷인지 그 의미를 25자 내외의 우리말로 쓰시오.

> One of the pioneers of <u>ethical clothing</u> is Bono. He and his wife aim to create a global fashion organization focusing on trade with Africa and other developing countries. In 2007, they launched a clothing division producing T-shirts that are 100 percent sewn in Africa. Their organization has joined forces with a conservation society to form the Conservation Cotton Initiative. This program promotes eco-friendly cotton farming and is helping to lift farmers out of poverty.

_____

_____

_____

2 다음 글의 내용에 맞게 빈칸에 알맞은 말을 넣어 대화를 완성하시오.

> Producing too much food trash is one of the most serious causes of environmental problems ever. Here are some easy ways to help solve it.
> First, make a list of the food you need before shopping.
> Second, make sure not to prepare too much food for each meal.
> Third, save the leftovers for later use.

⬇

A: I'm so worried about (1) _____. It's one of the most serious causes of environmental problems ever.
B: I couldn't agree more.
A: What can we do to help solve it?
B: We ought to (2) _____. We also have to (3) _____.
A: You're right. How about (4) _____?
B: That's a good idea!

LESSON 6

When Myths Meet Science

Words & Expressions

☐ account [əkáunt] 명 (있었던 일에 대한) 설명, 계좌
☐ admission [ədmíʃən] 명 입장, 들어감
☐ affection [əfékʃən] 명 애정
☐ baobab [béioubæb] 명 바오바브나무
☐ bark [bɑːrk] 명 나무껍질
☐ beak [biːk] 명 새의 부리
☐ behave [bihéiv] 동 행동하다, 처신하다
☐ bloom [bluːm] 동 꽃을 피우다 명 꽃
☐ branch [bræntʃ] 명 가지, 지점
☐ complain [kəmpléin] 동 불평하다
☐ complaint [kəmpléint] 명 불평
☐ decorate [dékərèit] 동 장식하다, 꾸미다
☐ demonstrate [démənstrèit] 동 입증하다, 실례를 들어가며 보여 주다
☐ diameter [daiǽmitər] 명 지름
☐ enable [inéibl] 동 ~을 할 수 있게 하다, ~을 가능하게 하다
☐ encounter [inkáuntər] 동 접하다, 마주치다
☐ enormous [inɔ́ːrməs] 형 거대한
☐ entertaining [èntərtéiniŋ] 형 즐거움을 주는, 재미있는
☐ feather [féðər] 명 깃털
☐ feed [fiːd] 동 먹을 것을 먹다
☐ flap [flæp] 동 퍼덕거리다
☐ host [houst] 동 개최하다, 주최하다
☐ hover [hʌ́vər] 동 공중을 맴돌다, 서성거리다, 배회하다
☐ hum [hʌm] 동 윙윙거리다
☐ hummingbird [hʌ́miŋbə̀ːrd] 명 벌새

☐ imaginative [imǽdʒənətiv] 형 창의적인, 상상력이 풍부한
☐ insight [ínsàit] 명 직관, 통찰력
☐ inspire [inspáiər] 동 영감을 주다, 고무시키다
☐ jealous [dʒéləs] 형 질투하는
☐ leftover [léftòuvər] 명 나머지, 찌꺼기
☐ liquid [líkwid] 명 액체
☐ magical [mǽdʒikəl] 형 마법의
☐ magnificent [mægnífisənt] 형 참으로 아름다운
☐ mate [meit] 명 짝, 친구, 배우자
☐ Mayan [máiən] 형 마야의
☐ midair [midéər] 명 공중, 상공
☐ original [ərídʒənəl] 형 독창적인
☐ plain [plein] 형 소박한, 꾸미지 않은
☐ plot [plɑt] 명 구성, 줄거리
☐ poorly [púərli] 부 저조하게, 형편없이
☐ recognize [rékəgnàiz] 동 알아보다, 인식하다
☐ replant [riplǽnt] 동 옮겨 심다, 이식하다
☐ seasoning [síːzəniŋ] 명 (소금, 후추 같은) 양념
☐ source [sɔːrs] 명 원천, 근원
☐ straw [strɔː] 명 밀짚, 빨대
☐ stroke [strouk] 명 (새의 한 번) 날개 치기
☐ survive [sərváiv] 명 생존하다, 살아남다
☐ tear [tiər] 동 찢다, 째다(tear–tore–torn)
☐ trunk [trʌŋk] 명 나무의 몸통
☐ twist [twist] 명 (이야기, 상황의) 예상 밖의 전개
☐ vampire [vǽmpaiər] 명 흡혈귀

☐ as long as ~하는 한
☐ be curious about ~에 대해 궁금해 하다, ~을 알고 싶어 하다
☐ be full of ~로 가득 차다
☐ be jealous about ~을 질투하다
☐ be known as ~로 알려지다
☐ be talented at ~에 재능이 있다
☐ cool down ~을 시원하게 하다
☐ due to ~ 때문에(= because of)
☐ except for ~을 제외하고
☐ fall in love with ~와 사랑에 빠지다

☐ feel sorry for ~을 안쓰럽게 여기다
☐ get stuck 꼼짝 못하게 되다
☐ it is because ~ 그것은 (바로) ~ 때문이다
☐ look ~ up ~을 찾아보다
☐ make sense 의미가 통하다, 이치에 맞다
☐ pass ~ down ~을 전해 주다
☐ provide A for B B에게 A를 제공하다
☐ pull ~ up ~을 뽑다
☐ tear ~ in half ~을 반으로 찢다
☐ upside down (아래위가) 거꾸로[뒤집혀]

HINTS

1 다음 영어는 우리말로, 우리말은 영어로 쓰시오.

(1) admission _____   (11) 꽃을 피우다; 꽃 _____
(2) behave _____   (12) 불평 _____
(3) demonstrate _____   (13) 장식하다, 꾸미다 _____
(4) enable _____   (14) 깃털 _____
(5) enormous _____   (15) 찢다, 째다 _____
(6) imaginative _____   (16) 새의 부리 _____
(7) magnificent _____   (17) 영감을 주다 _____
(8) original _____   (18) 마법의 _____
(9) account _____   (19) 옮겨 심다, 이식하다 _____
(10) survive _____   (20) 나무의 몸통 _____

2 다음 빈칸에 알맞은 말을 〈보기〉에서 골라 쓰시오.

> 보기   insight   jealous   plain   admission

(1) The young men tried to get into the bar but were refused _____.

(2) Kate says she feels _____ every time another woman looks at her boyfriend.

- every time ~할 때마다

(3) The colorful dress looks better on you than the _____ black one.

- look good on ~에 잘 어울리다

3 다음 문장의 밑줄 친 단어와 바꿔 쓸 수 있는 것을 고르시오.

(1) Which country is going to <u>host</u> the next World Cup?
① support   ② provide   ③ hold
④ prevent   ⑤ demonstrate

(2) If you <u>encounter</u> difficulties, you should inform us of the situation.
① face   ② admit   ③ recognize
④ affect   ⑤ complain

- difficulty 어려움, 곤경
- inform 알리다

4 우리말과 같은 의미가 되도록 빈칸에 알맞은 말을 쓰시오.

(1) 팬들이 내가 노래하기를 원하는 한 나는 계속해서 노래를 할 것이다.
→ I will keep singing _____ _____ _____ the fans want me to.

(2) 한 남자가 기차와 플랫폼 사이에 끼어서 승객들에 의해 구조되었다.
→ A man _____ _____ between the train and the platform and was rescued by the passengers.

- platform 플랫폼
- rescue 구조하다

5 다음 두 문장의 빈칸에 공통으로 알맞은 말을 쓰시오.

> • The bank has _____es all over the country.
> • With the coming of winter, the tree was left with only bare _____es.

- bare 헐벗은, 벌거벗은

Functions in Use

What do you think of the book?

What do you think of ~?는 '너는 ~에 대해 어떻게 생각하니?'라는 뜻으로, 상대방에게 의견이나 생각을 물을 때 사용한다.

A: **What do you think of** the movie *Avatar*? (영화 '아바타'에 대해 어떻게 생각해?)
B: I think it is quite original. (그것은 꽤 독창적인 것 같아.)

Expressions + 의견이나 생각을 묻는 비슷한 의미의 표현으로는 How do you feel about ~? / What's your opinion about ~? / What's your view on ~? / Please tell me your opinion on ~ 등이 있다. 이에 대한 대답으로 자신의 의견을 말할 때는 I think ~ / I believe ~ / In my opinion[view] ~ 등의 표현을 사용한다.

- **How do you feel about** the history book? (그 역사책에 대해 어떻게 생각하세요?)
- **What's your opinion about** the new staff? (그 새로운 직원에 대해 어떻게 생각하세요?)
- **Please tell me your opinion on** her acting in the movie.
  (그 영화에서의 그녀의 연기에 대한 당신의 의견을 말씀해 주세요.)

▶ 정답과 해설 p.174

Check Up

1 다음 대화의 빈칸에 들어갈 말로 알맞지 **않은** 것은?

> A: _____ the book *Twilight*?
> B: I think it has a pretty good plot with some surprising twists.

① What do you think of
② How do you feel about
③ What's your opinion about
④ Why don't you read
⑤ Please tell me your opinion on

2 다음 대화의 빈칸에 들어갈 말로 알맞은 것은?

> A: What are you doing, Alice?
> B: I'm watching *Eragon*. It's a fantasy movie.
> A: I like fantasies, too! What do you think of the movie?
> B: _____

① I wonder if you like fantasy movies.
② I think it's really imaginative.
③ Let's go to see a movie this weekend.
④ Yes, I'm interested in fantasy movies.
⑤ I would like to see that movie with you.

3 자연스러운 대화가 되도록 ⓐ~ⓓ의 순서를 바르게 배열하시오.

> ⓐ I'm reading *The Giver*.
> ⓑ I think the story is better than I expected.
> ⓒ What do you think of the book?
> ⓓ What book are you reading these days?

I wonder why Venus flytraps eat insects.

I wonder ~는 '나는 ~이 궁금해'라는 뜻으로, 어떤 현상이나 사건을 보고 호기심을 나타낼 때 쓰는 표현이다. I wonder 다음에는 의문사 why나 how가 이끄는 절이나 '~인지 아닌지'의 뜻을 가진 접속사 if가 이끄는 절이 주로 온다.

A: **I wonder** why spiders don't get stuck in their webs. (거미가 왜 자신의 거미줄에 걸리지 않는지 궁금해.)
B: Me, too. Let's search on the Internet. (나도 그래. 인터넷 검색을 해 보자.)

Expressions⁺ 호기심을 나타낼 때 쓸 수 있는 다른 표현으로는 I'm curious about ~ / I want to know ~ / I'm interested to know ~ 등이 있다.

- **I'm curious about** plants that eat flies or bugs.
  (나는 파리나 벌레를 잡아먹는 식물들에 호기심이 있어.)
- **I want to know** about the seven wonders of the world.
  (나는 세계 7대 불가사의에 대해 알고 싶어.)

▶ 정답과 해설 p.174

Check Up

1 다음 괄호 안의 어구를 바르게 배열하여 대화를 완성하시오.

A: (I, why, eat, pandas, wonder, so much bamboo).
B: I have the same question. Let's search on the Internet.

2 다음 대화의 빈칸에 들어갈 말로 알맞지 <u>않은</u> 것은?

A: _____ why Venus flytraps eat insects.
B: Me too. I'm going to ask an expert on the subject.
A: Sounds good. Tell me if you find out anything interesting.

① I really wonder   ② I'm curious about   ③ I want to know
④ I'm really worried about   ⑤ I'm interested to know

3 다음 중 짝지어진 대화가 <u>어색한</u> 것은?

① A: I wonder how hummingbirds can stay in the air like that.
   B: Me, too. Let's look it up online.
② A: I'm curious about why Koalas hug trees like that.
   B: I have the same question.
③ A: I really want to know about Chinese culture.
   B: I will ask my teacher about it.
④ A: I'm curious about the baobab tree.
   B: I heard the tree was jealous of other trees.
⑤ A: I wonder why dolphins make noises like whistles.
   B: Me, too. I like animals and plants.

Structures in Use

The baobab **asked** the gods **if it could have sweet fruit as well**.

화자가 직접 말한 것을 간접적으로 표현하는 것을 간접화법이라고 하는데, 의문사가 없는 의문문을 간접화법으로 전환할 때는 접속사 if나 whether를 사용하여 연결한다.

❶ say[said] to, tell[told] 등의 전달동사를 ask[asked]로 바꿔 쓴다.

❷ 의문사가 없는 의문문은 「if[whether]+주어+동사」의 간접의문문 형태로 쓴다.

❸ 인용문의 시제를 전달동사의 시제에 맞게 바꾸고, 대명사의 인칭과 시간 및 장소를 나타내는 부사들도 전달하는 시점과 입장에 맞게 고친다.

She said to me, "Are you ready to leave now?" (그녀는 나에게 "지금 떠날 준비가 되었니?"라고 말했다.)

→ She **asked** me **if[whether] I was ready to leave then**.

(그녀는 나에게 내가 그때 떠날 준비가 되었는지 물었다.)

cf. 의문사가 있는 의문문을 간접화법으로 전환할 때는 「ask+사람+의문사+주어+동사」의 형태로 쓴다.

They asked us, "What are you doing?" (그들은 우리에게 "무엇을 하고 있니?"라고 물었다.)

→ They asked us **what we were doing**. (그들은 우리에게 무엇을 하고 있는지 물었다.)

※ 직접화법을 간접화법으로 전환할 때 주의해야 할 시간 및 장소의 부사들

- now → then, at the time
- today → that day
- ago → before
- here → there
- tomorrow → the next[following] day
- yesterday → the day before, the previous day

▶ 정답과 해설 p.174

Check Up

1 다음 괄호 안에서 어법상 알맞은 것을 고르시오.

(1) The customer asked me (that / if) I could speak English.

(2) Susan asked him if he (will / would) do her a favor.

2 주어진 우리말과 일치하도록 괄호 안의 어구를 바르게 배열하여 문장을 완성하시오.

(1) 그녀는 나에게 형제자매가 있는지 물었다. (any brothers or sisters, I, if, had)

→ She asked me _____.

(2) 나는 그 남자아이가 나보다 나이가 더 많은지 그에게 물었다. (the boy, older, was, if, than, me)

→ I asked him _____.

(3) 우리는 선생님께 밖에 나가서 놀아도 되는지 물었다. (we, go out, could, play, if, and)

→ We asked the teacher _____.

3 다음 문장을 간접화법으로 전환하시오.

(1) Tom said to me, "Can I use your cell phone for just 10 minutes?"

→ _____

(2) They said to us, "Are you coming to the meeting?"

→ _____

계속적 용법의 관계대명사 which

They can flap their wings in a figure-8 pattern, **which** enables them to hover.

관계대명사 which가 계속적 용법으로 쓰이면, 앞 절의 일부분이나 앞 절 전체를 선행사로 가지며 앞 절에 대한 부가적인 설명을 더할 수 있다. 계속적 용법의 관계대명사는 「접속사+대명사」의 의미를 가지므로, 해석할 때 문맥에 맞게 and, but, for 등의 접속사를 적절히 넣어 주면 된다.

❶ 앞 절의 일부를 선행사로 가지는 경우

My mom bought me <u>a new shirt</u>, **which** was too large. (엄마가 나에게 새 셔츠를 사 주셨는데, 그것은 너무 컸다.)
　　　　　　　　　선행사　　　(= but it ~)

❷ 앞 절 전체를 선행사로 가지는 경우

<u>He's gone now</u>, **which** means he will never come back again.
　선행사　　　(= and it ~)

(그는 지금 가 버렸는데, 그것은 그가 결코 다시 돌아오지 않을 거라는 것을 의미한다.)

cf. 관계대명사 that은 계속적 용법으로 쓰이지 않으므로, 계속적 용법의 관계대명사 which는 that으로 바꿔 쓸 수 없다.

The concert was canceled, **which** disappointed his many fans. (○)
= The concert was canceled, **that** disappointed his many fans. (×)
　　(그 공연은 취소되었는데, 그것이 그의 많은 팬들을 실망시켰다.)

▶ 정답과 해설 p.175

Check Up

1 다음 문장의 밑줄 친 **which**가 대신하는 것을 찾아 쓰시오.

(1) Brad tried to finish the work, <u>which</u> was impossible.

(2) I lived in Busan, <u>which</u> is located in the southern part of Korea.

(3) We decided to perform Shakespeare's play, <u>which</u> was a great decision.

2 다음 두 문장을 관계대명사를 사용하여 한 문장으로 바꾸시오.

(1) He didn't say anything at all. It made her angry.
　→ He didn't say anything at all, _____.

(2) Some kids made a lot of noise. It bothered me while I was reading.
　→ Some kids made a lot of noise, _____.

3 다음 두 문장의 의미가 같도록 빈칸에 알맞은 말을 쓰시오.

(1) My mom passed her driving test, which surprised everybody.
　= My mom passed her driving test, _____ _____ surprised everybody.

(2) He attended the foreign language school, which didn't help him improve his English.
　= He attended the foreign language school, _____ _____ didn't help him improve his English.

Reading Test

1 다음 글의 제목으로 가장 적절한 것은?

In the beginning, the great god had a few small leftover pieces after making all of the other birds. He did not want to waste any pieces, so he used the leftovers to create a hummingbird. The great god said, "I want to make sure the hummingbird can fly well since it is so small. So I will give it the ability to fly forward, backward, and even to stay in just one place." He liked this little bird so much that he made a mate for it and invited all of the other animals to their wedding. Everything about the wedding was beautiful, except for the hummingbirds, who only had plain gray feathers. The other birds felt sorry for them and said to each other, "Let's offer some of our beautiful feathers to decorate the couple for their wedding." So the hummingbirds received many beautiful feathers.

① The Most Beautiful Bird: A Hummingbird
② The Way Hummingbirds Flap Their Wings Fast
③ Two Different Accounts: Myths and Science
④ The Relationship Between Myths and Nature
⑤ A Myth Associated with the Birth of a Hummingbird

HINTS

- **relationship** 관계
- **associated with** ~와 관련된
- **birth** 탄생, 출생

2 Hummingbirds에 관한 다음 글의 내용과 일치하지 <u>않는</u> 것은?

Hummingbirds are the smallest bird in the world. These birds are easily recognized due to their special hovering movement and colorful feathers. They flap their wings so fast that they make a humming noise, which is why they are called hummingbirds. Scientists have found that hummingbirds have unique, fast wing strokes, which allow them to fly forward, backward, sideways, and even to stop in midair. Although they are small, they can fly up to 54 kilometers per hour. They are also talented at staying in one place like a bee. How is this possible? They can flap their wings in a figure-8 pattern, which enables them to hover. As they hover, they use their long tongues to take sweet liquid from flowers. Their one weakness is their feet. Because they fly so much, they have poorly developed feet, which cannot be used to walk.

① 세상에서 가장 작은 새이다.
② 한 시간에 54킬로미터를 날아갈 수 있다.
③ 벌처럼 한 곳에 머무르면서 날 수 있다.
④ 단단한 부리를 이용하여 꽃의 달콤한 액체를 갖는다.
⑤ 걷는 데 사용할 수 없을 만큼 발이 취약하다.

3 주어진 글 다음에 이어질 글의 순서로 가장 적절한 것은?

> When the gods created the world, the baobab was among the first trees to appear on the land.

(A) When the baobab saw the magnificent fig tree and its fruit, it became jealous. So the baobab asked the gods if it could have sweet fruit as well.

(B) When the gods heard these complaints, they became very angry with the tree and pulled it up by its roots. Then they replanted it upside down to keep it quiet.

(C) Next came the graceful palm tree. When the baobab saw the palm tree, it said to the gods, "Can I grow taller?" Then the beautiful flame tree appeared with its red flowers and the baobab complained, "Why can't I have beautiful blossoms like the flame tree?"

① (A) — (B) — (C)　　② (A) — (C) — (B)　　③ (B) — (A) — (C)
④ (C) — (A) — (B)　　⑤ (C) — (B) — (A)

4 (A), (B), (C)의 각 네모 안에서 문맥에 맞는 낱말로 가장 적절한 것은?

The baobab has (A) deep / shallow roots to find water in the ground, and it stores the water in its trunk for the long dry season. This large tree can actually store as much as 120,000 liters of water, and the small branches help (B) increase / reduce water loss.

The baobab tree is a valuable water source for Africans in the dry season. The baobab's bark, leaves, fruit, and trunk are all (C) useful / useless , too. The bark of the baobab is used for cloth and rope, the leaves for seasoning and medicines, while the fruit, called 'monkey bread,' is eaten. Sometimes people live inside the huge trunks. What an amazing life source for the African people!

	(A)	(B)	(C)
①	deep	increase	useful
②	deep	reduce	useful
③	deep	reduce	useless
④	shallow	reduce	useless
⑤	shallow	increase	useful

1 다음을 듣고, 여자가 언급하지 <u>않은</u> 것을 고르시오.

① 강연 주최자　　② 강사의 수상 내역
③ 강연 시간　　　④ 강연 장소
⑤ 강연 입장료

2 대화를 듣고, 내용과 일치하지 <u>않는</u> 것을 고르시오.

① Alice는 영화를 보는 중이다.
② 'Eragon'은 판타지 영화이다.
③ 남자는 판타지 영화를 좋아한다.
④ Alice가 판타지 영화를 좋아하는 이유는 이해하기가 쉬워서이다.
⑤ 남자는 마법 세계에 대해 생각하는 것을 좋아한다.

3 대화를 듣고, 여자가 남자에게 제안한 것을 고르시오.

① 꽃 사진 찍기　　② 음료수 사 오기
③ 인터넷 검색하기　④ 주변을 더 둘러보기
⑤ 관찰 보고서 작성하기

4 다음 문장의 밑줄 친 부분과 바꿔 쓸 수 있는 말이 바르게 짝지어진 것은?

> • The train was delayed <u>due to</u> heavy snow.
> • You can do anything you want <u>as long as</u> you follow the rules.

① despite — in case　　② instead of — unless
③ because of — if only　④ because of — so that
⑤ owing to — each time

5 다음 빈칸에 공통으로 들어갈 말로 알맞은 것은?

> • Tom is the smartest student except _____ Peter and Jane.
> • I feel sorry _____ all the people hit by the hurricane.

① of　　② in　　③ for
④ to　　⑤ with

6 다음 영어 설명에 해당하는 단어로 알맞은 것은?

> to make it possible for someone to do something, or for something to happen

① hover　　② enable　　③ replant
④ decorate　⑤ survey

7 짝지어진 두 단어의 관계가 나머지 넷과 <u>다른</u> 것은?

① create — creature
② jealous — jealousy
③ explain — explanation
④ complain — complaint
⑤ respond — response

8 다음 중 의도하는 바가 나머지 넷과 <u>다른</u> 하나는?

① Why don't we live in a foreign country?
② What do you think of living in a foreign country?
③ How do you feel about living in a foreign country?
④ What's your opinion about living in a foreign country?
⑤ Please tell me your opinion on living in a foreign country.

9 다음 대화의 빈칸에 들어갈 말로 알맞지 <u>않은</u> 것은?

> A: I'm reading The Little Prince in my book club.
> B: That's a really popular book. What do you think of it?
> A: _____

① I think it has a pretty good plot.
② It's interesting and the idea is imaginative.
③ I like it a lot. One of my favorite parts is the beginning.
④ I'm thinking of reading more books.
⑤ I think it is quite original.

10 다음 빈칸에 들어갈 말로 알맞은 것은?

> My favorite musical is *Cats*, _____ I've
> seen ten times so far.

① who   ② which   ③ that
④ what   ⑤ where

11 다음 두 문장의 의미가 같도록 할 때 빈칸에 들어갈 말이 바르게 짝지어진 것은?

> I said to the guide, "Could you tell me about these trees?"
> → I _____ the guide _____ she could tell me about those trees.

① spoke — that   ② told — that
③ ask — whether   ④ asked — if
⑤ talked to — if

주관식

12 다음 우리말과 의미가 같도록 괄호 안의 단어를 바르게 배열하시오.

> 나는 시험이 끝난 후에 영화를 보러 가도 되는지 엄마에게 물어봤다.
> (I, after, to, see, go, could, if, a, movie, the, exam)
> → I asked my mom _____.

주관식

13 다음 두 문장을 관계대명사를 사용하여 한 문장으로 연결하시오.

> Sally won first prize at the mathematics contest.
> It made her parents very pleased.
> → Sally won first prize at the mathematics contest, _____.

[14~15] 다음 글을 읽고, 물음에 답하시오.

> When the gods created the world, the baobab was among the first trees to appear on the land. Next came the graceful palm tree. When the baobab saw the palm tree, it said to the gods, "Can I grow taller?" Then the beautiful flame tree appeared with its red flowers and the baobab complained, "Why can't I have beautiful blossoms like the flame tree?" When the baobab saw the magnificent fig tree and its fruit, it became jealous. So the baobab asked the gods _____. When the gods heard these complaints, they became very angry with the tree and pulled it up by its roots. Then they replanted it upside down to keep it quiet. After that, the magnificent tree only grew leaves once a year. The rest of the year, the roots seemed to grow towards the sky.

14 윗글의 제목으로 가장 적절한 것은?

① The Rules the Gods Used to Create the World
② The Great Nature Wonders in the World
③ The Baobab and the Danger of Jealousy
④ The Baobab: The First Tree on the Land
⑤ The Scientific Accounts of the Baobab Tree

15 윗글의 빈칸에 들어갈 말로 가장 적절한 것은?

① could it have sweet fruit as well
② if it can have sweet fruit as well
③ if it could have sweet fruit as well
④ that it could have sweet fruit as well
⑤ whether could it have sweet fruit as well

[16~17] 다음 글을 읽고, 물음에 답하시오.

Why do you think the baobab has such an enormous trunk and root-like branches? It is because of the weather ⓐ where it grows. After the rainy season, about nine months of dry weather follow. Such dry weather is hard for plants to survive in. Yet scientists have discovered that baobabs can grow to enormous sizes, reaching heights of 5 to 30 meters, and have trunk diameters of 7 to 11 meters. How can this big tree survive in the dry season? The baobab has deep roots to find water in the ground, and it stores the water in its trunk for the long dry season. This large tree can actually store as much as 120,000 liters of water, and the small branches help reduce water loss.

16 다음 빈칸에 윗글의 밑줄 친 ⓐ가 들어갈 수 없는 것은?

① This is the place _____ I hid the present.
② The city _____ she lives is smaller than Paris.
③ I would like to live in a country _____ there is a lot of sunshine.
④ My parents want to know the day _____ the final exams are over.
⑤ Do you know the name of the hotel _____ Mike is staying?

17 바오바브나무에 관한 윗글의 내용과 일치하지 않는 것은?

① 거대한 몸통과 뿌리 같은 나뭇가지를 가지고 있다.
② 건조한 계절에도 생존한다.
③ 땅속에서 물을 찾을 수 있는 깊은 뿌리들을 가지고 있다.
④ 12만 리터의 물을 뿌리에 저장할 수 있다.
⑤ 작은 나뭇가지들은 물의 손실을 줄이는 데 도움이 된다.

[18~19] 다음 글을 읽고, 물음에 답하시오.

In the beginning, the great god had a few small leftover pieces after making all of the other birds. (①) He did not want to waste any pieces, so he used the leftovers to create a hummingbird. (②) The great god said, "I want to make sure the hummingbird can fly well since it is so small. So I will give it the ability to fly forward, backward, and even to stay in just one place." (③) He liked this little bird so much that he made a mate for it and invited all of the other animals to their wedding. (④) The other birds felt sorry for them and said to each other, "Let's offer some of our beautiful feathers to decorate the couple for their wedding." (⑤) So the hummingbirds received many beautiful feathers.

18 윗글의 ①~⑤ 중 주어진 문장이 들어가기에 적절한 곳은?

Everything about the wedding was beautiful, except for the hummingbirds, who only had plain gray feathers.

주관식

19 다음 영영풀이에 해당하는 말을 윗글에서 찾아 쓰시오.

one of the light soft things that cover a bird's body

20 다음 중 문맥상 낱말의 쓰임이 적절하지 않은 것은?

The baobab tree is a ① worthless water source for Africans in the dry season. The baobab's bark, leaves, fruit, and trunk are all ② useful, too. The bark of the baobab is used for cloth and rope, the leaves for seasoning and medicines, while the fruit, ③ called 'monkey bread,' is eaten. Sometimes people live ④ inside the huge trunks. What an ⑤ amazing life source for the African people!

[21~23] 다음 글을 읽고, 물음에 답하시오.

Hummingbirds are the smallest bird in the world. These birds are easily recognized (A) because / due to their special hovering movement and colorful feathers. They flap their wings so fast that they make a humming noise, 이것이 그들이 벌새라고 불리는 이유이다. Scientists have found that hummingbirds have unique, fast wing strokes, which allow them to fly forward, backward, sideways, and even (B) stopping / to stop in midair. Although they are small, they can fly up to 54 kilometers per hour. They are also talented at staying in one place like a bee. How is this possible? They can flap their wings in a figure-8 pattern, which enables them to hover. As they hover, they use their long tongues to take sweet liquid from flowers. Their one weakness is their feet. Because they fly so much, they have poorly developed feet, (C) which / that cannot be used to walk.

21 (A)~(C)의 각 네모 안에서 어법에 맞는 표현을 고르시오.

주관식

22 윗글의 밑줄 친 우리말과 같은 뜻이 되도록 괄호 안의 단어들을 바르게 배열하시오.

(they, is, why, are, called, hummingbirds, which)

→ _____

23 벌새의 특징에 관한 설명으로 윗글의 내용과 일치하지 않는 것은?

① They have plain gray feathers.
② Their wings make a humming noise.
③ They have unique, fast wing strokes.
④ They can stay in one place like a bee.
⑤ They have long tongues to take sweet liquid from flowers.

24 다음 글의 빈칸에 들어갈 말로 가장 적절한 것은?

Which _____ of nature do you like better? As the two examples show, we can gain insight through both myths and scientific explanations. Although myths may not be factually correct, they demonstrate the creativity of ancient people and teach us valuable life lessons. Scientific explanations may be less imaginative, but they teach us how to understand nature around us. Next time you encounter a wonder of nature, how will you respond to it? With imagination? Or with scientific eyes? Or with both?

① case   ② view   ③ flavor
④ method   ⑤ characteristic

25 주어진 글 다음에 이어질 글의 순서로 가장 적절한 것은?

Long ago, an earthworm and a caterpillar asked a god if he could give them wings so that they could fly.

(A) And when he came out, he had the beautiful wings of a butterfly. That's how the caterpillar got his wings and became a butterfly.
(B) The god told them to wait on the tree for two weeks. Both the earthworm and the caterpillar waited, but the earthworm got tired and left.
(C) The caterpillar, however, built himself a house in the tree. After two weeks, the god told the caterpillar to come out.

① (A)—(B)—(C)   ② (B)—(A)—(C)
③ (B)—(C)—(A)   ④ (C)—(A)—(B)
⑤ (C)—(B)—(A)

1 다음 글에서 밑줄 친 부분과 같이 서술한 이유를 찾아 우리말로 쓰시오.

Why do you think the baobab has such an enormous trunk and root-like branches? It is because of the weather where it grows. After the rainy season, about nine months of dry weather follow. Such dry weather is hard for plants to survive in. Yet scientists have discovered that baobabs can grow to enormous sizes, reaching heights of 5 to 30 meters, and have trunk diameters of 7 to 11 meters. How can this big tree survive in the dry season? The baobab has deep roots to find water in the ground, and it stores the water in its trunk for the long dry season. This large tree can actually store as much as 120,000 liters of water, and the small branches help reduce water loss.

The baobab tree is a valuable water source for Africans in the dry season. The baobab's bark, leaves, fruit, and trunk are all useful, too. The bark of the baobab is used for cloth and rope, the leaves for seasoning and medicines, while the fruit, called 'monkey bread,' is eaten. Sometimes people live inside the huge trunks. <u>What an amazing life source for the African people!</u>

_____

_____

_____

2 다음 글에 언급된 hummingbirds에 대한 특징 중 벌과 유사한 점과 유일한 약점을 찾아 우리말로 쓰시오.

Hummingbirds are the smallest bird in the world. These birds are easily recognized due to their special hovering movement and colorful feathers. They flap their wings so fast that they make a humming noise, which is why they are called hummingbirds. Scientists have found that hummingbirds have unique, fast wing strokes, which allow them to fly forward, backward, sideways, and even to stop in midair. Although they are small, they can fly up to 54 kilometers per hour. They are also talented at staying in one place like a bee. How is this possible? They can flap their wings in a figure-8 pattern, which enables them to hover. As they hover, they use their long tongues to take sweet liquid from flowers. Their one weakness is their feet. Because they fly so much, they have poorly developed feet, which cannot be used to walk.

(1) 벌과 유사한 점: _____

(2) 약점: _____

LESSON 7

Venice Diary

Functions in Use

▶ 희망, 기대 표현하기
I'm looking forward to sleeping outdoors.
▶ 요청하기
Could you tell me a little about the tourist attraction?

Structures in Use

▶ 부정 조건의 접속사 unless
You can't say you have been to Venice **unless** you have ridden a gondola.
▶ 이유를 설명하는 「This is why ~」 구문
This is why we have been planning to take a special family trip for several years.

Words & Expressions

☐ anniversary [æ̀nəvə́ːrsəri] 몡 기념일

☐ argue [áːrgjuː] 통 입증하다

☐ bed-and-breakfast [bédənbrékfəst] 몡 아침 식사를 제공하는 민박

☐ canal [kənǽl] 몡 운하

☐ celebrate [sélibreit] 통 기념하다, 축하하다

☐ character [kǽriktər] 몡 (책·영화의) 등장인물

☐ charming [tʃáːrmiŋ] 혱 매력적인

☐ compass [kʌ́mpəs] 몡 나침반

☐ contract [kántrækt] 몡 계약

☐ craft [kræft] 몡 (수)공예, 기술[기교]

☐ dazzling [dǽzliŋ] 혱 눈부신, 휘황찬란한

☐ defend [difénd] 통 옹호하다, 방어하다

☐ destination [dèstənéiʃən] 몡 목적지

☐ elegant [éləgənt] 혱 우아한

☐ escape [iskéip] 통 탈출하다

☐ extremely [ikstríːmli] 閂 극도로, 극히

☐ flesh [fleʃ] 몡 살, 고기

☐ glass-blower [glǽsblòuər] 몡 유리 부는 직공, 유리 공예가

☐ gondola [gándələ] 몡 곤돌라(기다란 배)

☐ huge [hjuːdʒ] 혱 거대한, 엄청난

☐ identity [aidéntəti] 몡 신분, 정체

☐ impress [imprés] 통 깊은 인상을 주다, 감명을 주다

☐ lawyer [lɔ́ːjər] 몡 변호사

☐ lump [lʌmp] 몡 덩어리

☐ merchant [mə́ːrtʃənt] 몡 상인, 무역상

☐ mosaic [mouzéiik] 몡 모자이크

☐ muddy [mʌ́di] 혱 진흙투성이인

☐ mythological [mìθəládʒikəl] 혱 신화의

☐ palace [pǽlis] 몡 궁전

☐ path [pæθ] 몡 길

☐ perform [pərfɔ́ːrm] 통 공연하다

☐ pound [paund] 통 두드리다, 치다

☐ preparation [prèpəréiʃən] 몡 준비, 대비

☐ pretend [priténd] 통 ~인 척하다

☐ prison [prízən] 몡 감옥

☐ professional [prəféʃənəl] 혱 전문적인

☐ realize [rí(ː)əlàiz] 통 깨닫다

☐ refreshing [rifréʃiŋ] 혱 신선한, 원기를 북돋우는

☐ rightful [ráitfəl] 혱 합법적인, 정당한

☐ significant [signífikənt] 혱 중요한

☐ skillful [skílfəl] 혱 숙련된, 솜씨 좋은

☐ souvenir [sùːvəníər] 몡 기념품

☐ steer [stiər] 통 조종하다

☐ suffering [sʌ́fəriŋ] 몡 고통, 괴로움

☐ thrilled [θrild] 혱 아주 흥분한, 신난

☐ tool [tuːl] 몡 도구, 기구

☐ treasure [tréʒər] 통 대단히 귀하게 여기다 몡 보물

☐ trial [tráiəl] 몡 재판, 공판

☐ wet [wet] 혱 젖은, 축축한

☐ a variety of 다채로운, 다양한

☐ at last 결국, 마침내

☐ be covered with ~로 덮여 있다

☐ be delivered by ~에 의해 전해지다

☐ be famous for ~로 유명하다

☐ be filled with ~로 가득 차다

☐ be impressed by ~에 감명 받다

☐ be supposed to ~하게 되다, ~해야 한다

☐ by the time ~할 때까지, ~할 즈음

☐ float down 떠내려가다

☐ look down 내려다보다

☐ now that ~이므로, ~이기 때문에

☐ on one's way back to ~로 돌아오는 길에

☐ one of a kind 독특한, 유례없는

☐ pick out ~을 고르다

☐ save the day 궁지를 벗어나다, 가까스로 해결하다

☐ take a turn 교대로 하다, 순서를 바꾸다

☐ turn into ~로 바뀌다

☐ used to (과거에) ~하곤 했다, ~였다

☐ Why don't you ~? ~하는 게 어때?

▶ 정답과 해설 p.180

1 다음 영어는 우리말로, 우리말은 영어로 쓰시오.

(1) charming _____   (11) 운하 _____

(2) dazzling _____   (12) 계약 _____

(3) extremely _____   (13) 목적지 _____

(4) flesh _____   (14) 우아한 _____

(5) impress _____   (15) 탈출하다 _____

(6) muddy _____   (16) ~인 척하다 _____

(7) mythological _____   (17) 감옥 _____

(8) professional _____   (18) 기념품 _____

(9) significant _____   (19) 조종하다 _____

(10) thrilled _____   (20) 옹호하다, 방어하다 _____

2 다음 빈칸에 공통으로 알맞은 말을 쓰시오.

(1) The table was covered _____ thick dust.

The hall was filled _____ applicants looking for a job.

(2) We were very tired _____ the time we went back home.

He was impressed _____ her enthusiasm for learning new things.

- **dust** 먼지
- **applicant** 지원자

- **enthusiasm** 열정

3 다음 영영풀이에 해당하는 알맞은 단어를 쓰시오.

(1) _____ : the place to which you are going or being sent

(2) _____ : a long narrow boat that is used especially in Venice

(3) _____ : something you buy or keep to remind you of a place or event

- **narrow** 좁은
- **remind ~ of ...** ~에게 ...을 생각나게 하다

4 다음 문장의 밑줄 친 부분과 바꿔 쓸 수 있는 것을 고르시오.

(1) I have been to many festivals, but La Tomatina is <u>one of a kind</u>.

① elegant   ② extreme   ③ unique

④ rightful   ⑤ charming

(2) She decided to teach him <u>now that</u> she found that he was very clever.

① when   ② whereas   ③ until

④ whether   ⑤ because

5 밑줄 친 부분에 유의하여 다음 문장을 우리말로 옮기시오.

(1) I really need your help to <u>save the day</u>.

→ _____

(2) Come and enjoy <u>a variety of</u> cuisines around the world!

→ _____

- **cuisine** 요리(법)

(3) He felt tired, so he and I <u>took a turn</u> driving the car.

→ _____

Functions in Use

I'm looking forward to sleeping outdoors.

I'm looking forward to ~는 '나는 ~을 기대하고 있어'라는 의미로, 어떤 일이나 계획에 대한 희망이나 기대를 표현할 때 쓴다. to 뒤에는 명사(구)나 동명사 형태가 온다.

A: Are you going to Busan? (너는 부산에 갈 거니?)
B: Yes. **I'm looking forward to** having a great time there.
　(응. 나는 그곳에서 즐거운 시간을 갖기를 기대하고 있어.)

Expressions⁺ 희망이나 기대를 말할 때 쓸 수 있는 다른 표현으로는 I hope to ~(나는 ~할 것을 희망해) / I can't wait to ~(나는 ~을 기다릴 수 없을 지경이야[~이 정말 기다려져]) / I'm eager for ~(나는 ~을 열망해) 등이 있다. I hope to와 I can't wait to 뒤에는 동사원형이 오고, I'm eager for 뒤에는 명사(구)나 동명사 형태가 온다.

- A: What are you planning to do this semester? (너는 이번 학기에 뭘 계획하고 있니?)
  B: **I hope to** make many friends this semester. (나는 이번 학기에 친구들을 많이 사귀고 싶어.)
- A: Sally is going to Korea this weekend. (Sally가 이번 주말에 한국에 올 거야.)
  B: **I can't wait to** see her! (나는 그녀가 정말 보고 싶어!)

▶ 정답과 해설 p.180

Check Up

1 다음 대화의 빈칸에 공통으로 알맞은 말을 쓰시오.

> A: I'm looking forward _____ meeting my family on Chuseok.
> B: I'm sure you can't wait _____ go back to your hometown.

2 다음 중 의미가 나머지와 <u>다른</u> 것은?

① I hope to get a Christmas gift from my parents.
② I can't wait to get a Christmas gift from my parents.
③ I'm eager for getting a Christmas gift from my parents.
④ I wonder if I can get a Christmas gift from my parents.
⑤ I'm looking forward to getting a Christmas gift from my parents.

3 다음 대화의 밑줄 친 우리말을 괄호 안의 말을 이용하여 영어로 쓰시오.

> A: You're going to Paris next week, aren't you?
> B: Yes. <u>나는 많은 흥미로운 곳을 방문하기를 기대하고 있어.</u> (look forward to, visit)

→ _____

Could you tell me a little about the tourist attraction?

Could you tell me a little about ~?는 '~에 대해 나에게 좀 말해 줄 수 있니?'라는 의미로, 상대방에게 요청할 때 쓰는 표현이다. a little은 '약간, 조금'이라는 부사어로 생략하여 말할 수 있다.

A: **Could you tell me a little about** San Francisco? (샌프란시스코에 대해 나에게 좀 말해 줄 수 있니?)
B: Sure, I'd love to. (물론이지, 기꺼이 말해 줄게.)

Expressions⁺ 요청할 때 쓸 수 있는 다른 표현으로는 Could I ask you to tell me a little about ~? / Would you mind telling me a little about ~? 등이 있다.

- A: **Could I ask you to tell me a little about** your brother?
  (네 오빠에 대해 나에게 좀 말해 줄 수 있니?)
  B: Sure. What do you want to know about him? (물론이지. 그에 대해 뭘 알고 싶니?)
- A: **Would you mind telling me a little about** your painting?
  (네 그림에 대해 나에게 좀 말해 줘도 괜찮니?)
  B: Well, I painted what I saw in my dream. (음, 나는 꿈에서 본 것을 그렸어.)

▶ 정답과 해설 p.181

Check Up

1 다음 대화의 빈칸에 알맞은 것은?

> A: Could you _____ me a little about the musical you watched last night?
> B: It was great! I want to watch it again.

① ask   ② tell   ③ hear
④ look   ⑤ mind

2 다음 대화의 밑줄 친 부분과 바꿔 쓸 수 있는 것은?

> A: <u>Would you mind telling me about your experiences in India?</u>
> B: Sure, I'd love to.

① What do you think of your experiences in India?
② Could you tell me about your experiences in India?
③ How do you feel about your experiences in India?
④ What do you want to know about my experiences in India?
⑤ Would you mind if I tell you about my experiences in India?

3 다음 두 문장의 의미가 같도록 빈칸에 알맞은 말을 쓰시오.

> Could you tell me a little about your country?
> = Could I _____ _____ to tell me a little about your country?

Structures in Use

부정 조건의 접속사 unless	You can't say you have been to Venice **unless** you have ridden a gondola.

unless는 조건절을 이끄는 접속사로 '~하지 않는다면'이라는 부정의 의미를 나타낸다.

❶ 조건을 나타내는 부사절을 이끌기 때문에 뒤에는 「주어 + 동사」가 오며, 부정의 의미가 있으므로 if ~ not으로 바꿔 쓸 수 있다. if절과 마찬가지로 조건절 내에서는 미래에 일어날 일이라도 현재시제로 표현한다.

Unless it *rains* tomorrow, we will go to the beach. (○)
= **If** it does **not** rain tomorrow, we will go to the beach. (내일 비가 오지 않으면 우리는 해변에 갈 것이다.)
Unless it **will rain** tomorrow, we will go to the beach. (×)

❷ '(만약) 그렇지 않다면, ~가 아니라면'이라는 의미의 otherwise는 그 의미와 뒤에 「주어+동사」가 온다는 점에서 unless와 비슷하지만, otherwise는 기본적으로 접속사가 아니라 부사이며 뒤에 오는 절을 부정하거나 반대로 가정하지는 않는다.

Seize the day, **otherwise** you will regret it.
(오늘을 즐겨라, 그렇지 않으면(= 오늘을 즐기지 않으면) 후회하게 될 것이다.)
= **Unless** you seize the day, you will regret it.
= **If** you don't seize the day, you will regret it.
  (오늘을 즐기지 않으면 후회하게 될 것이다.)

▶ 정답과 해설 p.181

Check Up

1 다음 괄호 안에서 어법상 알맞은 것을 고르시오.

(1) (If / Unless) you take off your hat, you cannot enter the temple.

(2) Let me know unless you (meet / will meet) the deadline.

(3) Save money, (unless / otherwise) you'll be in trouble when you really need it.

2 다음 우리말을 영어로 옮길 때 괄호 안의 말을 이용하여 문장을 완성하시오.

(1) 내가 파티에 가지 않는다면 그도 가지 않을 것이다. (unless)
  → _____ he won't, either.

(2) 고기를 냉장고에 넣어라, 그렇지 않으면 그것이 상할 것이다. (otherwise)
  → Put the meat in the fridge, _____.

(3) 티켓을 소지하고 있지 않으면 경기장에 들어갈 수 없습니다. (if)
  → _____, you're not allowed to enter the stadium.

3 다음 중 어법상 어색한 것을 고르시오.

(1) You ① will ② be fined ③ unless you ④ will ⑤ keep the traffic rules.
(2) Unless you ① cannot ② finish the work ③ by yourself, ④ call me ⑤ anytime.
(3) ① Be sure to ② log out after ③ checking your emails, ④ unless others can read ⑤ them.

▶ 정답과 해설 p.181

이유를 설명하는 「This is why ~」 구문

This is why we have been planning to take a special family trip for several years.

「This[That] is why ~」는 '이것[그것]이 ~한 이유이다'라는 의미를 나타내는 구문이다. 이때 This[That]는 앞에 언급된 '이유'를 가리키며, why 이후에 '결과'가 온다.

❶ 「This is why ~」는 「This is the reason ~」 또는 「This is the reason why ~」와 같이 쓸 수 있다. 「This is why ~」는 「This is the reason why ~」에서 선행사 the reason이 생략된 형태로 볼 수 있으며, 「This is the reason ~」은 「This is the reason why ~」에서 관계부사 why가 생략된 형태로 볼 수 있다.

You can see flowers everywhere in Florence. **This is why** it is called "The City of Flowers."
　　　　　　　　　　　　　　　　이유(어디에나 꽃이 있는 것)　　결과

= You can see flowers everywhere in Florence. **This is the reason** it is called "The City of Flowers."

= You can see flowers everywhere in Florence. **This is the reason why** it is called "The City of Flowers." (피렌체에서는 어디에서나 꽃을 볼 수 있다. 이것이 피렌체가 '꽃의 도시'라고 불리는 이유이다.)

❷ 「This is because ~」는 '이것은 ~ 때문이다'라는 의미로, 「This is why ~」 구문과 혼동하지 않도록 주의한다. 이때 This는 '결과'를 가리키며, because 다음에 '이유'가 온다.

He never feels lonely. **This is because** he has many friends who help and encourage him.
　　　　결과(외롭지 않은 것)　　　　　　　　　　　　　　이유

(그는 전혀 외로움을 느끼지 않는다. 그것은 그에게 그를 도와주고 용기를 주는 친구들이 여러 명 있기 때문이다.)

Check Up

1 이유와 결과가 맞도록 빈칸에 이어질 말을 〈보기〉에서 골라 쓰시오.

> 보기
> That is because she stayed up late last night.
> This is why his parents feel so proud of him.
> This is because he always tells a lie.
> That is the reason why many people like to talk with her.

(1) Ms. Brooks is very humorous. _____

(2) Little Jack finished the race. _____

(3) I don't believe Mark. _____

(4) Mary felt tired during the class. _____

2 같은 의미가 되도록 빈칸에 알맞은 말을 쓰시오.

(1) I didn't attend the meeting because I had a bad cold.

= I had a bad cold. This is _____ I didn't attend the meeting.

(2) He got up very late, so he went to his office by taxi.

= He went to his office by taxi. That's _____ he got up very late.

Reading Test

1 글의 흐름으로 보아, 주어진 문장이 들어가기에 가장 적절한 곳은?

> This is why we have been planning to take a special family trip for several years.

> This year my parents are celebrating their 20th wedding anniversary. (①) Finally, with summer vacation about to start, we discussed travel destinations. (②) Naturally the first thing I suggested was Venice. (③) My younger sister and my parents were all excited about seeing the canals and gondolas, so they agreed right away. (④) I can't believe it! We're going to see the real Venice. (⑤) It will be like the theater come to life!

HINTS

주어진 문장이 들어갈 위치를 찾는 문제의 경우, 주어진 문장에 지시대명사나 지시형용사가 있는 경우가 많다. 여기서도 This라는 지시대명사가 있으므로, 우선적으로 This가 가리키는 내용이 무엇인지 찾아 주어진 문장이 들어갈 가장 적절한 곳을 찾는다.

2 (A), (B), (C)의 각 네모 안에서 어법에 맞는 표현으로 가장 적절한 것은?

> My mother said, "You can't say you have been to Venice (A) if / unless you have ridden a gondola," so we all climbed into one of the famous boats. Our gondolier sang 'O Sole Mio' as the boat floated down a canal, and his powerful voice sounded nearly professional. After the gondola ride, we took another boat to the Island of Murano, (B) that / which is famous for its glass-blowers. We visited a glass factory and watched an artist (C) melt / to melt glass in a very hot oven. I couldn't believe how he was able to make the hot lump of glass into an elegant horse with just a few skillful movements of his tools.

	(A)		(B)		(C)
①	if	.....	that	.....	melt
②	if	.....	which	.....	to melt
③	unless	.....	that	.....	to melt
④	unless	.....	which	.....	melt
⑤	unless	.....	which	.....	to melt

어법성 판단 문제는 한 문장의 문법 구조를 얼마나 잘 파악하고 있는지를 묻는다. 그러기 위해서는 먼저 주어와 술어, 주절과 종속절을 구분해야 문장의 구조를 쉽게 파악할 수 있다. 어법성 판단 문제에는 관계대명사, 대명사나 동사의 수, 준동사(동명사, to부정사, 분사)의 형태 등이 주로 출제된다.

3 다음 글의 빈칸에 들어갈 말로 가장 적절한 것은?

Another thing we had to see while in Venice was the mask shops. Like glass-blowing, the craft of mask-making has been considered an art in Venice for hundreds of years. Our trip to the mask shop did not disappoint us. There were dozens of masks in all different colors and designs. My father said, "Why don't you pick out a mask to take home? It would be _____." So my sister picked a green mask with a long nose, and I chose a mask with gold patterns around the eyes. When I put the mask on, I felt like I was the character Portia, hiding her identity, ready to save the day.

① a rare item
② a great souvenir
③ a real bargain
④ a part of the collection
⑤ a precious antique

HINTS
· **hundreds of** 수백의
· **disappoint** 실망시키다
· **dozens of** 수십의
· **put ~ on** ~을 쓰다[입다]
· **ready to** ~할 준비가 된

4 다음 글의 내용과 일치하지 <u>않는</u> 것은?

On the third day, we took a tour of the city with a tour guide named Piero. We started in St. Mark's Square, the cultural center of Venice. From there, we could see St. Mark's Basilica, a huge cathedral, holding hundreds of dazzling mosaics and fantastic works of art. Right next to St. Mark's Basilica is Doge's Palace, and we went inside. One of the most impressive rooms was the Four Doors Room. It was filled with paintings of Greek and Roman myths. My favorite painting was *Neptune Offering Gifts to Venice*, which shows the mythological god of the sea, Neptune, giving treasures of the sea to the city of Venice. Then our tour guide took us to the Compass Room. When he explained that this was where trials were held long ago, I could imagine myself as Portia entering the Compass Room to defend 'the merchant of Venice.'

① St. Mark's Square는 Venice의 문화 중심지이다.
② St. Mark's Basilica에는 모자이크 작품들이 있다.
③ Doge's Palace에는 여러 개의 방이 있다.
④ Four Doors Room에는 그리스 로마 신화를 담은 그림이 있다.
⑤ Compass Room은 오래 전에 극장으로 사용되었다.

· **square** 광장
· **cathedral** 대성당
· **impressive** 인상적인
· **myth** 신화
· **mythological** 신화의
· **take ~ to ...** ~을 …로 데려가다

1 다음을 듣고, 여자가 하는 말의 목적으로 가장 적절한 것을 고르시오.

① 동아리 여행 일정을 안내하려고
② 여행 동아리 회원을 모집하려고
③ 여행 일정의 변경을 고지하려고
④ 제주도의 아름다움을 소개하려고
⑤ 여행 중 지켜야 할 사항을 강조하려고

2 다음을 듣고, 언급되지 않은 것을 고르시오.

① 항공편 이름   ② 도착지
③ 비행시간   ④ 도착지의 현재 시각
⑤ 도착지의 날씨

3 대화를 듣고, 내용과 일치하지 않는 것을 고르시오.

① 여자는 그 도시를 처음 방문했다.
② 첫 번째 일정은 전통 음식점에서 식사를 하는 것이다.
③ 오늘 밤에는 야외 콘서트 관람이 예정되어 있다.
④ 콘서트는 비가 오면 실내로 이동하여 진행된다.
⑤ 여자는 콘서트를 기대하고 있다.

4 다음 영영풀이에 해당하는 단어로 알맞은 것은?

> a place where criminals are kept as punishment or where people accused of a crime are kept before their trial

① prison   ② court
③ square   ④ cathedral
⑤ destination

주관식

5 다음 짝지어진 두 단어의 관계가 같을 때 빈칸에 알맞은 말을 쓰시오.

> skill : skillful = mud : _____

6 다음 중 밑줄 친 부분의 의미로 어색한 것은?

① I was impressed by the picturesque scenery in the Rocky Mountains. (~에 감명 받다)
② My town is famous for fantastic weather. (~로 유명하다)
③ Now that you're under twenty, you cannot apply for the position. (~이기는 하지만)
④ I saw a beautiful sunset on my way back home. (~로 돌아오는 길에)
⑤ How about taking a turn looking after the baby? (교대로 하다)

7 다음 중 어법상 틀린 것은?

① You cannot enter unless you're permitted to.
② He moved to another city. This is why I haven't seen him for a long time.
③ Be sure to put on your helmet, unless you can get hurt.
④ Mike is in the hospital now. That's because he had a car accident.
⑤ If you don't want to get this message anymore, click here.

8 다음 우리말을 영어로 바르게 옮긴 것은?

> 이번 주까지 책을 반납하지 않으면 한 달 동안 책을 대출할 수 없습니다.

① You cannot check out books for a month if you won't return your books.
② You cannot check out books for a month unless you don't return your books.
③ You cannot check out books for a month otherwise you return your books.
④ You cannot check out books for a month if you return your books.
⑤ You cannot check out books for a month unless you return your books.

9 다음 중에서 why가 들어갈 수 있는 곳은?

My little brother (①) has poor eyesight. This (②) is (③) the reason (④) he wears glasses (⑤).

주관식

10 다음 빈칸에 공통으로 알맞은 말을 쓰시오.

- Can you explain _____ you rejected my offer?
- His book is full of interesting adventures. This is _____ it is loved by many people in the world.

11 다음 문장과 의미가 같은 것을 모두 고르면?

As Christmas is just around the corner, the airport is very crowded with people.

① Christmas is just around the corner. This is because the airport is very crowded with people.
② Christmas is just around the corner. This is why the airport is very crowded with people.
③ The airport is very crowded with people. This is because Christmas is just around the corner.
④ The airport is very crowded with people. This is why Christmas is just around the corner.
⑤ The airport is very crowded with people. This is the reason why Christmas is just around the corner.

12 다음 글의 밑줄 친 ⓐ~ⓔ 중 어법상 틀린 것은?

This year my parents ⓐ are celebrating their 20th wedding anniversary. This is ⓑ why we have been planning to take a special family trip for several years. Finally, with summer vacation about ⓒ starting, we discussed travel destinations. Naturally ⓓ the first thing I suggested was Venice. My younger sister and my parents were all excited about ⓔ seeing the canals and gondolas, so they agreed right away. I can't believe it! We're going to see the real Venice. It will be like the theater come to life!

① ⓐ   ② ⓑ   ③ ⓒ   ④ ⓓ   ⑤ ⓔ

[13~14] 다음 글을 읽고, 물음에 답하시오.

I'm writing on the airplane, on my way home. As I look down at Venice from the sky and see the canals, I realize that this city is one of a kind. Now that I have seen the actual city, I'm even more excited about acting in Shakespeare's play. Our trip to Venice was short, and it's already time to say goodbye. However, I will treasure these memories forever.

13 윗글의 밑줄 친 treasure와 의미가 같은 것은?

① We should protect national treasures.
② You are a perfect treasure in my life!
③ It was fun to take part in a treasure hunt.
④ The treasure has been buried for a long time.
⑤ The thing I treasure the most is my family album.

14 윗글의 내용상 필자에 관해 알 수 없는 것은?

① 집으로 가는 비행기에서 글을 쓰고 있다.
② 베니스를 특별한 도시라고 생각한다.
③ 셰익스피어의 연극을 직접 보았다.
④ 베니스 여행을 마치고 돌아가는 길이다.
⑤ 베니스에서의 기억을 소중하게 생각한다.

[15~16] 다음 글을 읽고, 물음에 답하시오.

Italy is one of the world's most popular travel destination. ⓐ It is home to the greatest number of UNESCO World Heritage Sites in the world. ⓑ It also impresses visitors with strikingly beautiful landscapes, delicious food, and its trendy fashion industry. ⓒ You can't say you have been to Italy unless you have visited Venice. ⓓ There are so many interesting attractions that you will treasure the memories of your stay in Italy forever. ⓔ This is why millions of people from around the world visit Italy every year and return home with souvenirs of their trip.

15 윗글의 밑줄 친 부분 중 어법상 틀린 것을 찾아 바르게 고쳐 쓰시오.

16 윗글의 ⓐ~ⓔ 중 전체 흐름과 관계 없는 문장은?

① ⓐ ② ⓑ ③ ⓒ ④ ⓓ ⑤ ⓔ

[17~18] 다음 글을 읽고, 물음에 답하시오.

Venice has many wonderful places ⓐ see. First of all, you'll be ⓑ impress by its many canals, especially the Grand Canal. Venice's canals are truly what make it such a beautiful city. St. Mark's Basilica is a breathtaking cathedral and St. Mark's Square is a wonderful place where people gather day and night. You will be amazed at the very fine works of art in Doge's Palace. And you'll be excited to watch the glass-blowers at work in Murano. I'm sure you will have a great time in Venice.

17 밑줄 친 ⓐ와 ⓑ의 알맞은 형태가 바르게 짝지어진 것은?

① seeing — impressing ② seeing — impressed
③ to see — impressive ④ to see — impressed
⑤ to see — impressing

18 윗글의 내용과 일치하지 않는 것은?

① 베니스에는 운하가 많다.
② St. Mark's Basilica는 멋진 궁전이다.
③ 사람들은 밤낮으로 St. Mark's Square에 모인다.
④ Doge's Palace에서는 멋진 예술 작품을 볼 수 있다.
⑤ Murano에서는 유리 부는 직공을 볼 수 있다.

[19~20] 다음 글을 읽고, 물음에 답하시오.

(A) On our way back to the bed-and-breakfast, our tour guide told us, "Venice was built on wet and muddy land by people who were trying to escape from armies from the north and east."
(B) When I heard that, I was quite surprised. Who would have thought that this city, born from tears and suffering, would turn into a place of such great beauty?
(C) When we walked out of the Compass Room and across the Bridge of Sighs, we could see the charming canal that flows under the bridge, leading to the prison.

19 윗글 (A)~(C)를 순서대로 배열한 것은?

① (A) — (C) — (B) ② (B) — (A) — (C)
③ (B) — (C) — (A) ④ (C) — (A) — (B)
⑤ (C) — (B) — (A)

20 윗글의 밑줄 친 부분을 다음과 같이 쓸 때 빈칸에 알맞은 말을 한 단어로 쓰시오.

_____ has thought that this city, born from tears and suffering, would turn into a place of such great beauty.

[21~23] 다음 글을 읽고, 물음에 답하시오.

This morning we flew into the airport and came to the island ___ⓐ___ water taxi. After the long flight, it was refreshing to travel across the water by boat. Our driver even let my younger sister take a turn steering the boat, and she was thrilled!

At last I stepped into Venice with a pounding heart, just like Portia. The first thing that impressed me about the city was how colorful it was. The walls were covered ___ⓑ___ bright blues, greens, oranges and every other color.

We stayed at a building that used to be a palace hundreds of years ago. It was a home turned ___ⓒ___ a bed-and-breakfast and was run ___ⓓ___ a very sweet old lady. The lady told us a lot about the palace and the area as well.

___ⓔ___ the time we were ready for dinner, I was extremely hungry. I'm glad I was so hungry because we went to Dalla Marisa, a traditional Italian restaurant. There are no menus at the restaurant. The guests simply eat whatever Marisa is cooking that day. Since it was Tuesday, we had fresh fish with bread and salad. There was far more than I could eat, but it was all delicious.

21 윗글의 빈칸 ⓐ~ⓔ에 들어갈 말이 잘못 짝지어진 것은?

① ⓐ by
② ⓑ with
③ ⓒ into
④ ⓓ by
⑤ ⓔ With

주관식
22 다음 영영풀이에 해당하는 단어를 윗글에서 찾아 원형으로 쓰시오.

> to control a boat or a car so that it goes in the direction that you want

23 윗글을 읽고 답할 수 없는 질문은?

① How did the writer go to the airport?
② How did the writer feel when she reached Venice?
③ Where did the writer stay?
④ When was Dalla Marisa built?
⑤ What did the writer eat for dinner?

[24~25] 다음 글을 읽고, 물음에 답하시오.

When you have dinner in a restaurant, do not snap your fingers to call the server. This is regarded ___ⓐ___ a very rude gesture in France.

In Spain, people enjoy their Siesta, or nap time. Many shops and restaurants are closed ___ⓑ___ two to three hours in the early afternoon. Be sure to check when places close before you visit them in Spain.

Each state in the United States has a different sales tax. So you may not know how much you really have to pay until you settle the bill.

24 빈칸 ⓐ와 ⓑ에 들어갈 말이 바르게 짝지어진 것은?

① to — for
② to — during
③ as — for
④ as — during
⑤ with — while

25 윗글의 제목으로 가장 적절한 것은?

① Why the Spanish Enjoy Their Siesta
② The Right Way to Call a Server
③ Different Tax Systems in the World
④ Tips for Traveling to Other Countries
⑤ Various Body Languages Around the World

1 다음 글을 읽고 밑줄 친 <u>tears and suffering</u>이 나타내는 문장을 찾아 쓰시오.

> When we walked out of the Compass Room and across the Bridge of Sighs, we could see the charming canal that flows under the bridge, leading to the prison.
>
> On our way back to the bed-and-breakfast, our tour guide told us, "Venice was built on wet and muddy land by people who were trying to escape from armies from the north and east."
>
> When I heard that, I was quite surprised. Who would have thought that this city, born from <u>tears and suffering</u>, would turn into a place of such great beauty?

_____

_____

_____

2 다음 연극 대본을 참고하여 밑줄 친 <u>saves the life</u>의 구체적인 방법을 50자 내외의 우리말로 쓰시오.

> PORTIA: A pound of that merchant's flesh is yours.
> SHYLOCK: Most rightful judge!
> PORTIA: Wait a minute. There is something else.
>   This contract gives you not a drop of blood.
>   It only gives 'a pound of flesh.'
>   If you spill one drop of blood,
>   Then by the laws of Venice,
>   You will lose everything you have.
> SHYLOCK: Is that the law?

> My school's drama club is preparing Shakespeare's play _The Merchant of Venice_ so that we can perform it at our school festival in August, and I have the best role: Portia. Portia is one of the most significant female characters in Shakespeare's plays. She isn't just some princess in a palace. She runs off to Venice, pretends to be a lawyer, and <u>saves the life</u> of her husband's friend Antonio by arguing his case at a trial.

_____

_____

_____

LESSON 8

The Solution Is in Nature

Functions in Use

▶ 관심 표현하기
How interesting!
▶ 불허하기
You're not supposed to do that.

Structures in Use

▶ 현재완료 수동태
The novels of Kafka **have been read** for decades.
▶ 완료 부정사
Kafka is believed **to have invented** the hard hat.

Words & Expressions

WORDS

- absorb [əbsɔ́:rb] 통 흡수하다
- aluminum [əljú:mənəm] 명 알루미늄
- beak [bi:k] 명 부리
- bend [bend] 통 구부리다, 굽히다
- blow [blou] 명 타격, 치기
- bulky [bʌ́lki] 형 부피가 큰, 거대한
- closely [klóusli] 부 철저히, 자세히
- conclude [kənklú:d] 통 결론을 내리다
- construction [kənstrʌ́kʃən] 명 건설
- container [kəntéinər] 명 그릇, 용기
- crash [kræʃ] 명통 충돌(하다), 추락(하다)
- credit [krédit] 통 ~을 …로 여기다, 믿다 명 신용, 학점
- damage [dǽmidʒ] 명 손상, 손해, 피해
- decade [dékeid] 명 십 년
- detailed [ditéild] 형 자세한, 세부적인
- device [diváis] 명 장치, 기기
- discovery [diskʌ́vəri] 명 발견
- effect [ifékt] 명 효과, 영향, 결과
- endure [indʒúər] 통 참다, 견디다(= put up with)
- flexible [fléksəbl] 형 잘 구부러지는, 유연한
- frequency [frí:kwənsi] 명 빈도(수)
- function [fʌ́ŋkʃən] 명통 기능(하다)
- hammer [hǽmər] 통 망치로 치다, 탕탕 두들기다
- imitate [ímitèit] 통 모방하다
- impact [ímpækt] 명 충격, 충돌 통 충격을 주다, 충돌하다
- injury [índʒəri] 명 부상, 상해
- innovation [ìnəvéiʃən] 명 혁신, 쇄신
- inspire [inspáiər] 통 영감을 주다, 고무하다
- insurance [inʃú(:)ərəns] 명 보험
- involve [inválv] 통 수반하다, 관련시키다
- layer [léiər] 명 층(層), 쌓은[겹친] 켜
- manufacturer [mænjəfǽktʃərər] 명 제조업자
- massive [mǽsiv] 형 거대한, 엄청나게 큰
- mechanical [məkǽnikəl] 형 기계적인
- object [ábdʒikt] 명 물체, 물건
- origin [ɔ́(:)ridʒin] 명 유래, 기원
- peck [pek] 통 (부리로) 쪼다, 쪼아 먹다
- physical [fízikəl] 형 신체적인
- pioneer [pàiəníər] 명 선구자
- positive [pázitiv] 형 긍정적인
- pound [paund] 통 마구[세게] 치다, 두드리다
- realization [rì(:)ələzéiʃən] 명 깨달음, 실현
- remain [riméin] 통 계속[여전히] ~이다, 남다
- reproduce [rì:prədjú:s] 통 재생하다, 재현하다
- rubber [rʌ́bər] 명형 고무(의)
- shock [ʃɑk] 명통 충격(을 주다)
- skull [skʌl] 명 두개골
- soften [sɔ́(:)fən] 통 부드럽게 하다, 완화시키다
- somehow [sʌ́mhàu] 부 어떻게든지 해서, 그럭저럭
- steel [sti:l] 명 강철
- suffer [sʌ́fər] 통 고통을 겪다[받다]
- surface [sə́:rfis] 명 표면

EXPRESSIONS

- a variety of 다양한
- as well as ~뿐만 아니라 …도
- be known as ~로 알려져 있다
- be modeled on ~을 모델로 하다
- break up 헤어지다
- cope with ~에 대처하다
- crash into ~와 충돌하다
- credit ~ as … ~을 …로 믿다[여기다]
- date back to ~까지 거슬러 올라가다
- due to ~ 때문에
- far from 결코 ~ 아닌, ~하기는커녕
- have ~ in common ~라는 공통점이 있다
- keep off ~에 가까이 오지 못하게 하다
- look into ~을 조사하다
- manage to 간신히 ~하다
- on average 평균적으로
- pack ~ with … ~을 …로 채우다
- pound at ~을 마구 두드리다
- search for ~을 찾다
- turn on (전기, 수도 등을) 켜다

▶ 정답과 해설 p.187

1 다음 영어는 우리말로, 우리말은 영어로 쓰시오.

(1) absorb _____

(2) conclude _____

(3) damage _____

(4) impact _____

(5) peck _____

(6) massive _____

(7) positive _____

(8) imitate _____

(9) soften _____

(10) bend _____

(11) 부리 _____

(12) 충돌(하다), 추락(하다) _____

(13) 보험 _____

(14) 효과, 영향, 결과 _____

(15) 선구자 _____

(16) 잘 구부러지는, 유연한 _____

(17) 유래, 기원 _____

(18) 기계적인 _____

(19) 제조업자 _____

(20) 혁신, 쇄신 _____

2 다음 우리말과 일치하도록 빈칸에 알맞은 말을 쓰시오.

(1) We didn't know how to _____ _____ the disaster.
(우리는 그 재해에 대처하는 방법을 몰랐다.)

(2) The earliest records concerning the remains _____ _____ _____ ancient times. (그 유적에 관한 초기의 기록은 고대시대로 거슬러 올라간다.)

(3) Two trucks _____ _____ each other on the highway.
(고속도로에서 트럭 두 대가 서로 충돌했다.)

(4) Japanese people, _____ _____, live longer than Europeans.
(일본 사람들은 평균적으로 유럽 사람들보다 더 오래 산다.)

- **disaster** 재해, 재난

- **concerning** ~에 관한
- **remains** 유적
- **ancient** 고대의

3 다음 문장의 밑줄 친 부분과 바꿔 쓸 수 있는 것을 고르시오.

(1) I had to <u>endure</u> a severe stomachache all morning.
① care for   ② deal with   ③ put up with
④ suffer from   ⑤ get rid of

(2) The police will <u>look into</u> the past record of the criminal.
① replace   ② protect   ③ maintain
④ conclude   ⑤ investigate

- **severe** 심한

- **criminal** 범인, 범죄자

4 밑줄 친 부분에 유의하여 다음 문장을 우리말로 옮기시오.

(1) In general, twins <u>have</u> a lot <u>in common</u>.
→ _____

(2) The solution, <u>far from</u> increasing jobs, will reduce employment.
→ _____

(3) My schedule this week <u>is packed with</u> conferences.
→ _____

- **in general** 일반적으로

- **employment** 고용

- **conference** 회의

Functions in Use

▶ 정답과 해설 p.187

관심 표현하기   How interesting!

How interesting!은 '정말 흥미롭구나!'라는 의미로, 상대방의 말에 관심을 나타낼 때 사용하는 표현이다. How 뒤에는 형용사가 이어진다.

A: I heard a woodpecker's beak is very strong and flexible.

(나는 딱따구리의 부리가 매우 강하고 유연성이 있다고 들었어.)

B: **How interesting!** (정말 흥미롭구나!)

Expressions⁺ 관심을 표현할 때 쓸 수 있는 다른 표현으로는 How amazing! / That's fascinating! / I'm so interested in that! / That sounds interesting. / That interests me a lot. 등이 있다.

- A: I heard a dog in the USA skateboarded 100 m in 19 seconds.

  (미국의 어떤 개가 스케이트보드로 100미터를 19초에 탔다고 들었어.)

  B: **How amazing!** (정말 놀랍구나!)

- A: Do you know polar bears can walk easily on the ice because of their fur?

  (너는 북극곰이 그것의 털 때문에 얼음 위에서 쉽게 걸을 수 있다는 사실을 아니?)

  B: **That sounds interesting!** (정말 흥미롭구나!)

Check Up

1 다음 대화의 밑줄 친 우리말에 해당하는 표현을 두 단어로 쓰시오.

> A: I just learned that the kingfisher's beak inspired the shape of high-speed trains.
> B: 정말 흥미롭구나! What feature do they have in common?
> A: They both reduce air resistance.

2 다음 대화의 밑줄 친 부분과 바꿔 쓸 수 없는 것은?

> A: I heard Venus flytraps eat insects for food.
> B: That interests me a lot. I want to learn more about it.

① How amazing!   ② How nice of you!   ③ That's fascinating!
④ I'm so interested in that!   ⑤ That sounds interesting!

3 자연스러운 대화가 되도록 @~@의 순서를 바르게 배열하시오.

> @ Does it really? That interests me a lot.
> ⓑ I love this cleaning robot. It works so well.
> ⓒ I heard it finds its way around the same way as bats do.
> ⓓ I wonder how it can move around the house on its own.

You're not supposed to do that.

You're not supposed to ~는 '너는 ~하면 안 돼'라는 뜻으로 상대방이 어떤 일을 하는 것을 허락하지 않을 때 사용하는 표현이다. to 다음에는 동사원형이 이어진다.

A: Look at me! I can ride a bike with my eyes closed. (나 좀 봐! 나는 눈을 감은 채로 자전거를 탈 수 있어.)
B: **You're not supposed to** do that. (그렇게 하면 안 돼.)

Expressions⁺ 불허할 때 쓸 수 있는 다른 표현으로는 You can't ~ / You are not allowed to ~ / You must not ~ / You should not ~ 등이 있다.

- **You can't** fish in this river. (이 강에서는 낚시를 할 수 없습니다.)
- **You're not allowed to** bring food in here. (여기에 음식물을 가지고 들어가시면 안 됩니다.)
- **You must not** chat with friends during the class. (수업시간에 친구들과 잡담을 하면 안 돼.)
- **You should not** feed or touch the animals. (동물들에게 먹이를 주거나 만지면 안 됩니다.)

▶ 정답과 해설 p.187

Check Up

1 다음 대화의 빈칸에 알맞은 말을 쓰시오.

A: Can I have lunch here at this table?
B: I'm sorry but you're not _____ _____ eat in the library.
Please use the cafeteria.

2 다음 중 나머지 넷과 의미가 <u>다른</u> 것은?

① You can't use a cell phone while driving.
② You must not use a cell phone while driving.
③ You should not use a cell phone while driving.
④ You are not allowed to use a cell phone while driving.
⑤ You don't have to use a cell phone while driving.

3 다음 대화의 빈칸에 들어갈 말로 적절하지 <u>않은</u> 것은?

A: What are you going to do this weekend?
B: I'm going to go swimming.
A: Don't forget to check the depth of the pool. And you must not _____.

① run in the pool area   ② eat food in the pool
③ push others into the pool   ④ warm up before swimming
⑤ dive into the shallow end of a pool

Structures in Use

| The novels of Kafka **have been read** for decades.

현재완료 수동태는 '~되었다, ~되어 왔다'의 의미로 「have[has] been p.p.」의 형태로 쓴다. 이것은 주어가 동작의 주체가 아니라 동작을 당하는 대상임을 나타내는 수동태(be동사+p.p.)의 be동사를 완료형으로 바꾸어 나타낸 것으로, 수동태 문장에서 과거의 동작이 현재까지 영향을 미치고 있음을 나타낼 때 사용한다.

❶ 현재완료 수동태는 현재완료(have[has] p.p.)와 수동태(be동사+p.p.)가 결합된 형태이다.

The road **has been blocked** due to the construction. (그 길은 공사 때문에 차단되어 왔다.)

❷ 문맥에 따라 현재완료의 여러 가지 용법(완료, 경험, 계속, 결과) 중 하나로 해석한다.

Coffee beans **have been grown** in this field for over 100 years. <계속>
(커피콩은 이 밭에서 100년 넘게 죽 재배되어 왔다.)

This room **has been renovated** into a very modern style. <결과>
(이 방은 매우 현대적인 스타일로 개조되었다.)

The sales report **has** just **been finished**. (매출 보고서가 지금 막 완료되었다.) <완료>

I **have been called** a walking dictionary before.(나는 전에 걸어 다니는 사전으로 불린 적이 있었다.) <경험>

cf. 현재완료진행 시제(have[has] been v-ing)

「have[has] been v-ing」는 현재완료진행 시제로 어떤 동작이 최근까지 또는 말하고 있는 시점까지 계속 진행되고 있음을 나타낼 때 사용한다.

I've been working in this office since last summer. (나는 지난여름 이후로 계속 이 사무실에서 일하고 있다.)

▶ 정답과 해설 p.187

Check Up

1 다음 괄호 안에서 어법상 알맞은 것을 고르시오.

(1) Over 200 people (have killed / have been killed) by volcanic eruptions.

(2) The Bible (has translated / has been translated) into more than 100 languages.

(3) I have been (read / reading) this book for months, but I haven't finished it yet.

2 주어진 우리말과 일치하도록 괄호 안의 단어를 활용하여 문장을 완성하시오.

(1) 개에게 물려 본 적 있나요? (bite)
→ _____ you ever _____ _____ by a dog?

(2) 우리는 태어난 이후로 죽 부모님에게 영향을 받아 왔다. (influence)
→ We _____ _____ _____ by our parents since we were born.

(3) 휘발유 가격이 몇 달째 계속 꾸준히 상승하고 있다. (increase)
→ Gas prices _____ _____ _____ steadily for months.

3 다음 문장의 밑줄 친 부분을 어법에 맞게 고치시오.

(1) The flight to Los Angeles <u>has been canceling</u> due to the bad weather.

(2) A new drug to fight the disease <u>has been studying</u> by researchers at our medical school.

완료 부정사	Kafka is believed **to have invented** the hard hat.

to부정사의 동사가 문장의 동사보다 이전에 일어난 일을 나타낼 때 「to have p.p.」 형태로 쓰는데, 이를 완료 부정사라고 한다.

I'm sorry **to have missed** such an important meeting. (나는 그렇게 중요한 회의를 놓쳐서 유감이다.)

= I'm sorry that I **missed** such an important meeting.

❶ 문장의 동사와 동일한 때나 그 이후에 일어난 일을 나타낼 때는 단순 부정사(to + 동사원형)를 쓴다.

He seems **to like** me. (그는 나를 좋아하는 것 같다.)

= It **seems** that he **likes** me.

I promise **to come** to your party. (네 파티에 가기로 약속할게.)

= I **promise** that I **will come** to your party.

❷ 완료 부정사는 seem, appear, say, suppose, believe, think, expect, report, consider 등의 동사와 주로 함께 쓰인다.

People **believe** that the house **was built** in 1735.

= It **is believed** that the house **was built** in 1735.

= The house is believed **to have been built** in 1735. (그 집이 1735년에 지어졌다고들 믿고 있다.)

My grandmother appears **to have been** beautiful when she was young.

(우리 할머니는 젊으셨을 때 아름다우셨던 것 같다.)

This custom is said **to have originated** from the time of Silla. (이 관습은 신라 시대에서 유래했다고 한다.)

▶ 정답과 해설 p.188

1 다음 괄호 안에서 어법상 알맞은 것을 고르시오.

(1) She seems to (be / have been) rich in her youth.

(2) The strike is expected to (end / have ended) soon.

(3) Democracy is considered to (be / have been) born in Athens.

2 주어진 우리말과 의미가 같도록 괄호 안의 말을 바르게 배열하시오.

(1) 그가 세계에서 가장 부유한 사람이라고 한다.

→ (said, to, is, he, be) the richest man in the world.

(2) 지난주 화요일에 결석해서 죄송합니다.

→ (to, sorry, absent, I'm, have, been) last Tuesday.

(3) 그 바이러스가 원숭이에서 온 것이라고 널리 믿어진다.

→ The virus (believed, to, is, widely, from, have, come) monkeys.

3 두 문장이 같은 뜻이 되도록 빈칸에 알맞은 말을 넣어 문장을 완성하시오.

It appears that the overheated engine caused the fire.

= The overheated engine appears _____ the fire.

Reading Test

[1~2] 다음 글을 읽고, 물음에 답하시오.

> Franz Kafka ⓐ <u>is best known as</u> one of the most important writers of the 20th century. His novels such as *The Castle* and *The Trial* ⓑ <u>have been widely reading</u> for decades.
>
> However, some people also credit him as a pioneer in helmet design. As a young man, Kafka worked at an insurance company. Part of his job involved learning about the injuries ⓒ <u>suffered</u> by people working at dangerous jobs. Sometime between 1910 and 1912, he is believed ⓓ <u>to have invented</u> the hard hat, a light helmet ⓔ <u>designed</u> to protect against falling objects in factories.

1 윗글의 밑줄 친 ⓐ~ⓔ 중 어법상 <u>틀린</u> 것은?

① ⓐ   ② ⓑ   ③ ⓒ   ④ ⓓ   ⑤ ⓔ

2 Franz Kafka에 관한 윗글의 내용과 일치하지 <u>않는</u> 것은?

① 20세기의 가장 중요한 작가 중 한 명으로 알려져 있다.
② 소설 'The Castle'과 'The Trial'의 작가이다.
③ 일부 사람들은 그를 헬멧 디자인의 선구자로 믿는다.
④ 젊은 시절에 보험회사에서 일한 적이 있다.
⑤ 위험한 직장에서 일하는 사람들을 위한 안전 지침서를 출판했다.

3 주어진 글 다음에 이어질 글의 순서로 가장 적절한 것은?

> This was the very question that interested two Korean scientists, Sang-Hee Yoon and Sungmin Park: How do woodpeckers manage to avoid hurting themselves as they pound away at hard surfaces?

> (A) The scientists concluded that the flexibility of the various parts of a woodpecker's head helps to absorb shocks, which softens the blow of impacts.
>
> (B) They also noticed that there is very little space for a woodpecker's brain to move around inside its skull.
>
> (C) The scientists studied woodpeckers closely, and learned that the birds have spongy bones in the frontal part of their skulls. Woodpeckers also have beaks that are hard yet flexible.

① (A)—(B)—(C)   ② (B)—(A)—(C)
③ (B)—(C)—(A)   ④ (C)—(A)—(B)
⑤ (C)—(B)—(A)

4 (A), (B), (C)의 각 네모 안에서 어법에 맞는 표현으로 가장 적절한 것은?

The researchers decided to build a mechanical device that would imitate the functions of a woodpecker's spongy bone and flexible beak. Their goal was to improve black boxes, the devices on airplanes that keep detailed records of each flight. Black boxes are used to (A) finding / find out the causes of airplane crashes, so they must be able to endure the impact of falling from the sky.

The researchers placed the black box's recording device inside an aluminum container tightly (B) packing / packed with tiny pieces of glass. This (C) did / was done to reproduce the effect of the spongy bone in a woodpecker's skull. They also covered the container with a layer of rubber to absorb shocks and then covered the whole thing with a layer of steel. The project was a great success: The new black box was 60 times more protective than older types.

	(A)	(B)	(C)
①	finding	packing	did
②	finding	packed	was done
③	find	packing	did
④	find	packed	did
⑤	find	packed	was done

5 글의 흐름으로 보아, 주어진 문장이 들어가기에 가장 적절한 곳은?

Despite all these innovations, helmets are still far from perfect.

As time passed, numerous innovations were made, making today's helmets much safer and stronger than Kafka's original design. (①) They are built to survive massive impacts while remaining light enough for wearers to play sports or do their jobs. (②) Another innovation is that while old-style helmets were heavy and bulky, causing neck pain, today's helmets are lighter and more comfortable for the wearer. (③) This is important because people are much more likely to wear helmets if they are comfortable. (④) Sports players as well as workers at construction sites, factories, and other dangerous work environments frequently experience brain injuries due to the force and frequency of blows to the head. (⑤) Doctors believe that repeated blows to the brain can cause a variety of physical and mental problems later in life.

1 대화를 듣고, 두 사람의 관계를 가장 잘 나타낸 것을 고르시오.

① 운전자 — 교통 경찰관
② 관광객 — 여행사 직원
③ 연극 배우 — 연출자
④ 관람객 — 미술관 직원
⑤ 탑승객 — 비행기 승무원

2 대화를 듣고, 내용과 일치하지 <u>않는</u> 것을 고르시오.

① 남자는 공원에 스케이트보드를 타러 갈 것이다.
② 센트럴 파크에는 스케이트보드를 타기 위한 전용 공간이 따로 없다.
③ 여자는 남자에게 헬멧을 쓰라고 당부한다.
④ 남자는 지난주에 특이한 헬멧을 샀다.
⑤ 표면이 푹신하고 유연한 헬멧은 머리 보호가 더 잘된다.

3 다음을 듣고, 남자가 하는 말의 목적으로 가장 적절한 것을 고르시오.

① 전기 절약 실천을 촉구하려고
② 소방관 지원 방법을 알려 주려고
③ 화재 시의 행동 지침을 알려 주려고
④ 화재 예방의 중요성을 알리려고
⑤ 소방관 복지 개선을 주장하려고

4 다음 중 밑줄 친 어구의 우리말 뜻이 잘못 짝지어진 것은?

① He <u>managed to</u> persuade her.
　(간신히 ~했다)
② The area is asked to <u>keep off</u> the grass.
　　　　　(~을 키우다)
③ He was punished <u>due to</u> his bad behavior.
　　　　　(~ 때문에)
④ The company sells <u>a variety of</u> outdoor products.
　　　　　(다양한)
⑤ We have to <u>cope with</u> the current financial difficulties. (~에 대처하다)

5 다음 영어 설명의 빈칸에 공통으로 알맞은 것은?

> • Something that is _____ can bend or be bent easily.
> • A person, plan, etc. that is _____ can change or be changed easily to suit any new situation.

① plain　　　② bulky　　　③ flexible
④ original　　⑤ positive

6 다음 문장의 빈칸에 들어갈 수 <u>없는</u> 것은?

> • How much liquid will this _____ hold?
> • The old roof will not _____ a strong wind.
> • Does your smartphone have a recording _____?
> • The roots _____ water for the plants and flowers.

① function　　② endure　　③ absorb
④ damage　　⑤ container

주관식

7 다음 두 문장의 빈칸에 공통으로 알맞은 말을 쓰시오.

> • Police will _____ into the disappearance of the two children soon.
> (경찰이 곧 그 두 아이의 실종을 조사할 것이다.)
> • If you don't know the meaning of a word, _____ it up on the Internet.
> (만일 어떤 단어의 의미를 모르겠으면 인터넷에서 그것을 찾아봐라.)

8 다음 중 의도하는 바가 나머지 넷과 <u>다른</u> 것은?

① You can't walk on the grass.
② You must not walk on the grass.
③ You need not walk on the grass.
④ You're not supposed to walk on the grass.
⑤ You are not allowed to walk on the grass.

9 주어진 우리말을 영어로 바르게 옮긴 것을 <u>모두</u> 고르면?

> 전쟁 중에 그가 스파이였다고 한다.

① He is said to be a spy during the war.
② It is said that he was a spy during the war.
③ He is said to have been a spy during the war.
④ They said that he is a spy during the war.
⑤ He was said to be a spy during the war.

10 다음 중 어법상 <u>틀린</u> 것은?

① All the windows have been cleaned this week.
② The furniture has been moved by the workers.
③ The workers have been painting the wall all day.
④ A new hospital has been building near the airport.
⑤ Some money has been stolen from Mike's jacket.

11 주어진 문장이 들어가기에 가장 적절한 곳은?

> Each one of those impacts is about 100 times as powerful as a hit that would cause serious brain injury to a human.

Woodpeckers hammer their beaks into trees at speeds of over 20 kilometers per hour. (①) They can peck about 20 times per second. (②) On average, they knock their heads against hard surfaces about 12,000 times every day. (③) Yet somehow, woodpeckers never suffer any physical or mental damage. (④) Why not? (⑤) This was the very question that interested two Korean scientists, Sang-Hee Yoon and Sungmin Park: How do woodpeckers manage to avoid hurting themselves as they pound away at hard surfaces?

[12~13] 다음 글을 읽고, 물음에 답하시오.

Franz Kafka is best known ____ⓐ____ one of the most important writers of the 20th century. His novels such as *The Castle* and *The Trial* have been widely read for decades.

However, some people also credit him ____ⓐ____ a pioneer in helmet design. As a young man, Kafka worked at an insurance company. Part of his job involved learning about the injuries suffered by people ⓑ <u>working</u> at dangerous jobs. Sometime between 1910 and 1912, he is believed to have invented the hard hat, a light helmet designed to protect against falling objects in factories.

주관식

12 윗글의 빈칸 ⓐ에 공통으로 알맞은 말을 쓰시오.

13 윗글의 밑줄 친 ⓑ와 쓰임이 같은 것은?

① My mother says that <u>wasting</u> food is shameful.
② Could you tell me where the <u>dressing</u> room is?
③ He did the work without <u>making</u> any mistakes.
④ Do you mean the woman <u>looking</u> straight at the camera?
⑤ We are looking forward to <u>meeting</u> your friend from New York.

주관식

14 다음 문장에서 어법상 <u>어색한</u> 부분을 찾아 바르게 고쳐 쓰시오.

(1) There seems to be a traffic accident at the intersection yesterday.

(2) The Beatles' songs have been loving by many people around the world for over 40 years.

(3) She is reported to throw a glass of wine at her former boss when she left the company.

[15~18] 다음 글을 읽고, 물음에 답하시오.

The researchers decided to build a mechanical ⓐ device that would ⓑ imitate the functions of a woodpecker's spongy bone and flexible ⓒ beak. Their goal was to improve black boxes, the devices on airplanes that keep ⓓ detailed records of each flight. Black boxes are used to find out the (A) causes / effects of airplane crashes, so they must be able to endure the ⓔ impact of falling from the sky.

ⓕ The researchers placed the black box's recording device inside an aluminum container tightly packed with tiny pieces of glass. This was done to (B) reduce / reproduce the effect of the spongy bone in a woodpecker's skull. They also covered the container with a layer of rubber to absorb shocks and then covered the whole thing with a layer of steel. The project was a great success: The new black box was 60 times more (C) protective / flexible than older types.

15 윗글의 밑줄 친 ⓐ~ⓔ의 영영 뜻풀이가 잘못된 것은?

① ⓐ a machine or tool that does a special job
② ⓑ to make something that is exactly like something else
③ ⓒ the hard pointed mouth of a bird
④ ⓓ difficult to understand or be sure about
⑤ ⓔ the force of one object hitting another

16 (A), (B), (C)의 각 네모 안에서 문맥에 맞는 낱말로 가장 적절한 것은?

	(A)	(B)	(C)
①	causes	reduce	protective
②	causes	reproduce	protective
③	causes	reproduce	flexible
④	effects	reduce	protective
⑤	effects	reproduce	flexible

17 윗글의 밑줄 친 ⓕ에 생략된 말을 넣어 문장을 다시 쓰시오.

18 윗글의 제목으로 가장 적절한 것은?

① History of the Black Box
② Causes and Effects of Airplane Crashes
③ Roles of the Black Box's Recording Device
④ Effects of the Spongy Bone in Black Boxes
⑤ Efforts to Make Improvements to Black Boxes

[19~20] 다음 글을 읽고, 물음에 답하시오.

The scientists studied woodpeckers closely, and learned ⓐ that the birds have spongy bones in the frontal part of their skulls. Woodpeckers also have beaks ⓑ that are hard yet flexible. They also noticed that there is very little space for a woodpecker's brain to move around inside its skull. The scientists concluded that the ⓒ _____ of the various parts of a woodpecker's head helps to absorb shocks, which softens the blow of impacts.

19 밑줄 친 ⓐ와 ⓑ의 that과 쓰임이 각각 같은 것을 〈보기〉에서 고르시오.

보기

① We chose the hotel that seemed to be the nicest.
② Do you know that Junsu and Bora used to go out?
③ She was relieved to hear that her baby was healthy.
④ Children eat too much food that is high in calories.

ⓐ: _____ ⓑ: _____

20 윗글의 빈칸 ⓒ에 들어갈 말로 알맞은 것은?

① sensitivity   ② flexibility
③ hardness   ④ creativity
⑤ productivity

[21~24] 다음 글을 읽고, 물음에 답하시오.

From the positive and exciting results of the black box project came another realization: If woodpecker-inspired technology worked so well to protect black boxes, it would probably also work well in the improvement of helmet design. Two Chinese scientists, Yubo Fan and Ming Zhang, decided to look into this more closely, and created computer models of the birds' heads. They also filmed the woodpeckers so they could watch them ⓐ (peck) in super slow motion.

They came to many of the same conclusions ⓑ as Yoon and Park, but they also noticed the importance of the shape of a woodpecker's beak. The top part of the beak is longer than the bottom half. When it hammers into a tree, it bends down and back, ⓒ (absorb) some of the impact. The researchers believe that these discoveries could be very useful in developing new helmets. In fact, several helmet manufacturers are already searching hard for ways to make 'a woodpecker helmet,' _____ⓓ_____ modern origin dates back to Franz Kafka.

21 괄호 안의 동사 ⓐ, ⓒ의 알맞은 형태가 바르게 짝지어진 것은?

① pecked — absorbing
② pecking — absorbed
③ pecking — absorbing
④ to peck — absorbing
⑤ to peck — absorbed

22 윗글의 밑줄 친 ⓑ와 쓰임이 같은 것은?

① Leave everything just as you found it.
② Do not trust such men as praise you to your face.
③ We decided to go out to eat as we had no food at home.
④ The phone rang just as he stepped out of the shower.
⑤ Some of the doctors are paid almost twice as much as the nurses.

23 윗글의 빈칸 ⓓ와 들어갈 말이 같지 <u>않은</u> 것은?

① The man _____ dog bit me didn't apologize.
② He used a term _____ meaning I don't know.
③ The office _____ we work has a lot of windows.
④ It's an Australian company _____ logo features a red kangaroo.
⑤ What's the name of the man _____ bike you borrowed?

24 윗글의 내용과 일치하지 <u>않는</u> 것은?

① Yubo Fan과 Ming Zhang은 새 머리 모양의 컴퓨터 모형을 만들었다.
② Yubo Fan과 Ming Zhang은 딱따구리를 촬영해서 그것들이 쪼는 모습을 초저속으로 관찰했다.
③ Yubo Fan과 Ming Zhang은 많은 부분에서 한국의 과학자 윤과 박과 같은 결론에 도달했다.
④ 딱따구리 부리의 아래쪽 부분은 위쪽의 절반보다 더 길다.
⑤ 딱따구리의 부리는 아래쪽과 뒤쪽으로 구부러져서 충격의 일부를 흡수한다.

25 다음 글의 빈칸 (A)~(C)에 알맞은 말이 바르게 짝지어진 것은?

As time passed, numerous innovations were made, making today's helmets much safer and stronger than Kafka's original design. They are built to survive massive impacts __(A)__ remaining light enough for wearers to play sports or do their jobs. Another innovation is that __(B)__ old-style helmets were heavy and bulky, causing neck pain, today's helmets are lighter and more comfortable for the wearer. This is important __(C)__ people are much more likely to wear helmets if they are comfortable.

	(A)	(B)	(C)
①	as	although	so
②	as	though	because
③	as	despite	why
④	while	despite	why
⑤	while	while	because

Lesson 08 서술형 평가

[1~2] 다음 글을 읽고, 물음에 답하시오.

> Hundreds of millions of birds have been killed by flying directly into window glass. Birds crash into window glass not only because it is nearly invisible but also because it often confuses birds by reflecting nearby trees, the sky, or the birds themselves. To address this problem, researchers turned their attention to spider webs that reflect ultraviolet (UV) light. The reflected UV light warns birds to avoid flying through the spider webs because birds can easily see the light. The spider webs thus protect themselves from being destroyed. Inspired by this fact, researchers recently developed a new kind of glass. It reflects UV light, just as spider webs do, protecting birds from crashing into it.

1 Q: Why do birds crash into window glass?

A: This is because the window glass (1) _____ and (2) _____
_____ .

2 Q: What did the researchers find out from spider webs?

A: Spider webs (1) _____, which warns birds (2) _____
_____ the spider webs because (3) _____ .
Therefore, the spider webs protect themselves (4) _____ .

3 Read and write what the underlined part indicates in Korean.

> The researchers decided to build a mechanical device that would imitate the functions of a woodpecker's spongy bone and flexible beak. Their goal was to improve black boxes, the devices on airplanes that keep detailed records of each flight. Black boxes are used to find out the causes of airplane crashes, so they must be able to endure the impact of falling from the sky.
> The researchers placed the black box's recording device inside an aluminum container tightly packed with tiny pieces of glass. This was done to reproduce the effect of the spongy bone in a woodpecker's skull. They also covered the container with a layer of rubber to absorb shocks and then covered the whole thing with a layer of steel. The project was a great success: The new black box was 60 times more protective than older types.

_____

_____

Lesson 01~04 총괄평가 1회

1 대화를 듣고, 남자의 마지막 말에 대한 여자의 응답으로 가장 적절한 것을 고르시오.

Weman: _____

① You should have tried it.
② Right. Milk is a good source of protein.
③ I tried it already, but it didn't work.
④ It will go well with the cookies.
⑤ Thanks, but I'm full.

2 대화를 듣고, 두 사람이 하는 말의 주제로 가장 적절한 것을 고르시오.

① 행복한 삶의 가장 큰 요건
② 부정적인 감정을 일으키는 여러 요인들
③ 기분을 나아지게 하는 몇 가지 방법
④ 다른 사람을 돕는 것의 혜택
⑤ 운동을 통한 스트레스 해소

3 대화를 듣고, 여자가 걱정하는 일을 고르시오.

① 같은 곳에서 교통사고가 많이 나는 것
② 교통사고 목격자가 나타나지 않는 것
③ 동네 곳곳에서 무서운 일이 일어나는 것
④ 안전 운전 캠페인의 성과가 미미한 것
⑤ 친구들이 캠페인에 적극 참여하지 않는 것

[4~5] 다음을 듣고, 물음에 답하시오.

4 여자가 하는 말의 주제로 가장 적절한 것은?

① what distinguishes Korean food from others
② major ingredients of Korean food
③ tasty and healthy Korean food
④ good places to enjoy Korean food
⑤ growing popularity of Korean food

5 언급된 음식이 <u>아닌</u> 것은?

① 떡국   ② 잡채   ③ 비빔밥
④ 김치   ⑤ 곰탕

6 자연스러운 대화가 되도록 바르게 배열한 것은?

> ⓐ Nope. Didn't it just get hit by a hurricane a few weeks ago?
> ⓑ Sorry to hear that. They must be so discouraged.
> ⓒ Did you hear that a hurricane is going to strike Japan?
> ⓓ Yes, that's right. Some coastal areas were flooded by that hurricane. But the problem is there's another one coming toward them now.

① ⓐ—ⓑ—ⓓ—ⓒ   ② ⓐ—ⓓ—ⓑ—ⓒ
③ ⓒ—ⓐ—ⓑ—ⓓ   ④ ⓒ—ⓐ—ⓓ—ⓑ
⑤ ⓒ—ⓓ—ⓐ—ⓑ

7 밑줄 친 어구의 우리말 뜻이 <u>잘못</u> 짝지어진 것은?

① She actively <u>engages in</u> volunteer work.
　(~에 참여하다)
② This country <u>is rich in</u> natural resources such as coal and iron. (~이 풍부하다)
③ The government must <u>take action</u> to control inflation. (조치를 취하다)
④ Prices change <u>according to</u> supply and demand.
　(~에 따라)
⑤ Mike <u>took advantage of</u> the defender's mistake to score a goal. (~을 보충했다)

8 다음 우리말을 영작할 때 네 번째로 올 표현은?

> 이건 내가 해 보고 싶었던 바로 그거야.

① to do   ② this is   ③ exactly
④ I wanted   ⑤ what

9 다음 중 어법상 어색한 것은?

① He sleeps with one eye open.

② Not having work to do, she got bored.

③ Kate sat under the tree, with her arms folding.

④ He entered the room with a ball in his hand.

⑤ I don't let people smoke in my house.

[10~13] 다음 글을 읽고, 물음에 답하시오.

From this old man, I learned that *naengmyeon* is wonderfully diverse, but that the two main versions are *mulnaengmyeon*—water chilled noodles, and *bibimnaengmyeon*—mixed chilled noodles. When you want something cool and ① refreshing, go for *mulnaengmyeon*. When you want something a little drier and ② spicier, try *bibimnaengmyeon*.

Naengmyeon, however, is not complete without its cold noodles ③ are topped with hot spices. The real taste of *mulnaengmyeon* comes out when the noodles are topped with mustard sauce, and ④ that of *bibimnaengmyeon* when the noodles ⑤ are served with a red pepper sauce. Thus, it's not just the coldness of the noodles, but the heat from peppers ⓐ that Koreans have used for centuries to beat the summer heat. As the old saying 'fight ⓑ fire with ⓒ fire' goes, enjoying hot spices in the summer helps people stay cool, and this, interestingly, is supported by modern findings in herbal medicine: certain herbs and spices cause sweating, which naturally cools the body.

주관식

10 밑줄 친 ①~⑤ 중 어법상 틀린 것을 찾아 바르게 고치시오.

11 윗글의 내용과 일치하도록 할 때 빈칸에 알맞은 것은?

According to the writer, the unique taste of Korean *mulnaengmyeon* cannot fully be appreciated without _____.

① the cold soup   ② hot side dishes

③ mustard sauce   ④ a red pepper sauce

⑤ the summer heat

12 윗글의 밑줄 친 ⓐ와 쓰임이 같은 것은?

① Nobody liked the cake that Jane made.

② This computer is more useful than that one.

③ Kate came for the CDs that you promised to lend her.

④ We'll go to a restaurant that has a children's menu.

⑤ It was his appearance that really attracted me in the first place.

주관식

13 윗글의 밑줄 친 ⓑ, ⓒ가 가리키는 것을 본문에서 찾아 쓰시오.

ⓑ _____ (3단어)

ⓒ _____ (3단어)

14 (A), (B), (C)의 각 네모 안에서 문맥에 맞는 낱말로 가장 적절한 것은?

Hello, everyone. Welcome to the TV show, *Healthy Life*. I'm your host, Jenny. Today, we will (A) hear of / hear from three experts who will tell us about the importance of exercise, drinking water and sleep. You can (B) compete / interact with the experts in real time by typing your opinion on our webpage. At the end of the program, please vote (C) for / against the most helpful and interesting speaker. Now, here they are!

	(A)	(B)	(C)
①	hear of	compete	for
②	hear of	compete	against
③	hear of	interact	for
④	hear from	interact	for
⑤	hear from	interact	against

[15~17] 다음 글을 읽고, 물음에 답하시오.

Once I started high school, I took action. The idea was to spread kindness by posting notes with positive messages all over the school. I spent an entire weekend making positive notes, such as "You're amazing!" and "You (A) (think, are, than, worth, you, more)!" The following Monday I put them up around the school, and named my campaign "Positive Post-It Day."

Guess what happened next. I (B) (scolded, a, mess, was, making, for)! But don't be disappointed yet. ① It didn't take long before the campaign gained attention and support. ② To my surprise, teachers also (C) (make, to, official, agreed, it), and friends joined me to create an SNS page for the campaign. We are now getting support from people all over the world. Positive and powerful words are ③ taking the place of negative and hateful ones in our school, in our community, and in the world.

④ What I learned from this experience is that there is something we ordinary teenagers can do to contribute to making a better world. ⑤ No matter how simple it is, it can bring a change to our family, school, and community.

주관식

15 윗글 (A), (B), (C)의 괄호 안의 단어를 문맥에 맞게 바르게 배열하시오.

(A) _____

(B) _____

(C) _____

16 윗글의 밑줄 친 ①~⑤와 바꿔 쓸 수 없는 것은?

① → Soon
② → Surprisingly
③ → being replaced by
④ → The thing that I learned
⑤ → However simple it is

주관식

17 다음 영영풀이에 해당하는 단어를 윗글에서 찾아 쓰시오.

approval and encouragement for a person or organization, or their ideas, plans, etc.

18 Which of the following is NOT included in the instructions?

While lying on your stomach, place your hands under your shoulders and slowly straighten your elbows. Keep the lower part of the body relaxed while raising your back upwards as far as possible. Then relax and return to the starting position. Only raise your back as far as the pain will allow. Perform 10 repetitions, 1–2 times per day.

① the starting position of the exercise
② what to do with the lower part of the body
③ how far to raise your back
④ how often a day the exercise should be done
⑤ the proper time of the day for the exercise

19 (A), (B), (C)의 각 네모 안에서 어법에 맞는 표현을 고르시오.

I used to keep my paint brush with me
Wherever I needed to go,
(A) In case / Unless I needed to cover up myself
So the real me didn't show.

I'd like to remove all my paint coats
To let the true me (B) show / to show
To have the inner self out,
I hope it won't be too slow.

Now all my paint coats are coming off
I feel bare and cold,
But I love all (C) what / that I see
The real me, pure as gold.

[20~22] 다음 글을 읽고, 물음에 답하시오.

I really wanted to help my grandfather. So I set out to design a wireless system that triggers an alert on a caregiver's smartphone when a patient steps out of bed.

To make this system work, I made a small wireless circuit with a thin film sensor attached to it. This circuit is planted in a sock or a shoe. When the patient steps out of bed, the pressure causes the system to send an alert to a smartphone application that I also programmed.

To my delight, it worked! I will never forget how deeply moved and excited my family and I were when we first saw my device detecting my grandfather's wandering. At that moment, I was struck by ⓐ <u>what</u> I could do for people, using my knowledge and skills. Now I am making more sensors to donate to nursing homes for Alzheimer's patients.

ⓑ <u>What</u> I really wanted to tell you today is that your knowledge and skills, whatever they are, can be used to help others. It's exciting to imagine ⓒ <u>what</u> would happen if all of us were to join in to help others with ⓓ <u>what</u> we can and like to do best. I don't know exactly ⓔ <u>what</u> such a world would look like, but I'm certain it would be a much better world. Thank you so much for your time!

20 윗글의 밑줄 친 ⓐ~ⓔ 중 쓰임이 같은 것끼리 짝지어진 것은?

① ⓐ, ⓑ
② ⓐ, ⓑ, ⓒ
③ ⓐ, ⓑ, ⓓ
④ ⓑ, ⓓ
⑤ ⓓ, ⓔ

21 윗글의 'I'가 말하고자 하는 바로 가장 적절한 것은?

① Practice makes perfect.
② A stitch in time saves nine.
③ Nobody knows what will happen.
④ One rotten apple spoils the barrel.
⑤ Little drops of water make the mighty ocean.

22 윗글의 'I'를 묘사한 말로 알맞지 <u>않은</u> 것은?

① skilled
② aggressive
③ irresponsible
④ sympathetic
⑤ dedicated

[23~25] 다음 글을 읽고, 물음에 답하시오.

Wait a minute. Someone with the ID *wannahealthybody* posted a question. Let me just give an answer to that. As you know, many young people these days ① <u>are suffered</u> from neck pain. (A) <u>This</u> is because they spend many hours per day ② <u>leaning</u> over a desk while studying or ③ <u>use</u> smartphones in a fixed position. (B) <u>This poor posture</u> may cause their necks ④ <u>to bend</u> forward and produce pain. But here's some good news. McKenzie exercises can help ⑤ <u>prevent</u> and reduce neck pain. This is how you do them.

23 윗글에 나온 단어의 영영풀이로 알맞지 <u>않은</u> 것은?

① post: to publish something such as a message or picture on a website or using social media
② pain: the feeling you have when part of your body hurts
③ spend: to use time doing a particular thing or pass time in a particular place
④ position: the way someone is standing, sitting, or lying
⑤ reduce: to make it larger in size or amount

주관식
24 윗글의 밑줄 친 ①~⑤ 중 어법상 어색한 것을 <u>모두</u> 찾아 바르게 고치시오.

주관식
25 윗글의 밑줄 친 (A), (B)가 가리키는 것을 각각 찾아 우리말로 쓰시오.

(A) _____

(B) _____

[26~28] 다음 글을 읽고, 물음에 답하시오.

The idea of eating *samgyetang* sounded good, but I didn't want to try it all alone. So I asked my friend Damil to join me, and then I committed to the experience. (①) After researching nearby restaurants, I decided on one (A) specializing / specialized in this soup. (②) When we arrived, the owner of the restaurant gave us a broad, curious smile, and showed us to a table covered with *kimchi*, hot green peppers, and red pepper sauce. (③) Within minutes, two boiling bowls (B) placed / were placed on our table. (④) With a delight only matched by children on Christmas morning, I blew on the soup to part the steam and catch my first glance of this tasty treat: a whole young chicken stuffed with ginseng, garlic, and rice, served in a clear broth. (⑤) I finally understood the old man's wisdom. The ingredients used in *samgyetang* would take my summer blues away.

I turned the chicken around and investigated it, looking for the most logical place to begin. Still (C) knowing not / not knowing , I alternated between tender chicken, rice, and broth. I ate every drop. Damil wasn't far behind me, and between the two of us, we ate the entire dish of *kimchi*, two peppers each and a whole lot of cucumbers. Needless to say, we filled the bone bucket with the empty chicken bones.

26 (A), (B), (C)의 각 네모 안에서 어법에 맞는 표현으로 가장 적절한 것은?

(A)	(B)	(C)
① specializing	..... placed	..... knowing not
② specializing	..... were placed	..... not knowing
③ specialized	..... placed	..... knowing not
④ specialized	..... were placed	..... knowing not
⑤ specialized	..... were placed	..... not knowing

27 윗글의 흐름으로 보아, 주어진 문장이 들어가기에 가장 적절한 곳은?

> It all made sense now.

28 윗글을 읽고 답할 수 <u>없는</u> 질문은?

① Who did the writer invite to join his experience with *samgyetang*?

② What was on the restaurant table when they sat down?

③ How did the writer describe the look of *samgyetang*?

④ What was the young chicken in the *samgyetang* stuffed with?

⑤ How much did they pay for the *samgyetang* they ate?

29 다음 글의 밑줄 친 ⓐ~ⓔ와 바꿔 쓸 수 있는 말이 잘못 짝 지어진 것은?

The second best ⓐ position is sleeping on your side with your body straight. This can reduce snoring and it ⓑ allows you to keep your spine relatively straight. However, you may ⓒ develop more wrinkles because of the pressure on your face.

◆ The ⓓ perfect pillow: A thick one. You need to fill the space above your shoulder so your head and neck are ⓔ supported in a neutral position.

① ⓐ posture   ② ⓑ enables

③ ⓒ get   ④ ⓓ ideal

⑤ ⓔ strengthened

30 다음 글의 빈칸 (A), (B)에 알맞은 말이 바르게 짝지어진 것은?

> So how can we increase our water intake? First of all, I suggest that you ___(A)___ sugary drinks such as soft drinks and juice with water. This will reduce your sugar intake and help you to feel full. You can also increase your water intake by eating more fruits and vegetables. Because these foods ___(B)___ a great deal of water, they can provide up to 20% of the water your body needs each day. In case you get thirsty between meals, you can carry a water bottle with you. You can also flavor your water with fruits or herbs to enjoy it more. Remember, drinking lots of water will help you look and feel better.

① serve — hydrate
② replace — consume
③ substitute — consume
④ replace — contain
⑤ absorb — include

31 다음 글의 밑줄 친 ①~⑤ 중 어법상 틀린 것은?

> For most people, the best position for sleeping is on your back. If you sleep on your back, you will have less neck and back pain because your neck and spine will be ① straight when you are sleeping. ② Sleeping on your back can also prevent wrinkles because nothing is pushing against your face as you sleep. One disadvantage of this position is ③ that some people snore more when they sleep on their backs.
> ◆ The perfect pillow: A soft ④ one. The goal is to keep your head and neck ⑤ supporting without lifting your head up too much.

[32~33] 다음 글을 읽고, 물음에 답하시오.

> Why don't you try to find something ___(A)___ you love to do, and then get started right away? First, keep an eye out for specific activities that you are really interested in. Make sure ___(B)___ you are ready to take advantage of any chances available to you: sign up for programs, talk with specialists, and keep getting involved. Then stick your toe in the water and find out what your true passions are.
>
> Some of you might find ⓐ it hard to discover what you really like. Then stick to your school work and pay close attention to school subjects you are better at. Take your time, and keep doing ___(C)___ you feel like doing for the next thirty days. My experience tells me ___(D)___ thirty days is just about the right amount of time to plant the seed of a new life passion. So why not begin something you think you will like, and give it a shot for the next thirty days? As the famous saying goes, "Shoot for the moon. Even if you miss, you'll land among the stars."

32 윗글의 빈칸 (A)~(D)에 들어갈 말이 바르게 짝지어진 것은?

	(A)	(B)	(C)	(D)
①	what	that	what	that
②	what	whether	that	that
③	that	which	what	which
④	that	if	that	whether
⑤	that	that	what	that

33 윗글의 밑줄 친 ⓐ it과 쓰임이 같은 것은?

① It was malaria that killed him.
② I thought it was going to rain.
③ It is a pity that Sara can't come to the party.
④ The new law made it easier to get a divorce.
⑤ I can't find my ticket. I think I must have lost it.

Lesson 01~04 총괄평가 2회

1 대화를 듣고, 두 사람의 관계를 가장 잘 나타낸 것을 고르시오.

① 아빠 ― 딸
② 교사 ― 학생
③ 점원 ― 손님
④ 친구 ― 친구
⑤ 전문가 ― 아마추어

2 다음을 듣고, 내용과 일치하지 <u>않는</u> 것을 고르시오.

① 새 학년은 4월에 시작된다.
② 한 학년의 마지막 달은 3월이다.
③ 새 학년의 첫날에는 학교에서 점심을 제공한다.
④ 개학 첫날에 먹는 점심에는 대개 특별한 소스와 달걀이 곁들여진 밥이 포함된다.
⑤ 사람들은 개학 첫날에 먹는 특별 메뉴 점심이 행운을 가져다준다고 믿는다.

3 대화를 듣고, 여자의 마지막 말에 대한 남자의 응답으로 가장 적절한 것을 고르시오.

Man: _____

① That's how I lost my bicycle the other day.
② OK, then I'll teach you how to ride a bicycle.
③ Exercising regularly is the key to my health.
④ I don't think riding a bike is safe.
⑤ Oh, that's how you stay healthy.

4 대화를 듣고, 두 사람이 대화하고 있는 장소로 가장 적절한 곳을 고르시오.

① stadium   ② hospital
③ gym   ④ classroom
⑤ home

5 대화를 듣고, 두 사람이 화제로 삼고 있는 식당의 특징을 고르시오.

① 전통 한국 음식을 코스 요리로 맛볼 수 있다.
② 십 대들이 좋아할 메뉴를 다양하게 갖추고 있다.
③ 각국의 다양한 요리를 즐길 수 있다.
④ 외국인의 입맛에 맞춘 한국 요리를 즐길 수 있다.
⑤ 다양한 서구 음식을 뷔페식으로 즐길 수 있다.

주관식
6 다음 세 문장의 빈칸에 공통으로 알맞은 말을 쓰시오.

- Sending emails has taken the place _____ writing letters.
- She opened the windows to get rid _____ the smell.
- Profits have declined as a result _____ the recent drop in sales.

7 다음 문장의 밑줄 친 부분 중 어법상 <u>어색한</u> 것은?

① I don't like a man talking <u>with his mouth full</u>.
② <u>In case you'll have a visitor</u>, keep your shirt on.
③ Amazing! This is exactly <u>what I saw in my dream</u>.
④ <u>The idea of living as a slave during your whole life</u> is horrible.
⑤ <u>To my amazement</u>, I got an email back from Psy, a famous Korean singer.

8 다음 우리말을 영어로 옮길 때 네 번째로 올 표현은?

나는 네가 내가 다닌 같은 학교에 다니면 좋겠어.

① to the same school   ② I went to
③ that   ④ you go
⑤ I hope

9 다음 글의 빈칸 (A), (B)에 들어갈 말이 바르게 짝지어진 것은?

> I want to do well as a high school student, and I'm more than determined to do so.   (A)   I have little idea what I want to do in the future.   (B)   , I am not sure I can do anything well. Where should I begin?

	(A)		(B)
①	Therefore	·····	To begin with
②	For example	·····	Thus
③	For example	·····	To begin with
④	However	·····	To my joy
⑤	Yet	·····	To be honest

[10~13] 다음 글을 읽고, 물음에 답하시오.

What else do you expect in summer in Seoul, ⓐ besides the long days and hot, sleepless nights? It was summer again in Korea, and I was ⓑ melting like an ice cream in a child's hand on Seoul's hot summer streets. Luckily, in the middle of the city, I found the ⓒ perfect thing to freshen me up and met the perfect person to help me out. After (A) taking / being taken a relaxing walk along the back streets of Jongno, I ⓓ happened to drop into a noodle shop, enjoyed their cold noodles, and met a kind old man.

"We enjoy cold noodles when the summer heat arrives," Mr. Kim said. He also told me that we are healthy only when the degree of coldness and hotness of our body is balanced. This is exactly (B) that / what I read about in a book on Korean culture and philosophy: When our yin and yang are out of ⓔ balance, our body is in need of a good tune up. "Of course, during summer in Korea, that is often easier said than done, and that's (C) why / because we have cold noodles in summer," he added.

10 윗글의 밑줄 친 ⓐ~ⓔ의 영영풀이가 알맞지 <u>않은</u> 것은?

① ⓐ besides: in addition to something else that you are mentioning

② ⓑ melt: to change into ice because the temperature is very cold

③ ⓒ perfect: complete and correct in every way

④ ⓓ happen to: to do it by chance

⑤ ⓔ balance: a state where things are of equal weight or force

11 (A), (B), (C)의 각 네모 안에서 어법에 맞는 표현으로 가장 적절한 것은?

	(A)		(B)		(C)
①	taking	·····	that	·····	why
②	taking	·····	what	·····	why
③	taking	·····	what	·····	because
④	being taken	·····	that	·····	because
⑤	being taken	·····	what	·····	because

12 윗글의 제목으로 가장 적절한 것은?

① One Challenge of Taking a Walk in Downtown Seoul

② Two Foods that Saved Me from the Hot Summer

③ A Lucky Encounter on a Hot Korean Summer Day

④ A Day of Investigating Foreign Foods

⑤ The Difficulty of Keeping a Balance Between Hotness and Coldness

13 윗글의 내용과 일치하지 <u>않는</u> 것은?

① The summer in Seoul was as hot as usual.

② The writer ended up finding the perfect food and person to save him from the summer heat.

③ The old man was kind enough to respond to strangers.

④ The writer didn't know anything about Korea until he met the old man.

⑤ The old man was knowledgeable about Korean foods and their effects on the body.

14 다음 그림에 대한 글의 내용 중, 밑줄 친 낱말의 쓰임이 적절하지 <u>않은</u> 것은?

    While lying on your ① <u>back</u>, place your hands ② <u>under</u> your shoulders and slowly straighten your ③ <u>elbows</u>. Keep the ④ <u>lower</u> part of the body relaxed while raising your back ⑤ <u>upwards</u> as far as possible. Then relax and return to the starting position. Only raise your back as far as the pain will allow. Perform 10 repetitions, 1–2 times per day.

[15~17] 다음 글을 읽고, 물음에 답하시오.

    ⓐ <u>Since</u> you have just started high school, it may not be easy for you to ⓑ <u>fit in with</u> new people and keep your own self-identity in a whole new environment. But why don't you just be _____①_____? No one is going to like you if you don't like _____②_____. The more you listen to your inner self, the real you, the more confident you will feel about _____③_____.

    When you don't feel right about what you're wearing or how you look, just ⓒ <u>do the best</u> you can and look at _____④_____ in the inner mirror ⓓ <u>rather than</u> the social mirror. When you are not sure about trying something new and unfamiliar, ⓔ <u>focus on</u> your own feelings ⓕ <u>instead of</u> worrying about what others may think of _____⑤_____.

15 윗글의 빈칸 ①~⑤에 들어갈 말이 나머지 넷과 <u>다른</u> 것은?

16 윗글의 밑줄 친 ⓐ와 같은 의미로 쓰인 것은?

① I haven't eaten anything <u>since</u> lunchtime.
② She left London ten years ago, and I haven't seen her <u>since</u>.
③ <u>Since</u> it was a public holiday, all the shops were shut.
④ We came to the UK in 1974 and have lived here ever <u>since</u>.
⑤ She has been interested in other cultures <u>since</u> she was 10.

17 윗글의 밑줄 친 ⓑ~ⓕ의 우리말 뜻이 잘못 짝지어진 것은?

① ⓑ ~와 경쟁하다   ② ⓒ 최선을 다하다
③ ⓓ ~보다는, ~ 대신에   ④ ⓔ ~에 초점을 맞추다
⑤ ⓕ ~ 대신에

[18~19] 다음 글을 읽고, 물음에 답하시오.

    Hi, everyone. Nice to meet you all here today. I'm Annie from Ottawa. You know _____ⓐ_____ these yellow sticky notes are for and probably use them for many purposes. I am here to tell you _____ⓑ_____ I use them. It's to encourage people, give them strength, and help them feel happy. When I was in middle school, someone broke into my locker and used my smartphone to (A) host / post hateful things on my SNS page. It was so hurtful and (B) easy / difficult to overcome. But after a lot of thinking and talking with my parents and closest friends, I (C) concluded / excluded that although bullies use words to hurt people, I should use them to encourage others.

18 윗글의 빈칸 ⓐ, ⓑ에 알맞은 말이 바르게 짝지어진 것은?

① which — how   ② why — where
③ what — whether   ④ whom — when
⑤ what — how

19 (A), (B), (C)의 각 네모 안에서 문맥에 맞는 낱말을 고르시오.

20 다음 글의 빈칸 (A)~(C)에 들어갈 말이 바르게 짝지어진 것은?

> You probably know of great souls who sacrificed themselves to help others and make the world a better place to live ___(A)___. It may seem difficult or practically impossible for ordinary people to live ___(B)___ what Dr. Schweitzer did. But small actions that we take for our family and friends in our everyday lives can make a difference ___(C)___ creating a better world. Today we are going to listen to the stories of two teenagers who have taken such actions.

① with — on — by
② with — up to — toward
③ for — with — in
④ in — on — by
⑤ in — up to — toward

[21~24] 다음 글을 읽고, 물음에 답하시오.

> When I started high school, I wanted to do well but nothing ⓐ went right. I had troubles with my friends and my grades suffered. I had no idea what I really wanted to do.
>
> I wanted to change, and started ① to reflect on myself. Realizing ___ⓑ___ I loved taking photos, I tried doing that for a month. I joined a photography club. I went from looking at pictures all day ② to actually taking them. Before long I found out what I liked and dreamed of becoming.
>
> ③ Why don't you try to find something that you love to do, and then get started right away? First, keep an eye out for specific activities ④ that you are really interested. Make sure you are ready to take advantage of any chances ___ⓒ___ are available to you: sign up for programs, talk with specialists, and keep getting involved. Then stick your toe in the water and find out ⑤ what are your true passions.

21 윗글의 밑줄 친 ⓐ와 같은 의미로 쓰인 것은?

① Time seems to <u>go</u> faster as you get older.
② The email <u>went</u> to everyone in the company.
③ I try not to stress out when things <u>go</u> wrong.
④ I first <u>went</u> to a rock concert when I was 15.
⑤ There's nothing more we can do here. Let's <u>go</u> home.

22 윗글의 밑줄 친 ①~⑤ 중 어법상 틀린 것을 모두 찾아 바르게 고치시오. (2개)

23 윗글의 빈칸 ⓑ, ⓒ에 공통으로 알맞은 것은?

① how   ② what
③ that   ④ which
⑤ whether

24 Choose all strategies that the writer used to impress the reader in his argument.

① The writer introduced his own story about solving problems.
② The writer presented specific action plans for finding one's dream.
③ The writer emphasized the importance of study during one's school years.
④ The writer provided information about what jobs are popular among teens.
⑤ The writer introduced a quote to encourage students to take action.

25 다음 글의 빈칸에 알맞지 <u>않은</u> 것은?

The worst position for sleeping is on your stomach because your spine is in a curved position and your head is turned to the side all night. This can _____ back and neck pain during the day. If you sleep on your stomach, I suggest that you stretch in the morning. A few minutes of stretching will help straighten up your body.

◆ A helpful pillow: Just a thin one or none at all.

① cause   ② lead to
③ result in   ④ deal with
⑤ bring about

[26~27] 다음 글을 읽고, 물음에 답하시오.

Once I started high school, I took action. The idea was to spread kindness by posting notes with positive messages all over the school. I spent an entire weekend making positive notes, such as "You're amazing!" and "You are worth more than you think!" The following Monday I put them up around the school, and named my campaign "Positive Post-It Day."

Guess what happened next. I was scolded for making a mess! But don't be disappointed yet. It didn't take long before the campaign _____. To my surprise, teachers also agreed to make it official, and friends joined me to create an SNS page for the campaign. We are now getting a lot of encouragement from people all over the world. Positive and powerful words are taking the place of negative and hateful ones in our school, in our community, and in the world.

26 빈칸에 들어갈 말로 가장 적절한 것은?

① proved to be a total failure
② gained attention and support
③ needed more organized efforts
④ failed to impress people's thoughts
⑤ aimed to prevent school violence

27 Which is NOT appropriate for describing "I"?

① active   ② positive   ③ indecisive
④ creative   ⑤ determined

[28~29] 다음 글을 읽고, 물음에 답하시오.

So how can we increase our water intake? First of all, I suggest that you replace sugary drinks such as soft drinks and juice with water. (①) This will reduce your sugar intake and help you to feel full. (②) You can also increase your water intake by eating more fruits and vegetables. (③) In case you get thirsty between meals, you can carry a water bottle with you. (④) You can also flavor your water with fruits or herbs to enjoy it more. (⑤) Remember, drinking lots of water will help you look and feel better.

28 글의 흐름으로 보아, 다음 문장이 들어가기에 가장 적절한 곳은?

Because these foods contain a great deal of water, they can provide up to 20% of the water your body needs each day.

29 Which of the following was NOT mentioned as a way to drink more water?

① substituting sugary drinks for water
② eating more fresh fruits and vegetables
③ drinking enough water before and after each meal
④ carrying a bottle of water wherever you go
⑤ adding some flavor to your water to enjoy it more

30 다음 글의 밑줄 친 ①~⑤의 의미로 적절하지 <u>않은</u> 것은?

I turned the chicken around and investigated it, looking for ① the most logical place to begin. Still not knowing, I ② alternated between tender chicken, rice, and broth. I ate every drop. Damil ③ wasn't far behind me, and between the two of us, we ate the entire dish of *kimchi*, two peppers each and a whole lot of cucumbers. ④ Needless to say, we filled the bone bucket with the empty chicken bones.

We cleaned each dish on the table and stared at each other in amazement. There we were, sweating, full and happy. Then we looked around. We were not alone. The whole restaurant was filled with people, eating and sweating, sweating and eating. ⑤ There wasn't an unhappy face to be seen.

① 시작하기 가장 적당한 곳
② ~ 사이를 왔다 갔다 했다
③ 나보다 훨씬 빨리 먹었다
④ 말할 필요도 없이
⑤ 모두 다 행복해 보였다

31 다음 글의 밑줄 친 부분 중, 문맥상 낱말의 쓰임이 적절하지 <u>않은</u> 것은?

Some of you might find it hard to ① discover what you really like. Then stick to your school work and pay close attention to school subjects you are better at. ② Take your time, and keep doing what you feel like doing for the next thirty days. My experience tells me that thirty days is just about the right amount of time to plant the seed of a new life ③ passion. So why not begin something you think you will like, and give it a shot for the next thirty days? As the famous ④ saying goes, "Shoot for the moon. Even if you ⑤ hit, you'll land among the stars."

[32~33] 다음 글을 읽고, 물음에 답하시오.

As we left the restaurant, I felt a breath of fresh air. Whether the wind was real or imagined, and whether the benefit of the soup was real or imagined, I felt truly refreshed. With that feeling came a sudden understanding of the 'fight fire with fire' wisdom: enjoy something really hot, let the body breathe out, and find yourself refreshed in a breeze.

Finally, Seoul's summer heat felt as cool and fresh as the late fall in Los Angeles. Damil and I didn't go home right away. We stayed around to enjoy the summer evening, laughing and talking about another 'fight fire with fire' experience — the chance ⓐ of enjoying spicy *ramyeon* after taking a boiling bath at a hot spring.

32 윗글의 밑줄 친 ⓐ와 쓰임이 <u>다른</u> 것은?

① There's a possibility of my flight being delayed.
② Ann invited some of her friends to her apartment.
③ He achieved his dream of becoming a famous actor.
④ There was no hope of reaching the mountaintop before dark.
⑤ I don't like the idea of living so far away from my family.

33 다음 중 윗글에 나온 단어의 영영풀이가 <u>아닌</u> 것은?

① to take air into one's lungs and let it out again
② an advantage, improvement, or help that you get from something
③ a short, strong, sudden rush of wind
④ the opportunity to do something
⑤ a place where water comes up through the ground

Lesson 05~08 총괄평가 3회

1 대화를 듣고, 여자의 마지막 말에 대한 남자의 응답으로 가장 적절한 것을 고르시오.

Man: _____

① Well, we need to develop our country.
② Yes, we have to use plastic bags more.
③ Okay. I'll buy something new and creative.
④ I couldn't agree more. We should protect our food sources.
⑤ Right, we ought to make every effort to save the earth.

2 다음을 듣고, 여자가 하는 말의 목적으로 가장 적절한 것을 고르시오.

① 자원 남용의 심각성을 알리려고
② 환경 보호를 위한 노력을 촉구하려고
③ 과학 기술 발전의 중요성을 설명하려고
④ 대체 에너지 개발의 필요성을 알리려고
⑤ 물건 재사용의 이점을 홍보하려고

3 대화를 듣고, 내용과 일치하지 <u>않는</u> 것을 고르시오.

① 수진이가 민호에게 코알라 사진을 보여 줬다.
② 수진이는 코알라들이 왜 나무를 안고 있는지 궁금해 한다.
③ 수진이와 민호는 코알라의 먹이에 대한 같은 의문을 가지고 있었다.
④ 코알라는 자신을 시원하게 하려고 나무를 안고 있다.
⑤ 호주는 기후가 매우 덥다.

4 대화를 듣고, 두 사람의 관계를 가장 잘 나타낸 것을 고르시오.

① 호텔 직원 — 요리사
② 식당 종업원 — 손님
③ 공연 기획자 — 가수
④ 주민 센터 직원 — 민원인
⑤ 관광 정보 센터 직원 — 여행객

5 다음을 듣고, 여자가 하는 말의 주제로 가장 적절한 것을 고르시오.

① 도시 가스의 안전한 사용법
② 환기를 자주 해야 하는 이유
③ 좋은 가스레인지를 선별하는 기준
④ 가스 누출 시의 행동 지침
⑤ 전기 기구를 사용할 때의 유의점

6 다음 영영 뜻풀이에 해당하는 단어는?

> to behave as if something is true in order to deceive people or for fun

① escape   ② pretend
③ decorate   ④ browse
⑤ investigate

7 밑줄 친 부분의 우리말 뜻이 잘못 짝지어진 것은?

① I hope you can <u>come up with</u> a better idea than this.   (~을 내놓다)
② A few weeks later, winter had <u>turned into</u> spring.   (~로 바뀌었다)
③ <u>Keep in mind that</u> the price does not include flights. (~을 명심하다)
④ You can go out to play <u>as long as</u> you stay in the back yard.   (~하자마자)
⑤ It took her an hour to <u>pick out</u> what to wear to the party.   (~을 고르다)

8 다음 중 어법상 <u>어색한</u> 문장은?

① He won't go to sleep unless you tell him a story.
② She is likely to have left her purse on the train.
③ Gandhi was one of the wisest people who ever lived.
④ The Amazon region has been called "the lungs of the world."
⑤ I recently went back to the town which I was born.

[9~10] 다음 글을 읽고, 물음에 답하시오.

These days top designers often work with eco-ideas and eco-practices, too. They make sure to (A) source / provide their materials ethically and publicize their eco-practices. For instance, one designer came up with T-shirts made from bamboo and (B) organic / original cotton. Another designer launched a new eco-friendly line of glasses _____ⓐ_____ shades are made from over 50 percent natural and (C) disposable / renewable resources.

9 (A), (B), (C)의 각 네모 안에서 문맥에 맞는 낱말로 가장 적절한 것은?

	(A)	(B)	(C)
①	source	organic	disposable
②	source	organic	renewable
③	provide	organic	disposable
④	provide	original	disposable
⑤	provide	original	renewable

10 윗글의 빈칸 ⓐ에 들어갈 말로 가장 적절한 것은?

① who ② whom ③ whose
④ which ⑤ what

[11~12] 다음 글을 읽고, 물음에 답하시오.

Poppy is a teenager with her own blog about fashion: "I can't afford to buy all the latest fashions because I can't earn much money at my age. So 'make do and ⓐ mend' is something I like to keep in mind. Once, instead of spending my money on something new, I dug out an old garment that my grandma gave to me. Then I changed the shape a little, and like magic, I had a new one. I also love buying, altering, and wearing second-hand items because nobody else has the same things. My fixed-up clothes are unique, so nobody can copy my fashion. Best of all, I'm caring for the planet, too."

11 윗글의 밑줄 친 ⓐ와 같은 의미로 쓰인 단어를 본문에서 찾아 기본형으로 쓰시오. (2개)

12 윗글에 나온 Poppy에 대한 설명으로 알맞지 않은 것은?

① She is between 13 and 19 years old.
② She has her own blog about fashion.
③ She has mended her grandmother's old clothes and worn them before.
④ She loves to get new clothes and alter them to her own style.
⑤ She likes to wear something different from others.

[13~14] 다음 글을 읽고, 물음에 답하시오.

This morning we flew into the airport and came to the island by water taxi. After the long flight, it was ⓐ refreshed to travel across the water by boat. Our driver even let my younger sister take a turn ⓑ steering the boat, and she was ⓒ thrilled!

At last I stepped into Venice with a ⓓ pounding heart, just like Portia. The first thing that impressed me about the city was how colorful it was. The walls were ⓔ covered with bright blues, greens, oranges and every other color.

13 윗글의 분위기로 가장 적절한 것은?

① calm and peaceful
② exciting and expectant
③ gloomy and hopeless
④ boring and monotonous
⑤ frightening and mysterious

14 윗글의 밑줄 친 ⓐ~ⓔ 중 어색한 것은?

① ⓐ ② ⓑ ③ ⓒ ④ ⓓ ⑤ ⓔ

[15~16] 다음 글을 읽고, 물음에 답하시오.

When the gods created the world, the baobab was among the first trees to ⓐ appear on the land. Next came the graceful palm tree. When the baobab saw the palm tree, it said to the gods, "Can I grow taller?" Then the beautiful flame tree appeared with its red flowers and the baobab complained, "Why can't I have beautiful ⓑ blossoms like the flame tree?" When the baobab saw the magnificent fig tree and its fruit, it became ___(A)___. So the baobab asked the gods if it could have ⓒ sweet fruit as well. When the gods heard these ___(B)___, they became very angry with the tree and pulled it up by its roots. Then they replanted it ⓓ upside down to keep it quiet. After that, the ⓔ magnificent tree only grew leaves once a year. The rest of the year, the roots seemed to grow towards the sky.

15 윗글의 밑줄 친 ⓐ~ⓔ의 영영 뜻풀이가 <u>잘못</u> 짝지어진 것은?

① ⓐ appear: to become impossible to see any longer
② ⓑ blossom: the flowers that appear on a tree before the fruit
③ ⓒ sweet: having a taste like sugar
④ ⓓ upside down: with the top at the bottom and the bottom at the top
⑤ ⓔ magnificent: very good or beautiful

16 윗글의 빈칸 (A), (B)에 들어갈 말이 바르게 짝지어진 것은?

① angry — noises
② angry — compliments
③ jealous — complaints
④ jealous — compliments
⑤ satisfied — complaints

[17~19] 다음 글을 읽고, 물음에 답하시오.

Hummingbirds are the smallest bird in the world. These birds are easily recognized ① due to their special hovering movement and colorful feathers. They flap their wings so fast that they make a humming noise, which is ② because they are called hummingbirds. Scientists have found that hummingbirds have unique, fast wing strokes, which allow them ③ to fly forward, backward, sideways, and even to stop in midair. ___(A)___ they are small, they can fly up to 54 kilometers per hour. They are also talented at ④ staying in one place like a bee. How is this possible? They can flap their wings in a figure-8 pattern, which enables them to hover. As they hover, they use their long tongues to take sweet liquid from flowers. Their one weakness is their feet. ___(B)___ they fly so much, they have poorly ⑤ developed feet, which cannot be used to walk.

17 윗글의 밑줄 친 ①~⑤ 중 어법상 어색한 것은?

18 윗글의 빈칸 (A), (B)에 들어갈 말로 가장 적절한 것은?

	(A)	(B)
①	Although	So
②	Although	Because
③	Despite	Now that
④	Despite	While
⑤	Unless	Since

19 윗글을 통해 벌새에 관해 알 수 <u>없는</u> 것은?

① 벌새라고 불리는 이유
② 최고 비행 속도
③ 공중에서 한 곳에 머무를 수 있는 이유
④ 주요 서식지
⑤ 신체의 약점

[20~22] 다음 글을 읽고, 물음에 답하시오.

In the beginning, the great god had a few small leftover pieces after making all of the other birds. He did not want to waste any pieces, so he used the leftovers to create a hummingbird. The great god said, "I want to make sure the hummingbird can fly well since it is so small. So I will give it the ability to fly forward, backward, and even to stay in just one place." (A) 그는 이 작은 새를 무척 좋아해서 그것을 위해 짝을 만들어 주었다 and invited all of the other animals to their wedding. Everything about the wedding was beautiful, ____(B)____ the hummingbirds, who only had plain gray feathers. The other birds felt sorry for them and said to each other, "Let's offer some of our beautiful feathers to decorate the couple for their wedding." So the hummingbirds received many beautiful feathers. The sun also promised that their feathers would shine beautifully ____(C)____ the hummingbird looked toward the sun.

주관식

20 윗글의 밑줄 친 (A)의 우리말과 같은 의미가 되도록 괄호 안의 단어를 바르게 배열하시오.

> 그는 이 작은 새를 무척 좋아해서 그것을 위해 짝을 만들어 주었다
> (mate, a, liked, much, that, he, made, little, bird, so, for, he, it, this)
> → _____
> _____

21 윗글의 빈칸 (B), (C)에 들어갈 말이 바르게 짝지어진 것은?

(B)	(C)
① including	⋯⋯ by the time
② except for	⋯⋯ now that
③ including	⋯⋯ now that
④ except for	⋯⋯ as long as
⑤ as well as	⋯⋯ as long as

22 윗글을 읽고 답할 수 <u>없는</u> 질문은?
① What did the great god create with the small leftovers?
② What special ability did the god give to the hummingbird?
③ What was the special event to which all of the other animals were invited?
④ How long did the hummingbirds' wedding last?
⑤ Why did the other birds feel sorry for the hummingbirds?

[23~25] 다음 글을 읽고, 물음에 답하시오.

Making the decision to be green is not really a big one. It is not difficult. Some people think having a green wardrobe is going to cost them more money or ⓐ be too much trouble. ____(A)____, chances are that you are already greener than you think. You may already have shared clothes with your friends or given your old clothes to charity. Or possibly you have reused clothes instead of ⓑ throwing them out. Just add 'Reduce' to your going green list, ⓒ and you will make a real difference to the environment.

Once you start to go green, you will find lots of ways ⓓ which you can get into the eco-fashion scene. You will also discover how easy and rewarding ⓔ being green is. Just knowing that you are doing your part to preserve the planet for the future (B) (ever, is, best, one, feelings, the, of).

주관식

23 윗글의 밑줄 친 ⓐ~ⓔ 중 어법상 <u>틀린</u> 것을 찾아 바르게 고치시오.

24 윗글의 빈칸 (A)에 들어갈 말로 가장 적절한 것은?
① Therefore ② However ③ Furthermore
④ That is ⑤ For instance

주관식

25 윗글의 괄호 (B)의 단어들을 문맥에 맞게 바르게 배열하시오.

26 (A), (B), (C)의 각 네모 안에서 어법에 맞는 표현으로 가장 적절한 것은?

My school's drama club is preparing Shakespeare's play *The Merchant of Venice* (A) even if / so that we can perform it at our school festival in August, and I have the best role: Portia. Portia is one of the most significant female (B) character / characters in Shakespeare's plays. She isn't just some princess in a palace. She runs off to Venice, pretends to be a lawyer, and saves the life of her husband's friend Antonio by arguing his case at a trial. Anyway, the more I practice the play, (C) the closer / the more closely I seem to follow her path in Venice.

	(A)	(B)	(C)
①	even if	character	the closer
②	even if	characters	the more closely
③	so that	character	the closer
④	so that	characters	the closer
⑤	so that	characters	the more closely

27 다음 글의 밑줄 친 that과 쓰임이 같은 것은?

Many wrong beliefs about water safety have long been held by people. One of them is the belief <u>that</u> once we learn to swim, we don't need life jackets during water activities. This is simply wrong. Life jackets are reported to have saved the lives of hundreds of thousands of good swimmers.

① It is said <u>that</u> she works 16 hours a day.
② Do you remember those photos <u>that</u> I showed you?
③ His own experience was different from <u>that</u> of his friends.
④ It's based on the idea <u>that</u> all people are created equal.
⑤ A few days ago she got a telephone call <u>that</u> changed her life.

[28~29] 다음 글을 읽고, 물음에 답하시오.

Their goal was to improve black boxes, the devices on airplanes that keep detailed records of each flight. Black boxes are used to find out the ⓐ <u>causes</u> of airplane crashes, so they must be able to endure the impact of falling from the sky.

The researchers placed the black box's recording device inside an aluminum container tightly packed with tiny pieces of glass. This was done to reproduce the effect of the spongy bone in a woodpecker's skull. They also covered the container with a layer of rubber to absorb shocks and then covered the whole thing with a layer of steel. The project was a great success: The new black box was 60 times more protective than older types.

28 윗글의 밑줄 친 ⓐ와 같은 의미로 쓰이지 <u>않은</u> 것은?

① Unemployment is a major <u>cause</u> of poverty.
② Young people often want to fight for a <u>cause</u>.
③ Police are still investigating the <u>cause</u> of the fire.
④ Alcohol is the most common <u>cause</u> of road accidents.
⑤ Breast cancer is the leading <u>cause</u> of death for American women in their 40s.

29 윗글의 내용과 일치하지 <u>않는</u> 것은?

① 블랙박스는 비행기 추락 시 하늘에서 떨어지는 충격을 견딜 수 있어야 한다.
② 블랙박스는 비행을 상세히 기록하는 장치이다.
③ 연구진들은 블랙박스의 기록 장치 안을 자잘한 유리 조각들로 빽빽하게 채워 넣었다.
④ 충격을 흡수하기 위해 블랙박스를 넣은 용기를 고무 층으로 덮고 그 전체를 강철 층으로 덮었다.
⑤ 새로운 블랙박스는 예전 것보다 60배나 더 잘 보호가 되었다.

30 주어진 글 다음에 이어질 글의 순서로 가장 적절한 것은?

> Animals and plants have long been studied by people for their unique abilities and characteristics. Some of them inspired humans to develop new technologies. For example, birds are known to have been the model for the airplane designed by Leonardo da Vinci.

> (A) Biomimicry means imitating these abilities to develop technologies that can solve various human problems.
> (B) Other animals such as geckos and kangaroos are now serving as the models for various robots.
> (C) These animals evolved over a long time to adapt to their environment, developing their special abilities to fly, walk on walls, or jump efficiently.

① (A)—(C)—(B)   ② (B)—(A)—(C)
③ (B)—(C)—(A)   ④ (C)—(A)—(B)
⑤ (C)—(B)—(A)

[31~32] 다음 글을 읽고, 물음에 답하시오.

> This is why some scientists believe (A) [it / that] is so important to study woodpeckers. They hammer their beaks into trees at speeds of over 20 kilometers per hour. They can peck about 20 times second. On average, they knock their heads against hard surfaces about 12,000 times every day. Each one of those impacts (B) [is / are] about 100 times as powerful as a hit that would cause serious brain injury to a human. Yet somehow, woodpeckers never suffer any physical or mental damage. Why not?
> This was the very question that interested two Korean scientists, Sang-Hee Yoon and Sungmin Park: How do woodpeckers manage to avoid (C) [hurting / to hurt] themselves as they pound away at hard surfaces?

31 (A), (B), (C)의 각 네모 안에서 어법에 맞는 표현으로 가장 적절한 것은?

	(A)	(B)	(C)
①	it	is	hurting
②	it	are	to hurt
③	that	is	hurting
④	that	is	to hurt
⑤	that	are	hurting

주관식

32 윗글의 밑줄 친 **This**가 가리키는 것을 본문에서 찾아 우리말로 쓰시오.

33 다음 글의 빈칸 (A), (B)에 알맞은 말이 바르게 짝지어진 것은?

> Hundreds of millions of birds ___(A)___ by flying directly into window glass. Birds crash into window glass not only because it is nearly invisible but also because it often confuses birds by reflecting nearby trees, the sky, or the birds themselves. To address this problem, researchers turned their attention to spider webs that reflect ultraviolet (UV) light. The reflected UV light warns birds to avoid flying through the spider webs because birds can easily see the light. The spider webs thus protect themselves from being destroyed. ___(B)___ this fact, researchers recently developed a new kind of glass. It reflects UV light, just as spider webs do, protecting birds from crashing into it.

	(A)	(B)
①	have killed	After inspiring
②	have been killed	After inspiring
③	have been killing	Inspired by
④	have been killed	Inspired by
⑤	have been killing	After inspiring

Lesson 05~08 총괄평가 4회

1 대화를 듣고, 여자의 마지막 말에 대한 남자의 응답으로 가장 적절한 것을 고르시오.

Man: _____

① We should make new things out of old things.
② Yes. We should save paper and save the trees.
③ Right. We're not supposed to use that water again.
④ Don't worry. I don't use plastic bags anymore.
⑤ You can say that again. And today is World Water Day.

2 대화를 듣고, 두 사람이 대화하고 있는 장소로 가장 적절한 곳을 고르시오.

① 박물관
② 도서관
③ 전망대 매표소
④ 관광 안내소
⑤ 분실물 센터

3 지구의 날 행사에 관한 다음 내용을 듣고, 일치하지 않는 것을 고르시오.

① 이번 주 금요일이 지구의 날이다.
② 사용한 물건을 서로 교환한다.
③ 친환경 화장품을 만들 것이다.
④ 일회용품을 사용하면 안 된다.
⑤ 각자 재사용할 수 있는 쇼핑백을 가지고 와야 한다.

4 다음을 듣고, 남자가 하는 말의 목적으로 가장 적절한 것을 고르시오.

① 사진 전시 일정을 안내하려고
② 전시장 관리 직원을 모집하려고
③ 희귀 동식물 보호를 위한 노력을 촉구하려고
④ 동물 학대의 심각성을 알리려고
⑤ 전시장 관람 규칙을 공지하려고

5 다음을 듣고, 남자가 하는 말의 주제로 가장 적절한 것을 고르시오.

① 신화와 전설의 차이점
② 웜뱃의 생김새와 생활 습성
③ 캥거루의 서식지와 분포 지역
④ 캥거루가 주머니를 가지게 된 유래
⑤ 웜뱃과 캥거루의 공생 관계

6 다음 영어 설명에 해당하는 단어는?

> • to meet someone unexpectedly
> • to experience something, especially a problem

① defend　　　　② encounter
③ absorb　　　　④ complain
⑤ deliver

주관식

7 다음 두 문장의 빈칸에 공통으로 알맞은 말을 쓰시오.

> • Marie Curie is known _____ the mother of modern physics.
> • They own a hotel in Greece as well _____ a farm in Spain.

8 밑줄 친 어구의 우리말 뜻이 잘못 짝지어진 것은?

① Lions and tigers belong to the cat family.
　　　　(~에 속하다)
② We have to cut down on expenses this month.
　　　　(~을 줄이다)
③ Far from helping the situation, you've just made it worse. (결코 ~ 아닌, ~커녕)
④ Could you please give me directions to the post office?　　　(~에게 길을 알려주다)
⑤ Local authorities have to cope with the problems of homelessness.　(~을 조사하다)

[9~11] 다음 글을 읽고, 물음에 답하시오.

These days top designers often work with eco-ideas and eco-practices, too. They make sure to source their materials ethically and ⓐ publicize their eco-practices. For instance, one designer ⓑ came up with T-shirts (A) (make) from bamboo and organic cotton. Another designer launched a new eco-friendly line of glasses whose shades are made from over 50 percent natural and renewable resources.

One of the ⓒ pioneers of ethical clothing is Bono. He and his wife aim to create a global fashion organization focusing on trade with Africa and other developing countries. In 2007, they ⓓ launched a clothing division (B) (produce) T-shirts that are 100 percent sewn in Africa. Their organization has joined forces with a conservation society to form the Conservation Cotton Initiative. This program promotes eco-friendly cotton farming and is helping to lift farmers out of ⓔ poverty.

9 윗글의 밑줄 친 ⓐ~ⓔ의 영영 뜻풀이가 잘못된 것은?

① ⓐ publicize: to make something widely known to the public

② ⓑ come up with: to think of an idea or a solution to a problem

③ ⓒ pioneer: someone who does a job willingly without being paid

④ ⓓ launch: to start something

⑤ ⓔ poverty: the situation of being poor

10 윗글의 괄호 안의 동사 (A), (B)의 형태가 바르게 짝지어진 것은?

① made — produced

② made — producing

③ makes — to produce

④ making — producing

⑤ making — produced

11 윗글의 내용과 일치하지 않는 것은?

① 요즘 최고의 디자이너들은 환경을 위해 재료들을 윤리적으로 구하려 한다.

② Bono는 윤리적인 옷의 선구자이다.

③ Bono 부부는 아프리카와 선진국과의 무역에 중점을 둔 세계적인 패션 기구를 만드는 것이 목표이다.

④ Bono 부부는 2007년에 아프리카에서 바느질 된 티셔츠들을 생산하는 의류 분과를 시작했다.

⑤ Bono 부부의 조직은 Conservation Cotton Initiative를 형성하기 위해 한 보호 단체와 힘을 합쳤다.

[12~13] 다음 글을 읽고, 물음에 답하시오.

Some popular stores are also going green. Many retail clothing chains are increasing their use of organic cotton. A few stores ① have also experimented with recycled fibers. In the meantime, some stores are looking at ways ② which they can encourage customers ③ to recycle. In 2015, one major store attempted to improve its eco-standards ④ by giving its customers a big discount on a new pair of jeans when they donated their old ones ⑤ to be recycled.

12 윗글의 밑줄 친 ①~⑤ 중, 어법상 틀린 것은?

13 윗글의 제목으로 가장 적절한 것은?

① Usages of Organic Cotton

② How to Donate to Charity

③ Advantages of Offering Discounts

④ Efforts by Stores to Be Eco-friendly

⑤ Various Experiments with Recycled Fibers

14 다음 글의 빈칸 (A), (B)에 들어갈 말로 가장 적절한 것은?

　　Which view of nature do you like better? As the two examples show, we can gain insight through both myths and scientific explanations. 　(A)　 myths may not be factually correct, they demonstrate the creativity of ancient people and teach us valuable life lessons. Scientific explanations may be less imaginative, 　(B)　 they teach us how to understand nature around us. Next time you encounter a wonder of nature, how will you respond to it? With imagination? Or with scientific eyes? Or with both?

	(A)	(B)		(A)	(B)
①	Although	···· so	②	Although	···· but
③	Since	···· so	④	Since	···· but
⑤	Despite	···· because			

15 주어진 문장이 들어가기에 가장 적절한 곳은?

　　When the baobab saw the magnificent fig tree and its fruit, it became jealous.

　　When the gods created the world, the baobab was among the first trees to appear on the land. Next came the graceful palm tree. (①) When the baobab saw the palm tree, it said to the gods, "Can I grow taller?" (②) Then the beautiful flame tree appeared with its red flowers and the baobab complained, "Why can't I have beautiful blossoms like the flame tree?" (③) So the baobab asked the gods if it could have sweet fruit as well. (④) When the gods heard these complaints, they became very angry with the tree and pulled it up by its roots. (⑤) Then they replanted it upside down to keep it quiet.

[16~18] 다음 글을 읽고, 물음에 답하시오.

　　Hummingbirds are the smallest bird in the world. These birds are easily recognized due to their special hovering movement and colorful feathers. They flap their wings so fast ___ⓐ___ they make a humming noise, which is why they are called hummingbirds. Scientists have found ___ⓐ___ hummingbirds have unique, fast wing strokes, which allow them to fly forward, backward, sideways, and even to stop in midair. Although they are small, they can fly up to 54 kilometers per hour. They are also talented at ⓑ staying in one place like a bee. How is this possible? They can flap their wings in a figure-8 pattern, which enables them to hover. As they hover, they use their long tongues to take sweet liquid from flowers. Their one weakness is their feet. Because they fly so much, they have poorly developed feet, ⓒ which cannot be used to walk.

주관식

16 윗글의 빈칸 ⓐ에 공통으로 들어갈 말과 밑줄 친 ⓒ가 가리키는 말을 찾아 쓰시오.

주관식

17 윗글의 밑줄 친 ⓑ와 바꿔 쓸 수 있는 말을 찾아 알맞은 형태로 고쳐 쓰시오.

18 윗글을 읽고 답할 수 없는 질문은?

① Why are these birds called hummingbirds?
② What makes hummingbirds stay in one place like bees?
③ How fast can hummingbirds fly?
④ How many species of hummingbird are there in the world?
⑤ Why do hummingbirds have poorly developed feet?

[19~20] 다음 글을 읽고, 물음에 답하시오.

My school's drama club is preparing Shakespeare's play *The Merchant of Venice* so that we can perform it at our school festival in August, and I have the best role: Portia. Portia is one of the most significant female ⓐ characters in Shakespeare's plays. She isn't just some princess in a palace. She runs off to Venice, pretends to be a lawyer, and saves the life of her husband's friend Antonio by arguing his case at a trial. ⓑ 어쨌든 나는 연극을 더 많이 연습할수록 베니스에서의 그녀의 길을 더 가깝게 따르고 있는 것 같다.

19 윗글의 밑줄 친 ⓐ와 같은 의미로 쓰인 것은?

① He has a cheerful but quiet character.
② The address was written in Chinese characters.
③ Politeness is traditionally part of the British character.
④ She understood so much about our national character.
⑤ In the movie she's depicted as a very cold and calculating character.

주관식

20 윗글의 밑줄 친 ⓑ의 우리말과 일치하도록 빈칸에 알맞은 말을 넣어 문장을 완성하시오.

어쨌든 나는 연극을 더 많이 연습할수록 베니스에서의 그녀의 길을 더 가깝게 따르고 있는 것 같다.
→ Anyway, _____ _____ I practice the play, _____ _____ closely I _____ follow her path in Venice.

주관식

21 다음 문장을 주어진 표현으로 시작하는 문장으로 바꿔 쓰시오.

(1) Mike said to his mother, "Can I go outside to play?"
→ Mike asked _____
_____.

(2) It seems that the waitress forgot about bringing us some wet towels.
→ The waitress _____
_____.

[22~23] 다음 글을 읽고, 물음에 답하시오.

At last I stepped into Venice with a pounding heart, just like Portia. The first thing that impressed me about the city was how colorful it was. The walls were covered with bright blues, greens, oranges and every other color.

We stayed at a building that _____ be a palace hundreds of years ago. It was a home (A) turning / turned into a bed-and-breakfast and was run by a very sweet old lady. The lady told us a lot about the palace and the area as well.

(B) Even though / By the time we were ready for dinner, I was extremely hungry. I'm glad I was so hungry because we went to Dalla Marisa, a traditional Italian restaurant. There are no menus at the restaurant. The guests simply eat (C) whatever / wherever Marisa is cooking that day. Since it was Tuesday, we had fresh fish with bread and salad. There was far more than I could eat, but it was all delicious.

22 윗글의 빈칸에 들어갈 말로 알맞은 것은?

① failed to　② used to
③ tended to　④ would rather
⑤ pretended to

23 (A), (B), (C)의 각 네모 안에서 어법에 맞는 표현으로 가장 적절한 것은?

	(A)	(B)	(C)
①	turning	Even though	whatever
②	turning	By the time	wherever
③	turned	Even though	whatever
④	turned	By the time	whatever
⑤	turned	By the time	wherever

[24~25] 다음 글을 읽고, 물음에 답하시오.

My mother said, "You can't say you have been to Venice <u>unless</u> you have ridden a gondola," so we all climbed into one of the famous boats. Our gondolier sang 'O Sole Mio' as the boat floated down a canal, and his powerful voice sounded nearly professionally.

After the gondola ride, we took another boat to the Island of Murano, which is famous for its glass-blowers. We visited a glass factory and watched an artist melt glass in a very hot oven. I couldn't believe how he was able to make the hot lump of glass into an elegant horse with just a few skillful movements of his tools.

24 다음 빈칸에 밑줄 친 **unless**가 들어가기에 어색한 것은?

① You can't come in _____ you have a ticket.
② Starting a fire is easy _____ you have a match.
③ Children can't go in _____ they are with an adult.
④ They threatened to kill him _____ he did as they asked.
⑤ He will ruin his health _____ he stops smoking.

25 윗글에서 어법상 어색한 부분을 찾아 바르게 고쳐 쓰시오.

26 다음 글의 밑줄 친 부분에 생략되어 있는 말을 넣어 문장을 다시 쓰시오.

The baobab tree is a valuable water source for Africans in the dry season. The baobab's bark, leaves, fruit, and trunk are all useful, too. <u>The bark of the baobab is used for cloth and rope, the leaves for seasoning and medicines</u>, while the fruit, called 'monkey bread,' is eaten. Sometimes people live inside the huge trunks. What an amazing life source for the African people!

[27~29] 다음 글을 읽고, 물음에 답하시오.

On the third day, we took a tour of the city with a tour guide named Piero. We started in St. Mark's Square, the cultural center of Venice. From there, we could see St. Mark's Basilica, a huge cathedral, holding hundreds of dazzling mosaics and fantastic works of art. 산마르코 대성당 바로 옆에 두칼레 궁전이 있다 and we went inside. One of the most impressive rooms was the Four Doors Room. It was filled with paintings of Greek and Roman myths. My favorite painting was *Neptune Offering Gifts to Venice*, _____ⓐ_____ shows the mythological god of the sea, Neptune, giving treasures of the sea to the city of Venice. Then our tour guide took us to the Compass Room. When he explained that this was _____ⓑ_____ trials were held long ago, I could imagine myself as Portia entering the Compass Room to defend 'the merchant of Venice.'

27 윗글의 밑줄 친 우리말을 영어로 바르게 옮긴 것은?

① St. Mark's Basilica right next to is Doge's Palace
② St. Mark's Basilica right next to Doge's Palace is
③ St. Mark's Basilica is Doge's Palace right next to
④ Right next to St. Mark's Basilica Doge's Palace is
⑤ Right next to St. Mark's Basilica is Doge's Palace

28 윗글의 빈칸 ⓐ, ⓑ에 알맞은 말이 바르게 짝지어진 것은?

① what — where   ② that — when
③ that — where   ④ which — when
⑤ which — where

29 다음 영어 설명에 해당하는 단어를 윗글에서 찾아 쓰시오.

to be a lawyer for someone who has been charged with a crime

30 (A), (B), (C)의 각 네모 안에서 어법에 맞는 표현으로 가장 적절한 것은?

> The scientists studied woodpeckers closely, and learned that the birds have spongy bones in the frontal part of their skulls. Woodpeckers also have beaks that (A) is / are hard yet flexible. They also noticed that there is very little space (B) for / of a woodpecker's brain to move around inside its skull. The scientists concluded that the flexibility of the various parts of a woodpecker's head helps to absorb shocks, which (C) soften / softens the blow of impacts.

	(A)	(B)	(C)
①	is	..... for	..... soften
②	is	..... of	..... softens
③	are	..... of	..... soften
④	are	..... for	..... softens
⑤	are	..... for	..... soften

[31~32] 다음 글을 읽고, 물음에 답하시오.

> ⓐ 이것이 몇몇 과학자들이 딱따구리를 연구하는 것이 그토록 중요하다고 믿는 이유이다. They hammer their beaks into trees at speeds of over 20 kilometers per hour. They can peck about 20 times per second. On average, they knock their heads against hard surfaces about 12,000 times every day. Each one of those impacts is about 100 times ⓑ that would cause serious brain injury to a human. Yet somehow, woodpeckers never suffer any physical or mental damage. Why not?

31 윗글의 밑줄 친 ⓐ의 우리말과 같은 뜻이 되도록 괄호 안의 단어를 바르게 배열하시오.

주관식

> 이것이 몇몇 과학자들이 딱따구리를 연구하는 것이 그토록 중요하다고 믿는 이유이다.
> → (is, why, believe, this, is, so, some, scientists, it, important) to study woodpeckers.

32 윗글의 빈칸 ⓑ에 들어갈 말로 가장 적절한 것은?

① as power as a hit
② as powerful as a hit
③ as a powerful hit
④ weaker than a hit
⑤ as weak as a hit

33 다음 글의 밑줄 친 우리말을 영어로 바르게 옮긴 것은?

> They came to many of the same conclusions as Yoon and Park, but they also noticed the importance of the shape of a woodpecker's beak. The top part of the beak is longer than the bottom half. When it hammers into a tree, it bends down and back, absorbing some of the impact. The researchers believe that these discoveries could be very useful in developing new helmets. In fact, several helmet manufacturers are already searching hard for ways to make 'a woodpecker helmet,' 그리고 그것의 선구적 기원은 Franz Kafka까지 거슬러 올라간다.

① and which modern origin dates back to Franz Kafka
② whose modern origin dates back to Franz Kafka
③ that modern origin dates back to Franz Kafka
④ what modern origin dates back to Franz Kafka
⑤ in which modern origin dates back to Franz Kafka

정답과 해설

Where Should I Begin?

Words & Expressions Test

p.7

1 (1) 받아들이다, 인정하다 (2) 외모, 생김새
(3) 비난하다, 탓하다 (4) 매혹시키다
(5) 가치 있게 여기다; 가치 (6) 조언하다, 상담하다
(7) 관점, 시각, 견해 (8) 전문가 (9) 자기 정체성
(10) 구체적인, 명확한 (11) bare (12) confident
(13) determined (14) face (15) field (16) unique
(17) available (18) semester (19) pure (20) suffer

2 (1) plant (2) miss

3 (1) unfamiliar (2) poet (3) inner

4 (1) ③ (2) ④

5 (1) Do you feel like going for a walk?
(2) Never[Don't] fail to take advantage of this opportunity[chance].
(3) To be honest, I don't like him very much.

Functions in Use

p.8

계획 또는 의도 표현하기
1 planning[going] to **2** ④ **3** ⓑ-ⓐ-ⓓ-ⓒ

1 학교 휴일의 계획을 묻고 있으므로 I'm planning to ~ / I'm going to ~ 등의 계획을 말하는 표현을 사용해 대답해야 한다.
▶ go on a trip: 여행 가다

2 다가올 주말 계획, 즉 미래의 계획을 묻고 있으므로 과거의 일을 이야기하는 ④ '물론이지. 우리는 해변에서 정말 즐거운 시간을 보냈어.'는 응답으로 적절하지 않다.
▶ A: 주말에 계획 있니?
B: ① 응, 옛 친구와 시간을 좀 보낼까 계획 중이야.
② 물론이지. 나는 팝 콘서트장에 갈 거야.
③ 아직. 아마 하루 종일 집에 있는 걸로 끝나겠지.
⑤ 난 그냥 아무것도 안 하고 집에서 편히 쉴까 해.

3 휴일의 계획을 묻는 ⓑ로 대화를 시작한 다음, 휴일이 정확히 언제인지 짚어 가며 계획을 말하고(ⓐ) 그 계획에 대한 반응과 자기도 함께 가도 되는지 의견을 물으면(ⓓ) 가도 좋다고 긍정 응답(ⓒ)을 하는 순서로 이어져야 대화의 흐름이 자연스럽다.
▶ ⓑ 다음 주 특별 공휴일에 무슨 계획 있어?
ⓐ 아, 금요일을 말하는 거니? 우리 학교 개교 기념일? 친구들과 시내에 갈까 하고 있어.

ⓓ 쇼핑하러? 멋지다. 나도 함께 갈까? 어떻게 생각해?
ⓒ 아주 좋지.
It could never be better. (그보다) 더 좋을 수는 없지 [아주 좋지].

Functions in Use

p.9

제안하기
1 ⑤ **2** ⑤ **3** don't you search

1 You should have p.p. ~는 '너는 ~했어야 했어'라는 뜻으로 과거에 하지 않은 일에 대해 책망할 때 사용하는 표현이다. Why don't you ~? / How about ~? / Why not ~? / You'd better ~는 모두 상대방에게 어떤 일을 하자고 제안할 때 쓰는 표현들이다.

2 ⑤ 학습 계획 수첩을 샀다는 말에 큰 서점에서 (살 만한 게 있나) 찾아보라는 응답은 어울리지 않는다. A가 I'm thinking of buying a study planner for my study.로 계획 중인 일을 말했다면 B의 응답이 적절했을 것이다.
▶ ① A: 나 두통이 약간 있어.
B: 좀 쉬지 그래? 곧 좋아질 거야.
② A: 이 수학 문제는 내게 너무 어려워.
B: 더 쉬운 걸로 시작하는 게 좋을 거야.
③ A: 파티에 뭘 입고 가야 할지 모르겠어.
B: 검정 바지에 이 티셔츠는 어때? 단순한 게 최고지.
④ A: 이 MP3 플레이어를 버릴까 생각 중이야. 이제 더 이상 안 쓰거든.
B: 온라인에서 파는 게 낫지 않아?
⑤ A: 공부를 위해 학습 계획 수첩을 샀어.
B: 잘했어. 큰 서점에서 찾아보는 게 좋을 거야.

3 How about ~?은 뒤에 명사 또는 동명사를 쓰지만 Why don't you ~?나 Why not ~?은 뒤에 동사원형이 따라온다.

Structures in Use

p.10

in case
1 (1) 방문객이 더 많을 경우를 대비해서 음식을 충분히 만들어라.
(2) 만약을 대비해서 나도 우산을 가져갈 거야.
2 (1) in case of (2) fire (3) phones
3 (1) it down in case you forget
(2) to bring extra towels just in case

1 (1) in case는 '~할 경우에 대비해서'라는 의미로 접속사 역할을 한다.

(2) just in case는 '만약을 대비해서, 만일을 위해서'라는 의미로, 부사로 단독으로 사용할 수 있다.

2 (1) 뒤에 명사구가 따라 나오므로 in case of가 적절하다.
   ▶ 이 특수 안전벨트는 사고가 날 시에 애완동물을 보호해 준다.
   (2) in case of 다음에는 명사(구)가 나온다.
   ▶ 화재가 날 경우를 대비해서 여기에 물 한 동이를 둔다.
   (3) in case는 의미상 조건의 부사절을 이끄는데, 시간과 조건의 부사절에서는 현재시제가 미래의 일을 나타내므로 3인칭 단수 주어에 맞게 현재형인 phones로 써야 한다.
   ▶ John이 전화할지도 모르니[전화할 때를 대비해] 누군가는 집에 있어야 한다.

3 (1) in case는 접속사로, 뒤에 주어와 동사가 이어져야 한다.
   ▶ 잊어버릴 경우를 대비해서 그것을 적어 둬라.
   (2) just in case는 부사로 문장 끝에 단독으로 쓰이기도 한다.
   ▶ 만약의 경우를 대비해 여분의 수건을 가져갈 필요가 있다.

Structures in Use
p.11

「주격 관계대명사+be동사」의 생략

1 (1) There was a woman (who was hurt in the accident).
   (2) An email (sent to me this morning) had a fatal virus.
   (3) A person (living in Switzerland) may speak Italian, German, and French.
2 (1) Do you know the boy (who is) waiting to be served?
   (2) The watches (which are) made in Switzerland are famous for their quality.
   (3) Mary is carrying the bag (which) I've been looking for.
   (4) Every action (which is) imaginable should be taken.
3 which[that] are

1 (1) 관계대명사절이 선행사 a woman을 뒤에서 수식하고 있는 구조이다.
   ▶ 그 사고에서 다친 여자가 한 명 있었다.
   (2) 주어인 An email 뒤에 분사 수식어구가 이어져 주어부가 길어진 구조이다. (= An email [(which was) sent to me this morning] had a fatal virus.)
   ▶ 오늘 아침 내게 보내진 이메일에는 치명적인 바이러스가 있었다.
   (3) 현재분사구(living in Switzerland)가 주어인 A person을 뒤에서 수식해 주는 구조이다. A person이 live의 주체이므로 능동을 나타내는 현재분사 living이 쓰였다. (= A person who lives in Switzerland may speak ~.)
   ▶ 스위스에 사는 사람은 이탈리아어, 독일어, 프랑스어를 구사할지도 모른다.

2 (1) 주격 관계대명사와 be동사는 함께 생략이 가능하다.
   ▶ 음식이 나오기를 기다리고 있는 소년을 아니?
   (2) 「주격 관계대명사+be동사」를 생략하고 뒤에 남은 과거분사구(made in Switzerland)가 The watches를 수식하는 구조로 쓸 수 있다.
   ▶ 스위스에서 만들어지는 시계는 그 품질로 유명하다.
   (3) 목적격 관계대명사는 생략할 수 있다. which는 전치사 for의 목적어 역할을 한다.
   ▶ Mary가 내가 찾고 있던 가방을 들고 다니고 있다.
   (4) 「주격 관계대명사+be동사」가 생략되고 형용사만 뒤에 남는 구조로 쓸 수 있다.
   ▶ 상상 가능한 모든 조치가 취해져야 한다.

3 수식받는 명사(the goods)와 수식어구(made in this factory) 사이에 생략되어 있는 「주격 관계대명사+be동사」 형태가 빈칸에 들어가야 알맞다. 선행사가 사물이므로 관계대명사는 which[that]를 써야 하고, 복수이면서 늘 그러하다는 사실을 이야기하므로 동사는 현재시제의 are가 되어야 한다.
   ▶ 이 공장에서 만들어지는 제품의 대부분은 수출된다.

Reading Test
pp.12~13

1 ④ **2** ② **3** ② **4** ④

1 저는 고등학생으로서 잘하고 싶고, 그렇게 하려고 굳게 결심도 했어요. 하지만 저는 제 자신이 미래에 무엇을 하기를 원하는지 잘 모르겠어요. 솔직히 말해, 저는 그 무엇도 잘할 수 있을 것 같은 확신이 서지 않아요. 어디서부터 시작해야 할까요?

고등학생으로서 공부를 열심히 하겠다는 결심이 확고하지만(determined) 미래에 대한 불투명함 때문에 혼란스러운(confused) 상태이다.
   ▶ ① 기쁘고 흥분된
   ② 슬프고 낙담한
   ③ 호기심이 강하고 궁금한 게 많은
   ④ 굳게 결심했지만 혼란스러운
   ⑤ 두렵지만 낙천적인

2 자신이 좋아하는 것을 찾으려고 노력해 보고 그것을 바로 시작해 보는 것은 어떨까요? 우선은 자신이 정말로 흥미를 가지고 있는 구체적인 활동들이 있나 잘 살펴보세요. 프로그램에 등록하고 전문가들과 이야기해 보고 지속적으로 (활동들에) 참여하는 것처럼 자신에게 주어지는 어떤 기회라도 활용할 준비를 갖추도록 하세요. 자신의 발가락을 물에 담가 보아[실제로 활동을 해 보고] 자신의 진정한 열정이 무엇인지 발견하도록 하세요.

→ 자신의 재능과 열정을 찾으려는 노력에 있어 적극적이 어야 한다.

프로그램에 등록하고 전문가들과 이야기도 나눠 보고 실제로 관심 있는 분야의 활동을 해 보라는 등 자기가(own) 잘하고 좋아할 만한 일을 적극적인(active) 태도로 찾아보라고 조언하고 있다.

3 여러분 중 일부는 자신이 진정으로 좋아하는 것을 발견하는 것이 어렵다고 느낄 수 있습니다. 그렇다면 학업에 충실하고 자신이 보다 잘하는 과목에 세밀한 주의를 기울이도록 하세요. 시간을 충분히 갖고 자신이 하고 싶은 일을 앞으로 30일 동안 꾸준히 해 보도록 하세요. 제 경험상 30일은 새로운 삶의 열정의 씨앗을 심을 수 있는 적절한 시간입니다. 그러니까 자신이 좋아할 것으로 생각되는 무언가를 지금 시작하여 앞으로 30일 동안 시도해 보는 것은 어떨까요? "달을 향해 쏴라[출발해라]. 설령 실패한다 할지라도, 당신은 별들 중 하나에 도달하게 될 것이다."라는 유명한 말처럼 말이죠.

(A) 「find+it(가목적어)+목적격 보어+to-v(진목적어)」의 5형식 문장 구조에서 목적격 보어 자리에는 형용사 hard(어려운, 힘든)가 와야 한다. hardly: 좀처럼 ~ 않는

(B) thirty days는 30일이라는 하나의 '기간', 즉 단수 개념으로 쓰였기 때문에 is가 알맞다.

(C) miss(과녁에서 빗나가다, 실패하다)의 경우에도 최소한 이룰 수 있는 결과에 대해 얘기하고 있으므로 '비록 ~일지라도'라는 뜻의 양보의 접속사 even if가 와야 적절하다.

4 이제 막 고등학교를 시작하였으니 여러분이 새로운 사람들과 잘 어울리면서 전혀 새로운 환경에서 자신의 정체성을 유지하는 것이 쉽지는 않을 거예요. 하지만 그냥 자신의 평소 모습처럼 하지 그래요? 여러분이 자기 스스로를 좋아하지 않으면 아무도 당신을 좋아하지 않을 거예요. 자신의 내적 자아, 즉 진정한 자신의 목소리를 들으면 들을수록 자기 자신에 대해서 자신감을 더 많이 느끼게 될 겁니다. 자신의 옷차림이나 외모에 대해서 뭔가 만족스럽지 않다고 느낄 때면 그저 자신이 할 수 있는 최선을 다하고 사회적 거울을 통해 자신을 바라보는 대신 내적 거울을 통해 자신을 바라보세요. 새롭고 친숙한(→ 익숙지 않은) 것을 시도해 볼지 확신이 서지 않을 때에도 다른 사람들이 자신에 대해 어떻게 생각할지 걱정하기보다는 자기 자신의 감정에 초점을 맞추세요.

새로운 것은 친숙하기보다는 낯선(unfamiliar) 것이라고 하는 게 문맥상 자연스럽다. 이 글은 내적인(inner) 자아, 즉 진짜 자아에 귀 기울이고 다른 사람들(others) 눈에 비치는 내 모습, 즉 겉모습이 마음에 들지(right) 않을 때에도 내 안의 자아에 초점을 맞출 것을 당부하고 있다.

1 ②   2 ④   3 ③   4 ②   5 ②   6 ④
7 ①   8 ④   9 ②   10 ③   11 ③   12 ④
13 (1) who[that] is (2) which[that] was   14 ③   15 ⑤
16 ②   17 ③   18 ④   19 ⓑ, ⓓ   20 determined
21 my paint coats, gold   22 ②   23 ②
24 the more confident you will feel about yourself
25 ③

1 M: Cathy, do you have any resolutions for the new school year?
W: Yes, I'm thinking of playing fewer games this year.
M: That sounds like a tough one.
W: Yeah, but we're starting the first year of high school, and I'm planning to focus more on my studies.
M: That's a good idea. Why don't you visit the living books for inspiration?
W: They are the experts who share their experiences with students, aren't they?
M: Yes, they are. I visited them last week, and got some great ideas for a new start.
W: Well, I don't know, but thank you anyway.

남: Cathy, 새 학년을 맞이해서 결심한 것이 있니?
여: 응, 올해는 게임을 더 적게 하려고 생각하고 있어.
남: 어려운 일처럼 들리는데.
여: 그렇기는 하지만 우리는 고등학교 첫해를 시작하니까 공부에 좀 더 집중할 계획이야.
남: 좋은 생각이야. 영감을 얻기 위해 '인간책(living books)'을 방문해 보지 그러니?
여: '인간책'이라면 학생들에게 자신의 경험을 나눠 주는 전문가를 말하는 거 아니니?
남: 응, 맞아. 난 지난주에 그들을 방문했는데, 새로운 출발에 도움이 될 멋진 아이디어를 얻었어.
여: 글쎄, 난 잘 모르겠지만, 아무튼 고마워.

남자는 영감을 얻기 위해 '인간책'을 방문해 보라고(visiting the living books) 제안하고 있다.
▶ ① 게임 덜하기
③ 공부에 더 집중하기
④ 자원봉사에 더 많은 시간 보내기
⑤ 새 학년에 대한 구체적인 계획을 짜기

2 W: We start our school year on September 1, which we celebrate as 'Knowledge and Skills Day.' We bring beautiful flowers for our new teachers. We don't have to worry about making new friends, because we stay in the same class from first to tenth grade!

여: 우리는 (새) 학년을 9월 1일에 시작하는데, 그날을 '지식과 기술의 날'로 축하한다. 우리는 새로운 선생님들께 예쁜 꽃을 가져간다. 우리는 새로운 친구를 사귀는 것에 대해 걱정할 필요가 없다. 왜냐하면 1학년에서 10학년까지 죽 같은 반이기 때문이다!

선생님이 학생들의 키 순서로 앉을 자리를 정해 준다는 내용은 담화에 나와 있지 않다.

3 M: I want to get healthier, but it's not easy.
W: Why don't you exercise more, John?
M: I want to, but I don't have enough time to do exercise.
W: Then how about walking to school instead of taking the bus?
M: I tried that several times, but it's easier said than done.
W: Well, nothing can be achieved without hard work and patience.
M: You sound just like my mom. She always says, "Patience is bitter, but its fruit is sweet."

남: 더 건강해지고 싶은데 쉽지가 않아.
여: 운동을 더 하지 그래, John?
남: 나도 그러고 싶어. 그런데 운동할 시간이 충분하지 않아.
여: 그럼 학교에 버스 타고 오는 대신에 걸어오는 건 어때?
남: 몇 번 시도해 봤는데 말하기는 쉬워도 실행하기는 어려워.
여: 하지만 노력과 인내가 없이는 어떤 것도 이룰 수 없어.
남: 너는 우리 엄마처럼 말하는구나. 엄마는 "인내는 쓰지만 그 열매는 달다."고 늘 말씀하시거든.

운동의 일환으로 일상 속에서의 걷기를 시도 안 해 본 건 아니지만 it's easier said than done(말하기는 쉬워도 실행하기는 어렵다)이라고 말한 것으로 보아 꾸준히 하지 못하고 있음을 짐작할 수 있다.

4 ② feel like v-ing는 '~하고 싶다'라는 의미이다.
　　cf. feel like: ~처럼 느끼다
　▶ ① 잘하는 것을 고수하라.
　　② 나는 음악에 맞춰 춤추고 싶다.
　　③ 그는 친구라기보다는 가족처럼 느껴진다.
　　④ 나는 영어 단어를 암기하는 데 어려움이 있다.
　　⑤ 후보들을 알아보고 선호하는 사람에게 투표하세요.

5 ▶ 관점이란 당신이 뭔가를 바라보는 방식이다. 만일 당신이 장난감이 아이들의 마음을 타락시킨다고 생각한다면, 당신의 관점에서는 장난감 가게가 사악한 곳이다.
　　① 결심
　　② 관점, 견해, 시각
　　③ 영감, 창조적 자극
　　④ 결심, 결의
　　⑤ 가치(있게 여기다)

6 ①, ②, ③, ⑤는 직업을 나타내는 말인데 ④는 '시'라는 뜻이다. poem을 poet(시인)으로 바꿔야 직업을 나타내는 말이 된다. ③ professional은 '직업적인, 프로의'라는 의미의 형용사로도 쓰이지만, '전문가'라는 명사 뜻도 가지고 있다.

7 • sign up for: ~에 등록하다
　• come off: 떨어지다, 벗겨지다
　• reflect on: ~을 되돌아보다, ~을 반성하다
　• fit in with: ~와 어울리다, ~에 잘 맞다
　▶ • 나는 재즈 댄스 강좌에 등록할 것이다.
　　• 문 좀 고쳐 줄래? 손잡이가 떨어졌어.
　　• 비행기에서 나는 여행을 되돌아볼 수 있었다.
　　• 나는 그가 내 친구들과 잘 맞을지 확신이 안 섰다.

8 • give ~ a shot: ~을 시도하다(= try)
　• take advantage of: ~을 이용[활용]하다(= make use of)
　▶ • 내가 기꺼이 시도해 볼게.
　　• 네가 가진 모든 기회를 활용해라.

9 I'm going to ~, I'm planning to ~, I'm considering ~, I'm thinking of ~는 모두 '나는 ~할 거야[나는 ~할 계획이야, 나는 ~할까 생각 중이야]'라는 뜻으로 계획이나 고려하고 있는 일을 이야기할 때 사용하는 표현들이다. I'm about to ~는 '나는 지금 막 ~하려고 해'라는 뜻이다.

10 역사 숙제 갖고 오는 걸 깜박했다는 말에 ③ '선생님께 숙제가 뭐였는지 여쭤보는 게 낫지 않아?'라고 응답하는 것은 어색하다. ③은 숙제가 뭔지 잊어버렸다고 할 때 할 만한 제안이다.
　▶ A: 역사 숙제 갖고 오는 걸 깜박한 거 같아.
　　B: ① 엄마에게 전화해서 갖다 달라고 부탁하지 그래?
　　　② 큰일 났네! 네 것을 베낄까 생각하고 있었는데.
　　　④ 다시 하지 그래? 시간 많이 안 걸릴 거야.
　　　⑤ 걱정 마. 그냥 선생님께 다음에 가져오겠다고 말씀드려.

11 접속사 in case 뒤에는 미래시제를 쓰지 않으므로 ③은 in case we get lost로 고쳐 써야 어법상 적절하다. in case of(~의 경우에는)는 전치사구이므로 뒤에 절이 아닌 명사(구)의 형태가 나오는 데 유의한다.
　▶ ① 필요할지 모르니 돈을 더 갖고 다녀라.
　　② 여러분은 비상 시에 라디오를 들어야 합니다.
　　③ 길을 잃을 경우를 대비해 지도를 갖고 다니는 게 좋겠어.
　　④ 화재 시 조용히 아래층으로 탈출하시오.
　　⑤ 내가 제시간에 안 돌아올 경우 개를 산책시켜 주세요.

12 ④ 뒤에 quickly라는 부사가 나오므로 「so+형용사/부사+that+주어+동사(매우 ~해서 …하다)」 구문으로 써야 적절하다. (such → so)
　▶ ① 그 아이들은 가만히 있기가 어렵다는 것을 발견했다.
　　② 가지면 가질수록 더 많이 원한다.
　　③ 내 옆에 앉아 있던 여자가 내게 말을 하기 시작했다.
　　④ Tom은 매우 빨리 운전해서 30분이나 일찍 도착했다.

⑤ 회의 끝나고 내가 너를 볼 수 없을 때를 대비해서 지금 작별인사를 하고 싶다.

13 (1) 수식을 받는 명사가 사람(the actor)이고 뒤에 현재분사 waving이 나오므로 그 앞에 「주격 관계대명사+be동사」 형태인 who[that] is가 생략되어 있다고 볼 수 있다.
  ▶ 그의 주위에 있는 사람들에게 손을 흔들고 있는 저 배우를 알아보겠니?
(2) written 이하가 앞의 명사 an old book을 수식해 주는 구조이므로, 과거분사인 written 앞에 「주격 관계대명사+be동사」 형태인 which[that] was가 생략되어 있다고 볼 수 있다.
  ▶ 그 사서는 1000년도에 쓰여진 오래된 책을 발견했다.

[14~15] 고등학교 생활을 시작했을 때, 나는 학교생활을 잘하고 싶었으나 제대로 되는 것이 아무것도 없었답니다. 친구들과 문제가 있었고 성적은 형편없었죠. 내가 진정으로 무엇을 하기 원하는지도 전혀 몰랐어요.
나는 변하고 싶어서 나 자신을 되돌아보기 시작했습니다. 나는 내가 사진 찍는 것을 좋아한다는 것을 깨닫고는 그것(사진 찍는 일)을 한 달 동안 해 봤죠. 나는 사진 동아리에도 가입했어요. 하루 종일 사진을 쳐다보는 데서 실제로 찍는 데로 나아간 거죠. 오래지 않아 나는 내가 좋아하는 것과 내가 되고 싶은 꿈을 발견하게 되었습니다.

14 (A) realizing의 목적어 역할을 하는 명사절을 이끄는 접속사 that이 와야 어법상 적절하다.
(B) 「from A to B(A에서 B로)」 구문에 해당하므로 전치사 to의 목적어로 쓰이는 동명사 taking이 와야 어법상 적절하다.
(C) '내가 좋아하는 것을 발견했다'라는 의미가 되어야 적절하므로 선행사를 포함하는 관계대명사 what이 와야 할 자리이다.

15 ⑤ 고등학교 때 주로 어떤 종류의 사진을 찍었는지는 이 글에 나와 있지 않다.
① He had troubles with his friends and his grades suffered.
② He realized that he loved taking photos.
③ He joined a photography club.
④ His grades suffered.
  ▶ ① 고등학교 초반에 Mike는 어떤 문제를 가지고 있었는가?
  ② 스스로를 돌아보고 Mike는 무엇을 깨달았는가?
  ③ Mike는 고등학교에서 어떤 동아리에 가입했는가?
  ④ 고등학교를 시작했을 때 Mike의 성적은 어땠는가?
  ⑤ Mike는 고등학교 때 주로 어떤 종류의 사진을 찍었는가?

[16~17] 자신이 좋아하는 것을 찾으려고 노력해 보고 그것을 바로 시작해 보는 것은 어떨까요? 우선은 자신이 정말로 흥미를 가지고 있는 구체적인 활동들이 있나 잘 살펴보세요. 프로그램에 등록하고 전문가들과 이야기해 보고 지속적으로 (활동들에) 참여하는 것처럼 자신에게 주어지는 어떤 기회라도 활용할 준비를 갖추도록 하세요. 자신의 발가락을 물에 담가 보아[실제로 활동을 해 보고] 자신의 진정한 열정이 무엇인지 발견하도록 하세요.

16 chance는 '기회(opportunity)'라는 의미와 '가능성, 확률(probability)'이라는 의미의 두 가지 뜻으로 쓰이는데, 여기서는 전자의 뜻으로 쓰였다.
  ▶ ① ⓐ 당장, 즉시
  ③ ⓒ ~에 등록하다
  ④ ⓓ 전문가들
  ⑤ ⓔ stick[dip] one's toe in the water: 발가락을 물에 담그다[~을 시험 삼아 해 보다]

17 무언가를 제안하고(Why don't you ~?) 구체적인 행동 지침까지 자세히 제시해 주고 있으므로(First ~, Then ~) 무언가에 대한 조언 또는 충고를 해 주고 있는 글이다.
  ▶ ① 광고하려고   ② 항의하려고
  ③ 조언[충고]을 해 주려고   ④ 변명을 하려고
  ⑤ 어떤 과정에 대해 문의하려고

18 자신의 옷차림이나 외모에 대해서 뭔가 만족스럽지 않다고 느낄 때면 그저 자신이 할 수 있는 최선을 다하고 사회적 거울을 통해 자신을 바라보는 대신 내적 거울을 통해 자신을 바라보세요. 새롭고 익숙하지 않은 것을 시도해 볼지 확신이 서지 않을 때에도 <u>다른 사람들이 여러분에 대해 어떻게 생각할지</u> 걱정하기보다는 자기 자신의 감정에 초점을 맞추세요.

「A instead of B」의 구조이므로 focus on your own feeling에 대비되는 개념을 찾으면 된다. 따라서 빈칸에는 ④ '다른 사람들이 여러분에 대해 어떻게 생각할지'가 가장 적절하다.
  ▶ ① 여러분의 성격상의 문제들
  ② 새로운 삶의 단계를 탐구하는 것
  ③ 무엇이 여러분에게 최선의 선택인지
  ⑤ 다른 사람들과 더 잘 지내기 위해 여러분이 할 수 있는 일이 무엇인지

[19~20] **Philip**
저는 고등학생으로서 잘하고 싶고, 그렇게 하려고 굳게 결심도 했어요. 하지만 저는 제 자신이 미래에 무엇을 하기를 원하는지 잘 모르겠어요. 솔직히 말해, 저는 그 무엇도 잘할 수 있을 것 같은 확신이 서지 않아요. 어디서부터 시작해야 할까요?

Jane

저는 제 자신에 대해 많은 의문이 있어요. "내가 다른 사람들에게 얼마나 예쁘게 보일까?", "우리 반에서 나를 정말 좋아하는 학생들은 몇 명이나 될까?", "나는 얼마나 가치 있는 사람일까?" 같은 것이죠. 이런 질문들이 너무나 자주 떠올라서 친구들과 잘 지내기도 어렵고 학업에 집중하기도 어려워요.

19 Philip은 공부를 잘해야겠다는 결심은 섰는데 장차 무엇을 하고 싶은지 확신이 없어 자신감이 떨어지고 있는 상황이다. 공부에 집중이 안 되거나(ⓐ) 외모가 달라서 따돌림 받거나(ⓒ) 하는 상황이 아니다. 한편, Jane은 다른 사람의 시선이나 평가에 너무 신경을 쓰는 나머지 인간관계와 학업에 어려움을 겪고 있다.

▶ ⓐ 나는 내 미래에 대한 걱정 때문에 학업에 집중할 수가 없어요.

ⓑ 나는 미래에 무슨 일을 할지 탐구하는 일에서 길을 잃었어요. 혼란스러워요.

ⓒ 나는 내 친구들과 상당히 달라 보이는데, 그 점이 나를 고립된 기분이 들게 해요.

ⓓ 나는 내 외모와 다른 사람들이 나를 어떻게 생각할지가 너무 의식이 되는데, 그 때문에 공부에 집중하기가 어려워요.

20 '다른 누군가가 여러분을 막지 못할 만큼 어떤 일을 하려는 강한 욕구를 가지고 있는'에 해당하는 단어는 determined(굳게 결심한, 결연한)이다.

[21~22] 나는 페인트 붓을 지니고 다녔지
내가 어딘가 갈 필요가 있을 때마다,
나 자신을 감출 필요가 있을 경우를 대비해서
나의 참 모습이 드러나지 않도록.

이제 겹겹이 칠한 나의 페인트를 제거하고 싶네
진정한 내가 보이도록
내적인 자아가 밖으로 드러나도록
이것이 너무 더디지는 않기를 소망하며.

이제 나를 가렸던 겹겹의 페인트가 벗겨지고 있네
왠지 벌거벗고 춥게 느껴지네
하지만 나는 보이는 모든 것을 사랑하네
진정한 나의 모습, 황금처럼 순수한.

21 자신의 진짜 모습을 가리기 위해 지금까지 겹겹이 칠해 온 all my paint coats를 이제 벗겨 버리고 싶다고 한다. my paint coats가 사회[타인] 속의 내 모습인 반면, 그 칠들이 다 벗겨져 버리고 알몸만 남아 춥게 느껴지지만 진정한, 아무것도 섞이지 않은 나를 gold에 비유했다.

22 처음에 나를 가리기 위해 늘 붓을 갖고 다니던 두려움에 쌓여 있던(fearful) 나는, 후반부에 가서는 있는 그대로의 모습을 드러내며 한편으로는 춥지만 황금처럼 순수한, 자기 모습을 사

랑하게, 즉 만족하게(satisfied) 된다.

▶ ① 기쁜 → 슬픈
② 두려운 → 만족한
③ 부러워하는 → 희망에 찬
④ 흥분된 → 좌절감을 느끼는
⑤ 자랑스러운 → 당황스러운, 창피한

23 어떤 사람들은 새롭게 출발하는 멋진 느낌을 좋아한다. 하지만 대부분의 학생들에게 새 학년은 스트레스 요인일 수 있다. 학생들에게 새 학년을 맞이하는 걱정들에 대해 질문하였는데 여기에 그 내용이 있다. 32퍼센트의 학생들은 자신들의 학업에 대해서 걱정한다. 30퍼센트의 학생들은 친구를 사귀는 데 문제를 가지고 있으며, 25퍼센트의 학생들은 자신의 외모에 대해서 걱정한다.

빈칸 앞의 내용과 뒤의 내용이 상반되므로 빈칸에는 대조를 이루는 연결어 however(그러나, 하지만)가 들어가야 알맞다.

▶ ① 즉, 말하자면 ③ 게다가
④ 예를 들어 ⑤ 다른 한편으로는

24 이제 막 고등학교를 시작하였으니 여러분이 새로운 사람들과 잘 어울리면서 전혀 새로운 환경에서 자신의 정체성을 유지하는 것이 쉽지는 않을 거예요. 하지만 그냥 자신의 평소 모습처럼 하지 그래요? 여러분이 자기 스스로를 좋아하지 않으면 아무도 당신을 좋아하지 않을 거예요. 자신의 내적 자아, 즉 진정한 자신의 목소리를 들으면 들을수록 자기 자신에 대해서 자신감을 더 많이 느끼게 될 겁니다.

'~하면 할수록 더 …하다'라는 의미의 「the+비교급 ~, the+비교급 …」 구문의 뒷부분이다. the more confident 뒤에 「주어+동사」 구조를 완성하면 된다. you will feel more confident about yourself에서 more confident가 앞으로 나간 형태이다.

25 여러분 중 일부는 자신이 진정으로 좋아하는 것을 발견하는 것이 어렵다고 느낄 수 있습니다. 그렇다면 학업에 충실하고 자신이 보다 잘하는 과목에 세밀한 주의를 기울이도록 하세요. 시간을 충분히 갖고 자신이 하고 싶은 일을 앞으로 30일 동안 꾸준히 해 보도록 하세요. 제 경험상 30일은 새로운 삶의 열정의 씨앗을 심을 수 있는 적절한 시간입니다. (열정은 생계를 위해 하는 일과는 상당히 다릅니다.) 그러니까 자신이 좋아할 것으로 생각되는 무언가를 지금 시작하여 앞으로 30일 동안 시도해 보는 것은 어떨까요? "달을 향해 쏴라[출발해라]. 설령 실패한다 할지라도, 당신은 별들 중 하나에 도달하게 될 것이다."라는 유명한 말처럼 말이죠.

좋아할 수 있는 일을 탐색하는 것에 대해 조언하고 있는 글인데, ③은 열정(passion)과 생계를 위해 하는 일(the work you do for a living), 즉 직업은 다른 것이라고 구분하고 있으므로 전체 글의 흐름과 무관하다.

1 [모범답안] (1) to your school work and pay close attention (especially) in cooking class

(2) thirty days doing what you feel like doing

(3) what[where] your true passions are 또는 if you'll like it or not for the rest of your time

2 (A) 내가 생각하는 나의 이미지[내 눈에 비치는 나의 모습]

(B) 다른 사람들의 눈에 비치는 나의 이미지[사회가 인식하는 나의 모습]

1 여러분 중 일부는 자신이 진정으로 좋아하는 것을 발견하는 것이 어렵다고 느낄 수 있습니다. 그렇다면 학업에 충실하고 자신이 보다 잘하는 과목에 세밀한 주의를 기울이도록 하세요. 시간을 충분히 갖고 자신이 하고 싶은 일을 앞으로 30일 동안 꾸준히 해 보도록 하세요. 제 경험상 30일은 새로운 삶의 열정의 씨앗을 심을 수 있는 적절한 시간입니다. 그러니까 자신이 좋아할 것으로 생각되는 무언가를 지금 시작하여 앞으로 30일 동안 시도해 보는 것은 어떨까요? "달을 향해 쏴라[출발해라]. 설령 실패한다 할지라도, 당신은 별들 중 하나에 도달하게 될 것이다."라는 유명한 말처럼 말이죠.

필자는 꿈을 찾는 청소년에게 지금 처한 상황에 따라 단계별로 행동 방향을 조언하고 있다.

(1) 꿈을 아직 찾지 못한 친구이므로 일단 학업에 충실할 것(Then stick to your school work and ~)을 당부하고 있다.

(2) 어떤 일을 좋아할지 아닐지를 알기 위해 30일간 그 일에 몰두해 보라고(Take your time, and keep doing what you feel like doing for the next thirty days.) 권하고 있다.

(3) 30일 후에는 그 일을 평생 좋아하며 할 수 있을지, 즉 열정을 갖고 할 일이 무엇인지 알게 될 거라고 확신시키고 있다.

2 이제 막 고등학교를 시작하였으니 여러분이 새로운 사람들과 잘 어울리면서 전혀 새로운 환경에서 자신의 정체성을 유지하는 것이 쉽지는 않을 거예요. 하지만 그냥 자신의 평소 모습처럼 하지 그래요? 여러분이 자기 스스로를 좋아하지 않으면 아무도 당신을 좋아하지 않을 거예요. 자신의 내적 자아, 즉 진정한 자신의 목소리를 들으면 들을수록 자기 자신에 대해서 자신감을 더 많이 느끼게 될 겁니다.
자신의 옷차림이나 외모에 대해서 뭔가 만족스럽지 않다고 느낄 때면 그저 자신이 할 수 있는 최선을 다하고 사회적 거울을 통해 자신을 바라보는 대신 내적 거울을 통해 자신을 바라보세요. 새롭고 익숙지 않은 것을 시도해 볼지 확신이 서지 않을 때에도 다른 사람들이 자신에 대해 어떻게 생각할지 걱정하기보다는 자기 자신의 감정에 초점을 맞추세요.

(B) the social mirror는 타인[사회]의 눈에 비치는 나의 이미지로 진짜 내 모습과는 다를 수 있으며, 이와 대비되는 (A) the inner mirror는 내 눈에 비치는 진정한, 있는 그대로 내 모습이다.

LESSON 2

Be Smart, Be Healthy

Words & Expressions Test
p.21

1 (1) 뒤로, 뒤쪽으로 (2) 구부리다, 굽히다 (3) 탈수
(4) 베개 (5) 순환 (6) 자세 (7) 영양학자, 영양사
(8) 중립의, 중립적인 (9) 코를 골다
(10) 뻣뻣한, 경직되어 있는 (11) cell (12) contain
(13) disadvantage (14) fixed (15) prevent (16) host
(17) pressure (18) repetition (19) spine (20) reusable

2 (1) expert 또는 specialist
(2) lower (3) physical (4) hydrate

3 (1) lead (2) (r)educe (3) (s)hape (4) rich

4 (1) (You can) talk to your favorite star in real time and vote for him.
(2) (Each one of us can) have up to three pieces of pizza.
(3) (The factory) replaced most of its workers with robots.

Functions in Use
p.22

열거하기

1 ⓐ Next, Secondly ⓑ Finally, Thirdly, Lastly

2 ⓒ   **3** ⓐ   **4** ⓑ

1 의사에게 증상을 얘기하고 있는 B는 증상이 느껴진 순서대로 하나씩 열거해 말하고 있다.
▶ A: 어디가 이상한지 말해 보세요.
B: 먼저, 귀가 약간 아프기 시작했어요. 그다음에는 피부가 빨갛게 됐어요. 그리고 나서 얼굴이 영화 속 헐크처럼 부풀어 올랐어요!
swell: 부풀다, 부어오르다

2 여름을 좋아하는 이유를 열거하고 있으므로 해변(beach)과 수영(swimming) 이야기가 나오는 ⓒ가 어울린다.
▶ 나는 여름이 좋아. 우선 나는 햇빛이 좋고, 둘째로 해변으로 가서 수영을 즐길 수 있지. 셋째로 내가 좋아하는 과일인 수박을 먹을 수 있어.

3 스마트폰으로 사진 찍는 법을 순서대로 알려 주고 있다.
▶ 사진을 찍기 위해서는 우선 대상을 정해야 해. 그런 다음, 전화기를 그쪽으로 향하게 해. 그러고 나서 버튼을 터치하는 거야.

4 money, spend와 관련 있는 내용을 찾는다.

▶ 우선, 너의 소비 습관을 알아보는 게 중요해. 둘째로는 매일 쓰는 지출액에 상한선을 둬. 마지막으로 역시 중요한 것은, 다음에 쓸 수 있도록 약간의 돈을 따로 떼어 두는 거지.
limit: 한계 set ~ aside: ~을 따로 떼어 두다

Functions in Use
p.23

강조하기
1 important[critical, necessary] to
2 want to stress[emphasize]
3 ③
4 It's important to have a coach in life.
5 it's important to repeat them before they get out of your mind

1 You need to ~는 필요성, 중요성을 강조할 때 쓰는 표현으로 「가주어–진주어」 패턴의 It's important[critical, necessary] to ~로 바꿔 쓸 수 있다.

▶ 네가 하고 있는 일에 주의를 집중할 필요가 있다.
focus one's attention on: ~에 주의를 집중하다

2 중요성을 강조하는 표현인 It's important to ~는 I want to stress[emphasize] that ~으로 바꿔 쓸 수 있다.

▶ 아이디어가 떠오를 때는 그것을 적어 두는 것이 중요하다.

3 돈을 저축하는 방법을 물어본 질문에 대한 응답으로 불필요한 것 안 사기, 어디에 쓰고 있는지 확인해 두기, 사기 전에 다시 한 번 생각해 보기, 한 달 단위로 예산 짜기는 자연스러우나, 돈을 빌려서 소비를 해야 한다는 ③은 적절하지 않다.

▶ ① 불필요한 것을 사서는 안 된다.
② 돈을 무엇에 쓰는지 매일매일 체크해야 한다.
③ 지출을 위해 돈을 좀 빌릴 필요가 있다.
④ 뭔가를 사기로 정하기 전에 두 번 생각할 필요가 있다.
⑤ 월 단위로 예산을 짜는 것이 중요하다.
budget: 예산, 수입과 지출 on a monthly basis: 한 달 단위로

4 「가주어(it) – 진주어(to have ~)」 구문을 이용하여 영작한다.

5 「가주어(it) – 진주어(to repeat ~)」 구문을 이용하여 영작한다. them은 앞에 나온 복수명사를 받는 대명사로 English words에 해당한다. they와 them 중 repeat(반복하다)의 목적어로는 목적격 them이, 동사 get out of your mind의 주어로는 주격 they가 적합하다는 데 착안해 나머지 어순을 바로잡아 쓴다.

Structures in Use
p.24

「the same ~ as ...」
1 (1) 그 도둑은 최근에 다른 도난 사건에서 발견된 것과 같은 상징을 사용했다.
(2) 그녀는 사진 속 모델이 하고 있는 것과 같은 종류의 목걸이를 하고 있다.
2 (1) have (2) as (3) as (4) had
3 I want to buy the same camera as you did.

1 「the same ~ as ...」는 '...와 같은 ~'라는 뜻으로, 여기서 as는 관계대명사로 쓰였다.
(1) theft: 도둑질 theft case: 도난 사건

2 (1) 앞의 동사가 have이므로 have 또는 대동사 do를 쓸 수 있다.
▶ 네가 갖고 있는 것과 같은 책이 내게 있다.
(2)~(3) 선행사가 as, such, the same 등의 수식을 받을 때는 관계대명사 as를 사용한다.
▶ (2) 그는 내가 지금까지 만난 사람 중에 가장 정직한 사람이다.
(3) 너는 너에게 도움이 되는 그런 직원을 선택해야 한다.
(4) 앞의 동사가 미래형 will have이지만 as 이하는 이미 그런 어려움을 겪은 older generations가 주어이므로 내용상 과거형 had가 알맞다.
▶ 대부분의 젊은이들이 우리 구세대들이 겪었던 것과 같은 종류의 어려움들을 겪을 것이다.

3 '...와 같은 ~'라는 뜻의 「the same ~ as ...」 구문을 사용한다. I가 사고 싶은 것은 지금이지만 you가 산 때는 과거라는 점에 착안하여 대동사 do를 과거시제로 고쳐 쓴다.

Structures in Use
p.25

「주장, 명령, 제안, 요구, 권고를 나타내는 동사＋that＋주어(＋should)＋동사원형」
1 (1) (should) apologize (2) (should) be deleted
(3) (should) set
2 (1) ○ (2) stopped → (should) stop (3) be → are
3 (1) 소년은 그 꽃병이 저절로 떨어졌다고 주장했다.
(2) 나는 모두에게 파티에 요리를 하나씩 가져오자고 제안했다.

1 (1), (3) 주장, 명령, 제안, 요구, 권고를 나타내는 동사가 이끄는 that절에는 「(should＋)동사원형」을 쓴다.
▶ (1) 나는 그에게 먼저 사과할 것을 요구했다.
(3) 연설에서 그녀는 UN이 환경을 위한 연구 센터를 설립할 것을 제안했다.

(2) that절의 주어인 all real names와 동사 delete가 수동 관계이므로 수동태로 써야 하는데, 주장 동사의 that절이므로 「(should) be+p.p.」 형태로 써야 적절하다.
▶ 그들은 그 보도에서 모든 실명은 삭제되어야 한다고 주장했다.

2 (1) 주장을 나타내는 동사가 이끄는 that절에는 「(should+) 동사원형」을 쓰므로 어법상 올바르다.
▶ 그는 내가 계산서를 지불해야 한다고 주장했다.

(2) 권고를 나타내는 동사가 이끄는 that절에는 「(should+)동사원형」을 쓰므로 stopped를 (should) stop으로 고쳐야 적절하다.
▶ 의사는 나에게 금연을 해야 한다고 권했다.

(3) 여기서는 suggest가 '시사하다'라는 뜻으로 쓰였으므로, that절에 「(should+)동사원형」을 쓰지 않고 동사를 시제와 인칭에 맞추어 are로 고쳐야 적절하다.
▶ 여성들이 비정상적으로 말라야 한다는 끊임없는 압박감에 시달리고 있다고 이 연구는 시사한다.

3 (1) that절의 동사가 과거형 fell이므로 앞으로의 일을 주장하는 내용이 아니라 이미 일어난 일을 단순히 주장하는 내용이다.

(2) 「suggest that+주어(+should)+동사원형」의 형태로 앞으로 이루어져야 할 일을 제안하는 내용이다.

Reading Test
pp.26~27

1 ③   2 ⑤   3 ②   4 ⑤   5 ①

1 안녕하세요, 저는 Susan입니다. 저는 전문 개인 트레이너입니다. 제가 운동을 시작했을 때, 저는 운동이 에너지를 북돋우고 스트레스를 줄여 주며 기분이 좋아지게 도와주는 것을 알게 되었습니다. 자, 저는 여러분도 제가 경험했던 것과 같은 혜택들을 경험해 보시기를 원합니다.
여러분은 건강을 유지하기를 원하시죠, 그렇지 않나요? 그러면, 운동하세요. 달리기와 에어로빅 같은 신체 활동들은 혈액 순환을 향상시키고 근육을 강화하는 데 도움이 됩니다. 이것은 여러분에게 더 많은 에너지를 주고 두뇌의 힘을 북돋아 줄 것입니다.
→ 운동하는 것은 당신을 더욱 활기 넘치게 할 뿐만 아니라 기분을 좋게 하고 뇌가 더 잘 기능하게 하는 데도 기여한다.

운동의 좋은 점으로 활기를 높이고(it boosted my energy, give you more energy) 기분을 좋게 해 주고(helped me feel good) 두뇌의 힘도 북돋아 준다고(boost your brain power) 했다. (A)에는 energetic과 powerful 둘 다 가능하겠으나 (B)에는 function이 적절하다.
▶ ① 스트레스에 찬 — 기능하다

② 도움이 되는 — 집중하다
④ 강력한 — 경험하다
⑤ 의기소침한 — 집중하다

2 잠깐만 기다려 주세요. ID가 *wannahealthybody*인 어떤 분께서 질문을 올리셨네요. (C) 제가 그것에 대한 대답을 지금 해 드리겠습니다. 여러분도 아시다시피, 요즘 많은 젊은 이들이 목의 통증으로 고통 받고 있습니다. (B) 이것은 하루에 많은 시간을 고정된 자세로 공부를 하거나 스마트폰을 사용하면서 책상 너머로 몸을 기울이고 있기 때문입니다. (A) 이 나쁜 자세가 목을 앞으로 구부리게 하고 고통을 일으킵니다. 하지만, 여기 좋은 소식이 있습니다. McKenzie 운동이 목의 통증을 예방하고 줄이는 데 도움을 줄 수 있습니다. 이것이 그것을 하는 방법입니다.

질문에 대한 답변을 하겠다는 말로 시작하는 (C)에서 젊은이들의 목통증이 보편적이라는 말로 응답한 뒤, 그 이유가 학생들이 장시간 취하는 자세에 있다는 내용의 (B)가 나오고, 이 좋지 못한 자세가 어떻게 통증으로 이어지는지 분석한 뒤 그 예방 운동법을 소개하려 하는 (A)로 이어지는 것이 글의 흐름상 자연스럽다.

3 그렇다면 우리는 어떻게 수분 섭취를 늘릴 수 있을까요? 우선, 저는 여러분이 청량음료나 주스 같은 설탕이 든 음료를 물로 대체할 것을 제안합니다. 이것은 여러분의 설탕 섭취를 줄이고 여러분이 포만감을 느낄 수 있도록 도와줄 것입니다. 여러분은 또한 과일과 채소를 더 많이 먹음으로써 수분 섭취를 늘릴 수 있습니다. (과일과 채소는 비타민의 좋은 공급원으로 온종일 당신을 활기차게 해 줍니다.) 왜냐하면 이 음식들은 많은 양의 수분을 포함하고 있어서 우리 몸이 매일 필요로 하는 수분의 20%까지 제공할 수 있기 때문입니다. 식사 사이에 목이 마르다면, 여러분은 물병을 가지고 다닐 수 있습니다. 여러분은 또한 물을 더 많이 즐기기 위해 과일이나 허브 같은 것들로 물에 풍미를 더할 수도 있습니다. 기억하십시오. 물을 많이 마시는 것이 여러분을 더 나아 보이게 하고 더 기분 좋게 하는 데 도움이 될 것입니다.

본문에서는 과일과 채소를 수분을 섭취할 수 있는 음식으로 소개하고 있는 것이지 비타민 공급원으로서 소개하고 있는 것이 아니므로 ②가 글의 흐름과 관계 없는 문장이다.

[4~5] 안녕하세요, 저는 영양학자 Edward라고 합니다. 제가 여러분께 질문을 하나 드리죠. 이 특별한 음료는 여러분이 스트레스를 줄이고, 에너지를 증가시키며, 건강한 체중을 유지하도록 도와줍니다. 제가 어떤 음료에 대해 말하고 있는 걸까요? 사실, 이 마법의 음료는 여러분 모두가 알고 있는 것입니다. 그것은 물입니다! 여러분은 또한 좋은 피부를 가지고 싶으시죠? 물을 드세요. 물은 자연만의 미용 크림입니다. 물을 마시는 것은 여러분의 피부가 건강한 윤기를 띠게 하

면서 피부 세포에 수분을 공급해 줍니다. 게다가 물은 우리 몸의 기본적인 기능에 매우 중요합니다. 왜냐하면 우리 몸의 약 70%가 물이고, 우리는 하루에 약 2리터의 물이 필요하기 때문입니다. 하지만 우리들 중 많은 사람들이 물을 충분히 섭취하지 않아서 결국에는 탈수를 경험하게 됩니다. 이런 이유 때문에 우리는 물을 많이 마셔야만 합니다.

4 (A) 빈칸 앞에서 물을 마시는 것이 피부를 윤기 있게 해 주고 피부 세포에 수분을 공급해 준다고 물 섭취의 순기능을 언급했는데, 빈칸 뒤에서 우리 몸의 기본적인 기능 수행에도 물이 상당량 필요하다고 덧붙이고 있으므로 빈칸에는 첨가의 접속사 Likewise(게다가)가 와야 적절하다.

(B) 물 마시는 일이 이렇게 중요한데도 불구하고 많은 사람들이 물을 충분히 섭취하지 않아 탈수를 경험한다고 했으므로 빈칸에는 역접의 연결어 However(하지만, 그러나)가 와야 적절하다.

5 영양학자가 퀴즈 형식으로 다양한 장점을 지닌 물을 청중에게 소개한 뒤 구체적으로 우리 몸의 어디 어디에 좋은지를 설명하고 있다. ②의 dehydration이나 ③의 skin에 대해서도 언급했으나 이것은 지엽적인 내용에 불과하다.

▶ ① 물: 최고의 건강 해결책
② 탈수: 우리 몸의 적
③ 피부가 물을 먹고 사는 방법
④ 세포: 물에서 탄생하다
⑤ 물 없이 살아남는 방법들

단원평가

pp.28~31

1 ②　**2** ③　**3** ⑤　**4** ④　**5** ②
6 (1) suffering from　(2) staying in shape　(3) take in
7 ④　**8** ④　**9** as　**10** ③　**11** ③
12 ② → did, ③ → help　**13** ②　**14** ⑤　**15** ①
16 ②　**17** that　**18** ③　**19** ④　**20** ②
21 ②　**22** (A) curled　(B) it　(C) as
23 this magical drink is something that you all know
24 ②　**25** ③

1 W: Hello, everyone. Did you sleep well last night? If you sleep well, it helps fight stress and it can even improve your mood. So how can you sleep better? As you may already know, it's important to make sure that your room is a tidy and comfortable place. Then you can relax and sleep more easily. If you want more information, contact me at kate@sleepwell.org.

여: 안녕하세요, 여러분. 여러분은 어젯밤 잘 잤나요? 만일 잘 잤다면, 그것은 스트레스를 퇴치하는 데 도움이 되고 여러분의 기분까지도 좋아지게 할 수 있습니다. 그러면 어떻게 하면 더 잘 잘 수 있을까요? 이미 알고 계시다시피, 여러분의 방이 반드시 정돈이 잘되어 있고 편안한 곳이어야 하는 것이 중요합니다. 그러면 여러분은 긴장을 풀고 더 쉽게 잘 수 있습니다. 만일 더 많은 정보를 원하시면 kate@sleepwell.org로 저에게 연락 주세요.

여자는 충분한 수면의 장점들에 대해 언급하며 숙면을 위한 조언을 하고 있다.

▶ ① 수면 클리닉을 광고하려고
② 숙면을 위한 조언을 하려고
③ 그녀의 개인 블로그를 소개하려고
④ 스트레스를 완화하는 방법을 설명하려고
⑤ 학생들에게 기숙사 규칙을 알리려고

2 W: Dr. Dawn, thank you for agreeing to do this interview. You are an expert on happiness. Can you give us some quick tips for getting in a better mood?
M: Sure. First, don't hide your feelings. If you feel sad or hopeless most of the time, talk to other people and ask for help.
W: You mean, to parents or a counselor?
M: That's right. Another effective way to improve your mood is by helping others.
W: Great! So by helping others, I can help myself!
M: Exactly. Finally, it's important to exercise in order to get rid of stress.
W: These are great tips, Dr. Dawn. Thank you very much.

여: Dawn 박사님, 이 인터뷰를 하는 것에 동의해 주셔서 감사합니다. 선생님은 행복에 관한 전문가이시죠. 더 나은 기분 상태가 되기 위한 즉석 조언을 몇 가지 해 주실 수 있을까요?
남: 물론이죠. 먼저, 여러분의 감정을 숨기지 마세요. 대부분의 시간 동안 슬프고 절망적이라고 느끼신다면, 다른 사람들에게 말하고 도움을 요청하세요.
여: 부모님이나 상담 선생님을 말씀하시는 건가요?
남: 맞아요. 기분을 나아지게 하는 또 다른 효과적인 방법은 다른 사람들을 돕는 거예요.
여: 멋지네요! 그러니까 다른 사람을 도와줌으로써 자신을 도울 수 있다는 거군요!
남: 정확해요. 마지막으로, 스트레스를 없애기 위해 운동을 하는 것도 중요해요.
여: 훌륭한 조언이네요, Dawn 박사님. 정말 감사합니다.

대화의 진행 방식, 여자의 마무리 말로 보아 프로그램 진행자가 출연자에게 질의하고 답을 이끌어내는 대화임을 알 수 있다. 따라서 두 사람의 관계로 가장 적절한 것은 ③ '프로그램 진행자 — 초대 손님'이다.

▶ ① 의사 — 환자
② 면접관 — 부모
④ 사회복지사 — 자원봉사자
⑤ 개인 전문 체력 훈련사 — 훈련받는 이

3 W: Hello, I'm Sally, and I'm a nutritionist. Let me tell you how to balance your diet. Look at the healthy eating plate. First, the largest part of your diet should be vegetables. Second, whole grains and healthy protein should each take up about one fourth of your plate. Third, you should eat some fruits every day. Last but not least, drink enough water and use healthy oils. These tips will help you have a balanced diet.

여: 안녕하세요, 저는 Sally이고 영양학자입니다. 여러분의 식단을 어떻게 균형을 맞출지 알려드리겠습니다. 건강 식단 접시를 보세요. 먼저, 식단의 가장 큰 부분은 채소가 되어야 합니다. 두 번째로, 통곡물과 건강에 좋은 단백질이 여러분 접시의 약 4분의 1을 차지해야 합니다. 세 번째, 여러분은 매일 얼마간의 과일을 섭취해야 합니다. 마지막에 말하기는 하지만 역시 중요한 것은 물을 충분히 마시고 건강에 좋은 기름을 사용해야 한다는 것입니다. 이 조언들은 여러분이 균형 잡힌 식사를 하는 데 도움이 될 것입니다.

use healthy oils(건강에 좋은 기름을 사용하라)는 요리할 때 좋은 기름을 사용하라는 뜻이며, ⑤는 상식적인 얘기지만 여자가 균형 잡힌 식사를 위해 조언한 내용은 아니다.

4 척추, 팔뚝, 어깨, 팔꿈치는 모두 '신체 부위'를 가리키는 말인데, ④는 '체중, 무게'라는 뜻이다.

5 '어떤 사람이나 사물을 건강하고 좋은 상태로 유지하기 위해 물을 공급하다'에 해당하는 단어는 ② '수분을 공급하다'이다.
▶ ① 북돋우다, 신장시키다
③ 대체[대신]하다
④ 상호 작용을 하다
⑤ 함유하다, ~에 들어 있다

6 (1) suffer from: ~으로 고통 받다
▶ 요즘 점점 더 많은 노인들이 치매로 고통 받고 있다.
(2) stay in shape: 건강을 유지하다, 체력 관리를 잘하다
▶ 건강을 유지하는 비결이 뭔가요? 동년배에 비해 훨씬 젊어 보이세요.
(3) take in: ~을 섭취[흡수]하다
▶ 지금부터는 칼슘이 많이 든 음식을 섭취하려고 노력하세요.

7 ④ up to는 '(최대) ~까지'라는 뜻인데, approximately는 '대략, 거의'라는 뜻이다.

8 ④ suggest가 '제안하다'의 뜻이 아닌 '시사하다, 넌지시 암시하다'의 뜻으로 쓰였으므로 that절의 동사는 현재시제인 are가 되어야 적절하다.
▶ ① 이것은 내가 아프리카에서 본 것과 같은 종류의 박테리아이다.
② 나는 우리 모두가 가난한 이들을 위해 뭔가를 기부할 것을 제안한다.
③ 퇴근하기 전에 나는 컴퓨터를 껐다.
④ 그 연구 결과는 여자가 남자보다 정서적으로 더 강하다는 점을 시사한다.
⑤ 컴퓨터 사용이 더 많은 사람들이 집에서 일하는 것을 가능하게 만들어 왔다.

9 '…와 같은 (종류의) ~'라는 뜻의 「the same ~ as …」 구문과 '가능한 한 ~하게'라는 뜻의 「as ~ as one can」 구문, 그리고 이유를 나타내는 접속사로 쓰이는 as가 빈칸에 공통으로 알맞다.
▶ • 이것은 내가 잃어버린 태블릿 PC와 같은 (종류의) 것이다.
• 너의 결정을 가능한 한 빨리 나에게 알려 줘.
• Jane은 그녀의 아버지가 오늘밤 그녀가 파티에 가는 것을 허락하지 않아서 기분이 안 좋다.

[10~11] 여러분 안녕하세요. TV쇼 'Healthy Life'에 오신 것을 환영합니다. 저는 여러분의 사회자, Jenny입니다. 오늘, 우리는 세 분의 전문가로부터 운동, 수분 섭취, 그리고 잠의 중요성에 대해 들어볼 예정입니다. 여러분은 저희 홈페이지에 여러분의 의견을 입력하여 실시간으로 전문가들과 소통하실 수 있습니다. 프로그램의 끝에, 가장 도움이 많이 되고 재미있는 강사에게 투표해 주십시오. 자, 여기 강사님들을 모십니다!

10 welcome to: ~에 온 것을 환영하다
hear from: ~의 얘기[소식]를 직접 듣다
cf. hear of: ~에 대해 간접적으로 들어 알고 있다
interact with: ~와 소통하다, ~와 상호 작용하다
vote for: ~에게 투표하다

11 청중은 스튜디오에 직접 나올 필요 없이 웹사이트에 질문을 올림으로써 초대된 전문가들과 소통할 수 있다고(You can interact with the experts in real time by typing your opinion on our webpage.) 했다.
▶ ① 이 프로그램은 일상생활에서의 건강 증진에 관한 정보를 주는 것에 초점을 맞춘다.
② 건강 전문가들이 초대 손님으로 프로그램에 초대되었다.
③ 청중은 스튜디오에서 건강 문제에 관한 질문들을 할 수 있다.
④ 프로그램에 참여하기 위해서는 웹사이트에 접속해야 한다.
⑤ 청중은 프로그램 말미에 세 전문가를 평가해야 한다.

12 안녕하세요, 저는 Susan입니다. 저는 전문 개인 트레이너입니다. 제가 운동을 시작했을 때, 저는 운동이 에너지를 북돋우고 스트레스를 줄여 주며 기분이 좋아지게 도와주는 것을 알게 되었습니다. 자, 저는 여러분도 제가 경험했던 것과 같은 혜택들을 경험해 보시기를 원합니다.

여러분은 건강을 유지하기를 원하시죠, 그렇지 않나요? 그러면, 운동하세요. 달리기와 에어로빅 같은 신체 활동들은 혈액 순환을 향상시키고 근육을 강화하는 데 도움이 됩니다. 이것은 여러분에게 더 많은 에너지를 주고 두뇌의 힘을 북돋아 줄 것입니다.

② 앞에 나온 experience를 대신하고, 문맥상 I가 이미 과거에 경험한 것이므로 일반동사의 과거형을 대신하는 대동사 did로 고쳐야 알맞다.

③ 문장의 주어가 Physical activities로 복수명사이므로 복수동사 help로 고쳐야 적절하다.

① boosted ~, reduced ~, and helped의 「A, B, and C」의 병렬구조이다.

④ 동사 help의 목적어인 (to) improve와 (to) strengthen이 and에 의해 연결되어 병렬구조를 이루고 있다.

⑤ give와 boost는 조동사 will에 공통으로 연결되는 말로 등위접속사 and에 의해 병렬구조를 이루고 있다.

[13~14] 잠깐만 기다려 주세요. ID가 *wannahealthybody*인 어떤 분께서 질문을 올리셨네요. 제가 그것에 대한 대답을 지금 해드리겠습니다. 여러분도 아시다시피, 요즘 많은 젊은이들이 목의 통증으로 고통 받고 있습니다. 이것은 하루에 많은 시간을 고정된 자세로 공부를 하거나 스마트폰을 사용하면서 책상 너머로 몸을 기울이고 있기 때문입니다. 이 나쁜 자세가 목을 앞으로 구부리게 하고 고통을 줄입니다(→ 일으킵니다). 하지만, 여기 좋은 소식이 있습니다. McKenzie 운동이 목의 통증을 예방하고 줄이는 데 도움을 줄 수 있습니다. 이것이 그것을 하는 방법입니다.

13 답변 내용이 목통증의 원인을 알아보고 해결책을 제시하고 있는 것으로 보아 wannahealthybody는 목통증에 시달리는, 책상 앞에서 장시간 고개를 숙인 자세로 공부하거나 스마트폰을 하는 십 대임을 짐작할 수 있다.

▶ ① "충분히 자는데도 하루 종일 졸려요."

② "목에 계속 통증이 느껴져요. 어떻게 하면 좋죠?"

③ "핸드폰을 사용하는 것을 멈출 수가 없어요."

④ "열심히 공부하는데도 성적은 그대로예요."

⑤ "의자에 앉은 채로 할 수 있는 운동 좀 추천해 주실 수 있나요?"

14 ⑤ 문맥상 나쁜 자세가 목을 앞으로 구부리게 하고 고통을 일으킨다는 내용이 되어야 적절하므로 reduce를 produce나 create 또는 cause로 고쳐 써야 한다.

[15~16] 그렇다면 우리는 어떻게 수분 섭취를 늘릴 수 있을까요? 우선, 저는 여러분이 청량음료나 주스 같은 설탕이 든 음료를 물로 대체할 것을 제안합니다. 이것은 여러분의 설탕 섭취를 줄이고 여러분이 포만감을 느낄 수 있도록 도와줄 것입니다. 여러분은 또한 과일과 채소를 더 많이 먹음으로써 수분 섭취를 늘릴 수 있습니다. 왜냐하면 이 음식들은 많은 양의 수분을 포함하고 있어서 여러분의 몸이 매일 필요로 하는 수분의 20%까지 제공할 수 있습니다. 식사 사이에 목이 마를 경우에 대비해 여러분은 물병을 가지고 다닐 수 있습니다. 여러분은 또한 물을 더 많이 즐기기 위해 과일이나 허브 같은 것들로 물에 풍미를 더할 수도 있습니다. 기억하십시오. 물을 많이 마시는 것이 여러분을 더 나아 보이게 하고 더 기분 좋게 하는 데 도움이 될 것입니다.

15 First of all ~, You can also ~, You can also ~로 이어지는 세 가지 제안은 모두 ① '수분 섭취를 늘리기 위한' 구체적인 방안들이다.

▶ ② 건강의 위험에 노출되다

③ 건강에 좋지 않은 음료와 건강에 좋은 음료를 구분하다

④ 몸무게가 너무 늘지 않도록 스스로를 통제하다

⑤ 우리 몸이 설탕이 든 음료를 원할 때 그것을 안 마시다

16 (A) 설탕이 든 음료(sugary drinks)를 물로 대체하면 설탕 섭취(sugar intake)가 줄어들(reduce) 것이다. encourage는 '격려하다, 고무하다'라는 뜻이다.

(B) 문맥상 '목이 마른, 갈증이 나는'이라는 의미의 thirsty가 와야 적절하다. thrifty는 '절약[검약]하는'이라는 뜻이다.

(C) 문맥상 '풍미를 더하다'라는 의미의 flavor가 와야 적절하다. favor는 '부탁, 호의; 편들다, 편애하다'라는 뜻이다.

[17~18] 대부분의 사람들에게 있어 최고의 수면 자세는 등을 대고 반듯이 누워 자는 것입니다. 등을 대고 반듯이 누워 자게 되면, 목과 척추가 잠을 자는 동안 똑바로 펴지기 때문에 여러분은 목과 등의 통증이 덜할 것입니다. 등을 대고 반듯이 누워 자는 것은 또한 주름을 예방해 주는데, 왜냐하면 잠을 잘 때 여러분의 얼굴에 맞대고 누르는 것이 아무것도 없기 때문입니다. 이 자세의 한 가지 단점은 등을 대고 반듯이 누워 잘 때, 어떤 사람들은 코를 더 많이 곤다는 것입니다.

17 보어절을 이끄는 접속사 that이 빈칸에 적절하다.

18 이 글은 등을 대고 반듯이 누워 자는 자세의 좋은 점(목과 등의 통증이 덜하고 주름이 덜 생김)과 나쁜 점(코골이가 심해짐)을 차례로 다루고 있다. 따라서 글의 주제로 가장 적절한 것은 ③ '등을 대고 반듯이 누워 자는 것의 장점과 단점'이다. 누워 자는 자세만 다루고 있으므로 ②는 주제가 될 수 없다.

▶ ① 사람들이 자기만의 수면 습관을 갖게 되는 이유

② 수면 자세가 우리 몸에 끼치는 영향

④ 자는 동안 몸을 최대한 이완시키는 법

⑤ 자면서 코 고는 것의 안 좋은 점들

19 엎드려서 손을 어깨 아래에 놓고 천천히 팔꿈치를 똑바르게 펴 줍니다. 하체를 편안하게 유지하고 등을 할 수 있는 한 위로 들어 올립니다. 그런 다음, 편안하게 몸을 풀고 처음 자세로 돌아옵니다. 등은 통증이 허락하는 한까지만 들어 올립니다. 10번씩 반복해서 하루에 1~2회 실행합니다.

④ ⓓ raise는 여기서 '들어 올리다'라는 의미로 쓰였는데, 영영 뜻풀이는 '양, 수 또는 수준을 증가시키다[늘리다]'라고 했다. to move or lift something to a higher position, place라고 설명해야 적절하다.

[20~21] 두 번째로 좋은 자세는 몸을 똑바로 편 채로 옆으로 누워 자는 것입니다. 이것은 코 고는 것을 줄여 주고 여러분이 척추를 비교적 똑바로 펴게 해 줍니다. 하지만 얼굴에 가해지는 압력 때문에 주름이 더 많이 생기게 될 수 있습니다.
◆ 완벽한 베개: 두툼한 것. 머리와 목이 중간 위치에서 받쳐 지도록 어깨 위 공간을 채워야만 한다.

20 밑줄 친 ⓐ는 동사 is의 보어 역할을 하는 동명사로 ②의 밑줄 친 부분과 쓰임이 같다.
①④ 현재진행형 시제에 쓰인 현재분사
③⑤ 앞에 나온 명사를 수식하는 현재분사
▶ ① 당신 지금 시속 90마일로 운전하고 있어요!
② 그녀의 꿈은 최초의 여성 우주비행사가 되는 것이었다.
③ 그는 땅에 떨어지는 나뭇잎들을 보고 있다.
④ 저 사람들 말하는 것 좀 들어봐. 그들은 어느 나라 말을 하고 있는 거니?
⑤ 카메라를 똑바로 쳐다보는 여자를 말하는 거니?

21 (A) 빈칸 앞뒤의 내용이 대조를 이루므로 빈칸에는 역접의 연결사 However(하지만)가 와야 알맞다.
(B) 문맥상 '~하도록, ~하기 위해'라는 뜻이 되어야 적절하므로 목적을 나타내는 「so that+주어+동사」 구문을 사용한다. 이때 that은 생략할 수 있다.

22 수면에 안 좋은 자세는 무릎을 배까지 말아 올린 상태로 옆으로 눕는 것입니다. 이 자세는 숨 쉬는 것을 어렵게 만들고 등과 목의 통증을 야기할 수 있습니다. 그러니 그저 몸을 약간 쭉 펴고 너무 많이 말아 올리지 않도록 노력하세요.
◆ 도움이 되는 베개: 여러분의 머리와 목을 받쳐 줄 수 있는 측면 자세(옆으로 자는 것)와 같은 종류의 두툼한 것

(A) '~가 …한 채로'라는 뜻의 부대상황을 나타내는 「with+명사+분사」 구문이다. your knees와 curl up이 수동 관계이므로 과거분사 curled가 어법상 적절하다.
(B) 뒤에 나오는 진목적어 to breathe ~를 대신하는 가목적어 it이 와야 할 자리이다. 즉, 「make+가목적어(it)+형용사 보어+진목적어(to부정사구)」 구문이다.
(C) '…와 같은 (종류의) ~'라는 뜻의 「the same ~ as …」 구문

이 사용되었다.

[23~25] 안녕하세요, 저는 영양학자 Edward라고 합니다. 제가 여러분께 질문을 하나 드리죠. 이 특별한 음료는 여러분이 스트레스를 줄이고, 에너지를 증가시키며, 건강한 체중을 유지하도록 도와줍니다. 제가 어떤 음료에 대해 말하고 있는 걸까요? 사실, 이 마법의 음료는 여러분 모두가 알고 있는 것입니다. 그것은 물입니다! 여러분은 또한 좋은 피부를 가지고 싶으시죠? 물을 드세요. 물은 자연만의 미용 크림입니다. 물을 마시는 것은 여러분의 피부가 건강한 윤기를 띠게 하면서 피부 세포에 수분을 공급해 줍니다. 게다가 물은 우리 몸의 기본적인 기능에 매우 중요합니다. 왜냐하면 우리 몸의 약 70%가 물이고, 우리는 하루에 약 2리터의 물이 필요하기 때문입니다. 하지만 우리들 중 많은 사람들이 물을 충분히 섭취하지 않아서 결국에는 탈수를 경험하게 됩니다. 이런 이유 때문에 우리는 물을 많이 마셔야만 합니다.

23 목적격 관계대명사 that이 이끄는 형용사절이 선행사 -thing을 뒤에서 수식하는 형태로 쓴다.

24 ⓑ 바로 뒤에서 피부가 건강한 윤기를 띠게 한다고 했으므로 빈칸에는 '수분을 공급하다'라는 뜻의 hydrates가 적절하다.
ⓒ 물을 충분히 섭취하지 않았을 때 경험할 수 있는 것은 '탈수 (dehydration)'이다.

25 ③ '물이 우리 몸의 체온을 조절해 준다.'는 본문에 언급되어 있지 않다.

서술형 평가
p.32

1 (1) 에너지를 북돋운다.
(2) 스트레스를 줄여 준다.
(3) 기분이 좋아지게 도와준다.
2 [모범답안] (1) drink more water
(2) to do some exercise every day
(3) not to eat too many fatty snacks
(4) have enough sleep

1 안녕하세요, 저는 Susan입니다. 저는 전문 개인 트레이너입니다. 제가 운동을 시작했을 때, 저는 운동이 에너지를 북돋우고 스트레스를 줄여 주며 기분이 좋아지게 도와주는 것을 알게 되었습니다. 자, 저는 여러분도 제가 경험했던 것과 같은 혜택들을 경험해 보시기를 원합니다.
여러분은 건강을 유지하기를 원하시죠, 그렇지 않나요? 그러면, 운동하세요. 달리기와 에어로빅 같은 신체 활동들은 혈액 순환을 향상시키고 근육을 강화하는 데 도움이 됩니다. 이것은 여러분에게 더 많은 에너지를 주고 두뇌의 힘을 북돋아 줄 것입니다.

바로 앞 문장에 운동을 시작하면서 몸으로 느낀 세 가지 변화, 즉 운동이 가져다 준 혜택(it boosted my energy, reduced stress, and helped me feel good)에 대해 언급했다.

> **2** A: 건강을 유지하는 비결이 뭐예요?
> B: 글쎄요, 우선, 청량음료 대신에 물을 더 많이 마시려고 하고 있어요.
> A: 다음으로는요?
> B: 다음은… 체력을 유지하려면 <u>매일 운동을 할 필요가 있어요.</u>
> A: 그 밖에는요?
> B: 다음으로는, <u>기름진 간식을 지나치게 많이 먹지 않는 게</u> 중요해요. 또 핸드폰 하는 시간을 줄이려 해 보세요.
> A: 마지막 조언은요?
> B: 마지막으로는 <u>잠을 충분히 자야죠.</u> 그러려면 자정 전에는 잠자리에 들어야 해요.
> A: 오, 고마워요!
> B: 천만에요. 곧 몸에 커다란 변화를 느낄 거예요!

(1) A instead of B(B 대신에 A)에서 권장하는 것은 A이다. 즉 청량음료 대신에 물을 많이 마신다는 내용이 되어야 적절하다.
(2) 체조를 하고 있는 사진이므로 매일 운동을 하라는 조언이 빈칸에 적절하다.
(3) 기름진 간식들이 잔뜩 있는 사진이므로 기름진 간식을 지나치게 많이 먹지 않는(not to eat too many fatty snacks) 것이 건강 비결이 될 것이다.
(4) 이어지는 말(you should go to bed before midnight)로 보아 잠을 충분히 자라는 조언이 빈칸에 적절하다.

Take Action, Make a Difference

Words & Expressions Test
p.35

1 (1) 끈적거리는, 달라붙는 (2) 기부하다
(3) (전기) 회로 (4) 몹시 싫은, 혐오스러운
(5) 메모, 쪽지 (6) 공식적인 (7) (장치를) 작동시키다
(8) 희생하다; 희생 (9) 힘, 기운 (10) 결론을 내리다
(11) celebrity (12) caregiver (13) detect (14) abandon
(15) positive (16) elderly (17) purpose (18) sensor
(19) trip (20) wireless
2 (1) pressure (2) sensor (3) ordinary
3 (1) attach (2) alert (3) bully (4) wander
4 (1) ③ (2) ② (3) ②

Functions in Use
p.36

유감이나 동정 표현하기
1 ⑤ **2** a pity **3** ⑤

1 작업하던 파일을 날려 버렸다는 말에 ⑤ '신의 은총이 있기를! 네 데스크탑 컴퓨터에 있는 불필요한 파일들을 삭제하는 게 중요해요.'라고 응답하는 것은 흐름상 자연스럽지 않다. God bless you!는 상대방의 축복을 빌어줄 때 하는 말로 안 좋은 일을 겪은 사람에게 해 줄 수 있는 말로는 적절하지 않다.
  ▶ A: 오, 이런! 파일 저장하는 걸 깜빡했네. 해 놓은 일이 몽땅 사라졌어.
    B: ① 저런! 정말 속상하겠다.
      ② 그거 참 안됐구나. 그 일이 매우 중요한 거니?
      ③ 아직 포기하지 마. 그 파일을 복구할 방법이 틀림없이 있을 거야.
      ④ 그 말을 들어서 유감인데, 그게 바로 얼마 전에 내게 일어났던 일이야.

2 I'm sorry to hear that ~은 상대방에게 일어난 안 좋은 일에 대해 동정이나 유감을 표현할 때 쓰는 표현으로 It's a pity that ~으로 바꿔 쓸 수 있다.
  ▶ 티켓을 구할 수 있는 마지막 기회를 놓쳤다니 안됐다.

3 ⑤ 마을 전체가 물에 잠겨서 재건하는 데 돈이 많이 들 거라는 얘기를 들었다는 말에 '별로 나쁘지 않은데, 내가 한번 해 볼게.'라고 응답하는 것은 대화의 흐름상 적절하지 않다.
  ▶ ① A: 영어 연설을 망쳤어.
    B: 기운 내. 다음번에는 더 잘할 거야.

② A: 어제 내 애완견을 잃어버렸어.
　　B: 낙담하지 마. 곧 그것을 찾을 거야.
③ A: 지난주에 계단에서 넘어져서 다리가 부러졌어.
　　B: 그것 참 안됐다! 많이 아팠겠구나.
④ A: 오늘 해야 할 엄청난 양의 숙제가 있어.
　　B: 그 말을 듣게 되어 유감이다.
⑤ A: 그 마을 전체가 물에 잠겨서 재건하는 데 비용이 많이
　　　들 거라는 얘기를 들었어.
　　B: 별로 나쁘지 않은데. 내가 한번 해 볼게.

Functions in Use
p.37

도움 제안하기
1 be of any help 또는 give you a hand
2 ③　　**3** ⓐ-ⓓ-ⓒ-ⓑ

1 수학 문제를 풀다가 막힌 친구에게 도와주겠다고 조심스럽게
제안하는 표현이 와야 적절하므로 Can I be of any help with
that?이나 Can I give you a hand with that?이 알맞다.
▶ A: 이 수학 문제는 진짜 못 풀겠어. 막혔어.
　 B: 내가 그것 좀 도와줄까? 너한테 조금 어려워 보이는데.
　 A: 오, 고마워. 넌 나의 구세주야!

2 나머지는 모두 도움을 제안하는 표현인데, ③은 '부탁 하나 해
도 될까요?'라는 뜻으로 도움을 요청하는 표현이다.
▶ ① 제가 좀 도와드릴까요?
　 ② 제가 좀 도울게요.
　 ④ 무엇을 도와드릴까요?
　 ⑤ 제가 도울 일이 있을까요?

3 뭔가 불편해 보이는 친구의 문제가 무엇인지 알아본 후 도움
을 제안하는 말을 하고 방법을 제시하면 친구가 고맙다고 응
답하는 식으로 이어져야 대화의 흐름이 자연스럽다.
▶ ⓐ 무슨 문제 있니?
　 ⓓ 내 안경이 부러져서 칠판의 글씨를 읽을 수가 없어.
　 ⓒ 내가 도와줄까? 내가 필기한 것을 너에게 보여 줄 수 있어.
　 ⓑ 그러면 좋겠다. 고마워.

Structures in Use
p.38

「to one's+감정명사」
1 (1) delight　(2) embarrassment　(3) not accepted
2 Surprisingly, To my[our] surprise
3 (1) 천만다행으로, 다음 날 아침 내 팔이 더 나아졌다.
(2) 대단히 슬프게도, 우리는 6주 후에 그가 죽었다는 소
식을 들었다.
(3) 유감스럽게도, 저희는 티켓이 모두 매진되었음을 알
려드려야 합니다.

1 (1) '기쁘게도'라는 뜻의 감정을 나타내는 표현이 되어야 하므
로 「to one's+감정명사」의 형태로 써야 한다.
▶ 기쁘게도 그 소녀는 내 제안을 받아들였다.
(2) 문맥상 '당혹스럽게도'라는 뜻의 감정을 나타내는 표현이
되어야 하므로 embarrassment가 적절하다.
▶ 당혹스럽게도, 그녀는 그의 이름을 기억하지 못했다.
(3) 실망스러운 일이라면 대학에 합격한 것이 아니라 '불합격
(not accepted)'한 것일 것이다.
▶ 실망스럽게도 나는 그 대학에 불합격했다.

2 It is surprising (that) ~은 '~은 놀라운 일이다'라는 뜻이므
로, 문장부사 Surprisingly 또는 To one's surprise가 이끄는
문장으로 바꿔 쓸 수 있다.
▶ 다른 사람들은 모두 그것에 대해 알고 있었는데, 그가 그 스
캔들에 대해 몰랐다는 것은 놀라운 일이다.

3 (1) much to one's relief: 천만다행으로, 무척 다행스럽게도
(2) to one's great sorrow: 대단히 슬프게도
(3) to one's regret: 유감스럽게도

Structures in Use
p.39

주어 역할을 하는 절을 이끄는 관계대명사 what
1 The thing which[that]
2 (1) that　(2) that　(3) What
3 ②, ⑤

1 선행사를 포함한 관계대명사 what은 '~하는 것'이라는 뜻으
로 the thing(s) which[that]로 바꿔 쓸 수 있다.
▶ 내가 정말 걱정하는 것은 네 건강이다.

2 (1) 앞에 선행사 all이 있으므로 사물을 선행사로 취하는 주격
관계대명사 that이 와야 알맞다.
▶ 가장 중요한 것은 네가 안전하다는 것이다.
(2) 「It is[was] ~ that ....」 강조구문을 사용하여 명사구 the
tone of his voice를 강조하고 있는 문장이다.
▶ 나를 놀라게 한 것은 그의 목소리 톤이었다.
(3) 주어 역할을 하는 절을 이끄는 선행사를 포함하는 관계대
명사 what이 와야 적절하다.
▶ 내가 강조하고 싶은 것은 부모들이 청소년 범죄를 막는
데 중요한 역할을 한다는 점이다.

3 ②와 ⑤의 what은 각각 목적어절과 주절을 이끄는 선행사를
포함하는 관계대명사 what이다. ①은 「What+a[an]+형용
사+명사(+주어+동사)!」 형태의 감탄문에 사용된 what이고,
③과 ④의 what은 '무엇, 무슨 일'이라는 뜻의 의문대명사로
쓰였다.
▶ ① 하기에 얼마나 끔찍한 일인가[그런 끔찍한 일을 저지
르다니]!

② 그는 유리잔에 남은 것을 마신다.
③ 그들은 다음으로 무엇을 할지 의논하고 있다.
④ 내일 무슨 일이 일어날지 누가 알겠어?
⑤ 나를 가장 놀라게 한 것은 Mary의 새 머리 모양이었다.

Reading Test

pp.40~41

1 ④ **2** ③ **3** ④ **4** ③ **5** ⑤

1 안녕하세요, 여러분. 여러분 모두를 오늘 여기서 만나게 되어 반갑습니다. 저는 오타와에서 온 Annie라고 합니다. 여러분은 이 노란색 끈적끈적한 종이가 무엇에 쓰이는지 알고 계실 것이며 아마도 많은 용도로 그것들을 사용하실 것입니다. 저는 여기에 제가 이것들을 어떻게 사용하는지 여러분께 말씀드리러 왔습니다. 그것은 사람들을 격려하고, 그들에게 힘을 주며 그들이 행복을 느끼도록 돕는 것입니다. 제가 중학생이었을 때, 누군가가 제 사물함을 부수고 들어와 제 스마트폰을 사용해서 제 SNS 페이지에 혐오스러운 것들을 올렸습니다. 그 일은 제 마음을 너무 상하게 해서 극복하기가 힘들었습니다. 하지만 많은 생각을 하고 부모님과 가장 가까운 친구들과 얘기를 나눈 끝에, 남을 괴롭히는 아이들은 말을 사람들을 상처 주기 위해 사용하지만, 저는 다른 이들을 격려하기 위해 그것을 사용해야 한다는 결론을 내렸습니다.

주어진 문장의 It은 안 좋은 경험임을 짐작할 수 있으므로, 중학교 시절에 있었던 안 좋은 일에 대해 설명한 내용 뒤인 ④에 주어진 문장이 들어가는 것이 가장 적절하다.

2 이 시스템이 작동하게 하기 위해서, 저는 얇은 필름 센서가 부착된 작은 무선 회로를 만들었어요. 이 회로는 양말이나 신발에 놓여지게[설치되게] 돼요. 환자가 침대 밖으로 발을 내디딜 때, 그 압력이 이 시스템으로 하여금 제가 프로그램화하기도 한 스마트폰 애플리케이션으로 경보음을 보내게 해요. 기쁘게도, 그것이 작동했어요! 저와 제 가족이 처음으로 제 장치가 할아버지께서 헤매고 다니시는 것을 감지하는 것을 보았을 때, 우리가 얼마나 깊게 감동받았고 신이 났었는지 저는 결코 잊지 못할 거예요. 그 순간에, 저는 제 지식과 기술을 이용해서 사람들을 위해 제가 할 수 있는 일에 감명을 받았어요. 지금 저는 알츠하이머 환자들을 위한 양로원에 기부하기 위해서 더 많은 센서들을 만들고 있는 중이에요.

바로 뒤에서 '그것이 작동했어요'라고 했고 뒤 이어 필자가 만든 알츠하이머 환자를 위한 장치가 작동했을 때 필자 자신과 필자의 가족들이 얼마나 감동 받고 신이 났었는지를 설명하고 있으므로, 빈칸에는 '기쁘게도'라는 뜻의 감정을 나타내는 부사구인 ③이 와야 가장 적절하다.

3 고등학교 생활을 시작하자마자, 저는 행동을 취했습니다. 제 아이디어는 긍정적인 메시지를 담은 쪽지를 학교 여기저기에 붙여서 친절을 퍼뜨리는 것이었습니다. 저는 주말 내내 "너는 굉장해!"와 "너는 네가 생각하는 것보다 더 가치 있는 사람이야!"와 같은 긍정적인 메시지들을 만드는 데 보냈습니다. 그다음 월요일에 저는 학교 여기저기에 그것들을 붙였고 제 캠페인을 '긍정 포스트잇의 날'이라고 이름 붙였습니다.
다음에 무슨 일이 일어났을지 추측해 보세요. 저는 어질러 놓았다고 꾸지람을 들었답니다! 하지만 아직 실망하지는 마세요. 얼마 안 가서 제 캠페인이 관심과 지지를 얻게 되었습니다. 놀랍게도, 선생님들도 캠페인을 공식화하는 데 동의하셨고 친구들도 제가 캠페인을 위한 SNS 페이지를 만드는 데 동참했습니다. 우리는 지금 전 세계 사람들로부터 지지를 받고 있습니다. 긍정적이고 강력한 말들이 우리 학교와, 우리 지역사회, 그리고 세상 속의 부정적이고 혐오스러운 말들을 대신하고 있습니다.

④ 「make+목적어(it)+목적격 보어」의 구조에서 목적격 보어로는 부사가 아닌 형용사를 써야 하므로 officially를 official로 고쳐야 한다.
① by+v-ing: ~함으로써
② spend+시간(+in)+v-ing: ~하는 데 시간을 보내다
③ 등위접속사 and에 의해 앞의 동사 put ~ up과 병렬구조로 이어지는 형태이므로 named는 어법상 적절하다.
⑤ 앞에 나온 words를 대신하는 말인 ones는 어법상 올바르다.

[4~5] 제 할아버지께서는 알츠하이머병을 앓고 계셔요. 여러분 중 몇 분은 아실지도 모르지만, 알츠하이머 환자들은 여기저기를 헤매고 다니는 일로 고통 받는 일이 많아요. 음, 제 할아버지도 때때로 자신이 어디로 가는지도 모르고 헤매고 다니세요. 밤에 헤매고 다니는 것은 특히 위험해요. 실은, 할아버지가 한밤중에 헤매고 다니기 시작하실 때 그의 간병인이 잠에서 깨지 못해서 할아버지가 몇 차례 사고를 겪기도 하셨어요.
저는 정말 할아버지를 돕고 싶었어요. 그래서 환자가 침대 밖으로 발을 내디딜 때 간병인의 스마트폰에 경보를 작동시키는 무선 시스템 고안에 착수하게 되었어요.

4 (A) 알츠하이머 환자가 밤에 헤매고 다니는 것은 위험한(dangerous) 일이다. secure는 '안전한, 확실한'이라는 뜻이다.
(B) 사고의 원인은 할아버지가 한밤중에 일어나 헤매고 다니실 때 간병인이 잠에서 깨지 못한(failed to wake up) 데 있다. 「manage to-v」는 '가까스로 ~하다'라는 뜻이다.
(C) 환자가 침대 밖으로 발을 내디디면 간병인의 스마트폰에 경보를 작동시키는(trigger) 무선 시스템의 고안에 착수했다는 내용이다. remove는 '제거하다, 없애다, 삭제하다'라는 뜻이다.

정답과 해설 **157**

5 알츠하이머병을 앓고 계시는 할아버지를 돕기 위해 도움이 되는 장치를 만들려는 계획을 세웠다는 내용이므로 ⑤ '할아버지를 도울 새 계획'이 제목으로 적절하다.
▶ ① 우리 할아버지가 어떻게 기억을 잃게 되었는가
② 알츠하이머병의 심각성
③ 운동과 질병의 관련성
④ 노화의 단계들과 그것의 특징들

단원평가

1 ⑤　**2** ④　**3** ⑤　**4** ①　**5** ③　**6** ④　**7** ④
8 To my disappointment　**9** ⓐ to spread[spreading]
ⓒ making　**10** ④　**11** ②　**12** (A) these yellow
sticky notes　(B) words　**13** ②　**14** ⑤　**15** ④
16 ③　**17** ②　**18** ⑤　**19** ②　**20** ④　**21** ④
22 ⑤　**23** (A) ②, ④　(B) ①, ③　**24** sensor　**25** ④

1 W: Hi, Junseop. What happened to your leg?
M: Hi, Minji. I fell on the stairs and broke it.
W: I'm sorry to hear that. It must have hurt a lot.
M: It really did! But it feels okay now.
W: Why did you fall down? Were the stairs slippery?
M: Not really. I tripped over my own foot while I was texting.
W: <u>Oh, did you? That's exactly what happened to me last winter.</u>

여: 안녕, 준섭아. 네 다리에 무슨 일이 생겼니?
남: 안녕, 민지야. 계단에서 넘어져서 다리가 부러졌어.
여: 정말 안됐구나. 많이 아팠겠다.
남: 정말 그랬어! 하지만 지금은 괜찮아.
여: 왜 넘어졌니? 계단이 미끄러웠니?
남: 그렇지는 않았어. 문자를 보내다가 내 발에 걸려 넘어진 거야.
여: 오, 그랬니? 작년 겨울에 내게도 똑같은 일이 일어났었잖아.

사고의 원인을 설명하는 남자의 말에 자기도 똑같은 일을 작년 겨울에 겪었다는 ⑤ '오, 그랬니? 작년 겨울에 내게도 똑같은 일이 일어났었잖아.'가 응답으로 가장 적절하다.
▶ ① 문자를 보낼 때 네가 하는 말에 주의해라.
② 괜찮아. 그러면 나는 패키지여행을 고를게.
③ 저런, 가엾어라! 오늘 오후에 내가 계단을 청소해 놓을게.
④ 맞아. 문자를 보내는 게 때로는 실제로 얘기하는 것보다 더 쉬워.

2 W: Hi, Daeho. Are you ready to start out for the children's home?
M: Yes, Sumin. But I'm a little nervous because it's my first time volunteering there.
W: You'll do fine. And you'll come to love the children in no time.
M: What are we supposed to do there?
W: We can do a lot of things, like helping them with their homework and cooking snacks for them.
M: Then I'd like to help them with their homework. What about you? Are you going to cook for them?
W: Well, let me think. I'd like to play outside with them today.
M: How about playing soccer then?
W: That sounds like a good idea.

여: 대호야, 안녕. 보육원으로 출발할 준비 됐니?
남: 그래, 수민아. 하지만 거기에서 자원봉사하는 게 처음이라 약간 긴장돼.
여: 너는 잘할 거야. 그리고 곧 아이들을 사랑하게 될 거야.
남: 우리가 거기에서 뭘 해야 하지?
여: 아이들 숙제를 도와주거나 간식을 만들어 주는 것 같은 많은 일들을 할 수 있어.
남: 그러면, 나는 아이들 숙제를 도와주고 싶어. 너는 어때? 그들을 위해 요리를 할 거니?
여: 글쎄, 생각 좀 해 보고. 나는 아이들과 오늘 밖에서 놀고 싶은데.
남: 그러면 축구를 하는 게 어때?
여: 좋은 생각인 것 같아.

수민이는 오늘 아이들과 밖에서 놀고 싶다고(I'd like to play outside with them today.) 했으므로 ④가 대화의 내용과 일치하지 않는다.

3 W: Good afternoon, fellow students. Today I'd like to talk about talent donation. You don't have to be a celebrity to donate your talent. If you simply love doing something, you can help someone else to do it, too. Do you like English? Then you can teach English to children at the community center.

여: 안녕하세요, 학생 친구 여러분. 오늘 저는 재능 기부에 대해서 말하려고 합니다. 여러분의 재능을 기부하기 위해서 여러분이 유명인일 필요는 없습니다. 단지 어떤 일을 하는 것을 좋아하기만 하면, 여러분은 다른 누군가가 그것을 하는 것을 도울 수 있습니다. 영어를 좋아하십니까? 그러면 여러분은 주민 센터에서 아이들에게 영어를 가르칠 수 있습니다.

여자는 단지 어떤 일을 하는 것을 좋아하기만 하면 누구든지 재능 기부를 할 수 있다고 말하며 재능 기부에 참여할 것을 촉구하고 있으므로 ⑤가 답이다.

4 set out: 착수하다, 시작하다
  ▶ ① 그들은 암 치료법을 발견하는 일을 하기 시작했다.
  ② 당신은 그녀의 친절함에 감명 받지 않을 수 없다.
  ③ 올해는 매출이 기대에 부응하지 못했다.
  ④ 조종사들의 파업의 결과로, 모든 비행편이 취소되어야 했었다.
  ⑤ 나는 친구에게 내 방 색상을 고르는 것을 도와달라고 부탁했다.

5 • take the place of: ~을 대신[대체]하다
  • deal with: ~을 다루다, ~을 처리하다
  ▶ • 부모님의 사랑을 대신할 수 있는 것이 있을까?
  • 우리는 오염과 기후 변화와 같은 문제들을 처리해야 한다.

6 collapse: 붕괴되다, 무너지다
  ▶ 만일 건물이나 벽 등이 붕괴되면, 대개 그것이 약하거나 손상을 입어서 갑자기 무너지는 것이다.

7 ④ 회사로 오는 길에 속도 위반 딱지를 떼었다는 말에 '다행이다! 너는 틀림없이 안전 운전을 할 거야.'라고 응답하는 것은 대화의 흐름상 어색하다.
  ▶ ① A: 나는 이 문제를 도저히 못 풀겠어.
  B: 내가 도와줄까?
  ② A: 도움이 필요하신가요?
  B: 네. 제가 이 짐을 트렁크에 넣는 것을 좀 도와주실래요?
  ③ A: 네 발 어떻게 된 거니?
  B: 어제 축구를 하다가 오른쪽 엄지발가락이 부러졌어.
  ⑤ A: 유나는 독감에 걸려서 노래 경연대회에 나갈 수 없어.
  B: 저런, 안됐다.

8 to one's+감정명사 = 감정을 나타내는 부사
  ▶ 실망스럽게도, 그는 내 생일을 위해 아무것도 준비하지 않았다.

[9~10] 고등학교 생활을 시작하자마자, 저는 행동을 취했습니다. 제 아이디어는 긍정적인 메시지를 담은 쪽지를 학교 여기저기에 붙여서 친절을 퍼뜨리는 것이었습니다. 저는 온 주말을 "너는 멋져!" 그리고 "너는 네가 생각하는 것보다 더 가치 있는 사람이야!"와 같은 긍정적인 메시지들을 만드는 데 보냈습니다. 그다음 월요일에 저는 학교 여기저기에 그것들을 붙였고 제 캠페인을 '긍정 포스트잇의 날'이라고 이름 붙였습니다.

9 ⓐ 주격 보어 자리이므로 to부정사나 동명사 둘 다 올 수 있다.
  ⓒ spend+시간(+in)+v-ing: ~하는 데 (시간을) 보내다

10 positive messages의 사례로 든 "You're amazing!" and "You are worth more than you think!"를 보면 메시지를 보는 사람을 칭찬하고 격려하는 긍정적인 메시지들임을 알 수

있다. ④는 안 좋은 일을 다시 확인시켜 주는 말이므로 긍정적인 메시지에 해당하지 않는다.
  ▶ ① "너는 사랑스러운 목소리를 가졌어."
  ② "너는 가능성들로 가득 차 있어."
  ③ "모든 사람들은 재능을 가지고 있고 너도 그래."
  ④ "네가 너의 마지막 기회를 놓친 것 같아."
  ⑤ "너의 아이디어와 의견은 항상 창의적인 것 같아."

[11~12] 안녕하세요, 여러분. 오늘 여기서 만나게 돼서 반갑습니다. 저는 오타와에서 온 Annie라고 합니다. 여러분은 이 노란색 끈끈한 종이가 무엇에 쓰이는지 알고 계실 것이며 아마도 많은 용도로 그것들을 사용하실 것입니다. 저는 여기에 제가 이것들을 어떻게 사용하는지 여러분께 말씀드리러 왔습니다. 그것은 사람들을 격려하고, 그들에게 힘을 주며 그들이 행복을 느끼도록 돕는 것입니다. 제가 중학생이었을 때, 누군가가 제 사물함을 억지로 열고 제 스마트폰을 사용해서 제 SNS 페이지에 혐오스러운 것들을 올렸습니다. 그 일은 제 마음을 너무 상하게 해서 극복하기 힘들었습니다. 하지만 많은 생각을 하고 부모님과 가장 가까운 친구들과 얘기를 나눈 끝에, 남을 괴롭히는 아이들은 말을 사람들을 상처 주기 위해 사용하지만, 저는 다른 이들을 격려하기 위해 그것을 사용해야 한다는 결론을 내렸습니다.

11 ⓐ what A is for: A가 무엇에 쓰이는지, A의 용도
  ⓑ break into: ~을 억지로 열다, ~에 침입하다
  ⓒ on my SNS pages: 제 SNS 페이지에
  ⓓ talk with: ~와 이야기하다

12 둘 다 앞에 나온 복수명사를 대신한다.

[13~14] 당신은 아마도 다른 이들을 돕고 세상을 보다 더 살기 좋은 곳으로 만들기 위해 자신을 희생한 위대한 사람들에 대해서 알고 있을 것입니다. 슈바이처 박사가 하셨던 것에 맞추어 사는 것은 보통 사람들에게는 어렵거나 실질적으로 불가능한 것처럼 보일 수 있습니다. 하지만 우리가 일상생활 속에서 가족과 친구들을 위해 취하는 작은 행동들이 더 나은 세상을 만드는 데 변화를 만들어 낼 수 있습니다. 오늘 우리는 그러한 행동을 취했던 두 십 대들의 이야기를 들을 것입니다.

13 ⓐ great souls를 선행사로 갖는 주격 관계대명사 who[that]가 빈칸에 알맞다.
  ⓑ live up to의 목적어 역할을 하는 절을 이끄는 선행사를 포함하는 관계대명사 what이 빈칸에 적절하다.
  ⓒ small actions를 선행사로 취하는 목적격 관계대명사 that[which]이 빈칸에 알맞다.

14 슈바이처 박사와 같은 위대한 사람의 자기를 희생해 타인을 돕는 거창한 일이 아니라 일상 속 작은 정성과 행동으로 타인을 도운 사례를 들어 보려 하고 있다.

[15~18] 다음에 무슨 일이 일어났을까요? 저는 어질러 놓았다고 꾸지람을 들었답니다! 하지만 아직 실망은 하지 마세요. 오래지 않아 제 캠페인이 관심과 지지를 얻게 되었습니다. 놀랍게도, 선생님들도 캠페인을 공식화하는 데 동의하셨고 친구들도 제가 캠페인을 위한 SNS 페이지를 만드는 데 동참했습니다. 우리는 지금 전 세계 사람들로부터 지지를 받고 있습니다. 긍정적이고 강력한 말들이 우리 학교와, 우리 지역사회, 그리고 세상 속의 부정적이고 혐오스러운 말들을 대신하고 있습니다.

제가 이 경험으로부터 배운 것은 우리 평범한 십 대들이 더 나은 세상을 만드는 데 기여하기 위해 할 수 있는 무언가가 있다는 것입니다. 아무리 간단한 일일지라도, 그것이 우리 가족, 학교 그리고 지역사회에 변화를 가져올 수 있습니다. 제 친구들과 저는 우리의 긍정 쪽지 메시지들을 내년에는 전 세계에 퍼뜨릴 것을 고대하고 있습니다. 저희와 함께 하시는 게 어떨까요?

15 (A) 어질러 놓아서 꾸지람을 들었다는(was scolded) 내용이 되어야 문맥상 적절하다. praise는 '칭찬하다'라는 뜻이다.
(B), (C) 특출 나지 않은 보통의 십 대들이 더 나은 세상을 만드는 데 '기여할(contribute)' 수 있고, 그 작은 일이 세상에 '변화(change)'를 가져온다는 점이 I가 이 일을 통해 깨달은 점이다. distribute는 '분배하다'라는 뜻이고, exchange는 '교환'이라는 의미이다.

16 ⓐ 선생님들이 내 캠페인을 공식화하는 데 동의하신 것은 꾸지람을 줬던 이전의 반응과 비교할 때 놀랄 만한 사실이므로 빈칸에는 surprise가 와야 적절하다.
to one's surprise: ~가 놀랍게도
ⓑ 선생님들이 인정하고 친구들이 동참하는 분위기와 어울리는 것은 전 세계로부터의 '지지(support)'를 받는 일일 것이다.

17 처음에는 좋은 의도로 시작한 일에 대해 뜻밖에도 꾸지람을 받아서 '좌절감을 느꼈을(frustrated)' 것이나 곧 선생님과 친구들, 그리고 전 세계인의 관심과 지지를 받으면서 '신나는, 들뜬(excited)' 기분으로 바뀌었을 것이다.
determined: 결연한 confused: 혼란스러운

18 ▶ 의기소침한 사람들에게 도움이 되려는 필자의 작은 노력이 결국은 성과를 보았다.
① 도움이 되다 — 실패로 끝나다
② 도움이 되다 — 상황을 악화시켜 놓기만 했다
③ 쓸모가 있다 — 역효과를 가져왔다
④ 무력하다 — 마침내 잘되었다
⑤ 도움이 되다 — 결국 결실을 보았다

[19~21] 안녕, 저는 Greg라고 해요. 저는 뉴욕 시에 살고 있어요. 저는 컴퓨터 게임을 하는 것을 좋아해요. 제 나이에 누가 그렇지 않겠어요? 저는 저만의 컴퓨터 게임을 만들고 싶어서 컴퓨터 프로그래밍을 배우기도 했어요! 하지만 최근에 저는 제 기술을 사용할 수 있는 또 다른 방법을 알게 되었고 그것을 오늘 여러분과 함께 나눌 수 있어 신이 나요.

제 할아버지께서는 알츠하이머병을 앓고 계셔요. 여러분 중 몇 분은 아실지도 모르지만, 알츠하이머 환자는 여기저기를 헤매고 다니는 일로 고통 받는 일이 많아요. 음, 제 할아버지도 때때로 어디로 가는지도 알지 못한 채 헤매고 다니셔요. 밤에 이리저리 헤매고 다니는 것은 특히 위험해요. 실은, 할아버지가 한밤중에 헤매고 다니기 시작하실 때 그의 간병인이 잠에서 깨지 못해서 할아버지가 몇 차례 사고를 겪기도 하셨어요.

저는 정말 할아버지를 돕고 싶었어요. 그래서 환자가 침대 밖으로 발을 내디딜 때 간병인의 스마트폰에 경보를 작동시키는 무선 시스템 고안에 착수하게 되었어요.

19 Who doesn't at my age?는 수사의문문으로 '제 나이에 누가 그렇지 않겠어요?'라는 의미이다. 여기서 do는 play computer games를 대신하므로, 이 문장은 '필자 또래의 사람이면 누구나 다 컴퓨터 게임을 한다.'라는 뜻이다.
▶ ① 모든 연령층의 사람들이 컴퓨터 게임을 하는 것을 아주 좋아한다.
② 내 나이의 사람은 누구든지 컴퓨터 게임하는 것을 아주 좋아한다.
③ 내 나이의 사람들은 컴퓨터 게임하는 데 어려움을 겪는다.
④ 컴퓨터 게임을 한다는 것은 마음이 젊다는 상징이다.
⑤ 컴퓨터 게임을 즐기는 것에 관한 한 나이는 중요하지 않다.

20 ⓑ suffer from: ~으로 고통 받다
ⓒ without v-ing: ~하지 않은 채, ~하지 않고
ⓓ wander around: 여기저기 헤매고 다니다
ⓔ in the middle of the night: 한밤중에

21 자기 게임을 직접 만들고 싶어서 프로그래밍을 배웠고(①), 최근에 이 기술을 다른 사람, 즉 불편한 할아버지를 돕는 데 쓰려 하고 있고(②), 질병으로 고통 받고 계시는 할아버지가 있으며(③), 이 기술로 할아버지에게 도움이 될 기계 장치를 만드는 작업을 하고 있지만(⑤) 간병인으로서 직접 할아버지를 보살피고 있지는 않다.

[22~24] 기쁘게도, 그것이 작동했어요! 저와 제 가족이 처음으로 제 장치가 할아버지께서 헤매고 다니시는 것을 감지하는 것을 보았을 때, 우리가 얼마나 깊게 감동받았고 신이 났었는지 저는 결코 잊지 못할 거예요. 그 순간에, 저는 제 지식과 기술을 이용해서 사람들을 위해 제가 할 수 있는 일에 감명을 받았어요. 지금 저는 알츠하이머 환자들을 위한 양로원에 기부하기 위해서 더 많은 센서들을 만들고 있는 중이에요.

제가 오늘 정말 여러분께 말씀드리고 싶은 것은, 여러분의 지식과 기술이, 그것이 무엇이든간에, 다른 사람들을 돕는 데 사용될 수 있다는 사실이에요. 우리 모두가 제일 잘할 수

있고 또 제일 좋아하는 일로 다른 이들을 돕는 데 함께한다면 어떤 일이 일어날지 상상하는 건 신나는 일이에요. 그런 세상이 어떤 모습일지 정확히는 모르겠지만, 저는 그것이 훨씬 더 나은 세상이 될 것이라는 것을 확신해요.

22 ⓐ 「see+목적어+현재분사[동사원형]」: ~가 …하는 것을 보다
ⓑ 문맥상 '여러분의 지식과 기술이 다른 사람들을 돕는 데 사용될 수 있다'라는 의미가 되어야 하므로 목적을 나타내는 부사적 용법의 to부정사 형태인 「be used to-v(~하는 데 사용되다)」로 써야 적절하다.
cf. be used to v-ing: ~하는 데 익숙하다

23 (A)는 선행사를 포함한 관계대명사로, (B)는 '무엇, 무슨 일'이라는 뜻의 의문대명사로 각각 쓰였다. 〈보기〉의 밑줄 친 what 중 ②와 ④는 각각 보어절과 주절을 이끄는 관계대명사로 쓰였고, ①과 ③은 의문대명사로 쓰였다.
▶ ① 나는 그의 성이 무엇인지 몰랐다.
② 음악은 내가 우울할 때 나에게 가장 많이 도움이 되는 것이다.
③ 그는 그의 친구에게 파티에 무엇을 가져가야 하는지 물었다.
④ 그 아이에게 필요한 것은 사랑과 애정이다.

24 '빛, 열기, 움직임 등이 있는지 알아내기 위해 사용되는 장치'에 해당하는 단어는 sensor(감지기, 센서)이다.

25 이 시스템이 작동하게 하기 위해서, 저는 얇은 필름 센서가 부착된 작은 무선 회로를 만들었어요. 이 회로는 양말이나 신발에 놓여지게[설치되게] 돼요. 환자가 침대 밖으로 발을 내디딜 때, 그 압력이 이 시스템으로 하여금 제가 프로그램화하기도 한 스마트폰 애플리케이션으로 경보음을 보내게 해요.

(A) attach와 a thin film sensor가 수동 관계이므로 과거분사 attached가 어법상 적절하다.
(B) This circuit가 동사 plant(설치하다, 놓다)의 동작의 대상이므로 수동태 표현(be동사+p.p.)으로 써야 적절하다.
(C) a smartphone application을 선행사로 취하는 목적격 관계대명사 that이 와야 할 자리이다.

서술형 평가   p.46

1 [모범답안] (1) The writer started the campaign called "Positive Post-It Day," which was to spread kindness by posting notes with positive messages all over the school.
(2) 평범한 십 대들도 더 나은 세상을 만드는 데 기여할 수 있는 작은 일을 할 수 있고, 그것으로 인해 가족, 학교, 지역사회에 변화를 가져올 수 있다.

2 attached, is placed, sends, accompanies

---

1 고등학교 생활을 시작하자마자, 저는 행동을 취했습니다. 제 아이디어는 긍정적인 메시지를 담은 쪽지를 학교 여기저기에 붙여서 친절을 퍼뜨리는 것이었습니다. 저는 주말 내내 "너는 굉장해!"와 "너는 네가 생각하는 것보다 더 가치 있는 사람이야!"와 같은 긍정적인 메시지들을 만드는 데 보냈어요. 그다음 월요일에 저는 학교 여기저기에 그것들을 붙였고 제 캠페인을 '긍정 포스트잇의 날'이라고 이름 붙였습니다.
다음에 무슨 일이 일어났을지 추측해 보세요. 저는 어질러 놓았다고 꾸지람을 들었답니다! 하지만 아직 실망하지는 마세요. 얼마 안 가서 제 캠페인이 관심과 지지를 얻게 되었습니다. 놀랍게도, 선생님들도 캠페인을 공식화하는 데 동의하셨고 친구들도 제가 캠페인을 위한 SNS 페이지를 만드는 데 동참했습니다. 우리는 지금 전 세계 사람들로부터 지지를 받고 있습니다. 긍정적이고 강력한 말들이 우리 학교와, 우리 지역사회, 그리고 세상 속의 부정적이고 혐오스러운 말들을 대신하고 있습니다.
제가 이 경험으로부터 배운 것은 우리 평범한 십 대들이 더 나은 세상을 만드는 데 기여하기 위해 할 수 있는 무언가가 있다는 것입니다. 아무리 간단할 일일지라도, 그것이 우리 가족, 학교 그리고 지역사회에 변화를 가져올 수 있습니다. 제 친구들과 저는 우리의 긍정 쪽지 메시지들을 내년에는 전 세계에 퍼트릴 것을 고대하고 있습니다. 저희와 함께하시는 게 어떨까요?

(1) The idea was to spread kindness by posting notes with positive messages all over the school.에 필자가 시작한 캠페인의 내용이 나와 있다.
(2) 세 번째 단락에 필자가 말하고자 하는 바인 주제가 나와 있다.

---

2 저는 정말 할아버지를 돕고 싶었어요. 그래서 환자가 침대 밖으로 발을 내디딜 때 간병인의 스마트폰에 경보를 작동시키는 무선 시스템 고안에 착수하게 되었어요.
이 시스템이 작동하게 하기 위해서, 저는 얇은 필름 센서가 부착된 작은 무선 회로를 만들었어요. 이 회로는 양말 또는 신발 속에 설치되게[놓여지게] 돼요. 환자가 침대 밖으로 발을 내디딜 때, 그 압력이 이 시스템으로 하여금 제가 프로그램화하기도 한 스마트폰 애플리케이션으로 경보음을 보내게 해요.

▶ 경보 시스템이 작동하는 방법
감지기가 <u>부착된</u> 무선 회로가 환자의 양말이나 신발에 <u>설치된다[놓여진다]</u>. → 환자의 발 내딛음에 의해 양말이나 신발에 가해지는 압력이 간병인의 스마트폰 애플리케이션에 경고를 <u>보낸다</u>. → 간병인이 깨어나 환자가 가고 싶어 하는 곳에 <u>동행한다</u>.

Some Like It Cold, Some Like It Hot

Words & Expressions Test
p.49

1 (1) 세계적인, 지구의 (2) 이기다 (3) 철학
(4) 부드러운, (음식이) 연한 (5) 재료
(6) 조사[수사]하다, 연구하다
(7) 번갈아 하다, ~의 사이를 오락가락하다
(8) 혜택, 이득, 효능 (9) 균형을 이루다; 균형, 조화
(10) 맑은 수프, 국물 (11) contain (12) spice (13) cure
(14) breeze (15) sweat (16) garlic (17) logical
(18) convenient (19) specialize (20) wisdom

2 (1) freshen up (2) in need of (3) Needless to say

3 (1) ② (2) ② (3) ①

4 (1) 나는 채식 요리를 전문으로 하는 근사한 식당을 알고 있다.
(2) 내 여동생은[나의 누나는] 현악기뿐만 아니라 피아노도 연주할 수 있다.
(3) 그 폭발에 관한 뉴스 보도는 거짓인 것으로 밝혀졌다.

Functions in Use
p.50

음식 권하기

1 Would you like 또는 Do you want

2 ④   **3** ⓔ-ⓒ-ⓐ-ⓑ-ⓓ

1 먹을 것이 있냐고 묻는 말에 감자 피자가 있다고 대답했으므로, 빈칸에는 음식을 권유하는 표현인 Would you like ~? 또는 Do you want ~?가 와야 적절하다.
▶ A: 엄마, 저 배고파요. 먹을 것이 좀 있나요?
B: 감자 피자가 있어. 좀 먹을래?
A: 네, 그럴게요.

2 나머지는 모두 과일 샐러드를 좀 먹어 보라고 상대방에게 음식을 권유하는 말인데, ④는 '과일 샐러드 좀 더 주실래요?'라는 뜻이다.

3 차나 커피를 좀 들겠냐고 권유하는 말에 시원한 음료수를 마실 수 있는지 묻고, 오렌지 주스를 권유하는 말에 대해 그것을 마시겠다고 수락한 다음, 쿠키를 권유하는 말에는 사양하는 말을 하는 식으로 이어져야 대화의 흐름이 자연스럽다.
▶ A: 차나 커피 좀 드실래요?
ⓔ 고맙습니다만, 시원한 음료수를 좀 마실 수 있을까요?
ⓒ 물론이죠. 오렌지 주스 좀 드실래요?

ⓐ 네, 주세요. 좀 마시고 싶네요.
ⓑ 쿠키도 좀 드실래요?
ⓓ 고맙지만, 괜찮아요. 그냥 오렌지 주스면 돼요.

Functions in Use
p.51

알고 있는지 묻기

1 Have you heard about the new Korean restaurant

2 ②, ④

3 (1) Have you been told (2) whether[if] you've heard

1 대화의 흐름상 근처에 새로 연 한국 식당에 대해 들어 본 적이 있는지 묻는 말이 되어야 적절하다. 상대방에게 어떤 것에 대해 알고 있는지 물을 때는 Have you heard about ~?을 사용한다.
▶ A: 이 근처에 새로 연 한국 식당에 대해 들어 본 적이 있니?
B: 응, 그래. 그 식당이 한국 바비큐로 유명하다고 들었어.

2 대화의 흐름상 빈칸에는 자신이 좋아하는 한국 음식인 메밀국수에 대해 아는지 묻는 표현이 와야 적절하다. 상대방에게 어떤 것에 대해 알고 있는지 물을 때는 Have you heard about[of] ~? / Do you know about ~? / Have you been told anything about ~? 등의 표현을 쓴다.
▶ A: 네가 가장 좋아하는 한국 음식은 뭐니?
B: ② 메밀국수에 대해 들어 본 적이 있니? /
④ 메밀국수에 대해 아니? 나는 그게 가장 좋아.
A: 나도 그거 좋아해. 정말 맛있거든.

3 (1) Have you been told anything about ~?은 '~에 대해 시 들은 것이 있니?'라는 뜻으로 상대방에게 어떤 것에 대해 알고 있는지를 묻는 표현이다.
(2) I'm wondering whether[if] you've heard about ~은 '나는 네가 ~에 대해서 들어 본 적이 있는지 궁금해'라는 뜻으로 상대방에게 어떤 것에 대해 알고 있는지를 묻는 표현이다.

Structures in Use
p.52

「with+명사+분사」

1 (1) with (2) wagging (3) folded

2 (1) with his hat on (2) with his eyes closed
(3) with her dog following her

3 (1) dozed → dozing (2) turning → turned
(3) covering → covered

1 (1) 「with+명사+형용사」: ~가 …한 채로
▶ 입에 음식을 가득 넣은 채로 말하지 마라.

(2) 「with+명사+분사」의 형태에서 its tail(그것의 꼬리)과 wag (흔들리다)가 능동 관계이므로 현재분사 wagging이 와야 한다.
▶ 그 개는 꼬리를 흔들면서 그쪽으로 달려갔다.

(3) 「with+명사+분사」의 형태에서 her arms(그녀의 팔)와 fold (끼다)가 수동 관계이므로 과거분사 folded가 와야 한다.
▶ 그녀는 팔짱을 낀 채로 클래식 음악을 들었다.

2 (1) with his hat on: 모자를 쓴 채로
(2) 부대상황을 나타내는 「with+명사+과거분사」의 형태로 써야 한다.
(3) 부대상황을 나타내는 「with+명사+현재분사」의 형태로 써야 한다.

3 (1) 「with+명사+분사」의 형태에서 his cat과 doze가 능동 관계이므로 현재분사 형태인 dozing으로 고쳐야 알맞다.
▶ 그는 독서를 하며 앉아 있었고, 그의 고양이는 불 앞에서 꾸벅꾸벅 졸고 있었다.

(2) 「with+명사+분사」의 형태에서 the radio와 turn on이 수동 관계이므로 과거분사 형태인 turned로 고쳐야 알맞다.
▶ 그녀는 라디오를 켜 놓은 채로 소파 위에서 자고 있었다.

(3) 「with+명사+분사」의 형태에서 his shoes와 cover가 수동 관계이므로 과거분사 형태인 covered로 고쳐야 알맞다.
▶ 그 아이는 신발이 진흙투성이가 된 채로 교실로 들어왔다.

Structures in Use
p.53

동격의 of
1 (1) hope of (2) a habit of (3) the news that
2 of providing
3 (1) 어떤 사람들은 외계인이 다른 행성에 존재한다는 믿음을 가지고 있다.
(2) 멸종 위기에 있는 종들은 보호되지 않으면 멸종될 가능성이 충분히 있다.

1 (1) any hope과 of 뒤의 내용이 동격 관계를 이루는 형태로 써야 한다.
(2) a habit과 of 뒤의 내용이 동격 관계를 이루는 형태로 써야 한다.
(3) the news와 that절의 내용이 동격 관계를 이루는 형태로 써야 한다.

2 the possibility와 동격을 이루는 that절을 of가 이끄는 전치사구로 바꿔 써야 한다.
▶ 우리는 고급반 학생들을 위해 새 강좌를 제공하는 가능성을 고려 중이다.

3 (1) a belief와 that절의 내용이 동격을 이룬다.
(2) a good chance와 of 뒤의 becoming extinct가 동격을 이룬다.

1 이 어르신으로부터 나는 냉면이 매우 다양하지만, 두 가지 주된 형태는 국물이 있는 차가운 면인 물냉면과 버무려진 차가운 면인 비빔냉면이라는 것을 알게 되었다. 시원하고 상쾌한 것을 원할 때는 물냉면을 선택하라. 좀 더 물기가 없고 매콤한 것을 원할 때는 비빔냉면을 한번 먹어 봐라.
하지만, 냉면은 차가운 면에 매운 양념이 얹어지지 않으면 완전하지 않다. 물냉면의 진정한 맛은 면에 겨자소스가 얹어질 때 나오고, 비빔냉면의 진정한 맛은 면에 고추장 소스가 곁들여질 때 나온다. 따라서, 여름 무더위를 이기기 위해 한국인들이 수백 년 동안 이용한 것은 단지 면의 차가움만이 아니라 고추에서 나오는 열기이기도 하다.

문맥상 (A)에는 대조를 나타내는 연결사 however가, (B)에는 결과를 나타내는 연결사 Thus가 들어가야 적절하다.

2 나는 (먹기) 시작할 가장 적당한 부분을 찾으며 닭을 돌려가며 살펴보았다. 여전히 잘 알지 못한 채로, 나는 부드러운 닭고기와 밥, 그리고 국물을 번갈아 먹었다. 나는 국물 한 방울까지도 다 먹었다. Damil도 내게 그다지 뒤처지진 않았고, 우리 둘이서 김치 한 접시 전체, 고추를 두 개씩, 그리고 오이를 정말 많이 먹었다. 말할 필요도 없이, 우리는 뼈 넣는 통을 빈 닭 뼈들로 가득 채웠다.
우리는 테이블 위의 각 접시를 깨끗이 비웠고 놀라움에 서로를 바라보았다. 우리는 땀을 흘리며, 배부르고 행복한 채로 있었다. 그리고 나서 우리는 주변을 둘러보았다. 우리만이 아니었다. 식당 전체는 먹고 땀 흘리고, 땀 흘리고 먹고 있는 사람들로 가득 차 있었다. 행복하지 않은 얼굴은 보이지 않았다.

처음에는 닭을 요리조리 살펴가며 호기심에 차서 삼계탕을 먹기 시작했으나 깨끗이 다 먹고 난 후에는 배도 부르고 행복했으며 식당에 있는 모든 사람들이 행복해 보였다고 했으므로, 필자의 심경 변화로는 ① '호기심이 많은[궁금한] → 만족해하는'이 가장 적절하다.
▶ ② 호기심 많은 → 실망한
③ 속상한 → 자랑스러워하는
④ 만족하지 못하는 → 짜증난
⑤ 두려워하는 → 당황한

3 삼계탕을 먹겠다는 생각은 좋은 것 같았지만, 나는 그것을 온전히 혼자 시도하고 싶지는 않았다. 그래서 나는 내 친구인 Damil에게 함께하자고 부탁을 했고, 그리고 나서 나는 그 경험에 전념했다. 가까운 식당을 조사를 한 다음, 나는 이 국물 요리를 전문으로 하는 한 곳을 결정했다. 우리가 도착

했을 때, 그 식당의 주인은 우리를 향해 호기심 가득한 미소를 활짝 지어 보이며 우리를 김치, 매운 푸른색 고추, 그리고 고추장이 차려져 있는 테이블로 안내해 주었다. 몇 분 만에, 두 개의 펄펄 끓는 국그릇이 우리 테이블 위에 놓여졌다. 크리스마스 아침의 아이처럼 즐거워서, 나는 이 맛있는 음식의 첫인상을 보기 위해 탕의 김을 불어 날렸다. 맑은 국 속에 담긴 인삼, 마늘, 쌀을 채운 영계 통째 한 마리. 그것은 이제 모두 이해되었다. 나는 마침내 그 어르신의 지혜를 이해했다. 삼계탕에 사용된 재료들은 여름철의 내 우울한 기분을 날려 버릴 것이다.

(A) a table과 cover가 수동 관계이므로 과거분사 covered가 와야 어법상 올바르다.
(B) 동사가 와야 할 자리이며, 두 개의 펄펄 끓는 국그릇이 우리 테이블 위에 놓여진 것이므로 수동태 표현인 「be동사+p.p.」 형태가 되어야 적절하다.
(C) The ingredients와 use가 수동 관계이므로 과거분사 used 가 와야 어법상 올바르다.

4 우리가 그 식당을 떠났을 때, 나는 신선한 공기의 숨결을 느꼈다. 바람이 진짜인지 상상이었든 간에, 그리고 그 국물의 효능이 진짜인지 상상이었든 간에, 나는 진정으로 상쾌함을 느꼈다. 그 느낌과 함께 나는 갑자기 '이열치열'의 지혜에 대해 이해하게 되었다. 정말로 뜨거운 무언가를 즐기고, 몸이 숨을 내쉬게 하고, 산들바람에 몸이 상쾌해지는 것을 발견해라. (여름이 진행되면서 날씨가 점점 더 더워졌다.) 결국, 서울의 여름 무더위는 로스앤젤레스의 늦가을처럼 시원하고 상쾌하게 느껴졌다. Damil과 나는 바로 집에 가지 않았다. 우리는 온천에서 뜨거운 물에 목욕을 한 후 매운 라면을 즐기는 기회와 같은 또 다른 '이열치열'의 경험에 대해서 웃고 얘기하면서, 여름밤을 즐기기 위해 가지 않고 남아 있었다.

이 글은 뜨거운 음식을 먹고 난 후 산들바람을 맞자 몸이 상쾌해졌다는 외국인의 '이열치열' 경험에 대한 내용이다. 따라서 여름이 진행되면서 날씨가 점점 더 더워졌다는 내용의 ②는 글의 자연스런 흐름에서 벗어난다.

1 ④   **2** ⑤   **3** ④   **4** ②   **5** ③   **6** ⑤
7 ④   **8** According to   **9** ⑤   **10** ①   **11** ②
12 ④   **13** make sense   **14** (1) joined → joining
(2) that → which (3) packing → packed   **15** ①   **16** ⑤
17 ②   **18** ③   **19** ③   **20** ②
21 that of *bibimnaengmyeon* comes out when the noodles are served with a red pepper sauce
22 ④   **23** ②   **24** ③   **25** ④

1 M: Are you ready to order?
W: Yes, I would like to have the fried fish. Not oily, please.
M: All right. And would you like rice or potatoes?
W: A baked potato, not salty, please.
M: Certainly. Would you like something to drink?
W: Yes, please. I'd like iced tea with lots of ice.
M: OK. Would you like anything else?
W: No, that will be all for now, thanks.

남: 주문하시겠습니까?
여: 네, 저는 튀긴 생선이 먹고 싶어요. 기름기 없게 부탁해요.
남: 좋습니다. 밥을 원하시나요, 아니면 감자를 원하시나요?
여: 구운 감자요, 짜지 않게 부탁해요.
남: 물론이죠. 마실 것도 드릴까요?
여: 네, 주세요. 얼음을 많이 넣은 아이스티를 원해요.
남: 좋습니다. 그 밖에 더 필요하신 게 있나요?
여: 아니요, 지금은 그게 다예요. 감사합니다.

음식 주문이 거의 끝나갈 무렵에 식당 종업원인 남자가 그 밖에 더 필요한 게 있는지를 물었으므로 여자의 응답으로 가장 적절한 것은 ④ '아니요, 지금은 그게 다예요. 감사합니다.'이다.
▶ ① 아니요, 고맙지만 사양할게요. 저는 지금 배불러요.
② 글쎄요, 전 방금 기름진 닭고기를 먹었어요.
③ 아니요, 이것은 저희가 요청한 것이 아니에요.
⑤ 저는 덜 기름진 음식과 칼로리가 낮은 음료를 선호해요.

2 W: Would you like some Korean food?
M: Sure. I'd love some.
W: Have you heard about the wonderful new Korean restaurant near here? It just opened last month.
M: No, I haven't. What's so special about it?
W: The restaurant is said to be very 'global.'
M: Global? What makes it so?
W: Well, it offers delicious Korean dishes that are designed to suit the tastes of people from around the world.
M: Wow! I think foreigners as well as Koreans can enjoy eating there.
W: Right. I'm sure it has a wonderful menu.

M: Great. Let's go there now!

여: 한국 음식을 원하니?
남: 물론이지. 먹어 보고 싶어.
여: 이 근처에 새로 연 멋진 한국 식당에 대해 들어 봤니? 지난달에 막 개업을 했어.
남: 아니, 못 들어 봤어. 뭐가 그렇게 특별한데?
여: 그 식당은 매우 '세계적'이라고들 하던데.
남: 세계적이라고? 왜 그렇지?
여: 글쎄, 전 세계에서 온 사람들의 입맛에 맞게 디자인된 맛있는 한국 음식들을 제공한대.
남: 와! 한국인뿐만 아니라 외국인도 그곳에서 식사를 즐길 수 있을 것 같아.
여: 맞아. 분명히 그곳에 멋진 메뉴가 있을 거야.
남: 좋아. 지금 거기로 가자!

두 사람은 얼마 전에 문을 연 새로운 한국 식당에 대해 이야기하고 있으므로 대화의 주제로 가장 적절한 것은 ⑤ '새로 문을 연 세계적인 한국 식당'이다.
▶ ① 외국인들이 한국 음식을 좋아하는 이유
② 가장 잘 알려진 한국 음식
③ 집에서 한국 음식을 요리하는 방법
④ 한국 음식을 세계화하는 데 있어서의 장애물

3 M: Have you heard about the new Korean restaurant, *Unbelievable Kimchi*? Come to 345 Mirae Street in the historic downtown area to enjoy a truly Korean food experience. You can discover all kinds of fantastic *kimchi* dishes including *jjigae*, *jjim*, *bokkeumbap*, *guksu*, and *pajeon*. We welcome you anytime from 11 a.m. to 9 p.m. every Monday to Saturday.

남: 새로운 한국 식당인 'Unbelievable Kimchi'에 대해서 들어 보셨나요? 진정한 한국 음식에 대한 경험을 즐기기 위해 시내 역사 구역 미래길 345로 오십시오. 여러분은 찌개와 찜, 볶음밥, 국수, 파전을 포함한 모든 종류의 환상적인 김치 요리를 발견할 수 있습니다. 우리는 월요일부터 토요일까지 오전 11시에서 오후 9시까지 언제든지 여러분을 환영합니다.

We welcome you anytime from 11 a.m. to 9 p.m. every Monday to Saturday.로 보아 영업일은 월요일에서 토요일까지이며 일요일은 휴무임을 알 수 있다. 따라서 내용과 일치하지 않는 것은 ④ '식당은 일주일 내내 문을 연다.'이다.

4 문맥상 '차게 해서 내다, 차게 식히다, (음식물을) 냉장하다'라는 뜻의 chill이 빈칸에 적절하다.
▶ 만일 여러분이 음식이나 음료 같은 것을 차게 해서 낸다면, 그것은 매우 차갑지만 얼지는 않은 것이다.

5 '부분, 역할; 헤어지다'의 의미를 모두 가지는 part가 빈칸에 공통으로 알맞다.
▶ • 운동은 내 하루 일과의 일부분이 되었다.
• 그들은 나중에 다시 만날 것을 기약하며 헤어졌다.
• 부모는 아이들의 습관 형성에 중요한 역할을 한다.

6 '소금, 후추, 겨자, 계피'를 포괄하는 단어는 ⑤ '양념, 향신료'이다.

7 ④ turn out은 여기서 '~인 것이 밝혀지다[드러나다]'의 뜻으로 쓰였다.
▶ ① 이 집은 수리가 필요하다.
② 우리는 결국 우리의 휴가를 연기해야만 했다.
③ 그들은 화장품을 전문으로 하지만 액세서리도 판다.
④ 약물이 그의 죽음과 관련이 없는 것으로 밝혀졌다.
⑤ 그들은 스페인에 빌라뿐만 아니라 프랑스에 집도 소유하고 있다.

8 according to: ~에 따르면, ~에 의하면

[9~13] 삼계탕을 먹겠다는 생각은 좋은 것 같았지만, 나는 그것을 온전히 혼자 시도하고 싶지는 않았다. 그래서 나는 내 친구인 Damil에게 함께하자고 부탁을 했고, 그러고 나서 나는 그 경험에 전념했다. 가까운 식당을 조사를 한 다음, 나는 이 국물 요리를 전문으로 하는 한 곳을 결정했다. 우리가 도착했을 때, 그 식당의 주인은 우리를 향해 호기심 가득한 미소를 활짝 지어 보이며 우리를 김치, 매운 푸른색 고추, 그리고 고추장이 차려져 있는 테이블로 안내해 주었다. 몇 분 만에, 두 개의 펄펄 끓는 국그릇이 우리 테이블 위에 놓여졌다. 크리스마스 아침의 아이처럼 즐거워서, 나는 이 맛있는 음식의 첫인상을 보기 위해 탕의 김을 불어 날렸다. 맑은 국 속에 담긴 인삼, 마늘, 쌀을 채운 영계 통째 한 마리. 그것은 이제 모두 이해되었다. 나는 마침내 그 어르신의 지혜를 이해했다. 삼계탕에 사용된 재료들은 여름철의 내 우울한 기분을 날려 버릴 것이다.

9 ⓐ와 ⓔ의 of는 동격을 나타낸다. ①, ③의 of는 '~ 중의'라는 뜻이고 ②와 ④의 of는 '~의'라는 뜻의 소유를 나타낸다.
▶ ① 그 손님들 중 두 명은 채식주의자이다.
② 아보카도 샐러드는 내가 가장 좋아하는 것이다.
③ '해바라기'는 그의 가장 잘 알려진 그림 중의 하나이다.
④ 그녀는 그녀의 가족사진 중 몇 장을 내게 보여주었다.
⑤ 나는 사적인 이익을 얻을 생각은 없었다.

10 (A) 빈칸 앞뒤의 내용이 인과관계를 나타내므로 빈칸에는 '그래서'라는 뜻의 결과를 나타내는 연결어가 와야 적절하다.
(B) 문맥상 빈칸에는 '~한 뒤에, ~하고 나서'라는 뜻의 After가 와야 적절하다.

11 (C)는 바로 앞에 나온 restaurant(식당)를 가리키고, (D)의 '이 맛있는 것'은 필자가 식당에서 주문한 음식인 *samgyetang*(삼계탕)을 말한다.

12 나머지는 모두 앞에 나온 명사를 수식해 주는 과거분사인데, ⓔ made는 It all을 주어로 가지는 동사로 과거시제로 쓰였다.

13 '명확한 의미를 가지고 있어서 이해하기가 쉽다'와 '하기에 사리에 맞는 일이 되다'에 해당하는 표현은 make sense(이해가 되다, 이치에 맞다)이다.
▶ 이해가 안 가는 것이 있으면, 제가 말해 주세요.

14 (1) The road와 join이 능동 관계이므로 현재분사 joining으로 고쳐야 어법상 적절하다.
▶ 그 두 마을을 연결하는 길은 매우 좁다.
(2) 관계대명사 that은 앞 문장에 부가적인 의미를 더하는 계속적 용법으로 쓸 수 없으므로 which로 고쳐야 어법상 적절하다.
▶ Bogart는 영화 '카사블랑카'에서 주연을 맡았는데, 그 영화는 1942년에 만들어졌다.
(3) 「with+명사+분사」 구문에서 my bathing suit와 pack이 수동 관계이므로 과거분사 packed로 고쳐야 어법상 적절하다.
▶ 나는 수영복을 챙긴 채로 열대 섬으로 비행기를 타고 갔다.

[15~16] 우리가 헤어질 때 그 현명하신 어르신께서는 진짜 '이열치열' 경험은 한 여름에 삼계탕과 함께 온다고 말씀하셨다. 그 후, 여름이 깊어지면서 날씨는 점점 더 뜨거워졌다. 그래서 나는 새로 얻은 문화적 지혜를 한번 시험해 보기로 결심하고, 김 선생님의 만병통치약인 삼계탕을 찾기 위해 무더운 거리를 따라 밖으로 걸어 나갔다.

15 문맥상 '여름이 깊어지면서'라는 뜻이 되어야 하므로 부대상황을 나타내는 「with+명사+분사」 구문으로 써야 알맞다. the summer와 progress가 능동 관계이므로 progressing으로 써야 적절하다.

16 ⓑ와 ⑤의 to부정사는 목적을 나타내는 부사적 용법으로 쓰였다. ① 형용사적 용법(명사 수식) ② 형용사적 용법(의무) ③ 명사적 용법(목적어 역할) ④ 명사적 용법(진주어 역할)
▶ ① 지금이 별을 볼 가장 좋은 때이다.
② 너는 오늘 8시까지 그 일을 끝마쳐야 한다.
③ 나는 머지않아 곧 너의 가족을 만나기를 기대한다.
④ 기름진 음식을 많이 먹는 것은 건강에 좋지 않다.
⑤ 너는 팔을 튼튼하게 하기 위해 이 운동을 해야 한다.

17 이 어르신으로부터 나는 냉면이 매우 다양하지만, 두 가지 주된 형태는 국물이 있는 차가운 면인 물냉면과 버무려진 차가운 면인 비빔냉면이라는 것을 알게 되었다. 시원하고 상쾌한 것을 원할 때는 물냉면을 선택하라. 좀 더 물기가 없고 매콤한 것을 원할 때는 비빔냉면을 한번 먹어 봐라.

물냉면과 비빔냉면이라는 냉면의 두 가지 형태에 대해 설명하고 있는 글이므로 빈칸에는 '형태'라는 뜻의 ②가 와야 적절하다.
▶ ① 목적 ③ 우려, 염려, 관심사 ④ 목적 ⑤ 특징

[18~19] 긴 낮 시간과 덥고 잠 못 이루는 밤 이외에 서울에서 여름에 또 무엇을 기대하는가? 한국에서의 여름이 또다시 왔고, 나는 서울의 뜨거운 여름 거리에서 아이의 손에 든 아이스크림처럼 녹아 가고 있었다. 애석하게도(→ 운 좋게도), 도시 한가운데서 나는 나를 새롭게 해 줄 완벽한 것을 발견했고, 나를 도와줄 완벽한 사람을 만났다. 나는 종로 뒷골목을 따라 편안한 산책을 한 후, 우연히 국수 가게에 들러서 차가운 국수를 즐겼으며, 친절한 한 어르신을 만났다.

18 더위에 지쳐 가고 있을 무렵, 필자를 새롭게 해 줄 완벽한 것과 도와줄 완벽한 사람을 만났다고 했으므로 ③에는 '운 좋게도, 다행히도'라는 뜻의 Luckily가 와야 문맥상 자연스럽다.

19 drop into: ~에 들르다(= stop by)

20 "여름철 무더위가 올 때 우리는 냉면을 즐기지요."라고 김 선생님이 말씀하셨다. 그는 또한 우리 몸의 냉기와 온기의 정도가 균형을 이룰 때만 우리가 건강하다고 말씀하셨다. 이것이 바로 한국 문화와 철학에 대한 책에서 내가 읽은 것이다. 우리의 음과 양이 균형을 이루지 못할 때, 우리 몸은 조율을 할 필요가 있다. "물론, 한국의 여름철에는 그것을 말로 하기가 행하기보다 종종 쉽지요. 그리고 그래서 여름에 우리가 냉면을 먹는 거지요."라고 그가 덧붙여 말했다.

(A)에는 선행사를 포함한 관계대명사 what이 와야 하고, (B)에는 '그것이 ~한 이유이다, 그래서 ~이다'라는 뜻의 「that's why ~」 구문을 써야 적절하다.

[21~23] 하지만, 냉면은 차가운 면에 매운 양념이 얹어지지 않으면 완전하지 않다. 물냉면의 진정한 맛은 면에 겨자소스가 얹어질 때이고, 비빔냉면은 면에 고추장 소스가 곁들여질 때이다. 따라서, 여름 무더위를 이기기 위해 한국인들이 수백 년 동안 이용한 것은 단지 면의 차가움만이 아니라 고추에서 나오는 열기이기도 하다. '이열치열'이라는 옛 속담처럼 여름에 매운 양념을 즐기는 것은 사람들이 시원하게 지낼 수 있도록 도와주는데, 흥미롭게도 한약재의 현대적 발견이 이것을 뒷받침해 준다. 즉 특정 약초와 양념이 땀을 흘리게 하며 자연스럽게 몸을 시원하게 만들어 주는 것이다.

21 that이 앞에 나온 the real taste를 가리키므로 앞 문장에 반복되는 표현인 comes out이 생략되어 있다고 볼 수 있다.

22 ⓑ와 ④의 that은 둘 다 「it is[was] ~ that ....」 강조용법에 사용된 접속사이다. ①은 진주어절을 이끄는 접속사, ②는 주격 관계대명사, ③은 결과를 나타내는 「such ~ that ....」 구문에 사용된 접속사, ⑤는 동격절을 이끄는 접속사이다.
▶ ① 너에게 여자 친구가 있다는 게 사실이니?
② 나는 행복한 결말을 가진 영화를 즐겨 본다.
③ 그것은 너무 매운 음식이어서 나는 그것을 먹을 수가 없었다.

④ Elizabeth가 Gere 씨를 처음 만난 것은 바로 뉴질랜드에서였다.

⑤ 나는 우리가 대화가 더 필요하다는 네 의견에 동의한다.

23 sweating을 선행사로 가지며 계속적 용법으로 쓸 수 있는 것은 관계대명사 which이다.

[24~25] 우리가 그 식당을 떠났을 때, 나는 신선한 공기의 숨결을 느꼈다. 바람이 진짜인지 상상이었든지 간에, 그리고 그 국물의 효능이 진짜인지 상상이었든지 간에, 나는 진정으로 상쾌함을 느꼈다. 그 느낌과 함께 나는 갑자기 '이열치열'의 지혜에 대해 이해하게 되었다. 정말로 뜨거운 무언가를 즐기고, 몸이 숨을 내쉬게 하고, 산들바람에 몸이 상쾌해지는 것을 발견해라.
결국, 서울의 여름 무더위는 로스앤젤레스의 늦가을처럼 시원하고 상쾌하게 느껴졌다. Damil과 나는 바로 집에 가지 않았다. 우리는 온천에서 뜨거운 물에 목욕을 한 후 매운 라면을 즐기는 기회와 같은 또 다른 '이열치열'의 경험에 대해서 웃고 얘기하면서, 여름밤을 즐기기 위해 가지 않고 남아 있었다.

24 (A) 부사구(With that feeling)가 앞으로 나가서 주어와 동사가 도치된 문장이다. 따라서 네모는 동사 자리이므로 came이 와야 어법상 적절하다.
(B) 「let(사역동사)+목적어+동사원형」: ~가 …하게 하다
(C) '~만큼 …한[하게]'이라는 뜻의 「as+형용사/부사+as …」의 동등 비교구문이다. 동사 felt의 보어 자리이므로 「as ~ as …」 사이에 형용사가 와야 적절하다.

25 ④ 필자가 뜨거운 목욕을 한 후에 대개 무엇을 하는지는 본문을 읽고 알 수 없다.
▶ ① 식당을 나온 후에 필자는 어떻게 느꼈는가?
② 필자는 '이열치열'의 지혜를 이해했는가?
③ 필자와 Damil은 먹은 후에 곧장 집으로 서둘러 돌아갔는가?
⑤ 식당을 나온 후에 필자와 Damil은 무엇에 관해 이야기했는가?

서술형 평가   p.60

1 (A) 진정한 맛
(B) 여름에 매운 양념을 즐기는 것이 사람들이 시원하게 지낼 수 있도록 도와준다는 사실
2 [모범답안] chicken, Tasty Chicken, spicy fried chicken with special sauces, spicy and crispy, friendly, not expensive, four, enjoying really tasty chicken
3 [모범답안] 더운 날 따뜻한 물로 샤워하기, 감기로 몸에 열이 날 때 이불을 덮어 땀 내기, 더울 때 뜨거운 차를 마시기

1 하지만, 냉면은 차가운 면에 매운 양념이 얹어지지 않으면 완전하지 않다. 물냉면의 진정한 맛은 면에 겨자소스가 얹어질 때이고, 비빔냉면은 면에 고추장 소스가 곁들여질 때이다. 따라서, 여름 무더위를 이기기 위해 한국인들이 수백 년 동안 이용한 것은 단지 면의 차가움만이 아니라 고추에서 나오는 열기이기도 하다. '이열치열'이라는 옛 속담처럼 여름에 매운 양념을 즐기는 것은 사람들이 시원하게 지낼 수 있도록 도와주는데, 흥미롭게도 한약재의 현대적 발견이 이것을 뒷받침해 준다. 즉 특정 약초와 양념이 땀을 흘리게 하며 자연스럽게 몸을 시원하게 만들어 주는 것이다.

(A) that은 앞에 제시된 the real taste(진정한 맛)를 대신하는 말이다.
(B) this는 바로 앞에 제시된 enjoying hot spices in the summer helps people stay cool(여름에 매운 양념을 즐기는 것이 사람들이 시원하게 지낼 수 있도록 도와준다는 사실)을 가리킨다.

2 닭고기를 좋아한다면 <u>Tasty Chicken</u>에 들러 주세요. 최고이며 가장 인기 있는 요리는 <u>특별 소스와 함께 나오는 매운 튀김닭</u>입니다. 당신은 <u>맵고 바삭바삭한</u> 맛을 정말 좋아할 것입니다. 게다가, <u>웨이터도 친절하고 가격이 비싸지 않아요.</u> 이 식당에 별 <u>네</u> 개를 주겠어요. 집 근처에서 <u>정말 맛있는 닭고기를 즐길 수 있는</u> 기회를 얻는 것이 멋지지 않나요?

좋아하는 식당의 이름, 그 식당의 인기 있는 요리, 식당의 좋은 점 등을 넣어 자신이 좋아하는 식당에 대한 후기를 완성해 본다.

3 우리가 그 식당을 떠났을 때, 나는 신선한 공기의 숨결을 느꼈다. 바람이 진짜인지 상상이었든지 간에, 그리고 그 국물의 효능이 진짜인지 상상이었든지 간에, 나는 진정으로 상쾌함을 느꼈다. 그 느낌과 함께 나는 갑자기 '이열치열'의 지혜에 대해 이해하게 되었다. 정말로 뜨거운 무언가를 즐기고, 몸이 숨을 내쉬게 하고, 산들바람에 몸이 상쾌해지는 것을 발견해라.
결국, 서울의 여름 무더위는 로스앤젤레스의 늦가을처럼 시원하고 상쾌하게 느껴졌다. Damil과 나는 바로 집에 가지 않았다. 우리는 온천에서 뜨거운 물에 목욕을 한 후 매운 라면을 즐기는 기회와 같은 또 다른 '이열치열'의 경험에 대해서 웃고 얘기하면서, 여름밤을 즐기기 위해 가지 않고 남아 있었다.

글의 마지막 부분에 나온 the chance of enjoying spicy *ramyeon* after taking a boiling bath at a hot spring(온천에서 뜨거운 물에 목욕을 한 후 매운 라면을 즐기는 기회)을 참고하여 이열치열의 또 다른 구체적인 예를 생각해 본다.

We Are What We Do

Words & Expressions Test
p.63

1 (1) 바꾸다, 고치다 (2) 탄소 (3) 섬유 (4) 의류
(5) 시작하다 (6) 수리하다, 고치다 (7) 취미
(8) 옷장 (9) 쇼핑센터 (10) (가게 안의 물건을) 둘러보다
(11) bamboo (12) charity (13) footprint (14) renewable
(15) retail (16) reward (17) ethical (18) consumption
(19) pioneer (20) indifference
2 (1) In[in] (2) for
3 (1) affordable (2) garment (3) consumption
4 (1) ③ (2) ①
5 (1) 산책을 하다가 그는 좋은 생각이 떠올랐다.
(2) 서로 다른 일을 동시에 하려고 하지 말아라.
(3) 그 오래된 교회는 많은 나무에 둘러싸여 있다.

Functions in Use
p.64

걱정 표현하기
1 about **2** ①
3 I'm concerned about global warming.

1 talk about: ~에 관해 이야기하다
be worried about: ~에 대해 걱정하다
▶ A: 멸종 위기에 처한 동물들의 문제에 관해 이야기해 보자.
B: 대부분의 사람들이 그것이 얼마나 심각한지 알지 못해.
나는 그들의 무관심이 걱정스러워.

2 모두 걱정을 표현하는 말인데, ①은 '나는 가난한 사람들을 돕는 데 관심이 있어.'라는 뜻으로 관심을 표현하는 말이다.
▶ A: 너는 왜 그렇게 걱정스러워 보이니?
B: ② 나는 직장 면접시험이 걱정스러워.
③ 내 개가 아픈데, 그것이 나를 걱정스럽게 해.
④ 나는 우리 할아버지의 건강이 몹시 걱정스러워.
⑤ 나를 걱정스럽게 하는 건 내 볼에 난 여드름이야.

3 '~이 걱정스럽다'는 be worried about ~ / be concerned about ~ / be anxious about ~ 등으로 나타낼 수 있는데, concerned를 제시했으므로, be concerned about을 이용하여 쓴다.

Functions in Use
p.65

도덕적 의무 표현하기
1 ④ **2** ④ **3** have to

1 빈칸 뒤에 to가 있으므로 ought가 알맞다. supposed도 뒤에 to가 오지만 앞에 be동사가 와야 하므로 쓸 수 없다.
▶ A: 우리는 건강을 위해 패스트푸드를 덜 먹어야 해.
B: 네 말이 맞아.

2 모두 '~해야 한다'라는 당위의 의무를 나타내는데, ④는 '~하곤 했다'라는 과거의 습관을 나타낸다.
cf. used to+동사원형: ~하곤 했다
▶ ①, ②, ③, ⑤ 우리는 힘든 때를 대비해 돈을 저축해야 한다.
④ 우리는 힘든 때를 대비해 돈을 저축하곤 했다.

3 ought to와 have to는 모두 '~해야 한다'라는 의미의 조동사이다.
▶ 우리는 적어도 일주일에 세 번 운동해야 한다.

Structures in Use
p.66

「one of the+최상급 형용사+복수명사」
1 (1) the most popular (2) cities (3) mountain
2 (1) one of the most famous festivals
(2) one of the greatest men
(3) one of the most interesting books
3 (1) ③ (2) ② (3) ①

1 (1) '가장 인기 있는 스포츠들 중 하나'라는 의미가 되어야 하므로, 최상급 the most popular가 알맞다.
▶ 야구는 세계에서 가장 인기 있는 스포츠들 중 하나이다.
(2) 「one of the+최상급 형용사」 뒤에는 복수명사가 와야 한다.
▶ 대구는 한국에서 가장 번화한 도시들 중 하나이다.
(3) 「the+서수+최상급 형용사」 뒤에는 단수명사가 와야 한다.
▶ K2는 세계에서 두 번째로 높은 산이다.

2 '가장 ~한 것들 중 하나'라는 의미를 나타내기 위해 괄호 안의 형용사는 최상급으로, 괄호 안의 명사는 복수형으로 쓴다.

3 (1) 「one of the+최상급 형용사」 뒤에는 복수명사가 오므로, ③의 girl은 girls로 써야 한다.
▶ Julia은 우리 반에서 가장 재미있는 소녀들 중 한 명이다.
(2) one of 뒤에는 최상급 형용사가 오고, 최상급 형용사는 정관사 the를 수반하므로, ②의 luckiest는 the luckiest로 써야 한다.
▶ 세상에서 가장 운 좋은 사람들 중 한 명이 나다!
(3) '세 번째로 가장 오래된 건물'은 기수가 아니라 서수로 나타

내므로, ①의 the three는 the third로 써야 한다.
▶ 우리 학교는 우리 마을에서 세 번째로 오래된 건물이다.

Structures in Use
p.67

「전치사+관계대명사」
1 (1) in which (2) at whom (3) on which
2 (1) which (2) with whom (3) when
3 (1) ③ (2) ① (3) ③

1 (1) 선행사가 장소를 나타내는 the place이고 my parents got married in the place의 의미이므로, in which가 알맞다. 전치사 뒤에는 that은 쓸 수 없다.
▶ 이 교회는 우리 부모님이 결혼한 장소이다.
(2) 선행사가 사람을 나타내는 that girl이고 Jack is looking at that girl의 의미이므로, at whom이 알맞다. 전치사 뒤에는 who나 that은 쓸 수 없다.
▶ Jack이 보고 있는 저 소녀는 누구니?
(3) 선행사가 시간을 나타내는 the day이고 I saw snow for the first time on the day의 의미이므로, on which가 알맞다. 전치사 뒤에는 that은 쓸 수 없다.
▶ 내가 눈을 처음 본 날을 나는 기억한다.

2 (1) 목적격 관계대명사 that이 있을 때는 전치사가 문장 뒤에 오지만, which와 함께 쓰일 때는 in which로 쓸 수 있다.
▶ 파리는 내가 미술을 공부했던 도시이다.
(2) 전치사가 문장 뒤에 있을 때는 목적격 관계대명사를 생략하여 쓸 수 있지만, 전치사가 관계대명사 앞에 올 때는 생략할 수 없다.
▶ Jeff는 방과 후에 함께 놀 친구들이 많다.
(3) 선행사가 시간을 나타내는 the season이고 뒤에 「전치사+목적격 관계대명사」가 이어지므로, 「전치사+목적격 관계대명사」를 관계부사 when으로 바꿔 쓸 수 있다.
▶ 여름은 우리가 긴 휴가를 가질 수 있는 계절이다.

3 (1) 전치사는 관계대명사 that 앞에 쓸 수 없으므로, ③ in that은 in which로 써야 한다.
▶ 우리는 셰익스피어가 1564년에 태어난 집을 방문했다.
(2) 의미상 you saw many pictures in the gallery yesterday 이므로, ① which는 in which 또는 where로 써야 한다.
▶ 네가 어제 많은 그림을 본 미술관은 1910년에 세워졌다.
(3) 의미상 World War II ended in the year이므로, ③ on은 in으로 써야 한다.
▶ 너는 제2차 세계 대전이 끝난 해를 아니?

Reading Test
pp.68~69

1 ② **2** ⑤ **3** ③ **4** ④

1 몇몇 인기 있는 상점들은 친환경적이 되고 있다. 많은 소매 의류 체인점들은 유기농 면의 사용을 늘리고 있다. 몇몇 상점들은 또한 재활용 섬유를 가지고 실험을 해 오고 있다. 한편, 어떤 상점들은 소비자들이 재활용하도록 권장할 수 있는 방법들을 살펴보고 있다. 2015년에 한 주요 상점은 고객들이 자신의 오래된 청바지를 재활용될 수 있도록 기부할 때 새 청바지에 큰 할인을 제공함으로써 환경 표준을 향상시키려고 시도했다.

첫 문장 이후 유기농 면 사용, 재활용 권장, 환경 표준 향상 등 상점들이 환경을 위해 하고 있는 일들의 예가 열거되고 있으므로, 빈칸에 들어갈 말로는 ② '친환경적이 되고'가 가장 적절하다.
▶ ① 이익을 내고
③ 시장을 공유하고
④ 협력하고
⑤ 새 제품을 홍보하고

2 대부분의 십 대들은 옷을 사는 것을 좋아한다. 쇼핑센터에서 물건들을 둘러보기 위해 하루 외출하는 것은 젊은이들 사이에서 가장 인기 있는 취미들 중 하나이다. 매력적인 부분은 알맞은 가격에 가장 최근의 패션을 찾는 것이다. 싸게 산 물건을 가방에 넣는 것은 그 자체로 흥분되는 일이 되었다. 동시에 우리들 중 많은 이들은 인터넷으로 쇼핑을 하는데, 지역의 가게들에서 쇼핑을 하는 것보다 더 쉽고 저렴하기 때문이다. 모든 사람들이 인터넷에 접근하는 것은 아니지만, 우리는 우리가 쇼핑할 수 있는 많은 방법들에 둘러싸여 있다. 때로는 더 낮은 가격에 최신 패션 상품들을 구매하는 것에 저항하는 것은 어려운 일이다. 이것이 패스트 패션이다.

(A) '가장 ~한 것들 중 하나'는 「one of the+최상급 형용사+복수명사」로 나타내므로, 복수명사 pastimes가 알맞다.
(B) 선행사가 so many ways로 선행사와 관계대명사절 사이에 we can shop in so many ways라는 의미가 성립하므로, in which가 알맞다.
(C) it이 가주어이므로, 진주어로는 to부정사 to resist가 알맞다.

3 친환경적이 되겠다고 결심하는 것은 사실 대단한 일이 아니다. 그것은 어렵지 않다. 어떤 사람들은 친환경적인 옷장을 가지는 것이 돈을 더 많이 들게 하고 지나치게 번거롭게 할 것이라고 생각한다. 하지만, 아마도 여러분은 이미 자신이 생각하는 것보다 더 친환경적일 가능성이 있다. 여러분은 이미 친구와 옷을 나누어 봤거나 자신의 오래된 옷을 자선 단체에 주었을 것이다. 또는 아마 여러분 옷을 버리는 대신 재사용했을 것이다. 단지 '줄이자'를 여러분의 친환경 목록에 더해라, 그러면 여러분은 환경에 진정한 변화를 만들어 낼 것이다.

주어진 문장에 역접의 연결사 However가 있으므로, 내용의 전환이 있는 곳을 찾아야 한다. ③ 앞의 문장에서는 사람들이 친환경적이 되는 것을 어렵게 생각한다는 내용이 오고 ③ 뒤의 문장에서는 이미 실천하고 있는 친환경 활동의 예가 제시되고 있으므로, 생각하고 있는 것 이상으로 이미 친환경적인 활동을 하고 있을지도 모른다는 내용의 주어진 문장은 ③에 들어가야 알맞다.

4 Poppy는 패션에 대한 그녀만의 블로그를 가진 십 대이다. "저는 제 나이에 많은 돈을 벌 수 없기 때문에 최신 패션을 모두 살 수 있는 경제적 능력이 없어요. 그래서 '고쳐 가면서 오랫동안 쓰자'가 제가 유념하고 싶은 거예요. 일단, 뭔가 새로운 것을 사는 데 돈을 쓰는 대신, 저는 할머니께서 저에게 주신 오래된 옷을 들춰냈어요. 그다음에 저는 약간 모양을 바꿨고, 마술처럼 저는 새것을 가지게 되었어요. 저는 또한 중고 물품들을 사서 고쳐 입는 것을 좋아하는데, 다른 누구도 같은 것을 가지고 있지 않기 때문이에요. 저의 고쳐 입은 옷들은 독창적이고, 그래서 아무도 제 패션을 따라 할 수 없어요. 무엇보다도 좋은 점은 제가 지구도 생각하고 있다는 점이에요."

Poppy는 중고 물품을 사서 고쳐 입기 때문에 누구의 옷과도 다르다고 생각하는 것이지 중고 물품이 누구의 옷과도 다르다고 생각해서 사는 것이 아니기 때문에 ④가 이 글의 내용과 일치하지 않는다.

단원평가

1 ③ **2** ① **3** ③ **4** ② **5** ⑤ **6** ⑤ **7** ③
8 ④ **9** ④, ⑤ **10** in **11** ⑤ **12** ⑤ **13** ①
14 ⑤ **15** ⑤ **16** ④ **17** 여러분이 고심할 경우
에 대비해 **18** ② **19** ④ **20** browse **21** ③
22 organic cotton, recycled fibers
23 고쳐 가며 오래 사용하다 **24** ③ **25** ④

1 W: I'm worried about the so-called greenhouse effect.
M: Me, too. I think we should do something to cut down on greenhouse gases.
W: Then would it be a good idea for us to join the Use Less, Get Smart Program?
M: Yes, that sounds like a great idea.

여: 나는 소위 말하는 온실 효과에 대해 걱정하고 있어.
남: 나도 그래. 온실가스를 줄이기 위해 우리가 무언가 해야 한다고 생각해.
여: 그러면 우리가 Use Less, Get Smart 프로그램에 참여하는 게 좋은 생각이 될 수 있을까?
남: 그래, 좋은 생각처럼 들린다.

지구의 온실 효과에 대해 걱정하며 온실가스를 줄이기 위해 Use Less, Get Smart 프로그램에 참여하자고 제안하는 여자의 말에 대한 남자의 응답으로는 ③ '그래, 좋은 생각처럼 들린다.'가 가장 적절하다.
▶ ① 네 말에 동의해.
② 너는 정말 친절하구나!
④ 우리는 온실가스를 줄여야 해.
⑤ 나는 Use Less, Get Smart 프로그램이 걱정스러워.

2 W: Hi, there! This Friday is Earth Day. We are going to exchange used things and make eco-friendly soap. We have a couple of special rules on that day. We shouldn't use single-use products, and we ought to bring our own reusable shopping bags.

여: 안녕하세요, 여러분! 이번 주 금요일은 지구의 날이에요. 우리는 사용한 물건들을 교환하고 친환경 비누를 만들 거예요. 우리는 그날 두어 가지 특별한 규칙을 둘 거예요. 우리는 일회용 물건들은 사용하면 안 돼요, 그리고 우리 자신이 직접 재사용할 수 있는 쇼핑백들을 가지고 와야 해요.

여자는 이번 주 금요일에 있을 지구의 날 행사를 안내하고 있다. 물건 교환, 친환경 비누 만들기, 일회용 물건 사용 금지, 재사용 가능한 쇼핑백 소지는 지구의 날 행사의 일부분이므로, 여자가 하는 말의 목적으로는 ①이 가장 적절하다.

3 M: What a lovely bag! It's so cool.
W: Thanks. I made this by myself.
M: No kidding!
W: I got the idea from a TV show. It showed how to make eco-bags out of old banners.
M: What a good idea! Isn't it a way of going green?
W: Yes, it is. I'm worried about the future of our planet, and we need to do something about it.
M: I couldn't agree more. We ought to make every effort to save the earth.

남: 사랑스러운 가방이네! 정말 멋지다.
여: 고마워. 나 혼자 이걸 만들었어.
남: 설마!
여: 나는 아이디어를 한 TV 프로그램에서 얻었어. 그것은 오래된 현수막으로 에코백을 만드는 법을 보여 줬어.
남: 좋은 생각이다! 그것이 친환경적인 방법이 아니니?
여: 맞아. 나는 우리 지구의 미래가 걱정돼, 그리고 우리는 그것에 대해 무언가를 할 필요가 있어.
남: 대찬성이야. 우리는 지구를 구하기 위해서 모든 노력을 다해야 해.

여자는 남자를 통해서가 아니라 TV 프로그램을 통해서 오래된 현수막으로 가방을 만드는 아이디어를 얻었다.

4 '그것이 즐겁거나 흥미롭다고 생각하기 때문에 여러분이 하는 어떤 것'에 해당하는 단어는 ② '취미'이다.
▶ ① 자선 단체 ③ 실패 ④ 싸게 사는 물건 ⑤ 소비

5 ① '외투', ② '재킷', ③ '치마', ④ '바지'를 모두 포함할 수 있는 말은 ⑤ '의류'이다.

6 ⑤ come up with는 '(아이디어를) 떠올리다, 제안하다'라는 뜻이다.
▶ ① 나는 저 차를 살 여유가 없다.
② 그의 영화 두 편이 동시에 개봉되었다.
③ 그 성은 왕의 적들에 둘러싸였다.
④ 그 학교는 학생들이 학교 공부를 잘하도록 돕기 위해 온갖 노력을 한다.
⑤ 나는 너처럼 그렇게 기발한 아이디어를 떠올릴 수가 없다.

7 '가장 ~한 것들 중 하나'는 「one of the+최상급 형용사+복수명사」로 쓰므로, ③의 player는 players가 되어야 한다.
▶ ① 지수는 우리 동아리에서 두 번째로 가장 나이가 많은 소녀이다.
② 나는 그들을 도울 수 있는 방법을 모르겠다.
③ John은 리그에서 가장 뛰어난 야구 선수들 중 한 명이다.
④ 우리 할아버지는 안경을 둔 장소를 잊으셨다.
⑤ 너는 우리가 정말로 맛있는 식사를 할 수 있는 식당을 알고 있니?

8 관계대명사가 이어지는 절의 동사 depend on에서 전치사 on의 목적어로 쓰였다. 이때 전치사 on은 문장의 끝이나 관계대명사 앞에 올 수 있는데, 관계대명사 앞에 오면 관계대명사 that을 쓸 수 없고 생략할 수도 없다.

9 선행사가 장소를 나타내는 the place이고 이어지는 절에서 we met in the place for the first time이라는 의미이므로, 「전치사+관계대명사」인 in which나 관계부사 where를 써야 한다.
▶ 너는 우리가 처음 만난 장소를 기억하니?

10 최상급 표현에서 범위를 나타내는 장소가 올 때는 「in+단수명사」로 나타낸다. 또한 I was raised up in the village의 의미가 되어야 하므로, 관계대명사 which 앞에 전치사 in이 와야 한다.
▶ • 벨기에는 유럽에서 가장 작은 나라들 중 하나이다.
• 내가 자란 마을은 지진으로 파괴되었다.

11 a new way는 방법을 뜻하는 말이고 in that way는 곧 in a new way를 뜻하므로, a new way를 선행사로 하여 관계사를 사용하여 한 문장으로 연결하면 된다. 이때 방법을 나타내는 관계부사 how는 선행사 a new way와 함께 쓸 수 없으므로, 「전치사+관계대명사」인 in which를 이용하여 문장을 연결한다.
▶ • 과학자들은 새로운 방법을 찾고 있다.
• 그들은 그 방법으로 암을 치료할 수 있다.
→ 과학자들은 암을 치료할 수 있는 새로운 방법을 찾고 있다.

12 일단 여러분이 친환경적이 되기 시작하면 여러분은 에코 패션의 분야에 들어갈 수 있는 많은 방법을 찾게 될 것이다. 여러분은 또한 친환경적인 것이 얼마나 쉽고 보람 있는지를 발견하게 될 것이다. 단지 여러분이 미래를 위해 지구를 보존하는 데 자신의 역할을 하고 있다는 것을 아는 것은 지금껏 느껴 본 최고의 기분들 중 하나이다.

'가장 ~한 것들 중 하나'는 「one of the+최상급 형용사+복수명사」로 쓰므로, ⓔ는 the best feelings가 되어야 한다.

[13~14] 에코 패션은 또한 슬로 패션, 그리고 지속 가능한 의류라고 알려져 있는데, 역시 최신 유행이다. 지구에 대한 걱정에 동기 부여가 되어 환경을 생각하는 소비자들은 천연 섬유나 유기적으로 생산된 섬유를 선택한다. 환경에 대한 책임을 지는 것과 의류의 탄소 발자국을 고려하는 것은 수백만 명의 쇼핑객들에게 중요한 고려 사항이 되었다. 사실, 재활용된 옷이나 중고 의류를 입는 것은 유행이 되었으며, 지나가는 경향 그 이상인 것처럼 보인다.

13 ⓐ be known as는 '~로 알려지다'라는 뜻으로, 앞의 Eco-fashion을 수식하기 위해 과거분사의 형태로 사용되었다. be known to는 '~에게 알려지다', be known for는 '~로 유명하다'라는 뜻이다.
ⓑ take responsibility for는 '~에 책임을 지다'라는 뜻이다.

14 재활용된 의류나 중고 의류를 입는 것이 Eco-fashion의 한 가지 양상이라는 의미이지 Eco-fashion이 재활용되거나 중고 의류로 되팔 수 있도록 제작되는 것을 의도하는 것은 아니므로, ⑤가 내용과 일치하지 않는다.

[15~16] 요즘 최고의 디자이너들 또한 자주 환경을 위한 아이디어와 실행 방법들을 가지고 작업을 하고 있다. 그들은 반드시 자신의 재료를 윤리적으로 구하려 하고 있고, 자신의 환경을 위한 실행을 홍보하고 있다. 예를 들어, 한 디자이너는 대나무와 화학 비료를 쓰지 않은 면을 재료로 한 티셔츠에 대한 아이디어를 생각해 냈다. 또 다른 디자이너는 새로운 환경 친화적인 안경 제품을 출시했는데, 이 안경의 차광알은 50퍼센트 이상 자연적이고 재생 가능한 재료로 만들어졌다.

15 빈칸 앞에서 최고의 디자이너들이 환경을 위해 아이디어를 내고 실천하고 있다는 내용을 다루고 있고, 빈칸 뒤에 대나무와 화학 비료를 쓰지 않은 면으로 만든 티셔츠와 자연적이고 재생 가능한 재료로 차광알을 만든 안경 제품이라는 두 가지 '예시'가 제시되고 있으므로, 빈칸에 들어갈 말로는 ⑤ '예를 들면'이 가장 적절하다.
▶ ① 하지만 ② 더구나 ③ 그러므로 ④ 대조적으로

16 첫 문장이 최고의 디자이너들 또한 환경을 위해 노력하고 있다는 의미이므로, 그 앞에는 환경을 위해 노력한 또 다른 예시가 나왔다는 것을 알 수 있다.

17 scratch one's head는 문자 그대로의 의미는 '머리를 긁다'라는 뜻이지만, 이는 '고민하다, 고심하다'라는 의미를 갖는다.

18 밑줄 친 ⓑ는 suggestions를 선행사로 하는 관계대명사이다. ①은 부사, ②는 관계대명사, ③은 지시형용사, ④는 접속사, ⑤는 지시대명사이다.
  ▶ ① 그 강은 그렇게 깊지 않다.
   ② 나는 네가 나에게 빌려준 책을 잃어버렸다.
   ③ 이 차는 저 차보다 더 비싸다.
   ④ 그는 나에게 그녀가 자신의 나라로 가 버렸다고 말했다.
   ⑤ 그녀는 나에게 또 거짓말을 했고, 그것이 나를 화나게 했다.

19 ⓐ와 ⓒ는 주어로 쓰인 동명사이고, ⓑ는 보어로 쓰인 동명사, ⓔ는 목적어로 쓰인 동명사이다. ⓓ는 현재진행 시제를 만드는 현재분사이다.

20 '특별한 목적 없이 책, 잡지 등의 페이지를 훑어보다'와 '어떤 특정한 물건을 사고 싶지도 않으면서 가게에서 물건들을 보다'에 해당하는 단어는 browse(둘러보다)이다.
  ▶ 나는 편안히 둘러보도록 내버려 두지 않는 옷가게에 들어가는 것을 좋아하지 않는다.

21 ⓐ는 「encourage+목적어+목적격 보어」의 구조로 to부정사를 목적격 보어로 쓴 경우에 해당하므로 to recycle이 알맞다. ⓑ는 '~함으로써'라는 뜻으로, 전치사 by 뒤에는 동명사가 와야 하므로 giving이 알맞다.

22 소매 의류 체인점들은 유기농 면(organic cotton)과 재활용 섬유(recycled fibers)를 이용하여 친환경에 앞장서고 있다고 했다.

23 make do and mend는 '오랫동안 유지하게 하다, 고쳐 가며 오래 사용하다'라는 뜻의 관용 표현이다.

24 관계대명사 that은 선행사와 관계대명사절이 시작하는 곳 사이에 들어가야 하는데, 이 문장에서 선행사는 an old garment이므로, 그 뒤에 들어가야 알맞다. 이 문장은 I dug out an old garment.와 My grandma gave it(= an old garment) to me.의 두 문장이 관계대명사를 이용해 한 문장으로 연결된 것으로 볼 수 있다.

25 ① Poppy has a blog about fashion. ② Because Poppy can't earn much money at her age. ③ It's 'make do and mend.' ⑤ Because nobody else has the same things.라고 답할 수 있지만, ④는 Poppy가 중고 물품을 사고 고치는 데 얼마나 돈을 쓰는지 묻고 있으므로 답할 수 없다.
  ▶ ① Poppy는 어떤 종류의 블로그를 가지고 있는가?
   ② 왜 Poppy는 최신 패션을 모두 살 경제적 능력이 없는가?

③ Poppy가 명심하고 있는 좌우명은 무엇인가?
④ Poppy는 중고 물품을 사서 고치는 데 얼마나 돈을 쓰는가?
⑤ 왜 Poppy의 고쳐 입은 옷이 독창적인가?

서술형 평가

p.74

1 [모범답안] 100퍼센트 아프리카에서 바느질된 친환경 목화로 만든 티셔츠

2 [모범답안] (1) (producing too much) food trash
  (2) make a list of the food we need before shopping
  (3) make sure not to prepare too much food for each meal
  (4) saving the leftovers for later use

1 윤리적 의복의 선구자들 중 한 사람은 Bono이다. 그와 그의 부인은 아프리카와 다른 개발 도상국과의 무역에 중점을 둔 세계적인 패션 기구를 만드는 데 목표를 두고 있다. 2007년에, 그들은 100퍼센트 아프리카에서 바느질된 티셔츠들을 생산하는 의류 분과를 시작했다. 그들의 조직은 Conservation Cotton Initiative를 형성하기 위해 한 보호 단체와 함께 힘을 합쳤다. 이 프로그램은 친환경적인 목화 재배를 홍보하고 농부들이 빈곤으로부터 올라서는 데 도움을 주고 있다.

이 글에서 말하는 '윤리적 의복'이란 아프리카에서 친환경적인 재배법으로 수확한 목화를 가지고 아프리카에서 완전품으로 생산한 티셔츠를 말하는 것으로, 이는 결국 아프리카의 농부들이 빈곤에서 벗어나도록 돕기 위한 것이다.

2 너무 많은 음식 쓰레기를 만드는 것은 지금껏 가장 심각한 환경 문제의 원인들 중 하나이다. 여기 그것을 해결하는 데 도움이 되는 몇 가지 쉬운 방법이 있다.
먼저, 장을 보러 가기 전에 필요한 식품 목록을 만들어라.
두 번째로, 각 식사를 위해 반드시 너무 많은 음식을 준비하지 않도록 해라.
세 번째로, 다음에 사용하기 위해 남은 음식은 보관해라.
⬇
A: 나는 음식물 쓰레기가[너무 많은 음식물 쓰레기를 배출하는 것이] 걱정스러워. 그것은 지금껏 가장 심각한 환경 문제의 원인들 중 하나야.
B: 동감이야.
A: 그것을 해결하는 것을 돕기 위해 우리가 뭘 할 수 있을까?

B: 우리는 장을 보러 가기 전에 필요한 식품 목록을 만들어야 해. 그리고 각 식사를 위해 반드시 너무 많은 음식을 준비하지 않도록 해야 해.
A: 네 말이 맞아. 다음에 사용하기 위해 남은 음식을 보관하는 건 어떨까?
B: 좋은 생각이야!

글의 내용을 걱정 표현하기와 도덕적 의무 표현하기를 이용하여 대화문으로 전환해야 한다. 이 글에서 두 사람이 걱정하는 것은 배출되는 '음식물 쓰레기'이며, 이를 위해 세 가지 해야 할 일을 제시하고 있다. 도덕적 의무를 표현하는 ought to와 have to 뒤에는 동사원형으로 시작하는 말을 쓰지만, How about ~?에서 about은 전치사이므로 동명사로 시작하는 말을 써야 한다는 점에 주의한다.

When Myths Meet Science

Words & Expressions Test
p.77

1 (1) 입장, 들어감 (2) 행동하다, 처신하다
(3) 입증하다, 실례를 들어가며 보여 주다
(4) ~을 할 수 있게 하다, ~을 가능하게 하다
(5) 거대한 (6) 창의적인, 상상력이 풍부한
(7) 참으로 아름다운 (8) 독창적인 (9) 설명, 계좌
(10) 생존하다, 살아남다 (11) bloom (12) complaint
(13) decorate (14) feather (15) tear (16) beak
(17) inspire (18) magical (19) replant (20) trunk
2 (1) admission (2) jealous (3) plain
3 (1) ③ (2) ①
4 (1) as long as (2) got stuck
5 branch

Functions in Use
p.78

의견 묻기
1 ④   **2** ②   **3** ⓓ-ⓐ-ⓒ-ⓑ

1 B가 책에 대한 자신의 의견을 말하고 있으므로 빈칸에는 의
견을 묻는 표현이 들어가야 한다.
④ Why don't you ~?: ~하는 게 어때?(제안)

2 보고 있는 영화에 대한 의견을 묻고 있으므로 ② '나는 그것
이 정말 창의적이라고 생각해.'와 같이 의견을 말하는 답변이
적절하다.
▶ ① 나는 네가 판타지 영화를 좋아하는지 궁금해.
③ 이번 주말에 영화 보러 가자.
④ 응, 나는 판타지 영화에 관심이 있어.
⑤ 나는 너와 함께 그 영화를 보고 싶어.

3 요즘에 무슨 책을 읽는지 묻는 ⓓ로 대화를 시작한 다음, 책
이름을 말하는 ⓐ가 답변으로 나오고, 그 책에 대한 의견을 묻
는 ⓒ가 이어진 다음, 의견을 말하는 ⓑ로 마무리하는 게 가장
자연스럽다.
▶ ⓓ 요즘에 무슨 책을 읽고 있니?
ⓐ 'The Giver'를 읽고 있어.
ⓒ 그 책에 대해 어떻게 생각하니?
ⓑ 이야기가 내가 기대했던 것보다 더 나은 것 같아.

Functions in Use
p.79

호기심 표현하기
1 I wonder why pandas eat so much bamboo.
2 ④   **3** ⑤

1 '나는 ~이 궁금해'라는 의미로 호기심을 표현할 때는 I wonder
~를 쓰는데, wonder 뒤에는 「의문사＋주어＋동사」 형태의
간접의문문이 주로 따라온다.
▶ A: 나는 판다가 왜 그렇게 많은 대나무를 먹는지 궁금해.
B: 나도 같은 의문이 있어. 인터넷을 검색을 해 보자.

2 호기심을 나타낼 때는 I wonder ~ / I'm curious about ~
/ I want to know ~ / I'm interested to know ~ 등의 표
현을 쓴다.
▶ A: 나는 파리지옥이 왜 곤충을 먹는지 궁금해.
B: 나도 그래. 나는 그 주제에 관해 전문가에게 물어보려
고 해.
A: 그거 좋은 생각이다. 흥미로운 걸 알게 되면 나에게 알
려 줘.

3 ⑤ 돌고래가 왜 호루라기 같은 소리를 내는지 궁금하다는 말
에 '나도 그래. 나는 동물과 식물을 좋아해.'라고 대답하는 것
은 어색하다.
▶ ① A: 나는 벌새가 어떻게 저렇게 공중에 머무를 수 있는지
궁금해.
B: 나도 그래. 인터넷에서 그것을 찾아보자.
② A: 나는 코알라가 왜 저렇게 나무를 안고 있는지 궁금해.
B: 나도 같은 의문이 있어.
③ A: 나는 중국 문화에 대해 정말 알고 싶어.
B: 너는 선생님께 그것에 대해 물어보려고 해.
④ A: 나는 바오바브나무에 대해 궁금해.
B: 나는 그 나무가 다른 나무들을 질투했다고 들었어.

Structures in Use
p.80

의문사가 없는 의문문의 간접화법 전환
1 (1) if (2) would
2 (1) if I had any brothers or sisters
(2) if the boy was older than me
(3) if we could go out and play
3 (1) Tom asked me if[whether] he could use my cell
phone for just 10 minutes.
(2) They asked us if[whether] we were coming to the
meeting.

1 (1) 의문사가 없는 의문문을 간접화법으로 전환할 때는 전달
동사를 ask[asked]로 바꾸고, if나 whether를 사용해 연
결한다.

▶ 그 고객은 나에게 영어를 할 줄 아는지 물었다.
(2) 전달동사 asked의 시제가 과거이므로 will을 과거형인 would로 시제 일치시켜야 한다.
　　▶ Susan은 그에게 자신의 부탁을 들어줄 것인지 물었다.

2 (1)~(3) 의문사가 없는 의문문을 간접화법으로 바꿀 때는 「ask+사람+if[whether]+주어+동사」의 형태로 쓴다.

3 (1)~(2) 전달동사 said to를 asked로 바꾸고 따옴표 안의 의문문을 「if[whether]+주어+동사」의 간접의문문 어순으로 쓴다. if[whether]절의 인칭대명사를 알맞게 바꾸고 시제 일치도 고려한다.
　　▶ (1) Tom은 나에게 10분 동안만 내 휴대전화를 써도 되는지 물었다.
　　　(2) 그들은 우리에게 그 모임에 올 것인지 물었다.

Structures in Use
p.81

계속적 용법의 관계대명사 which

1 (1) to finish the work　(2) Busan
　　(3) to perform Shakespeare's play
2 (1) which made her angry
　　(2) which bothered me while I was reading
3 (1) and it　(2) but it

1 (1) 관계대명사 which는 앞 절의 일부인 to finish the work를 선행사로 가진다.
　　▶ Brad는 그 일을 끝마치려고 노력했지만 그것은 불가능했다.
　(2) 관계대명사 which는 앞 절의 일부인 Busan을 선행사로 가진다.
　　▶ 나는 부산에 살았는데 그곳은 한국의 남쪽 지역에 위치해 있다.
　(3) 이 문장의 관계대명사 which는 앞 절의 일부인 to perform Shakespeare's play를 선행사로 가진다.
　　▶ 우리는 셰익스피어의 연극을 공연하기로 결정했는데, 그것은 훌륭한 결정이었다.

2 (1)~(2) 앞 문장 전체를 대신하는 대명사 it을 관계대명사 which로 바꾼 다음, 앞 문장에 대한 부가적인 설명을 더하는 계속적 용법의 관계대명사절로 쓴다.
　　▶ (1) 그는 아무 말도 하지 않았는데, 그것이 그녀를 화나게 만들었다.
　　　(2) 몇몇 아이들이 시끄럽게 떠들었는데, 그것은 내가 책을 읽는 동안 나를 방해했다.

3 (1) 계속적 용법의 관계대명사는 「접속사+대명사」로 바꿔 쓸 수 있는데, 앞뒤 절의 내용이 순차적으로 연결되고 있으므로 and it으로 풀어 쓸 수 있다.
　　▶ 나의 엄마는 운전 시험을 통과했는데, 그것은 모두를 놀라게 했다.

(2) 앞뒤 절의 내용이 서로 상반되고 있으므로 but it으로 풀어 쓸 수 있다.
　　▶ 그는 외국어 학교에 다녔지만, 그것은 그가 그의 영어 실력을 향상시키는 데는 도움이 되지 않았다.

Reading Test
pp.82~83

1 ⑤　**2** ④　**3** ④　**4** ②

1 태초에, 위대한 신은 모든 다른 새들을 만든 다음에 몇 개의 작은 나머지 조각들을 가지고 있었다. 그는 어떤 조각들도 허비하고 싶지 않아서 그 나머지들을 이용해서 벌새를 만들었다. 위대한 신은 말했다. "나는 벌새가 너무 작으니까, 그것이 확실히 잘 날 수 있기를 원한다. 그래서 나는 그것에게 앞으로, 뒤로, 그리고 심지어 딱 한 장소에서 머물러 있을 수 있는 능력을 줄 것이다." 그는 이 작은 새를 무척 좋아해서 그것을 위해 짝을 만들어 주고 다른 모든 동물들을 그들의 결혼식에 초대했다. 소박한 회색 깃털만을 가진 벌새들을 제외하고는 결혼식에 대한 모든 것이 아름다웠다. 다른 새들은 그들이 불쌍해서 서로에게 말했다. "우리의 아름다운 깃털 일부를 그들에게 줘서 그들의 결혼식을 위해 장식하도록 해 주자." 그래서 벌새들은 많은 아름다운 깃털들을 받았다.

신이 벌새를 어떻게 만들었는지에 대한 신화의 내용이므로 글의 제목으로는 ⑤ '벌새의 탄생과 관련된 신화'가 가장 적절하다.
▶ ① 가장 아름다운 새: 벌새
　② 벌새가 그것의 날개를 빠르게 퍼덕이는 방법
　③ 두 가지 다른 설명: 신화와 과학
　④ 신화와 자연의 관계

2 벌새들은 세상에서 가장 작은 새이다. 이 새들은 그들의 특별한 맴도는 움직임과 화려한 깃털 덕분에 쉽게 알아볼 수 있다. 그들은 그들의 날개를 아주 빠르게 퍼덕거려서 그 날개들이 윙윙대는 소리를 내게 되고, 이것이 그들이 벌새라고 불리는 이유이다. 과학자들은 벌새들이 독특하고 빠른 날갯짓을 가지고 있고, 이것이 그들로 하여금 앞으로, 뒤로, 옆으로 날 수 있게 하고 심지어 허공에서 멈출 수 있게 한다는 것을 발견했다. 비록 그들은 몸이 작지만, 한 시간에 54킬로미터까지 날 수 있다. 그들은 또한 벌처럼 한 곳에 머무를 수 있는 능력을 가지고 있다. 어떻게 이것이 가능할까? 그들은 그들의 날개를 8자 모양 패턴으로 퍼덕거릴 수 있고, 이것이 그들로 하여금 한 자리에 맴도는 것을 가능하게 한다. 그들이 한 자리에 맴돌 때, 그들은 그들의 긴 혀를 사용해서 꽃으로부터 달콤한 액체를 가져간다. 그들의 한 가지 약점은 그들의 발이다. 그들은 너무 많이 비행하기 때문에, 형편없이 발달된 발을 가지게 되었고, 그래서 이것은 걷는 데 사용될 수 없다.

부리가 아닌 긴 혀(their long tongues)를 이용하여 달콤한 액체를 가져간다고 했으므로 ④가 글의 내용과 일치하지 않는다.

3 신들이 세상을 창조했을 때, 바오바브나무는 땅에 나타난 최초의 나무들 중 하나였다. (C) 다음으로 우아한 야자나무가 왔다. 바오바브나무가 야자나무를 보았을 때, 그것은 신들에게 말했다. "제가 더 커질 수 있을까요?" 그때 아름다운 호주 벽오동이 그것의 붉은 꽃들과 함께 나타났고 바오바브나무는 불평을 했다. "왜 저는 벽오동처럼 아름다운 꽃들을 가질 수 없나요?" (A) 바오바브나무가 참으로 아름다운 무화과나무와 그 열매를 보았을 때 그것은 질투심이 났다. 그래서 바오바브나무는 신들에게 그도 역시 달콤한 열매를 가질 수 있는지 물었다. (B) 신들이 이 불평들을 들었을 때, 그들은 그 나무에게 매우 화가 나서 그것을 뿌리 채 잡아서 들어 올렸다. 그런 다음 그들은 그것을 계속 조용히 있을 수 있도록 거꾸로 다시 심었다.

신이 세상을 만들 때 바오바브나무가 최초로 나타났는데, Next로 시작하는 (C)의 the graceful palm tree와 the beautiful flame tree를 보고 질투를 느꼈으며, 그다음에 나오는 (A)의 the magnificent fig tree를 보고도 질투를 느끼게 된다. 결국, 바오바브나무의 질투에서 비롯된 불평을 듣고 신들이 화가 나서 한 행동인 (B)가 마지막에 와야 자연스럽다.

4 바오바브나무는 땅속에서 물을 찾을 수 있는 깊은 뿌리들을 가지고 있고, 그것은 길고 건조한 계절 동안 몸통에 물을 저장합니다. 이 거대한 나무는 사실 12만 리터만큼의 많은 물을 저장할 수 있습니다. 그리고 작은 나뭇가지들은 물의 손실을 줄이는 데 도움이 됩니다.
바오바브나무는 건조한 계절 동안 아프리카인들에게 소중한 물의 원천이 됩니다. 바오바브나무의 껍질, 잎, 열매 그리고 몸통은 모두 역시 유용합니다. 바오바브나무의 껍질은 옷감과 밧줄을 위해, 잎은 양념과 약을 위해 사용되고, 한편 '원숭이 빵'이라 불리는 열매는 먹을 수 있습니다. 때때로 사람은 이 거대한 나무의 몸통 속에서 살기도 합니다. 아프리카 사람들을 위해 얼마나 놀라운 생명의 원천인지!

(A) 바오바브나무는 땅 속의 물을 찾기 위해서는 '깊게' 뻗은 뿌리를 가지고 있어야 하므로 deep이 알맞다. shallow는 '얕은'이라는 뜻이다.
(B) 바오바브나무의 작은 가지들은 물의 손실을 '줄이는 데' 도움이 된다고 해야 적절하므로 reduce가 알맞다. increase는 '늘리다, 증가시키다'라는 뜻이다.
(C) 문맥상 바오바브나무의 껍질, 잎, 열매, 몸통 등 모두가 건조한 지역에 살아남기에 '유용하다'가 되어야 하므로 useful이 알맞다. useless는 '쓸모없는'이라는 뜻이다.

1 ②   **2** ④   **3** ④   **4** ③   **5** ③   **6** ②
7 ②   **8** ①   **9** ④   **10** ②   **11** ④
12 if I could go to see a movie after the exam
13 which made her parents very pleased   **14** ③
15 ③   **16** ④   **17** ④   **18** ④   **19** feather
20 ①   **21** (A) dut to (B) to stop (C) which
22 which is why they are called hummingbirds
23 ①   **24** ②   **25** ③

1 W: Do you wonder why dolphins make noises like whistles? Come and find out! The Central Aquarium is hosting a special lecture by Dr. Walter Smith at 10 a.m. this Friday. It will be held in the 2nd floor lecture hall. This fascinating lecture will help you unlock the mysteries of dolphin communication. Lecture admission is free to all aquarium visitors. Don't miss this special event!

여: 여러분은 왜 돌고래들이 휘파람 소리 같은 소리를 내는지 궁금하시나요? 와서 알아보세요! Central 수족관은 이번 주 금요일 오전 10시에 Walter Smith 박사님을 모시고 특별한 강연을 주최할 예정입니다. 그것은 2층 강당에서 열릴 것입니다. 이 멋진 강연은 여러분이 돌고래 의사소통에 대한 비밀을 밝히는 데 도움이 될 것입니다. 강연 입장은 수족관 방문객 모두에게 무료입니다. 이 특별한 행사를 놓치지 마세요!

강연 주최자(the Central Aquarium), 강연 시간(10 a.m. this Friday), 강연 장소(in the 2nd floor lecture hall), 강연 입장료(Lecture admission is free to all aquarium visitors.)에 대해서는 언급했으나 ② '강사의 수상 내역'에 관해서는 언급하지 않았다.

2 M: What are you doing, Alice?
W: I'm watching *Eragon*. It's a fantasy movie.
M: I like fantasies, too! What do you think of the movie?
W: I think it's really imaginative. That's what I like about fantasies.
M: I know what you mean. It's fun to think about magical worlds.

남: 뭐 하고 있니, Alice?
여: 'Eragon'을 보고 있는 중이야. 그것은 판타지 영화야.
남: 나도 판타지를 좋아해! 그 영화에 대해 어떻게 생각하니?
여: 상상력이 정말 풍부한 것 같아. 그건 내가 판타지에 대해 좋아하는 점이지.
남: 무슨 말인지 알아. 마법 세계에 대해 생각하는 것은 재미있어.

Alice가 판타지 영화를 좋아하는 이유는 그 장르의 영화들이 상상력이 풍부해서이다. 여자의 두 번째 말에 힌트가 나와 있다.

3 M: It's a beautiful day. It's nice to be outside.
W: Yeah, there are a lot of beautiful flowers around.
M: Hey, look. What do you think of this little bird?
W: Oh, it's so cute. I should take a picture of it.
M: Good idea! It's drinking from the flower like a bee.
W: Yeah, it has a really long beak.
M: It's almost like a straw, and the bird can float in one place.
W: Right. I wonder how it can stay in the air like that.
M: Me, too. Let's look it up online when we go back inside.
W: Sure, but let's look around a little more first.

남: 아름다운 날이네. 밖에 나오니 좋구나.
여: 응, 주변에 아름다운 꽃들이 많아.
남: 여기 좀 봐. 이 작은 새에 대해 어떻게 생각하니?
여: 오, 정말 귀여워. 난 그것의 사진을 찍어야겠어.
남: 좋은 생각이야! 그건 벌처럼 꽃에서 뭔가를 마시고 있어.
여: 응, 그건 정말 긴 부리를 가지고 있어.
남: 그건 거의 빨대 같아. 그리고 그 새는 한 곳에 떠 있을 수 있어.
여: 맞아. 나는 어떻게 그것이 저렇게 공중에 머무를 수 있는지 궁금해.
남: 나도 궁금해. 안으로 들어가면 인터넷에서 그걸 찾아보자.
여: 좋아. 그런데 우선 조금만 더 주변을 둘러보자.

마지막에 남자가 돌아가면 인터넷 검색으로 그 새에 대한 자료를 찾아보자고 했는데, 여자가 우선 조금만 더 주변을 둘러보자고 했으므로 여자가 남자에게 제안한 것은 ④ '주변을 더 둘러보기'이다.

4 due to: ~ 때문에(= because of)
as long as: ~하는 한, ~하기만 하면(= if only)
▶ • 기차는 폭설 때문에 연착되었다.
   • 규칙들을 따르기만 하면 너는 네가 원하는 모든 것을 할 수 있다.

5 except for: ~을 제외하고
feel sorry for: ~을 안쓰럽게[안됐다고] 여기다
▶ • Peter와 Jane을 제외하고 Tom이 가장 똑똑한 학생이다.
   • 나는 허리케인에 의해 피해를 입은 모든 사람들이 안쓰럽다.

6 '어떤 사람이 어떤 일을 하는 것을 가능하게 하다 또는 어떤 일이 일어나는 것을 가능하게 하다'에 해당하는 단어는 ② enable(~을 할 수 있게 하다, ~을 가능하게 하다)이다.
▶ ① 공중을 맴돌다 ③ 옮겨 심다, 이식하다
   ④ 장식하다 ⑤ (설문) 조사하다

7 나머지는 모두 '동사-명사'의 관계인데, ②는 '질투하는-질투(심)'이라는 뜻으로 '형용사-명사'의 관계이다.

8 ②, ③, ④, ⑤는 모두 외국에 사는 것에 대한 상대방의 의견을 묻는 표현인데, ①은 '외국에 사는 게 어때?'라고 상대방에게 제안하는 표현이다.

9 '어린 왕자' 책에 대한 의견을 묻고 있으므로 그 책에 대한 자신의 의견을 말하는 표현이 빈칸에 적절하다. ④는 '나는 책을 더 많이 읽을까 생각 중이야.'라는 의미로 의도를 나타내므로 빈칸에 알맞지 않다.

10 앞 절의 일부를 선행사로 취하는 계속적 용법의 관계대명사 which가 빈칸에 적절하다.
▶ 내가 가장 좋아하는 뮤지컬은 'Cats'인데, 나는 그것을 지금까지 10번이나 봤다.

11 의문사가 없는 의문문을 간접화법으로 전환할 때는 전달동사를 ask[asked]로 바꾼 다음, 인용부호 안에 있는 의문사가 없는 의문문을 「if[whether]+주어+동사」의 간접의문문 어순으로 쓴다.
▶ 나는 가이드에게 "이 나무들에 대해 제게 말씀해 주실 수 있으세요?"라고 말했다.
→ 나는 가이드에게 그 나무들에 대해 내게 말해 줄 수 있는지 물었다.

12 의문사가 없는 의문문을 간접화법으로 전환할 때는 「ask+사람+if[whether]+주어+동사」의 형태로 쓴다.
▶ go to see a movie: 영화를 보러 가다
   after the exam: 시험이 끝난 후에

13 It이 앞 문장 전체의 내용을 가리키므로, 관계대명사 which를 사용하여 앞 절에 대한 부가적인 내용을 더하는 관계대명사의 계속적 용법으로 쓴다.
▶ Sally는 수학경시대회에서 1등을 했는데, 그것은 그녀의 부모님을 무척 기쁘게 했다.

[14~15] 신들이 세상을 창조했을 때, 바오바브나무는 땅에 나타난 최초의 나무들 중 하나였다. 다음으로 우아한 야자나무가 왔다. 바오바브나무가 야자나무를 보았을 때, 그것은 신들에게 말했다. "제가 더 커질 수 있을까요?" 그때 아름다운 호주 벽오동이 그것의 붉은 꽃들과 함께 나타났고 바오바브나무는 불평을 했다. "왜 저는 벽오동처럼 아름다운 꽃들을 가질 수 없나요?" 바오바브나무가 참으로 아름다운 무화과나무와 그 열매를 보았을 때 그것은 질투심이 났다. 그래서 바오바브나무는 신들에게 그도 역시 달콤한 열매를 가질 수 있는지 물었다. 신들이 이 불평들을 들었을 때, 그들은 그 나무에게 매우 화가 나서 그것을 뿌리 채 잡아서 들어 올렸다. 그런 다음 그들은 그것을 계속 조용히 있을 수 있도록 거꾸로 다시 심었다. 그 후에, 그 아름다운 나무는 단지 일 년에 한 번씩만 잎을 자라게 할 수 있었다. 일 년의 나머지는, 뿌리가 하늘을 향해 자라는 것처럼 보였다.

14 본문은 바오바브나무가 다른 나무들에 대해 가졌던 질투심으로 인해 결국 신을 화나게 하여 신에게 뿌리 채 뽑혀져 거꾸

로 다시 심어졌다는 내용이므로 제목으로는 ③ '바오바브나
무와 질투의 위험'이 가장 적절하다.
▶ ① 세상을 창조하는 데 신들이 사용한 규칙
② 전 세계에 있는 위대한 자연의 경이로움들
④ 바오바브나무: 지상 최초의 나무
⑤ 바오바브나무에 대한 과학적 설명

15 바오바브나무가 신들에게 '그도 역시 달콤한 열매를 가질 수
있는지' 물었다는 내용이 되도록 「ask+사람+if+주어+동
사」의 형태로 써야 하는데, 전달동사가 과거(asked)이므로
could로 시제를 일치시켜야 한다.

[16~17] 여러분은 왜 바오바브나무가 그렇게 거대한 등
걸과 뿌리처럼 보이는 나뭇가지들을 가졌다고 생각하십니
까? 그 이유는 바로 그것이 자라는 날씨 때문입니다. 우기가
지난 후에, 약 아홉 달의 건조한 날씨가 따라옵니다. 그러한
건조한 날씨에서는 식물들은 생존하기 어렵습니다. 그러나
과학자들은 바오바브나무들이 5에서 30미터 정도의 높이에
이를 수 있게 자라고, 직경 7에서 11미터까지의 몸통을 가질
수 있다는 것을 발견했습니다. 어떻게 이 큰 나무가 건조한
계절에 생존할 수 있을까요? 바오바브나무는 땅속에서 물을
찾을 수 있는 깊은 뿌리들을 가지고 있고, 그것은 길고 건조
한 계절 동안 몸통에 물을 저장합니다. 이 거대한 나무는 사
실 12만 리터만큼의 많은 물을 저장할 수 있습니다. 그리고
작은 나뭇가지들은 물의 손실을 줄이는 데 도움이 됩니다.

16 밑줄 친 ⓐ는 the weather를 선행사로 가지는 관계부사로 쓰
였다. 나머지 빈칸에는 장소의 관계부사 where가 필요한데,
④의 빈칸에는 시간의 관계부사 when이 들어가야 알맞다.
▶ ① 이곳이 내가 선물을 숨긴 장소이다.
② 그녀가 사는 도시는 피리보다 더 작다.
③ 나는 일조량이 많은 나라에 살고 싶다.
④ 우리 부모님은 기말고사가 끝나는 날을 알고 싶어 하신다.
⑤ Mike가 머물고 있는 호텔의 이름을 아니?

17 끝에서 두 번째 문장에 보면, it stores the water in its trunk
for the long dry season이라고 나와 있으므로 뿌리로 흡수
된 물은 뿌리에 저장되는 것이 아니라 바오바브나무의 줄기
에 저장된다는 것을 알 수 있다. 따라서 ④가 글의 내용과 일
치하지 않는다.

[18~19] 태초에, 위대한 신은 모든 다른 새들을 만든 다
음에 몇 개의 작은 나머지 조각들을 가지고 있었다. 그는 어
떤 조각들도 허비하고 싶지 않아서 그 나머지들을 이용해서
벌새를 만들었다. 위대한 신은 말했다. "나는 벌새가 너무 작
으니까, 그것이 확실히 잘 날 수 있기를 원한다. 그래서 나는
그것에게 앞으로, 뒤로, 그리고 심지어 딱 한 장소에서 머물
러 있을 수 있는 능력을 줄 것이다." 그는 이 작은 새를 무척
좋아해서 그것을 위해 짝을 만들어 주고 다른 모든 동물들을
그들의 결혼식에 초대했다. 소박한 회색 깃털만을 가진 벌새

들을 제외하고는 결혼식에 대한 모든 것이 아름다웠다. 다른
새들은 그들이 불쌍해서 서로에게 말했다. "우리의 아름다
운 깃털을 그들에게 줘서 그들의 결혼식을 위해 장식하도록
해 주자." 그래서 벌새들은 많은 아름다운 깃털들을 받았다.

18 주어진 문장은 소박한 벌새들만 제외하고 결혼식의 모든 것
이 아름다웠다는 내용이므로 결혼식이 준비되고, 다른 새들
이 벌새들에게 깃털을 주었다는 내용 사이인 ④에 들어가야
글의 흐름이 자연스럽다.

19 '새의 몸을 뒤덮고 있는 가볍고 부드러운 것들 중 하나'에 해
당하는 단어는 feather(깃털)이다.

20 바오바브나무는 건조한 계절 동안 아프리카인들에게 <u>가
치 없는(→ 소중한)</u> 물의 원천이 됩니다. 바오바브나무의
껍질, 잎, 열매 그리고 몸통은 모두 역시 유용합니다. 바오
바브나무의 껍질은 옷감과 밧줄을 위해, 잎은 양념과 약을 위
해 사용되고, 한편 '원숭이 빵'이라 불리는 열매는 먹을 수 있
습니다. 때때로 사람들은 이 거대한 나무의 몸통 속에서 살
기도 합니다. 아프리카 사람들을 위해 얼마나 놀라운 생명
의 원천인지!

바오바브나무의 특성상 많은 물을 저장하고 있으므로 건조한 계
절에 아프리카 사람들에게 '소중한' 물의 원천이 된다고 해야 적
절하다. 따라서 ①의 worthless를 valuable로 고쳐야 적절하다.

[21~23] 벌새들은 세상에서 가장 작은 새이다. 이 새들은
그들의 특별한 맴도는 움직임과 화려한 깃털 덕분에 쉽게 알
아볼 수 있다. 그들은 그들의 날개를 아주 빠르게 퍼덕거려
서 그 날개들이 윙윙대는 소리를 내게 되고, 이것이 그들이
벌새라고 불리는 이유이다. 과학자들은 벌새들이 독특하고
빠른 날갯짓을 가지고 있고, 이것이 그들로 하여금 앞으로,
뒤로, 옆으로 날 수 있게 하고 심지어 허공에서 멈출 수 있게
한다는 것을 발견했다. 비록 그들은 몸이 작지만, 한 시간에
54킬로미터까지 날 수 있다. 그들은 또한 벌처럼 한 곳에 머
무를 수 있는 능력을 가지고 있다. 어떻게 이것이 가능할까?
그들은 그들의 날개를 8자 모양 패턴으로 퍼덕거릴 수 있고,
이것이 그들로 하여금 한 자리에 맴도는 것을 가능하게 한다.
그들이 한 자리에 맴돌 때, 그들은 그들의 긴 혀를 사용해서
꽃으로부터 달콤한 액체를 가져간다. 그들의 한 가지 약점은
그들의 발이다. 그들은 너무 많이 비행하기 때문에, 형편없이
발달된 발을 가지게 되었고, 그래서 이것은 걷는 데 사용될
수 없다.

21 (A) 뒤에 명사구가 따라 나오므로 이유를 나타내는 전치사구
due to가 와야 어법상 적절하다.
(B) to fly와 마찬가지로 「allow+목적어+to부정사」 구조에
서 등위접속사 and에 의해 to부정사가 병렬구조로 연결되
는 자리이므로, 같은 to부정사 형태인 to stop이 와야 어
법상 올바르다.

(C) 앞의 절의 일부인 poorly developed feet를 선행사로 취하는 계속적 용법의 관계대명사 which가 와야 적절하다. 관계대명사 that은 계속적 용법으로 쓸 수 없다.

22 계속적 용법의 관계대명사 which를 이용하여 문장을 연결하고, '벌새라고 불리는 이유이다'라는 의미의 이유의 관계부사절 why they are called hummingbirds를 동사 is의 보어로 쓴다.

23 글의 앞부분에 벌새는 colorful feathers 때문에 눈에 띈다는 내용이 언급되어 있으므로 ① '그것은 소박한 회색 깃털을 가지고 있다.'는 잘못된 진술이다.
▶ ② 그것의 날개는 윙윙거리는 소리를 낸다.
③ 그것은 독특하고 빠른 날갯짓을 한다.
④ 그것은 벌처럼 한 곳에 머물 수 있다.
⑤ 그것은 꽃에서 달콤한 액체를 가져갈 수 있는 긴 혀를 가지고 있다.

24 자연에 대한 어떤 관점을 여러분은 더 좋아하나요? 두 가지 보기가 보여 주는 것처럼, 우리는 신화와 과학적 설명 둘 다를 통해 통찰력을 얻을 수 있습니다. 비록 신화가 사실적으로는 정확하지 않을지 몰라도, 그것은 고대 사람들의 창의성의 실례를 보여 주며 우리에게 가치 있는 삶의 교훈을 가르쳐 줍니다. 과학적인 설명은 상상력이 덜 풍부하지만, 그것은 우리에게 우리 주변의 자연을 어떻게 이해할지를 가르쳐 줍니다. 다음에 여러분이 자연의 경이로움을 마주할 때, 여러분은 어떻게 그것에 반응할까요? 상상력을 가지고? 아니면 과학적인 눈으로? 아니면 둘 다?

앞부분에서 자연을 신화적 측면과 과학적 설명 측면의 두 가지 관점(view)에서 살펴보았다고 하며 두 관점의 차이점에 대해 설명하고 있는 글의 결론 부분에 해당하는 내용이다.

25 옛날 오래 전에, 지렁이와 애벌레가 신에게 그들에게 날개를 줘서 그들이 날 수 있도록 해 줄 수 있는지 물었다. (B) 신은 그들에게 2주 동안 나무에서 기다리라고 말했다. 지렁이와 애벌레는 둘 다 기다렸지만 지렁이는 피곤해져서 떠났다. (C) 그러나 애벌레는 스스로 집을 나무를 지었다. 2주 후에, 신은 애벌레에게 밖으로 나오라고 말했다. (A) 그리고 그가 밖에 나왔을 때, 그는 나비의 아름다운 날개를 가지고 있었다. 그렇게 애벌레는 날개를 가지고 나비가 될 수 있었다.

애벌레와 지렁이가 신에게 날개를 만들어 달라고 요청했다는 내용 뒤에는 신이 2주 동안 나무에서 기다리라고 하는 (B)가 이어져야 하고, 그런 다음 지렁이는 떠나고 애벌레는 스스로 집을 지어 기다렸더니 2주 후에 신이 다시 나타나 애벌레에게 밖으로 나오라고 하는 (C)가 나오고, 마지막으로 애벌레가 날개 달린 나비가 되었다는 (A)로 이어져야 글의 흐름이 자연스럽다.

서술형 평가   p.88

1 [모범답안] 건조한 계절 동안 아프리카인들에게 소중한 물의 원천이 된다. / 바오바브나무의 껍질은 옷감과 밧줄로, 잎은 양념과 약으로 사용되고, '원숭이 빵'이라 불리는 열매는 식용으로 사용된다. / 아프리카 사람들은 거대한 바오바브나무의 몸통 속에서 살기도 한다.
2 [모범답안] (1) 한 곳에 머물면서 날 수 있다.
(2) 형편없이 발달된 발을 가지고 있어서 그 발을 이용해 걸을 수가 없다.

1 여러분은 왜 바오바브나무가 그렇게 거대한 등걸과 뿌리처럼 보이는 나뭇가지들을 가졌다고 생각하십니까? 그 이유는 바로 그것이 자라는 날씨 때문입니다. 우기가 지난 후에, 약 아홉 달의 건조한 날씨가 따라옵니다. 그러한 건조한 날씨에서는 식물들은 생존하기 어렵습니다. 그러나 과학자들은 바오바브나무들이 5에서 30미터 정도의 높이에 이를 수 있게 자라고, 직경 7에서 11미터까지의 몸통을 가질 수 있다는 것을 발견했습니다. 어떻게 이 큰 나무가 건조한 계절에 생존할 수 있을까요? 바오바브나무는 땅속에서 물을 찾을 수 있는 깊은 뿌리들을 가지고 있고, 그것은 길고 건조한 계절 동안 몸통에 물을 저장합니다. 이 거대한 나무는 사실 12만 리터만큼의 많은 물을 저장할 수 있습니다. 그리고 작은 나뭇가지들은 물의 손실을 줄이는 데 도움이 됩니다.
바오바브나무는 건조한 계절 동안 아프리카인들에게 소중한 물의 원천이 됩니다. 바오바브나무의 껍질, 잎, 열매 그리고 몸통은 모두 역시 유용합니다. 바오바브나무의 껍질은 옷감과 밧줄로, 잎은 양념과 약으로 사용되고, 한편 '원숭이 빵'이라 불리는 열매는 먹을 수도 있습니다. 때때로 사람들은 거대한 나무의 몸통 속에서 살기도 합니다. 아프리카 사람들을 위해 얼마나 놀라운 생명의 원천인지!

두 번째 단락에 바오바브나무가 아프리카 사람들에게 여러 가지 용도로 얼마나 유용하게 쓰이는 자세히 설명되어 있다.

2 벌새들은 세상에서 가장 작은 새이다. 이 새들은 그들의 특별한 맴도는 움직임과 화려한 깃털 덕분에 쉽게 알아볼 수 있다. 그들은 그들의 날개를 아주 빠르게 퍼덕거려서 그 날개들이 윙윙대는 소리를 내게 되고, 이것이 그들이 벌새라고 불리는 이유이다. 과학자들은 벌새들이 독특하고 빠른 날갯짓을 하고 있고, 이것이 그들로 하여금 앞으로, 뒤로, 옆으로 날 수 있게 하고 심지어 허공에서 멈출 수 있게 한다는 것을 발견했다. 비록 그들은 몸이 작지만, 한 시간에 54킬로미터까지 날 수 있다. 그들은 또한 벌처럼 한 곳에 머무를 수 있는 능력을 가지고 있다. 어떻게 이것이 가능할까? 그들은 그들의 날개를 8자 모양 패턴으로 퍼덕거릴 수 있고, 이것이 그들로 하여금 한 자리에 맴도는 것을 가능하게 한다. 그들이 한 자리에 맴돌 때, 그들은 그들의 긴 혀를 사용해서 꽃으로부터 달콤한

액체를 가져간다. 그들의 한 가지 약점은 그들의 발이다. 그들은 너무 많이 비행하기 때문에, 형편없이 발달된 발을 가지게 되었고, 그래서 이것은 걷는 데 사용될 수 없다.

(1) 벌과 유사한 점은 They are also talented at staying in one place like a bee.에 나와 있다.
(2) 벌새의 취약점에 대한 내용은 마지막 부분의 Their one weakness로 시작하는 문장에 나오는데, 벌새의 약점인 발에 대한 내용이 나와 있다.

Venice Diary

Words & Expressions Test
p.91

1 (1) 매력적인 (2) 눈부신, 휘황찬란한 (3) 극도로, 극히
(4) 살, 고기 (5) 깊은 인상을 주다, 감명을 주다
(6) 진흙투성이인 (7) 신화의 (8) 전문적인 (9) 중요한
(10) 아주 흥분한, 신난 (11) canal (12) contract
(13) destination (14) elegant (15) escape (16) pretend
(17) prison (18) souvenir (19) steer (20) defend

2 (1) with (2) by

3 (1) destination (2) gondola (3) souvenir

4 (1) ③ (2) ⑤

5 (1) 나는 궁지에서 벗어나기 위해 정말로 네 도움이 필요하다.
(2) 와서 다양한 세계의 요리를 즐기세요!
(3) 그가 피곤해서 나는 그와 교대로 운전을 했다.

Functions in Use
p.92

희망, 기대 표현하기
1 to **2** ④
3 I'm looking forward to visiting many interesting places.

1 look forward to: ~하기를 기대하다
can't wait to: ~하기를 기다릴 수 없을 지경이다, ~하기를 몹시 기다리다
▶ A: 나는 추석에 가족을 만나기를 기대하고 있어.
B: 너는 고향으로 돌아가기를 몹시 기다리고 있겠구나.

2 모두 희망이나 기대를 표현하는 말인데, ④는 궁금증을 표현하는 말이다.
▶ ① 나는 부모님으로부터 크리스마스 선물을 받기를 바라.
② 나는 부모님으로부터 크리스마스 선물을 받는 것이 정말 기다려져.
③ 나는 부모님으로부터 정말 크리스마스 선물을 받고 싶어.
④ 나는 내가 부모님으로부터 크리스마스 선물을 받을 수 있을지 궁금해.
⑤ 나는 부모님으로부터 크리스마스 선물을 받기를 기대하고 있어.

3 '~하기를 기대하다'는 look forward to로 나타내는데, to 뒤에 동사가 올 경우 동명사의 형태가 되어야 하므로 visiting을 이용하여 쓴다.

Functions in Use
p.93

요청하기
1 ② **2** ② **3** ask you

1 요청하는 표현으로 '~에 대해 나에게 좀 말해 줄 수 있니?'라고 말할 때는 Could you tell me a little about ~?을 쓴다.
▶ A: 네가 어젯밤에 본 뮤지컬에 대해 나에게 좀 말해 줄 수 있니?
B: 근사했어! 나는 그걸 또 보고 싶어.

2 Would you mind telling me about ~?은 '~에 대해 나에게 말해 줘도 괜찮니?, ~에 대해 나에게 말해 줄래?'라는 뜻의 요청하는 표현이다. 이 표현은 Could you tell me about ~?과 바꿔 쓸 수 있다.
▶ A: 인도에서의 경험에 대해 나에게 말해 줘도 괜찮니?
B: 물론이지, 기꺼이 말해 줄게.
① 인도에서의 네 경험에 대해 어떻게 생각하니?
② 인도에서의 네 경험에 대해 나에게 말해 줄 수 있니?
③ 너는 인도에서의 네 경험에 대해 어떻게 생각하니?
④ 너는 인도에서의 내 경험에 대해 무엇이 알고 싶니?
⑤ 내가 너에게 인도에서의 내 경험에 대해 말해도 괜찮니?

3 Could you tell me about ~?은 의미상 Could I ask you to tell me about ~?과 같다.
▶ 너희 나라에 대해 나에게 좀 말해 줄 수 있니?

Structures in Use
p.94

부정 조건의 접속사 unless
1 (1) Unless (2) meet (3) otherwise
2 (1) Unless I go to the party
(2) otherwise it will go bad
(3) If you don't have a ticket
3 (1) ④ (2) ① (3) ④

1 (1) 문맥상 '모자를 벗지 않는다면'이라는 의미가 되어야 하는데 문장에 부정어가 없으므로, '~하지 않는다면'이라는 의미의 접속사 unless가 알맞다.
▶ 모자를 벗지 않는다면 사원에 들어갈 수 없다.
(2) 접속사 unless가 이끄는 조건 부사절에서는 미래에 일어날 일이라도 현재시제로 표현하므로, meet이 알맞다.
▶ 마감 시간을 못 맞춘다면 나에게 알려 주십시오.
(3) 문맥상 '돈을 저축하지 않는다면(unless you save money)'이라는 의미가 되어야 하므로, '(만약) 그렇지 않다면'이라는 의미의 부사 otherwise가 알맞다.
▶ 돈을 저축해라, 그렇지 않으면 돈이 정말 필요할 때 곤란

에 처하게 될 것이다.

2 (1) unless를 이용해야 하므로, 「unless＋주어＋동사」의 순서로 문장을 완성한다. unless는 자체로 부정의 의미를 지니고 있으므로, 부정어 not을 쓰지 않도록 주의한다.
(2) 문맥상 '고기를 냉장고에 넣지 않으면'이라는 의미이므로, 「otherwise＋주어＋동사」의 순서로 문장을 완성한다. '(음식이) 상하다'는 go bad로 쓴다.
(3) if를 이용해야 하므로, 「if＋주어＋동사」의 순서로 문장을 완성하되, '티켓을 소지하고 있지 않으면'이라는 부정의 의미가 있으므로 If you don't have ~를 사용한다.

3 (1) 조건을 나타내는 부사절에서는 미래에 일어날 일이라도 현재시제로 표현하므로, ④ will은 삭제해야 한다.
▶ 교통 규칙을 지키지 않으면 벌금을 내게 될 것이다.
(2) 문장맨 앞에 접속사 Unless가 있으므로 부정어인 ① cannot은 can으로 써야 한다.
▶ 혼자서 그 일을 마칠 수 없으면 언제든지 나에게 전화해라.
(3) 문맥상 '로그아웃을 하지 않는다면'이라는 의미가 되어야 하므로, ④ unless가 아니라 otherwise가 되어야 한다. 여기서 otherwise는 unless you log out after checking your emails를 뜻한다.
▶ 이메일을 확인한 후에 반드시 로그아웃을 해라, 그렇지 않으면 다른 사람이 네 이메일을 읽을 수 있다.

Structures in Use
p.95

이유를 설명하는 「This is why ~」 구문
1 (1) That is the reason why many people like to talk with her.
(2) This is why his parents feel so proud of him.
(3) This is because he always tells a lie.
(4) That is because she stayed up late last night.
2 (1) why (2) because

1 (1)~(4) 「This[That] is (the reason) why ~」에서 This[That]는 이유를 나타내고, why 이하는 결과를 나타낸다. 또한 「This[That] is because ~」에서 This[That]는 결과를 나타내고, because 이하는 이유를 나타낸다.
▶ (1) Brooks 씨는 매우 재미있다. 그것이 많은 사람들이 그녀와 이야기하는 것을 좋아하는 이유이다.
(2) 어린 Jack은 완주를 했다. 이것이 그의 부모가 그를 무척 자랑스럽게 여기는 이유이다.
(3) 나는 Mark를 믿지 않는다. 이것은 그가 항상 거짓말을 하기 때문이다.
(4) Mary는 수업 중에 피곤함을 느꼈다. 그것은 그녀가 어젯밤에 밤을 새웠기 때문이다.

2 (1) 접속사 because 앞부분은 결과를 나타내고, 뒷부분은 이유를 나타낸다.
  ▶ 나는 독감에 걸려서 회의에 참석하지 않았다.
    = 나는 독감에 걸렸다. 이것이 내가 회의에 참석하지 않은 이유이다.
 (2) 접속사 so 앞부분은 이유를 나타내고, 뒷부분은 결과를 나타낸다.
  ▶ 그는 매우 늦게 일어나서 택시를 타고 사무실에 출근했다.
    = 그는 사무실에 택시를 타고 출근했다. 그것은 그가 매우 늦게 일어났기 때문이다.

Reading Test

pp.96~97

1 ① 2 ④ 3 ② 4 ⑤

1 올해 우리 부모님은 스무 번째 결혼기념일을 축하하실 것이다. 이것이 우리가 몇 년 동안 특별한 가족 여행을 가려고 계획해 오고 있는 이유이다. 마침내, 여름 방학이 막 시작되려는 참에 우리는 여행 목적지를 의논했다. 자연스럽게 내가 제안했던 첫 번째 것은 베니스였다. 나의 여동생과 부모님께서는 모두 운하들과 곤돌라들을 보는 것에 신이 나서 바로 동의했다. 믿기지가 않는다! 우리가 진짜 베니스를 보러 갈 거라니. 그것은 연극이 실제가 되는 것 같을 것이다!

우선, 주어진 문장의 지시대명사 This가 가리키는 내용을 찾아야 한다. 「This is why ~」는 '이것이 ~한 이유이다'라는 뜻으로 This는 가족 여행을 계획한 이유를 뜻하므로, 첫 문장인 올해가 부모님의 스무 번째 결혼기념일이라는 것이 이유가 된다. 따라서 주어진 문장은 첫 문장 뒤인 ①에 들어가야 알맞다.

2 엄마가 "너희는 곤돌라를 타 보지 않고서는 베니스를 방문했다고 할 수 없어."라고 말씀하셔서 우리는 모두 그 유명한 배들 중 하나에 올라탔다. 우리의 곤돌라 사공은 배가 운하를 따라 흘러 내려갈 때 'O Sole Mio'를 불렀다. 그리고 그의 힘 있는 목소리는 거의 전문가처럼 들렸다. 곤돌라 탑승후, 우리는 또 다른 배를 타고 Murano 섬에 갔는데, 그곳은 유리를 부는 사람들로 유명하다. 우리는 유리 공장을 방문했고, 한 예술가가 매우 뜨거운 가마에서 유리를 녹이는 것을 보았다. 나는 그가 어떻게 그의 도구들의 단 몇 번의 숙련된 움직임으로 그 뜨거운 유리 덩어리를 우아한 말로 만들 수 있는지 믿을 수가 없었다.

(A) 문맥상 '곤돌라를 타 보지 않고서는'이라는 의미가 되어야 하는데 부정어가 없으므로, '~하지 않는다면'이라는 부정의 의미를 갖는 접속사 unless가 알맞다.
(B) 계속적 용법으로 선행사 the Island of Murano를 부연 설명

하므로 관계대명사 which가 알맞다. 관계대명사 that은 계속적 용법으로 쓸 수 없다.
(C) 지각동사 watched가 쓰인 문장으로, 목적어 an artist가 목적격 보어인 melt의 행동 주체로 능동 관계이므로, 동사원형 melt가 알맞다. 수동 관계일 때는 과거분사를 쓰며, 지각동사의 목적격 보어로 to부정사는 쓸 수 없다.

3 우리가 베니스에 있는 동안 보아야 할 다른 것은 바로 가면 가게였다. 유리 불기처럼 가면을 만드는 기술은 베니스에서 수백 년 동안 예술로 여겨져 왔다. 가면 가게로의 여행은 우리를 실망시키지 않았다. 수십 개의 가면이 온갖 서로 다른 색깔과 모양으로 되어 있었다. 아버지가 "집으로 가져갈 가면을 하나 고르지 그러니? 그것은 멋진 기념품이 될 거야."라고 말씀하셨다. 그래서 여동생은 긴 코가 달린 초록색 가면을 골랐고, 나는 눈가에 금빛 무늬가 있는 가면을 골랐다. 내가 가면을 썼을 때 나는 내가 신분을 숨기고 궁지에서 벗어나려는 Portia라는 인물이 된 것 같은 기분이 들었다.

여행 중에 베니스의 명물 중 하나인 가면 가게에서 아버지가 가면을 하나 골라 집으로 가져가라고 권유하고 있다. 여행지에서 그곳의 유명한 공예품은 나중에 여행을 돌이켜 볼 때 '멋진 기념품'이 될 것이므로, 빈칸에 들어갈 말로는 ②가 가장 적절하다.
  ▶ ① 희귀한 물건
    ③ 정말 싸게 산 물건
    ④ 소장품 중의 일부
    ⑤ 값비싼 골동품

4 세 번째 날, 우리는 Piero라는 관광 가이드와 함께 도시 여행을 했다. 우리는 베니스의 문화 중심인 산마르코 광장(St. Mark's Square)에서 시작했다. 거기서부터 우리는 수백 점의 눈부신 모자이크와 환상적인 예술 작품들을 지닌 거대한 성당인 산마르코 대성당(St. Mark's Basilica)을 볼 수 있었다. 산마르코 대성당 바로 옆에는 두칼레 궁전(Doge's Palace)이 있고, 우리는 그 안으로 들어갔다. 가장 인상적인 방들 중 하나는 Four Doors Room이었다. 그곳은 그리스 로마 신화의 그림들로 채워져 있었다. 내가 좋아하는 그림은 'Neptune Offering Gifts to Venice'였는데, 그것은 신화 속 바다의 신인 넵튠(Neptune)이 베니스 도시에 바다의 보물들을 바치는 모습을 보여 주고 있다. 그다음, 우리의 관광 가이드는 우리를 Compass Room으로 데려갔다. 그가 이곳이 오래 전에 재판이 열렸던 곳이라고 설명했을 때, 나는 내 자신을 '베니스의 상인'을 변호하기 위해 Compass Room으로 들어오는 Portia가 된 것처럼 상상할 수 있었다.

this(= Compass Room) was where trials were held long ago라고 했으므로, 극장이 아니라 법원으로 사용된 것이다. 따라서 ⑤가 내용과 일치하지 않는다. 필자는 Compass Room에서 '베니스 상인'의 재판 장면을 떠올린 것이지 극장으로 사용된 것은 아니라는 점에 주의한다.

1 ①	2 ④	3 ④	4 ①	5 muddy	6 ③
7 ③	8 ⑤	9 ④	10 why	11 ②, ③	12 ③
13 ⑤	14 ③	15 destination → destinations		16 ③
17 ④	18 ②	19 ④	20 Nobody	21 ⑤
22 steer	23 ④	24 ③	25 ④	

1 W: I am very pleased to tell you about our club's plans for a vacation trip to Jejudo. After we arrive there, we are going to take a bus tour around the island for two days. We are planning to not only see well-known places but also have a great time at the beach. I'm really looking forward to sharing an unforgettable time with you.

여: 저는 우리 동아리의 제주도로의 방학 여행 계획을 말하게 돼서 정말 기쁘답니다. 그곳에 도착한 후, 우리는 이틀 동안 섬을 도는 버스 여행을 할 거예요. 우리는 잘 알려진 장소들을 볼 뿐만 아니라 해변에서 멋진 시간을 보낼 계획이에요. 저는 정말 잊을 수 없는 시간을 여러분과 함께 나누게 될 것을 기대하고 있어요.

여자는 I am very pleased to tell you about our club's plans for a vacation trip to Jejudo.라고 말을 시작하면서 동아리의 제주도 여행 일정을 안내하고 있다.

2 M: Good afternoon. This is the captain speaking. Welcome to Flight 321A bound for San Francisco. The flight will take 10 hours and 20 minutes. Our expected time of arrival in San Francisco is 11:30 a.m. local time. The weather there is expected to be clear, and so we are looking forward to getting a great view of the city as we descend. Please enjoy the flight.

남: 안녕하십니까? 저는 기장입니다. 샌프란시스코로 향하는 항공편 321A에 타신 것을 환영합니다. 비행은 10시간 20분 소요될 예정입니다. 샌프란시스코 도착 예정 시간은 그 지역 시각으로 오전 11시 30분입니다. 그곳의 날씨는 맑을 것으로 예상되니 우리는 비행기가 하강할 때 이 도시의 멋진 풍경을 볼 수 있을 것을 기대합니다. 비행기 여행을 즐겨 주십시오.

① 항공편 이름(Flight 321A), ② 도착지(San Francisco), ③ 비행시간(10 hours and 20 minutes), ⑤ 도착지의 날씨(The weather there is expected to be clear)는 언급되었지만, ④ 도착지의 현재 시각은 언급되지 않았다. 11:30 a.m.은 도착지의 현재 시각이 아니라 도착 시의 시각이다.

3 M: Welcome! Is this your first visit to this city?
W: Yes, it is. Can you tell me about fun things to do here?
M: Well, I think the first thing is to have some tasty food at a traditional restaurant.
W: Excellent. I enjoy eating a variety of food. What else?
M: This city is famous for its outdoor concerts. You will have a great time if you go to one.
W: An outdoor concert! Is there one today?
M: Sure. It begins at 8 p.m. if it doesn't rain.
W: Perfect! I'm really looking forward to enjoying a concert under the night sky.

남: 환영합니다! 이 도시로 첫 번째 여행인가요?
여: 네. 여기서 할 수 있는 재미있는 일들에 대해 말해 주시겠어요?
남: 음, 제 생각에 가장 먼저 할 일은 전통 음식점에서 맛있는 음식을 먹는 것입니다.
여: 좋아요. 저는 다양한 음식을 먹는 것을 즐긴답니다. 뭐가 또 있죠?
남: 이 도시는 야외 콘서트로 유명합니다. 그 중 하나에 간다면 멋진 시간을 보낼 거예요.
여: 야외 콘서트! 오늘 공연이 있나요?
남: 물론이죠. 비가 오지 않으면 8시에 시작합니다.
여: 완벽해요! 밤하늘 아래에서 콘서트를 즐긴다니 정말 기대가 돼요.

④ 야외 콘서트는 비가 오지 않으면 8시에 시작한다고 했지만, 실내로 이동하여 진행된다는 언급은 없다.

4 '죄인이 벌로 갇혀 있는 장소 또는 범죄로 고소당한 사람이 재판 전에 갇혀 있는 장소'를 뜻하는 말은 ① 'prison(감옥)'이다.
▶ ② 법정 ③ 광장 ④ 대성당 ⑤ 목적지

5 〈skill(솜씨) : skillful(솜씨 좋은)〉은 〈명사 : 형용사〉의 관계이므로, 〈mud(진흙) : muddy(진흙투성이의)〉가 되어야 한다.

6 ③ now that은 '~이므로, ~이기 때문에'라는 이유를 나타내는 접속사이다.
▶ ① 나는 로키 산맥의 그림 같은 풍경에 감명 받았다.
② 우리 마을은 아주 멋진 날씨로 유명하다.
③ 당신이 20세 미만이기 때문에 그 자리에 지원할 수 없습니다.
④ 나는 집으로 돌아오는 길에 아름다운 일몰을 보았다.
⑤ 교대로 아기를 돌보는 게 어떨까?

7 unless는 '만일 ~하지 않는다면'이라는 뜻으로 뒤에 오는 내용에 대한 반대되는 가정을 하지만, otherwise는 '(만약) 그렇지 않다면'이라는 뜻으로 앞에 언급한 내용을 하지 않을 경우의 결과에 대해 설명한다. 따라서 ③의 unless는 otherwise가 되어야 한다. otherwise you can get hurt는 unless you put on your helmet, you can get hurt의 의미이다.
▶ ① 허가 받지 않는다면 입장할 수 없습니다.

② 그는 다른 도시로 이사 갔다. 이것이 내가 오랫동안 그를 만나지 못하는 이유이다.

③ 헬멧을 쓰는 걸 확실히 해라, 그렇지 않으면 다칠 수 있다.

④ Mike는 지금 병원에 있다. 그것은 그가 차 사고를 당했기 때문이다.

⑤ 이 메시지를 더 이상 받고 싶지 않다면 여기를 클릭하세요.

8 '책을 반납하지 않으면'이라는 부정 의미의 조건절이므로, if ~ not이나 unless를 써야 한다. 그런데 조건절에서는 미래에 일어날 일이라도 현재시제로 표현하므로 조건절은 현재시제가 되어야 하며, unless는 자체로 부정의 의미가 있으므로 부정어 not과 함께 쓸 수 없다.

9 「This is the reason ~」은 「This is the reason why ~」에서 why가 생략된 형태로 볼 수 있으므로, why는 the reason 뒤에 들어가야 한다.

▶ 내 어린 남동생은 시력이 좋지 않다. 이것이 그가 안경을 쓰는 이유이다.

10 첫 번째 문장에는 동사 explain의 목적어절을 이끄는 간접의문문의 의문사가 쓰여야 하는데, 내용상 이유를 묻는 접속사 why가 알맞다. 두 번째 문장은 His book is full of interesting adventures.가 it is loved by many people in the world의 이유가 되므로, 「This is why ~」 구문의 why가 알맞다.

▶ • 왜 제 제안을 거절했는지 설명해 주실 수 있습니까?
• 그의 책은 흥미로운 모험담으로 가득 차 있다. 이것이 그 책이 전 세계의 많은 사람들에게 사랑 받는 이유이다.

11 주어진 문장에서 Christmas is just around the corner가 이유가 되고, the airport is very crowded with people이 결과가 된다. 「This is (the reason) why ~」에서는 why 뒤에 결과가 오고, 「This is because ~」에서는 because 뒤에 이유가 오므로, 의미가 맞도록 잘 연결된 문장을 고른다.

▶ 크리스마스가 바로 코앞으로 다가왔기 때문에 공항이 사람들로 매우 붐빈다.
→ ② 크리스마스가 바로 코앞으로 다가왔다. 이것이 공항이 사람들로 매우 붐비는 이유이다.
③ 공항이 사람들로 매우 붐빈다. 이것은 크리스마스가 바로 코앞으로 다가왔기 때문이다.

12 올해 우리 부모님은 스무 번째 결혼기념일을 축하하실 것이다. 이것이 우리가 몇 년 동안 특별한 가족 여행을 가려고 계획해 오고 있는 이유이다. 마침내, 여름 방학이 막 시작되려는 참에 우리는 여행 목적지를 의논했다. 자연스럽게 내가 제안했던 첫 번째 것은 베니스였다. 나의 여동생과 부모님께서는 모두 운하들과 곤돌라들을 보는 것에 신이 나서 바로 동의했다. 믿기지가 않는다! 우리가 진짜 베니스를 보러 갈 거라니. 그것은 연극이 실제가 되는 것 같을 것이다!

ⓒ에서 about는 「be about to+동사원형(막 ~하려고 하다)」

의 의미로 사용된 것이다. 일반적으로 전치사 뒤에 전치사의 목적어로 동명사가 오지만 여기서는 be about to로 사용된 것이므로, starting은 to start가 되어야 한다.

[13~14] 나는 집으로 돌아오는 비행기 안에서 글을 쓰고 있다. 하늘에서 베니스를 내려다보고 운하를 보면서, 나는 이 도시가 아주 특별하다는 것을 깨달았다. 실제 도시를 보았기 때문에 나는 셰익스피어 연극에서 연기하는 것에 대해 훨씬 더 흥분이 된다. 우리의 베니스 여행은 짧았고, 벌써 작별할 시간이다. 그러나 나는 이 기억들을 영원히 소중하게 간직할 것이다.

13 본문에 쓰인 treasure와 ⑤의 treasure는 동사로, '소중히 여기다, 귀하게 생각하다'라는 뜻이다. 나머지는 '보물, 보물 같은 존재'라는 의미의 명사이다.

▶ ① 우리는 국가적인 보물(국보)을 보호해야 한다.
② 너는 내 인생에서 완벽하게 보물 같은 존재이다!
③ 보물 찾기에 참가하는 것은 재미있었다.
④ 그 보물은 오랫동안 묻혀 있다.
⑤ 내가 가장 소중하게 여기는 것은 가족 앨범이다.

14 베니스라는 도시를 실제로 보았기 때문에 셰익스피어의 연극에서 연기하는 것에 대해 훨씬 더 흥분이 된다고 했지만, 셰익스피어 연극을 직접 보았는지는 알 수 없다.

[15~16] 이탈리아는 세계의 가장 인기 있는 관광지들 중 하나이다. 그것은 세계에서 가장 많은 수의 유네스코 세계문화유산의 고향이다. 그것은 또한 놀랍도록 아름다운 경치와 맛있는 음식, 유행하는 패션 산업으로 관광객을 감동시킨다. (베니스를 가 보지 않았다면 이탈리아에 갔다 왔다고 말할 수 없다.) 영원히 이탈리아에서 머물렀던 기억을 소중히 할 많은 흥미로운 관광지들이 있다. 이것이 수백만 명의 전 세계 사람들이 매년 이탈리아를 방문하고 그들의 여행의 기념품을 가지고 집으로 돌아가는 이유이다.

15 '가장 ~한 것들 중 하나'는 「one of the+최상급 형용사+복수 명사」의 형태로 나타내므로, 단수명사 destination을 복수명사 destinations로 고쳐야 한다.

16 전체적으로 인기있는 관광지로서의 이탈리아라는 나라에 관한 글인데, 중간에 베니스에 관해 말하는 ⓒ는 전체 흐름상 어색하다. ⓒ의 앞 문장과 뒷 문장을 연결해 보면 흐름이 자연스럽다.

[17~18] 베니스에는 많은 멋진 볼 곳들이 있다. 먼저, 여러분은 특히 대운하(Grand Canal) 등 많은 운하에 감명 받을 것이다. 베니스의 운하들은 베니스를 정말 아름다운 도시로 만든다. 산마르코 대성당(St. Mark's Basilica)은 숨 막히게 아름다운 성당이며 산마르코 광장(St. Mark's Square)은

사람들이 밤낮으로 모여드는 멋진 장소이다. 여러분은 두칼레 궁전(Doge's Palace)에서 매우 멋진 예술 작품들에 놀라게 될 것이다. 그리고 Murano에서 작업 중인 유리 부는 직공들을 보며 신이 날 것이다. 나는 여러분이 베니스에서 멋진 시간을 가질 거라고 확신한다.

17 ⓐ 문맥상 '볼 곳'이라는 의미가 되어야 하므로, 명사를 뒤에서 꾸며 주는 형용사적 용법의 to부정사가 되도록 to see로 써야 알맞다.
ⓑ 동사 impress는 '감명을 주다'라는 의미로, 사람이 주어로 감명을 받을 때는 과거분사 impressed로 쓰고 사물이 주어로 감명을 줄 때는 현재분사 impressing을 쓴다. 여기서는 you가 주어이므로 과거분사 impressed가 알맞다. impressive는 '인상적인, 감동을 주는'이라는 의미의 형용사이다.

18 ② St. Mark's Basilica is a breathtaking cathedral에서 알 수 있듯이 St. Mark's Basilica는 궁전이 아니라 대성당이다.

[19~20] (C) 우리가 Compass Room 밖으로 걸어 나와서 탄식의 다리(Bridge of Sighs)를 건널 때 다리 아래를 흘러 감옥으로 가는 멋진 운하를 볼 수 있었다. (A) 우리가 민박집으로 돌아오는 길에 우리의 관광 안내원은 우리에게 "베니스는 북쪽과 동쪽에서 온 군대로부터 도망가기 위해 노력했던 사람들에 의해 축축하고 진흙투성이의 땅 위에 지어졌어요."라고 말했다. (B) 그 말을 들었을 때 나는 무척 놀랐다. 이 도시가 눈물과 고통으로부터 생겨나 그렇게 아름다운 곳으로 변하리라고 그 누가 생각했겠는가?

19 멋진 운하를 구경하는 (C) 다음에 민박집으로 돌아오는 길에 관광 안내원에게 들은 내용인 (A)가 이어진 후, 그것에 관한 감상을 말하는 (B)의 순서로 이어져야 자연스럽다. (B)의 첫 문장의 that은 (A)에서 관광 안내원이 말한 내용을 가리킨다.

20 Who would have thought that ~?은 '누가 ~라는 것을 생각했겠는가?'라는 의미의 수사의문문으로, '사실은 아무도 ~라는 것을 생각하지 못했다'라는 뜻을 내포한다. 따라서 Nobody를 주어로 한 평서문으로 고쳐 쓸 수 있다.
▶ 아무도 이 도시가 눈물과 고통으로부터 생겨나 그렇게 아름다운 곳으로 변하리라고 생각하지 못했다.

[21~23] 오늘 아침 우리는 공항으로 비행기를 타고 가서 수상 택시를 타고 그 섬에 들어갔다. 긴 비행 후, 배를 타고 물을 가로질러 가는 것은 신선했다. (수상 택시) 기사님은 심지어 내 여동생에게 배를 조정해 보는 것을 허락하셨고, 그녀는 신이 났다! 마침내 나는 마치 Portia처럼 쿵쾅대는 가슴으로 베니스에 발을 디뎠다. 그 도시에 대해서 나를 감명시켰던 첫 번째 것

은 바로 그 도시가 얼마나 화려한지였다. 벽들은 밝은 파란색과 초록색, 오렌지색, 온갖 다른 색들로 덮여 있었다.
우리는 수백 년 전에 궁전이었던 건물에 머물렀다. 그곳은 아침식사를 제공하는 민박집으로 바뀌었고, 한 친절한 노부인에 의해 운영되었다. 노부인께서는 또한 우리에게 궁전과 그 지역에 대해 많은 것을 말씀해 주셨다.
저녁을 먹을 준비가 되었을 때쯤 나는 매우 배가 고팠다. 나는 우리가 전통 이태리 식당인 Dalla Marsia로 갔기 때문에 배가 무척 고팠다는 것이 기뻤다. 그 식당에는 메뉴가 없다. 손님들은 단지 Marisa가 그날 요리한 것을 먹는다. 그날이 화요일이었기 때문에 우리는 빵과 샐러드를 곁들인 신선한 생선 요리를 먹었다. 내가 먹을 수 있는 것보다 훨씬 많았지만 전부 맛있었다.

21 ⓐ by+교통수단: ~을 타고
ⓑ be covered with: ~로 덮여 있다
ⓒ turn into: ~로 바뀌다
ⓓ be run by: ~에 의해 운영되다
ⓔ by the time: ~할 즈음

22 '원하는 방향으로 가기 위해 배나 차를 조종하다'를 뜻하는 말은 steer(조종하다)이다.

23 ① She went to the airport by plane. ② She felt her heart pounding. ③ She stayed at a building that used to be a palace hundreds of years ago. ⑤ She had fresh fish with bread and salad.라고 답할 수 있지만, ④는 글을 통해 답할 수 없다.
▶ ① 필자는 공항에 어떻게 갔는가?
② 필자는 베니스에 도착했을 때 기분이 어땠는가?
③ 필자는 어디에 묵었는가?
④ Dalla Marisa는 언제 지어졌는가?
⑤ 필자는 저녁으로 무엇을 먹었는가?

[24~25] 식당에서 식사를 할 때 손가락을 튕겨서 종업원을 불러서는 안 됩니다. 이것은 프랑스에서는 매우 무례한 동작입니다.
스페인에서는 사람들이 시에스타 즉, 낮잠 시간을 즐깁니다. 많은 상점들과 식당들이 이른 오후 두세 시간 동안 문을 닫습니다. 스페인에서는 방문하기 전에 그 장소가 언제 문을 닫는지 반드시 확인하십시오.
미국 각 주에서는 판매세가 서로 다릅니다. 따라서 계산대로 가기 전까지는 정확히 얼마를 지불해야 하는지 모를 수도 있습니다.

24 ⓐ regard A as B는 'A를 B로 여기다'라는 뜻인데, 수동태로 쓰여 be regarded as의 형태가 되었다. ⓑ 뒤에 two to three hours라는 숫자 표현이 있으므로 '~ 동안'을 뜻하는 전치사 for가 알맞다. during은 특정한 기간을 나타내는 명사

(구)와 함께 쓰이며 while은 '~하는 동안'이라는 뜻의 접속사로 뒤에 「주어＋동사」가 온다.

25 프랑스와 스페인, 미국의 각기 다른 문화를 소개하고 있으므로, ④ '다른 나라로의 여행을 위한 조언'이 제목으로 가장 적절하다. 나머지는 세 나라에 관한 공통적인 내용을 포함하지 못하고 부분적인 내용만 다루고 있으므로, 제목으로 적절하지 않다.
　▶ ① 스페인 사람들이 시에스타를 즐기는 이유
　　② 종업원을 부르는 올바른 방법
　　③ 세계의 각기 다른 세금 제도
　　⑤ 세계의 다양한 몸짓 언어

서술형 평가
p.102

1 Venice was built on wet and muddy land by people who were trying to escape from armies from the north and east.
2 [모범답안] Portia는 계약상 Antonio의 살 1파운드는 Shylock의 것이지만 피는 아니므로 피를 한 방울도 흘리지 않고 살을 가져가라고 변론하여 그의 목숨을 구했다.

1 우리가 Compass Room 밖으로 걸어 나와서 탄식의 다리(Bridge of Sighs)를 건널 때 다리 아래를 흘러 감옥으로 가는 멋진 운하를 볼 수 있었다.
우리가 민박집으로 돌아오는 길에 우리의 관광 안내원은 우리에게 "베니스는 북쪽과 동쪽에서 온 군대로부터 도망가기 위해 노력했던 사람들에 의해 축축한 진흙투성이의 땅 위에 지어졌어요."라고 말했다.
그 말을 들었을 때 나는 무척 놀랐다. 이 도시가 눈물과 고통으로부터 생겨나 그렇게 아름다운 곳으로 변하리라고 그 누가 생각했겠는가?

이 글에서 tears and suffering은 과거에 베니스 사람들이 군대로부터 도망가기 위해 겪었던 고통과 축축한 진흙투성이의 땅 위에 도시를 건설할 때 흘렸을 눈물을 의미한다.

2 PORTIA: 저 상인의 살 1파운드는 당신의 것이오.
SHYLOCK: 참으로 정당하신 재판관이십니다.
PORTIA: 잠깐만. 끝난 게 아니오.
　　　이 계약은 당신에게 피는 한 방울도 허용하지 않고 있소.
　　　계약에는 단지 '살 1파운드'만 해당되오.
　　　당신이 단 한 방울의 피라도 흘리게 된다면 베니스 법에 따라 당신은 전 재산을 잃게 될 것이오.
SHYLOCK: 그게 법이라고요?

우리는 8월의 학교 축제에서 공연하기 위해 연극반에서 셰익스피어의 희곡 '베니스의 상인'을 준비하고 있는데, 나는 최고의 역할 Portia를 맡았다. Portia는 셰익스피어의 희곡들 중에서 가장 중요한 여자 인물들 중 하나이다. 그녀는 단지 궁전에서 사는 공주가 아니다. 그녀는 베니스로 떠나, 변호사로 위장하고, 법정에서 변호를 하여 남편의 친구 Antonio의 목숨을 구한다.

save the life는 '목숨을 구하다'라는 뜻이다. 희곡의 내용과 제시된 글로 볼 때 당찬 여성인 Portia는 변호사로 위장하여, 계약에 Antonio의 살 1파운드는 Shylock의 것이지만 피도 Shylock의 것이라는 말은 없으므로, 피 한 방울도 흘리지 말고 Antonio의 살 1파운드를 가져가라고 주장하면서 Antonio의 목숨을 구했다.

The Solution Is in Nature

Words & Expressions Test
p.105

1 (1) 흡수하다 (2) 결론을 내리다 (3) 손상, 손해, 피해
(4) 충격, 충돌; 충격을 주다, 충돌하다
(5) (부리로) 쪼다, 쪼아 먹다 (6) 거대한, 엄청나게 큰
(7) 긍정적인 (8) 모방하다
(9) 부드럽게 하다, 완화시키다 (10) 구부리다, 굽히다
(11) beak (12) crash (13) insurance (14) effect
(15) pioneer (16) flexible (17) origin (18) mechanical
(19) manufacturer (20) innovation

2 (1) cope with (2) date back to (3) crashed into
(4) on average

3 (1) ③ (2) ⑤

4 (1) 일반적으로, 쌍둥이는 공통점이 많다.
(2) 그 해결책은 직업을 늘리기는커녕 고용을 감소시킬 것이다.
(3) 이번 주 제 일정[스케줄]은 회의로 꽉 차 있습니다.

Functions in Use
p.106

관심 표현하기
1 How interesting! / That's fascinating!
2 ②
3 ⓑ-ⓓ-ⓒ-ⓐ

1 '정말 흥미롭구나!'라는 뜻으로 상대방의 말에 관심을 나타낼 때는 How interesting! / That's fascinating! 등의 표현을 쓴다.
▶ A: 나는 방금 물총새의 부리가 고속 열차의 형태에 영감을 주었다는 것을 배웠어.
　 B: 정말 흥미롭구나! 어떤 특징이 공통점이야?
　 A: 둘 다 공기 저항을 줄여 줘.

2 That interests me a lot.(그건 나를 무척 흥미롭게 해.)은 상대방의 말에 관심을 나타내는 표현으로, How interesting! / How amazing! / That's fascinating! / I'm so interested in that! / That sounds interesting! 등으로 바꿔 쓸 수 있다.
▶ A: 나는 파리지옥이 곤충을 먹이로 먹는다고 들었어.
　 B: 그건 나를 무척 흥미롭게 해. 그것에 대해 더 알고 싶어.

3 청소 로봇이 좋다는 말에 그것의 작동 방법을 궁금해 하고, 그것의 작동 방법을 설명해 주자 그 말에 대해 관심을 표현하는 흐름으로 이어져야 대화가 자연스럽다.

▶ ⓑ 나는 이 청소 로봇이 좋아. 정말 작동이 잘돼.
　ⓓ 그것이 어떻게 스스로 집을 돌아다닐 수 있는지 궁금해.
　ⓒ 박쥐가 하는 것과 같은 방법으로 길을 찾아다닌다고 들었어.
　ⓐ 진짜? 그건 나를 무척 흥미롭게 하네.

Functions in Use
p.107

불허하기
1 supposed[allowed] to　**2** ⑤　**3** ④

1 이 테이블에서 먹어도 되는지 묻는 말에 미안하다고 대답했으므로, 빈칸에는 불허하는 표현이 와야 적절하다. 상대방이 어떤 일을 하는 것을 허락하지 않을 때는 You're not supposed[allowed] to ~ / You can't ~ / You must not ~ / You should not ~ 등의 표현을 쓴다.
▶ A: 여기 이 테이블에서 점심을 먹어도 되나요?
　 B: 미안하지만 도서관에서는 먹으면 안 됩니다. 카페테리아를 이용하세요.

2 나머지는 모두 '운전 중에 휴대전화를 사용하면 안 됩니다.'라는 뜻의 불허하는 표현인데, ⑤는 '당신은 운전 중에 휴대전화를 사용할 필요가 없어요.'라는 뜻이다.

3 빈칸에는 수영장에서 해서는 안 될 일이 들어가야 하는데, ④는 '수영하기 전에 준비운동하다'라는 뜻이므로 빈칸에 적절하지 않다.
▶ A: 너는 이번 주말에 뭐 할 거니?
　 B: 수영하러 갈 거야.
　 A: 수영장의 깊이를 확인하는 거 잊지 마. 그리고 ① 수영장에서 뛰면 안 돼 ② 수영장 안에서 음식을 먹으면 안 돼 ③ 수영장 안으로 다른 사람을 밀면 안 돼 ⑤ 수영장의 끄트머리 수심이 얕은 곳에서 다이빙하면 안 돼.

Structures in Use
p.108

현재완료 수동태
1 (1) have been killed (2) has been translated
(3) reading
2 (1) Have, been bitten (2) have been influenced
(3) have been increasing
3 (1) has been canceled (2) has been studied

1 (1) 주어인 Over 200 people이 동사 kill의 동작의 대상이므로 현재완료 수동태(have[has] been p.p.) 형태로 써야 적절하다.
▶ 200명이 넘는 사람들이 화살 폭발로 사망했다.

(2) 주어인 The bible이 동사 translate의 동작의 대상이므로 현재완료 수동태(have [has] been p.p.) 형태로 써야 적절하다.
▶ 성경은 100개 이상의 언어로 번역되었다.
(3) this book과 동사 read가 능동 관계이고, 독서가 말하고 있는 시점까지 계속 진행되고 있으므로 현재완료진행 시제(have[has] been v-ing)로 써야 알맞다.
▶ 나는 몇 개월 동안 계속 이 책을 읽고 있는데, 아직 그것을 끝마치지 못했다.

2 (1) 주어인 you가 동사 bite의 동작의 대상이므로 현재완료 수동태(have[has] been p.p.) 형태로 써야 적절하다. (bite – bit – bitten)
(2) 주어인 We가 동사 influence의 동작의 대상이고 과거의 일이 현재까지 계속 영향을 미치고 있으므로 현재완료 수동태(have[has] been p.p.) 형태로 써야 적절하다.
(3) Gas prices와 increase가 능동 관계이고 유가 상승이 최근까지 계속 진행되고 있으므로 현재완료진행 시제(have[has] been v-ing)로 써야 알맞다.

3 (1) 주어인 The flight to Los Angeles가 동사 cancel의 동작의 대상이므로 현재완료 수동태(have [has] been p.p.) 형태로 고쳐야 올바르다.
▶ 안 좋은 날씨 때문에 로스앤젤레스 행 비행편이 취소되었다.
(2) 주어인 A new drug이 동사 study의 동작의 대상이므로 현재완료 수동태(have[has] been p.p.) 형태로 고쳐야 올바르다.
▶ 그 병과 싸울 신약이 우리 의과대학 연구원들에 의해 연구되어 왔다.

Structures in Use
p.109

완료 부정사
1 (1) have been (2) end (3) have been
2 (1) He is said to be
(2) I'm sorry to have been absent
(3) is widely believed to have come from
3 to have caused

1 (1) to부정사의 동사가 문장의 동사보다 이전에 일어난 일을 나타내므로 완료 부정사(to have p.p.)로 써야 알맞다.
▶ 그녀는 젊었을 때 부유했던 것 같다.
(2) to부정사의 동사가 문장의 동사와 동일한 때나 그 이후의 일을 나타낼 때는 단순 부정사(to+동사원형)를 쓴다.
▶ 파업은 곧 끝날 것으로 예상된다.
(3) '여겨지는 것'은 현재, '민주주의가 아테네에서 태어난 것'은 과거이므로 완료 부정사(to have p.p.)로 써야 알맞다.
▶ 민주주의는 아테네에서 태어난 것으로 여겨진다.

2 (1) '(주어)가 ～라고 한다'라는 뜻의 「주어+is said+to-v」 구문이다. to부정사의 동사가 문장의 동사와 동일한 때를 나타내므로 단순 부정사(to+동사원형)를 썼다.
(2) '～해서 죄송하다'라는 뜻의 「be sorry+to-v」 구문이다. '죄송한 것'은 현재, '지난주 화요일에 결석한 것'은 과거이므로 완료 부정사(to have p.p.)를 썼다.
(3) 원래 문장은 It is widely believed that the virus came from monkeys.인데, that절의 주어가 앞으로 나와 문장 주어가 되고, that절의 동사를 to부정사로 바꾼 형태이다. to부정사의 동사가 문장의 동사보다 이전에 일어난 일을 나타내므로 완료 부정사(to have p.p.)를 썼다.

3 「It appears that+주어+동사」 구문은 「주어+appears+to-v」 구문으로 바꿔 쓸 수 있는데, 여기서는 to부정사의 동사가 문장의 동사보다 앞선 시제이므로 완료 부정사(to have p.p.)를 써야 한다.
▶ 과열된 엔진이 화재를 일으켰던 것 같다.

Reading Test
pp.110~111

1 ②   **2** ⑤   **3** ⑤   **4** ⑤   **5** ④

[1~2] 프란츠 카프카는 20세기의 가장 중요한 작가들 중 한 명으로 가장 잘 알려져 있다. '성'과 '심판' 같은 그의 소설들은 수십 년 동안 널리 읽혔다.
하지만 어떤 사람들은 그를 헬멧 디자인의 선구자로 여긴다. 젊은 시절 카프카는 보험회사에서 일을 했다. 그의 업무에는 위험한 직업에서 일하는 사람들이 겪는 부상에 대한 학습이 포함되어 있었다. 1910년에서 1912년 사이에 그는 공장에서 떨어지는 물체로부터 보호하기 위해 디자인된 단단한 모자, 즉 가벼운 헬멧을 발명한 것으로 믿어진다.

1 ⓑ 주어인 His novels가 동사 read의 동작의 대상이므로 현재완료 수동태(have[has] been p.p.)로 써야 적절하다.

2 Kafka의 예전 일 중 일부가 위험한 직장에서 일하는 사람들이 입는 부상에 대해 배우는 것과 관련이 있었다고는 했으나, 위험한 직장에서 일하는 사람들을 위한 안전 지침서를 출판했다는 내용은 나와 있지 않다.

3 이것은 두 명의 한국 과학자 윤상희와 박성민이 흥미를 느낀 바로 그 질문이었다. 어떻게 딱따구리는 단단한 표면에 세게 부딪치면서 다치지 않을 수 있는 걸까? (C) 과학자들은 딱따구리를 면밀하게 연구하여 그 새들이 두개골 앞부분에 스펀지 뼈를 가지고 있다는 것을 알아냈다. 딱따구리는 또한 단단하면서도 유연한 부리를 가지고 있다. (B) 그

들은 딱따구리의 뇌가 두개골 안에서 움직일 수 있는 공간이 아주 조금밖에 (또는 거의) 없다는 것도 발견했다. (A) 과학자들은 딱따구리 머리의 유연성 있는 여러 부분이 충격을 흡수하는 데 도움을 주어 타격의 충격을 완화시킨다고 결론을 내렸다.

주어진 글은 딱따구리가 단단한 표면에 세게 부딪쳐도 다치지 않는 이유에 대해 한국의 두 과학자가 흥미를 느꼈다는 내용으로, 그 뒤에 딱따구리를 면밀히 연구해서 알아낸 결과에 대해서 말하는 (C)가 이어지고, also를 사용해서 추가로 발견한 점을 (B)에서 제시한 다음, 과학자들이 내린 결론에 대해 설명하는 (A)가 이어져야 글의 흐름이 자연스럽다.

4 연구자들은 딱따구리의 스펀지 뼈와 유연한 부리의 기능을 모방한 기계 장치를 만들기로 결정했다. 그들의 목적은 상세한 비행 기록을 하는 항공기 장치인 블랙박스를 개선하는 것이다. 블랙박스는 항공기 추락 사고의 원인을 밝혀내기 위해 사용되고, 따라서 추락의 충격을 견뎌 낼 수 있어야 한다.
연구자들은 블랙박스의 기록 장치를 자잘한 유리조각을 단단히 채워 넣은 알루미늄 용기 안에 넣었다. 이것은 딱따구리의 두개골 속의 스펀지 뼈의 효과를 재현하기 위해 행해진 것이다. 그들은 또한 충격을 흡수하도록 용기를 고무 층으로 덮고 그다음 그 전체를 강철 층으로 덮었다. 계획은 아주 성공적이었다. 새로운 블랙박스는 이전 형태보다 60배나 더 잘 보호가 되었다.

(A) 문맥상 '~하기 위해 사용되다'라는 의미가 되어야 하므로 be 「used to-v」 형태로 써야 한다.
(B) an aluminum container와 pack이 수동 관계이므로 과거분사 packed로 써야 어법상 올바르다.
(C) 주어인 This가 동사 do의 동작의 대상이므로 수동태(be동사+p.p.)로 써야 어법상 올바르다.

5 시간이 지남에 따라 오늘날의 헬멧을 카프카의 원래 디자인보다 훨씬 더 안전하고 더 튼튼하게 만들면서 수많은 혁신이 이루어졌다. 그것들은 운동을 하거나 작업을 하는 착용자에게 충분히 가벼운 반면 엄청난 충격에 견딜 수 있도록 만들어졌다. 또 다른 혁신은 구형 헬멧이 무겁고 부피가 커서 목의 통증을 유발하는 반면에 오늘날의 헬멧은 착용자에게 더 가볍고 더 편안하다는 점이다. 이것은 편안하다면 사람들이 헬멧을 착용할 가능성이 훨씬 더 높기 때문에 중요하다. 이러한 모든 혁신에도 불구하고 헬멧은 여전히 결코 완벽하지 않다. 건설 현장이나 공장, 그리고 다른 위험한 작업 환경의 작업자뿐만 아니라 운동선수들도 종종 머리에 가해지는 충격과 빈번한 타격으로 인한 뇌 손상을 경험한다. 의사들은 뇌에 가해지는 반복적인 충격은 만년에 다양한 육체적, 정신적 문제를 일으킬 수 있다고 믿는다.

주어진 문장은 '이러한 모든 혁신에도 불구하고 헬멧은 여전히 결코 완벽하지 않다.'라는 뜻이므로, 헬멧에 이루어진 여러 가지 혁신점에 관한 설명이 끝나는 부분인 ④에 들어가야 글의 흐름상 적절하다.

1 ④ **2** ② **3** ③ **4** ② **5** ③ **6** ④
7 look **8** ③ **9** ②, ③ **10** ④ **11** ③
12 as **13** ④ **14** (1) to be → to have been (2) have been loving → have been loved (3) to throw → to have thrown **15** ④ **16** ② **17** The researchers placed the black box's recording device inside an aluminum container which was tightly packed with tiny pieces of glass. **18** ⑤ **19** ⓐ: ②, ③ ⓑ: ①, ④ **20** ②
21 ③ **22** ② **23** ③ **24** ④ **25** ⑤

1 M: (Cell phone buzzing) Hello, this is Mincheol.
W: Excuse me, sir. You're not supposed to make phone calls in the exhibition rooms.
M: Oh, I'm sorry. Where can I use my cell phone?
W: You're allowed to make phone calls in the entrance hall.

남: (휴대전화 벨 소리) 여보세요, 저는 민철인데요.
여: 죄송합니다. 전시실에서 전화를 사용하시면 안 됩니다.
남: 오, 미안합니다. 어디에서 통화할 수 있죠?
여: 현관 홀에서 통화하실 수 있습니다.

여자의 말 You're not supposed to make phone calls in the exhibition rooms.(전시실에서 전화를 사용하시면 안 됩니다.)로 보아 두 사람의 관계로 가장 적절한 것은 ④ '관람객 – 미술관 직원'이다.

2 W: Mike, where are you going?
M: I'm going to ride my skateboard in Central Park.
W: In Central Park? You're not supposed to skateboard in crowded places.
M: I know that, Mom. But there's a skateboard park there.
W: Oh, that's good. Make sure to wear your helmet.
M: Don't worry. I'll wear this strange helmet I bought last week.
W: What's strange about it?
M: It has a soft and flexible surface.
W: How interesting! What's it good for?
M: I don't know exactly, but it's said to protect us better than helmets with a hard surface.

여: Mike, 어디 가니?

남: 스케이트보드 타러 센트럴 파크에 가요.

여: 센트럴 파크에? 사람들이 붐비는 곳에서 스케이트보드
　 를 타면 안 돼.

남: 알아요, 엄마. 하지만 거기에 스케이트보드 공원이 있어요.

여: 오, 잘됐구나. 헬멧은 꼭 쓰도록 해라.

남: 걱정하지 마세요. 지난주에 산 이 특이한 헬멧을 쓸 거
　 예요.

여: 뭐가 특이하니?

남: 표면이 푹신하고 유연해요.

여: 그거 흥미롭구나! 뭐에 좋은 거니?

남: 정확히는 모르겠지만 표면이 딱딱한 헬멧보다 더 잘 보
　 호가 된다고 해요.

남자의 말 But there's a skateboard park there.(하지만 거기
에 스케이트보드 공원이 있어요.)로 보아 센트럴 파크에 스케이
트보드 전용 공원이 따로 있음을 알 수 있다. 따라서 내용과 일
치하는 않는 것은 ②이다.

3 M: Hello, everyone. I'm Captain Kim from the city fire
department. I'm going to tell you what to do in case
of a fire. First of all, wherever you go, check the fire
exits. If you hear a fire alarm, get out of the building
as quickly as possible. In case of smoke, stay low and
cover your mouth and nose with a wet towel. Finally,
you're not supposed to use elevators in a fire. That's
because they will get stuck if the electricity goes out.

남: 안녕하세요. 저는 시 소방서의 김소장입니다. 여러분께
화재 시의 행동 지침에 대해 알려드리겠습니다. 무엇보
다도 어디에 가시든 비상구를 확인하십시오. 화재 경보
가 들리면 가능한 한 빨리 건물 밖으로 나오십시오. 연기
발생 시에는 자세를 낮추고 입과 코를 젖은 수건으로 덮
으십시오. 마지막으로, 화재 시에는 엘리베이터를 이용
해서는 안 됩니다. 전기가 나갈 경우 갇히기 때문입니다.

남자의 말 I'm going to tell you what to do in case of a fire.
(여러분께 화재 시의 행동 지침에 대해 알려드리겠습니다.)로 보
아 담화의 목적으로 가장 적절한 것은 ③ '화재 시의 행동 지침
을 알려 주려고'이다.

4 ② keep off: ~에 가까이 오지 못하게 하다
　▶ ① 그는 간신히 그녀를 설득했다.
　　② 그 지역은 잔디에 들어가지 않도록 요구된다.
　　③ 그는 나쁜 행동 때문에 벌을 받았다.
　　④ 그 회사는 다양한 아웃도어 제품을 판매한다.
　　⑤ 우리는 지금의 재정난에 대처해야 한다.

5 '쉽게 구부리거나 구부려질 수 있는'과 '새로운 상황에 맞게
쉽게 바꾸거나 변할 수 있는'에 해당하는 단어는 flexible(신
축성 있는, 융통성 있는)이다.

　▶ • 신축성 있는 것은 쉽게 구부리거나 구부려질 수 있다.
　　 • 융통성 있는 사람, 계획 등은 새로운 상황에 맞게 쉽게 바꾸
　　　 거나 변할 수 있다.
　　 ① 명백한, 분명한 ② 부피가 큰, 거대한
　　 ④ 원래의, 본래의 ⑤ 긍정적인

6 빈칸에는 container, endure, function, absorb가 순서대로
필요하다.
　▶ • 이 용기에는 얼마나 많은 액체가 들어갈까요?
　　 • 그 낡은 지붕은 강한 바람을 견딜 수 없을 것이다.
　　 • 네 스마트폰에는 녹음 기능이 있니?
　　 • 뿌리는 식물과 꽃을 위해 물을 흡수한다.

7 look into: ~을 조사하다
look up: ~을 찾아보다

8 나머지는 모두 '너는 잔디를 밟으면 안 돼.'라는 뜻의 불허하는
표현인데, ③은 '너는 잔디를 밟을 필요가 없어.'라는 뜻이다.

9 「It is said that+주어+동사」는 '~라고(들) (말)한다'라는 뜻
으로 「주어+is said+to-v」와 바꿔 쓸 수 있는데, that절의 동
사가 주절의 동사보다 앞선 시제일 때는 to부정사를 완료 부
정사(to have p.p.) 형태로 쓴다.

10 ④ 주어인 A new hospital이 동사 build의 동작의 대상이므
로 현재완료 수동태(have[has] been p.p.)로 고쳐야 어법상
적절하다. (has been building → has been built)
　▶ ① 이번 주에 모든 창문이 청소되었다.
　　 ② 그 가구는 일꾼들에 의해 옮겨졌다.
　　 ③ 그 인부들이 하루 종일 벽을 칠하고 있는 중이다.
　　 ④ 새 병원이 공항 근처에 지어졌다.
　　 ⑤ Mike의 재킷에서 약간의 돈이 도난당했다.

11 딱따구리는 시속 20킬로미터가 넘는 속도로 부리로 나
무를 망치질하듯 두드린다. 그것들은 초당 약 20회를 부리
로 쫄 수 있다. 평균적으로 단단한 표면에 머리를 하루에
12,000번 부딪친다. 이러한 각각의 충격은 인간에게 심각한
뇌 손상을 일으킬 수 있는 충격의 약 100배이다. 그러나 어쨌
든 딱따구리는 어떠한 육체적, 정신적 손상도 전혀 입지 않
는다. 왜 그럴까? 이것은 두 명의 한국 과학자 윤상희와 박
성민이 흥미를 느낀 바로 그 질문이었다. 어떻게 딱따구리는
단단한 표면에 세게 부딪치면서 다치지 않을 수 있는 걸까?

주어진 문장의 those impacts가 ③ 앞의 문장에 나온 단단한
표면에 머리를 하루에 12,000번 부딪치는 것의 충격을 가리키
므로, 주어진 문장이 들어가기에 가장 적절한 곳은 ③이다.

[12~13] 프란츠 카프카는 20세기의 가장 중요한 작가들
중 한 명으로 가장 잘 알려져 있다. '성'과 '심판' 같은 그의 소
설들은 수십 년 동안 널리 읽혔다.
하지만 어떤 사람들은 그를 헬멧 디자인의 선구자로 여긴다.

12 be known as: ~로 알려져 있다
credit ~ as ...: ~을 …로 믿다[여기다]

13 ⓑ와 ④는 앞에 나온 명사를 수식하는 현재분사로 쓰였고, 나
머지는 모두 동명사로 쓰였다.
  ▶ ① 우리 엄마는 음식을 낭비하는 것이 부끄러운 일이라고
    말씀하신다.
  ② 탈의실이 어디인지 말씀해 주시겠어요?
  ③ 그는 아무런 실수 없이 그 일을 해냈다.
  ④ 카메라를 똑바로 쳐다보고 있는 여자를 말하는 거니?
  ⑤ 우리는 뉴욕에서 온 네 친구를 만나기를 고대하고 있다.

14 (1) to부정사의 동사가 문장의 동사보다 이전에 일어난 일을
    나타내므로 완료 부정사(to have p.p.)로 고쳐야 어법상
    적절하다.
  ▶ 어제 교차로에서 교통 사고가 있었던 것 같다.
  (2) 주어인 The Beatles' songs가 동사 love의 동작의 대상
    이므로 현재완료 수동태(have[has] been p.p.)로 고쳐야
    어법상 적절하다.
  ▶ 비틀스의 노래들은 40년 넘게 전 세계의 많은 사람들에
    의해 사랑받아 왔다.
  (3) 이전 회사의 상사에게 포도주 한 잔을 던진 것이 전해진 것
    보다 먼저 일어난 일이므로 완료 부정사(to have p.p.)로
    고쳐야 어법상 적절하다.
  ▶ 그녀는 회사를 떠날 때 예전 상사에게 포도주 한 잔을 던
    졌다고 전해진다.

15 ⓓ detailed는 '상세한'이라는 뜻인데, 주어진 영영풀이는 '이
해하거나 무언가에 대해 확신하기가 어려운'이라는 뜻이
므로 설명이 잘못되었다.

ⓐ 특별한 일을 하는 기계나 도구: device(장치, 기기)
ⓑ 어떤 것을 다른 것과 똑같이 만들다: imitate(모방하다)
ⓒ 새의 단단한 뾰족한 입: beak(부리)
ⓔ 하나의 물건이 다른 물건을 치는 힘; impact(충격)

16 (A) 블랙박스는 항공기 추락 사고의 원인(cause)을 밝혀내기
    위해 사용하는 것이므로 '원인'이라는 뜻의 causes가 문
    맥상 적절하다. effect는 '결과, 효과'라는 뜻이다.
  (B) 블랙박스의 기록 장치를 자잘한 유리조각을 단단히 채워
    넣은 알루미늄 용기 안에 넣은 것은 딱따구리의 두개골 속
    의 스펀지 뼈의 효과를 재현하기(reproduce) 위한 것이라
    는 내용이 되어야 적절하다. 따라서 '재생하다, 재현하다'
    라는 뜻의 reproduce가 문맥상 적절하다. reduce는 '줄
    이다, 감소하다'라는 뜻이다.
  (C) 블랙박스가 항공기 추락의 충격에 더 잘 견딜 수 있도록 하
    기 위한 계획이 성공적이었다고 했으므로 블랙박스가 이전
    형태보다 60배나 더 잘 보호가 된다는 내용이 되어야 자연
    스럽다. 따라서 '보호하는, 지키는'이라는 뜻의 protective
    가 문맥상 적절하다. flexible은 '잘 구부러지는, 유연한'이
    라는 뜻이다.

17 과거분사 tightly packed 앞에 「주격 관계대명사+be동사」
형태인 which was가 생략된 것으로 볼 수 있다.

18 이 글은 블랙박스를 개선하기 위한 노력들에 관한 내용이다.
따라서 제목으로 가장 적절한 것은 ⑤ '블랙박스 개선을 위한
노력'이다.
  ▶ ① 블랙박스의 역사
  ② 항공기 사고의 원인과 결과
  ③ 블랙박스의 녹음 장치의 역할
  ④ 블랙박스에서 스펀지 뼈의 효과

19 ⓐ, ②, ③의 that은 목적어절을 이끄는 접속사로 쓰였고, ⓑ,
①, ④의 that은 주격 관계대명사로 쓰였다.
  ▶ ① 우리는 가장 멋져 보이는 호텔을 골랐다.
  ② 너는 준수와 보라가 예전에 사귀었던 것을 아니?
  ③ 그녀는 자신의 아기가 건강하다는 말을 듣고 안도했다.
  ④ 아이들은 칼로리가 높은 음식을 너무 많이 먹는다.

20 머리의 여러 부분이 충격을 흡수하는 데 도움을 주어 타격의
충격을 완화시킨다고 했으므로 빈칸에 들어갈 말로 가장 적
절한 것은 ② '유연성'이다.

[21~24] 블랙박스 프로젝트의 긍정적이며 신나는 결과로부터 또 다른 실현이 이루어졌다. 만약 딱따구리에게서 영감을 받은 기술이 블랙박스를 보호하는 데 그렇게 효과가 있다면, 아마도 헬멧 디자인을 개선하는 데에도 역시 효과가 있을 것이다. 두 명의 중국 과학자인 Yubo Fan과 Ming Zhang은 이것을 좀 더 면밀하게 살펴보기로 했고, 새 머리 모양의 컴퓨터 모형을 만들었다. 그들은 또한 딱따구리를 촬영을 해서 그것들이 쪼는 모습을 초저속으로 관찰했다. 그들은 윤과 박과 많은 부분에서 같은 결론에 도달했지만, 딱따구리의 부리 모양의 중요성도 발견했다. 부리의 위쪽 부분이 아래쪽의 절반보다 더 길다. 부리가 나무를 쪼을 때, 그것은 아래쪽과 뒤쪽으로 구부러져서 충격의 일부를 흡수한다. 연구자들은 이런 발견들이 새로운 헬멧을 개발하는 데 아주 유용할 수 있다고 믿는다. 사실 몇몇 헬멧 제조업자들은 이미 그 선구적 기원이 프란츠 카프카까지 거슬러 올라가는 '딱따구리 헬멧'을 만들 방법을 열심히 찾고 있다.

21 ⓐ 「watch(지각동사)+목적어+현재분사[동사원형]」: ~가 …하는 것을 (지켜)보다
ⓒ 부대상황을 나타내는 분사구문이므로 v-ing 형태가 되어야 한다.

22 ⓑ와 ②의 as는 유사 관계대명사로 쓰였다.
① ~한 대로(접속사) ③ ~ 때문에(접속사) ④ ~할 때(접속사)
⑤ as much as: ~ 정도까지 많이, ~만큼이나
▶ ① 네가 그것을 발견한대로 모든 것을 그대로 두어라.
② 당신의 면전에서 당신을 칭찬하는 그런 사람을 믿지 마라.
③ 우리는 집에 음식이 없어서 외식하러 나가기로 결정했다.
④ 그가 샤워를 마치고 막 나왔을 때 전화가 울렸다.
⑤ 의사들 중 일부는 간호사들의 거의 두 배나 되는 돈을 받는다.

23 ⓓ와 나머지 빈칸에는 소유격 관계대명사 whose가 필요한데, ③에는 관계부사 where가 들어가야 알맞다.
▶ ① 그의 개가 나를 문 그 남자는 사과하지 않았다.
② 그는 내가 의미를 알지 못하는 용어를 사용했다.
③ 우리가 일하는 사무실에는 창문이 많다.
④ 그것은 로고에 빨간 캥거루가 있는 것이 특징인 호주의 회사이다.
⑤ 네가 자전거를 빌린 남자의 이름은 뭐니?

24 부리의 위쪽 부분이 아래쪽의 절반보다 더 길다(The top part of the beak is longer than the bottom half.)고 했으므로 ④가 본문의 내용과 일치하지 않는다.

25 시간이 지남에 따라 오늘날의 헬멧을 카프카의 원래 디자인보다 훨씬 더 안전하고 더 튼튼하게 만들면서 수많은 혁신이 이루어졌다. 그것들은 운동을 하거나 작업을 하는 착용자에게 충분히 가벼운 반면 엄청난 충격에 견딜 수 있도록 만들어졌다. 또 다른 혁신은 구형 헬멧이 무겁고 부피가 커서 목의 통증을 유발하는 반면에 오늘날의 헬멧은 착용자에게 더 가볍고 더 편안하다는 점이다. 이것은 편안하다면 사람들이 헬멧을 착용할 가능성이 훨씬 더 높기 때문에 중요하다.

(A), (B) '~한 반면에, ~인데 반하여'라는 뜻의 대조의 연결사 while이 와야 적절하다.
(C) 문맥상 '~이기 때문에'라는 뜻의 이유를 나타내는 접속사 because가 와야 적절하다.

서술형 평가
p.116

1 (1) is nearly invisible
(2) it often confuses birds by reflecting nearby trees, the sky, or the birds themselves
2 (1) reflect ultraviolet (UV) light
(2) to avoid flying through
(3) birds can easily see the light
(4) from being destroyed
3 연구자들이 블랙박스의 기록 장치를 자잘한 유리조각을 단단히 채워 넣은 알루미늄 용기 안에 넣은 것

[1~2] 수억 마리의 새들이 창문의 유리로 곧바로 날아가서 죽임을 당해 왔다. 새들은 유리창이 거의 보이지 않기 때문만이 아니라 그것이 근처의 나무들, 하늘, 또는 새 자신들을 반사함으로써 새들을 혼란스럽게 하기 때문에 창문의 유리에 충돌한다. 이 문제에 대처하기 위해, 연구원들은 그들의 관심을 자외선을 반사하는 거미줄로 돌렸다. 반사된 자외선은 새들이 그 빛을 쉽게 볼 수 있기 때문에, 새들에게 거미줄 사이를 통과하여 나는 것을 피하도록 경고한다. 따라서 거미줄은 그들 자신이 파괴되는 것으로부터 스스로를 지킨다. 이 사실에 영감을 받아, 연구원들은 최근에 새로운 종류의 유리를 개발했다. 그것은 마치 거미줄이 그러는 것처럼, 자외선을 반사하여 새들이 그것에 충돌하는 것을 막는다.

1 두 번째 문장(Birds crash into ~ themselves)의 「not only because ~ but also because ....」 구문이 사용된 부분에 새들이 창문의 유리에 충돌하는 이유가 제시되어 있다.
▶ 질문: 새들은 창문의 유리에 왜 충돌하는가?

2 세 번째에서 다섯 번째까지의 문장에 연구원들이 거미줄로부터 알아낸 사실이 나와 있다.

▶ 질문: 연구원들은 거미줄로부터 무엇을 알아냈는가?

3 연구자들은 딱따구리의 스펀지 뼈와 유연한 부리의 기능을 모방한 기계 장치를 만들기로 결정했다. 그들의 목적은 상세한 비행 기록을 하는 항공기 장치인 블랙박스를 개선하는 것이다. 블랙박스는 항공기 추락 사고의 원인을 밝혀내기 위해 사용되고, 따라서 추락의 충격을 견뎌낼 수 있어야 한다.
연구자들은 블랙박스의 기록 장치를 자잘한 유리조각을 단단히 채워 넣은 알루미늄 용기 안에 넣었다. 이것은 딱따구리의 두개골 속의 스펀지 뼈의 효과를 재현하기 위해 행해진 것이다. 그들은 또한 충격을 흡수하도록 용기를 고무 층으로 덮고 그다음 그 전체를 강철 층으로 덮었다. 계획은 아주 성공적이었다. 새로운 블랙박스는 이전 형태보다 60배나 더 잘 보호가 되었다.

This는 바로 앞에 나온 내용인 The researchers placed the black box's recording device inside an aluminum container tightly packed with tiny pieces of glass.를 가리킨다.

1 ③　　2 ③　　3 ①　　4 ⑤　　5 ②　　6 ④　　7 ⑤
8 ④　　9 ③　　10 ③ → being topped　　11 ③　　12 ⑤
13 ⓑ: the summer heat ⓒ: enjoying hot spices
14 ④　　15 (A) are worth more than you think　(B) was
scolded for making a mess　(C) agreed to make it official
16 ③　　17 support　　18 ⑤
19 (A) In case　(B) show　(C) that　　20 ③　　21 ⑤
22 ③　　23 ⑤　　24 ① → suffer, ③ → using
25 (A) 요즘 많은 젊은이들이 목 통증에 시달리는 것 (B) 책상
너머로 몸을 기울이고 있는 자세　　26 ②　　27 ⑤
28 ⑤　　29 ⑤　　30 ④　　31 ⑤　　32 ⑤　　33 ④

---

1 M: Judy, you look tired. What's wrong?
W: I can't sleep well these days. I really want to have a good
　 night's sleep.
M: Why don't you have a cup of warm milk before you go
　 to bed?
W: I tried it already, but it didn't work.

남: Judy, 피곤해 보이는구나. 무슨 일 있니?
여: 요즘 잠을 잘 못 자. 밤에 정말 푹 자고 싶은데 말이야.
남: 잠자리에 들기 전에 따뜻한 우유를 한 컵 마셔 보지 그
　 래?
여: 벌써 해 봤지, 그런데 안 들어.

요즘 잠을 잘 못 잔다는 여자에게 남자가 자기 전에 따뜻한 우유
를 한 컵 마셔 볼 것을 권하고 있으므로 여자의 응답으로 가장
적절한 것은 ③ '벌써 해 봤지, 그런데 안 들어'가 가장 적절하다.
▶ ① 네가 그걸 시도해 봤어야 하는데.
　 ② 맞아. 우유는 단백질의 좋은 공급원이야.
　 ④ 그거 그 쿠키와 잘 어울리겠다.
　 ⑤ 고맙지만 배가 불러.

---

2 W: Dr. Dawn, thank you for agreeing to do this
　　interview. You are an expert on happiness. Can you
　　give us some quick tips for getting in a better mood?
M: Sure. First, don't hide your feelings. If you feel sad or
　 hopeless most of the time, talk to other people and ask
　 for help.
W: You mean, to parents or a counselor?
M: That's right. Another effective way to improve your
　 mood is by helping others.
W: Great! So by helping others, I can help myself!
M: Exactly. Finally, it's important to exercise in order to get
　 rid of stress.
W: These are great tips, Dr. Dawn. Thank you very much.

여: Dawn 박사님, 이 인터뷰를 하는 것에 동의해 주셔서 감
　 사합니다. 선생님은 행복에 관한 전문가이시죠. 더 나은
　 기분 상태가 되기 위한 즉석 조언 좀 몇 가지 해 주실 수
　 있으실까요?
남: 물론이죠. 먼저, 여러분의 감정을 숨기지 마세요. 대부분
　 의 시간 동안 슬프거나 절망적이라고 느끼신다면, 다른
　 사람들에게 말하고 도움을 요청하세요.
여: 부모님이나 상담 선생님을 말씀하시는 건가요?
남: 맞아요. 기분을 나아지게 하는 또 다른 효과적인 방법은
　 다른 사람들을 돕는 거예요.
여: 멋지네요! 그러니까 다른 사람을 도움으로써 내가 나 자
　 신을 도울 수 있다는 거군요!
남: 정확해요. 마지막으로, 스트레스를 없애기 위해 운동을
　 하는 게 중요해요.
여: 훌륭한 조언이네요, Dawn 박사님. 정말 감사합니다.

여자의 말 Can you give us some quick tips for getting
in a better mood?와 남자의 말 Another effective way to
improve your mood is ~.로 보아 두 사람이 하는 말의 주제로
가장 적절한 것은 ③ '기분을 나아지게 하는 몇 가지 방법'이다.

---

3 W: Did you know that there was a car accident near here
　　yesterday?
M: Yes, I did. In fact, there was another accident in the same
　 spot last year.
W: That's scary. I hope there are no more accidents there.
M: Me, too. Can we be of any help with that?
W: Maybe we can. How about doing a campaign for safe
　 driving?
M: That's a good idea. Let's do it.

여: 어제 이 근처에서 자동차 사고가 있었던 거 알고 있었니?
남: 응. 실은, 작년에 같은 곳에서 다른 사고도 있었어.
여: 무섭다. 거기에서 더 이상 사고가 없었으면 좋겠다.
남: 나도 그래. 우리가 그 일에 어떤 도움이 될 수 있을까?
여: 아마 가능할걸. 안전 운전을 위해 캠페인을 하는 건 어
　 때?
남: 좋은 생각이다. 그렇게 해 보자.

여자의 말 I hope there are no more accidents there.로 보
아 여자는 같은 장소에서 교통사고가 거듭 일어나는 것을 걱정
하고 있다.

[4~5] W: Good morning. This is Sandy Lee at Global
　　　Issues. Have you heard about *tteokguk*? How about
　　　gomtang? *Kimchi* and *bibimbap* may be all that the
　　　world knows about Korean food. But more and more
　　　Korean restaurants are opening up outside Korea, and
　　　more foreigners are visiting Korea every day. Nowadays,

여: 안녕하세요. '지구촌 이슈'의 Sandy Lee입니다. 떡국에 대해서 들어 보셨나요? 곰탕은 어떻습니까? 김치와 비빔밥이 전 세계가 한국 음식에 대해 알고 있는 전부일지도 모르겠습니다. 하지만 점점 더 많은 한국 식당들이 한국 밖에서 개점을 하고 있고 더 많은 외국인들이 날마다 한국을 방문하고 있습니다. 요즈음, 한국 음식은 세계의 구석구석으로 퍼지고 있는 중입니다.

4 여자는 다양한 한국 음식을 언급하면서 그 인기로 인해 점점 더 많은 한국 식당들이 한국 밖에서 개점을 하고 있고 더 많은 외국인들이 날마다 한국을 방문하고 있다고 했다. 따라서 여자가 하는 말의 주제로 가장 적절한 것은 ⑤ '한국 음식의 점점 커지는 인기'이다.
▶ ① 한국 음식을 다른 음식들과 구분해 주는 것
② 한국 음식의 주 재료
③ 맛좋고 건강에 좋은 한국 음식
④ 한국 음식을 즐길 만한 좋은 장소들

5 한국 음식으로 떡국, 곰탕, 김치, 비빔밥은 언급되었지만, ② '잡채'는 언급되지 않았다.

6 '화제 도입(허리케인이 일본을 강타할 거라는 소식을 들었는지 물음) → 이미 알고 있는 사실을 확인 차 되물음 → 긍정 응답을 한 후 처음 꺼냈던 화제로 다시 돌아감 → 나쁜 소식에 대한 안타까움 표시'의 순서로 대화가 이어져야 흐름이 자연스럽다.
▶ ⓒ 허리케인이 일본을 강타할 거라는 소식 들었어?
ⓐ 아니. 허리케인이 불과 몇 주 전에 일본을 덮친 거 아니었어?
ⓓ 그래, 맞아. 그 허리케인으로 인해 일부 해안 지역이 물에 잠겼었어. 그런데 문제는 또 다른 하나가 지금 그곳을 향해 가고 있다는 거야.
ⓑ 그 말을 들어 유감이야. 정말 기운 빠지겠다.

7 ⑤ take advantage of: ~을 이용하다
▶ ① 그녀는 자원봉사 활동에 활발히 참여한다.
② 이 나라는 석탄과 철 같은 천연자원이 풍부하다.
③ 정부는 인플레이션을 통제하기 위한 조치를 취해야 한다.
④ 가격은 수요와 공급에 따라 변한다.
⑤ Mike는 골을 넣기 위해 수비수의 실수를 이용했다.

8 This가 주어, is가 동사, 관계대명사 what이 이끄는 절이 보어 역할을 하는 문장으로 영작한다. exactly는 '바로, 꼭, 정확히'라는 뜻의 부사로 보어 앞에서 보어를 강조한다.
→ This is exactly what I wanted to do.

9 ③ her arms와 fold가 수동 관계이므로 과거분사 folded로 써야 어법상 적절하다.
▶ ① 그는 한쪽 눈을 뜬 채로 잔다.
② 해야 할 일이 없어서 그녀는 지루했다.
③ Kate는 팔짱을 낀 채로 나무 아래에 앉아 있었다.

④ 그는 손에 공을 든 채로 방에 들어왔다.
⑤ 나는 내 집에서 사람들이 담배 피우는 것을 허락하지 않는다.

[10~13] 이 어르신으로부터, 나는 냉면이 매우 다양하지만, 두 가지 주된 형태는 국물이 있는 차가운 면인 물냉면과 버무려진 차가운 면인 비빔냉면이 있다는 것을 알게 되었다. 뭔가 시원하고 신선한 것을 원한다면, 물냉면을 선택해라. 좀 더 물기가 없고 더 매운 것을 원한다면, 비빔냉면을 시도해 봐라.
하지만 냉면은 차가운 면에 매운 양념이 얹어지지 않으면 완전하지 않다. 물냉면의 진짜 맛은 겨자 소스를 얹은 면에서 나오며, 비빔냉면의 진짜 맛은 빨간 고추장 소스를 얹은 면에서 나온다. 따라서, 한국인들이 여름의 열기를 이기기 위해 수백 년 동안 이용한 것은 단지 면의 차가움만이 아니라 고추에서 나오는 열기이기도 하다. '이열치열'이라는 옛 속담에서처럼, 여름에 매운 양념을 즐기는 것은 사람들을 시원하게 해 주는 데 도움을 줄 수 있으며, 이것은 재미있게도 한방에서의 현대적인 발견, 즉 어떤 약초들과 양념들은 땀을 나게 해서 자연적으로 몸을 시원하게 만들어 준다는 사실로 뒷받침된다.

10 ③ 전치사 without 뒤이므로 동명사가 와야 할 자리인데, 의미상의 주어 its cold noodles와 top(위에 놓다[얹다])이 수동 관계이므로 being topped가 되어야 알맞다.

11 물냉면의 진짜 맛은 겨자 소스를 얹은 면에서 나온다고 (The real taste of *mulnaengmyeon* comes out ~ with mustard sauce) 했으므로 빈칸에 알맞은 것은 ③ '겨자 소스'이다.
▶ 글쓴이에 따르면, 한국 물냉면의 고유한 맛은 겨자 소스 없이는 충분히 음미될 수 없다.
① 차가운 국물
② 매운 반찬들
④ 고추장
⑤ 여름의 열기

12 ⓐ와 ⑤의 that은 「It is[was] ~ that ....」 강조구문에 쓰인 접속사이다. ①, ③은 목적격 관계대명사, ④는 주격 관계대명사, ②는 지시형용사로 쓰였다.
▶ ① 아무도 Jane이 만든 케이크를 좋아하지 않았다.
② 이 컴퓨터는 저 컴퓨터보다 더 유용하다.
③ Kate가 네가 그녀에게 빌려주기로 약속한 CD를 가지러 왔다.
④ 우리는 아이들 메뉴가 있는 식당에 갈 것이다.
⑤ 애초에 나를 정말 매료시킨 것은 그의 외모였다.

13 ⓑ는 fight해서 물리쳐야 할 대상이므로 the summer heat로 볼 수 있다.
ⓒ는 더위를 물리칠 수단이 되는 어떤 것을 말하므로 'enjoying hot spices(매운 양념을 즐기는 것)'라고 볼 수 있다.

14 여러분 안녕하세요. TV쇼 'Healthy Life'에 오신 것을 환영합니다. 저는 여러분의 사회자, Jenny입니다. 오늘, 우리는 세 분의 전문가로부터 운동, 수분 섭취, 그리고 잠의 중요성에 대해 <u>들어볼</u> 예정입니다. 여러분은 저희 홈페이지에 여러분의 의견을 입력하여 실시간으로 전문가들과 <u>상호 작용</u>하실 수 있습니다. 프로그램의 끝에, 가장 도움이 많이 되고 재미있는 강사<u>에게</u> 투표해 주십시오. 자, 여기 강사님들을 모십니다!

(A) hear from: ~에게서 (직접) 듣다
　　hear of: ~에 대해서 (간접적으로 전해) 듣다
(B) interact with: ~와 상호 작용하다
　　compete with: ~와 경쟁하다[겨루다]
(C) vote for: ~에게 투표하다
　　vote against: ~에게 반대 투표하다

[15~17] 고등학교 생활을 시작하자마자, 저는 행동을 취했습니다. 제 아이디어는 긍정적인 메시지를 담은 쪽지를 학교 여기저기에 붙여서 친절을 퍼뜨리는 것이었습니다. 저는 주말 내내 "너는 굉장해!"와 "너는 네가 생각하는 것보다 더 가치 있는 사람이야!"와 같은 긍정적인 메시지들을 만드는 데 보냈습니다. 그다음 월요일에 저는 학교 여기저기에 그것들을 붙였고 제 캠페인을 '긍정 포스트잇의 날'이라고 이름 붙였습니다.

다음에 무슨 일이 일어났을지 추측해 보세요. 저는 어질러 놓았다고 꾸지람을 들었답니다! 하지만 아직 실망하지는 마세요. 얼마 안 가서 제 캠페인이 관심과 지지를 얻게 되었습니다. 놀랍게도, 선생님도 캠페인을 공식화하는 데 동의하셨고 친구들도 제가 캠페인을 위한 SNS 페이지를 만드는 데 동참했습니다. 우리는 지금 전 세계 사람들로부터 지지를 받고 있습니다. 긍정적이고 강력한 말들이 우리 학교와, 우리 지역사회, 그리고 세상의 부정적이고 혐오스러운 말들을 대신하고 있습니다.

제가 이 경험으로부터 배운 것은 우리 평범한 십 대들이 더 나은 세상을 만드는 데 기여할 수 있는 무언가가 있다는 것입니다. 그것이 아무리 단순할지라도, 그것은 우리 가족, 학교 그리고 공동체에 변화를 가져올 수 있습니다.

15 (A) be worth: 가치가 있다
　　「비교급+than」: ~보다 더 …한
　　(B) scold A for B: B에 대해서 A를 꾸짖다
　　(C) 「agree+to-v」: ~하는 데 동의하다
　　「make+목적어+형용사」: ~을 …하게 하다

16 ③ take the place of는 '~을 대체하다'라는 의미인데, be replaced by는 '~에 의해 대체되다'라는 뜻이므로 바꿔 쓸 수 없다.
　　① 「It didn't take long before+S+V」는 '~ 전에 오래 걸리지 않았다' 즉 '곧 ~했다'라는 뜻이므로 soon으로 바꿔 쓸 수 있다.

② to one's surprise: 놀랍게도(= surprisingly)
④ what은 '~하는 것'이라는 뜻의 관계대명사로 the thing which[that]로 바꿔 쓸 수 있다.
⑤ 「no matter how+형용사/부사+S+V」는 '~가 아무리 …하더라도'라는 뜻으로 「however+형용사/부사+S+V」로 바꿔 쓸 수 있다.

17 '어떤 사람이나 단체 또는 그들의 생각, 계획 등에 대한 찬성과 격려'에 해당하는 단어는 support(지지)이다.

18 배를 대고 엎드려서, 손을 어깨 아래에 놓고 천천히 팔꿈치를 똑바로 펴 줍니다. 등을 할 수 있는 한 위로 일으켜 세우는 동안 하체를 이완해 줍니다. 그런 다음 자세를 이완하고, 처음 자세로 돌아옵니다. 등은 통증이 허락하는 한까지만 일으켜 세웁니다. 하루에 1~2회씩 10회 반복 동작으로 실행합니다.

⑤ '하루 중 운동하기 적당한 때'는 따로 언급된 바가 없다.
① 운동의 시작 자세 → 배를 대고 누운 자세, 즉 엎드린 자세로 한다(while lying on your stomach).
② 몸의 하체 부분을 어떻게 할지 → 긴장을 푼 채로 있는다(keep the lower part of the body relaxed).
③ 등을 얼마나 들어 올릴지 → 최대한 위로 들어 올리는데, 통증이 허락하는 한까지만 일으켜 세운다(while raising your back upwards as far as possible, only raise your back as far as the pain will allow).
④ 이 운동을 하루에 얼마나 자주 해야 하는지 → 하루에 1~2회, 한번 할 때 10번씩 반복해서 한다(perform 10 repetitions, 1–2 times per day).

19 나는 페인트 붓을 지니고 다녔지
내가 어딘가 갈 필요가 있을 때마다,
나 자신을 감출 필요가 있을 경우를 대비해서
나의 참 모습이 드러나지 않도록.

이제 겹겹이 칠한 나의 페인트를 제거하고 싶네
진정한 내가 보이도록
내적인 자아가 밖으로 드러나도록,
이것이 너무 더디지는 않기를 소망하며.

이제 나를 가렸던 겹겹의 페인트가 벗겨지고 있네
왠지 벌거벗고 춥게 느껴지네,
하지만 나는 보이는 모든 것을 사랑하네
진정한 나의 모습, 황금처럼 순수한.

(A) 문맥상 '~한 경우를 대비하여'라는 뜻의 접속사 in case가 와야 적절하다. unless는 '만약 ~이 아니라면'이라는 뜻으로 if ~ not과 바꿔 쓸 수 있다.
(B) 「let(사역동사)+목적어+동사원형」: ~가 …하게 하다
(C) 앞에 선행사 all이 있으므로 목적격 관계대명사 that이 와야 어법상 적절하다.

[20~22] 저는 정말 할아버지를 돕고 싶었어요. 그래서 환자가 침대 밖으로 발을 내디딜 때 간병인의 스마트폰에 경보를 작동시키는 무선 시스템 고안에 착수하게 되었어요. 이 시스템이 작동하게 하기 위해서, 저는 얇은 필름 센서가 부착된 작은 무선 회로를 만들었어요. 이 회로는 양말이나 신발에 놓여지게[설치되게] 돼요. 환자가 침대 밖으로 발을 내디딜 때, 그 압력이 이 시스템으로 하여금 제가 프로그램화하기도 한 스마트폰 애플리케이션으로 경보음을 보내게 해요.

기쁘게도, 그것이 작동했어요! 저와 제 가족이 처음으로 제 장치가 할아버지께서 헤매고 다니시는 것을 감지하는 것을 보았을 때, 우리가 얼마나 깊게 감동받았고 신이 났었는지 저는 결코 잊지 못할 거예요. 그 순간에, 저는 제 지식과 기술을 이용해서 사람들을 위해 제가 할 수 있는 일에 감명을 받았어요. 지금 저는 알츠하이머 환자들을 위한 양로원에 기부하기 위해서 더 많은 센서들을 만들고 있는 중이에요.

제가 오늘 정말 여러분께 말씀드리고 싶은 것은, 여러분의 지식과 기술이, 그것이 무엇이든지간에, 다른 사람들을 돕는 데 사용될 수 있다는 사실이에요. 우리 모두가 제일 잘할 수 있고 또 제일 좋아하는 일로 다른 이들을 돕는 데 함께한다면 어떤 일이 일어날지 상상하는 건 신나는 일이에요. 그런 세상이 어떤 모습일지 정확히는 모르겠지만, 저는 그것이 훨씬 더 나은 세상이 될 것이라는 것을 확신해요. 시간 내주셔서 정말 감사합니다!

20 ⓐ, ⓑ, ⓓ는 선행사를 포함한 관계대명사로 '~하는 것'으로 해석된다. ⓒ, ⓔ는 의문대명사로 '무엇'으로 해석된다.

21 보통 사람들의 작은 노력으로 세상을 더 살기 좋은 곳으로 만들 수 있다는 교훈을 얻을 수 있는 글이다.
  ▶ ① 연습이 완벽함을 낳는다.
  ② 제때 한 땀이 열 땀을 던다.
  ③ 무슨 일이 일어날지는 아무도 모른다.
  ④ 썩은 사과 하나가 통을 몽땅 버려 놓는다.
  ⑤ 작은 물방울들이 모여 거대한 대양을 이룬다.

22 필자는 직접 고안한 장치로 할아버지의 어려움을 해결해 드릴 만큼 (컴퓨터에) 숙련되어 있으며(skilled) 생각만 하고 있는 타입이 아니라 직접 일을 벌이는 적극적인 성격이며(aggressive), 할아버지의 어려움을 안타까워할 줄 아는 동정심도 있으며(sympathetic) 계획한 일에 헌신적으로(dedicated) 열과 성의를 다하는 타입이다. 따라서 ③ '무책임한'과는 거리가 멀다.

[23~25] 잠깐만 기다려 주세요. ID가 *wannahealthybody*인 어떤 분께서 질문을 올리셨네요. 제가 그것에 대한 대답을 지금 해 드리겠습니다. 여러분도 아시다시피, 요즘 많은 젊은이들이 목 통증으로 고통 받고 있습니다. 이것은 하루에 많은 시간을 고정된 자세로 공부를 하거나 스마트폰을 사용하면서 책상 너머로 몸을 기울이고 있기 때문입니다. 이 나쁜 자세가 목을 앞으로 구부리게 하고 고통을 일으킵니다 하지만, 여기 좋은 소식이 있습니다. McKenzie 운동이 목 통증을 예방하고 줄이는 데 도움을 줄 수 있습니다. 이것이 그것을 하는 방법입니다.

23 ⑤ reduce는 '줄이다, 감소하다'라는 뜻인데, 주어진 영영 풀이는 '크기나 양에서 그것을 더 크게 하다'라는 뜻으로 increase에 대한 설명이다.
  ▶ ① (웹사이트에 사진, 정보 등을) 올리다[게시하다]: 웹사이트 상이나 소셜 미디어를 이용하여 메시지나 그림 같은 것을 게재하다
  ② 통증, 아픔: 몸의 일부가 아플 때 여러분이 가지는 감정
  ③ (시간을) 보내다: 특정한 일을 하는 데 시간을 사용하거나 특정 장소에서 시간을 보내다
  ④ 자세: 어떤 사람이 서 있거나, 앉아 있거나 또는 누워 있는 방식

24 ① suffer from은 '~로 고통 받다[시달리다]'라는 의미로 수동태로 쓰지 않는다.
  ③ 접속사 or에 의해 studying과 병렬 구조를 이루므로 현재분사 형태인 using으로 고쳐야 적절하다.
  ② spend+시간(+in)+v-ing: ~하는 데 (시간을) 보내다
  ④ 「cause+목적어+to-v」: ~로 하여금 …하게 하다
  ⑤ help는 목적어로 to부정사나 동사원형을 취한다.

25 (A) This는 바로 앞에 나온 내용인 many young people these days suffer from neck pain을 가리킨다.
  (B) This poor posture는 앞 문장의 내용 중 자세에 해당하는 부분(leaning over a desk)을 가리킨다.

[26~28] 삼계탕을 먹는다는 생각은 좋았지만, 나는 그것을 온전히 혼자 시도하고 싶지는 않았다. 그래서 나는 내 친구인 Damil에게 함께하자고 부탁을 했고, 그러고 나서 나는 그 경험에 나섰다. 가까운 식당에 대해서 조사를 한 다음, 나는 이 요리(삼계탕)를 전문으로 하는 곳 하나를 결정했다. 우리가 도착했을 때, 그 식당의 주인은 우리를 향해 호기심 가득한 미소를 활짝 지어 보였다. 그리고 우리를 김치, 매운 푸른색 고추, 그리고 고추장이 깔린 식탁으로 안내했다. 몇 분만에, 두 개의 펄펄 끓는 국그릇이 우리 식탁 위에 놓여졌다. 나는 크리스마스 아침을 맞이한 어린아이처럼 신이 나서, 이 맛있는 음식의 첫 인상을 보기 위해 탕의 김을 불어 날렸다. 맑은 국 속에 담긴 인삼, 마늘, 쌀을 채운 영계 한 마리. 그것은 이제 모두 이해되었다. 나는 마침내 그 어르신의 지혜를 이해했다. 삼계탕에 사용된 재료들은 나의 여름 우울을 날려 버릴 것이다.

나는 (먹기) 시작할 가장 적당한 부분을 찾으며 닭을 돌려가며 살펴보았다. 여전히 알지 못한 채로, 나는 부드러운 닭과 밥 그리고 국물 사이를 왔다 갔다 했다. 나는 국물 한 방울까지도 다 먹었다. Damil도 내게 그다지 뒤처지진 않았고,

우리 둘이서 김치 한 접시 전체, 고추 두 개씩, 그리고 오이를 정말 많이 먹었다. 말할 필요도 없이, 우리는 뼈 넣는 통을 빈 닭 뼈들로 가득 채웠다.

26 (A) one은 restaurant를 가리키는데, one과 specialize in이 능동 관계이므로, 현재분사 specializing이 와야 적절하다.
(B) 주어 two boiling bowls가 동사 place의 동작의 대상이므로 수동태 표현인 were placed로 써야 적절하다.
(C) 분사구문의 부정은 분사 앞에 not을 쓰므로 not knowing이 올바른 표현이다.

27 맛있어 보이는 음식을 받아들고 그 모습을 직접 눈으로 확인한 그때 말로만 들었을 때는 정확히 이해되지 않았던 그 점 (It), 즉 '그 노인의 지혜'가 마침내 마음에 와 닿았다는 내용으로 이어져야 자연스러우므로 주어진 문장이 들어갈 곳으로 가장 적절한 곳은 ⑤이다.

28 ⑤ 그들이 먹은 삼계탕이 얼마였는지는 본문에 언급되지 않았다.
▶ ① 필자는 누구에게 삼계탕을 먹는 경험을 함께하자고 요청했는가?
② 그들이 앉았을 때 식당의 테이블 위에는 무엇이 있었는가?
③ 필자는 삼계탕의 모습을 어떻게 묘사했는가?
④ 삼계탕 속의 영계는 무엇으로 채워져 있었는가?
⑤ 그들은 자신들이 먹은 삼계탕에 얼마를 지불했는가?

29 두 번째로 좋은 자세는 몸을 똑바로 펴고 옆으로 자는 것입니다. 이것은 코골이를 줄여 주고 척추를 비교적 똑바로 펴게 해 줍니다. 하지만, 얼굴에 가해지는 압력 때문에 더 많은 주름살이 생길 수 있습니다.
◆최적의 베개: 두꺼운 것. 당신은 머리와 목이 중간에 받쳐지도록, 어깨 위 공간을 채워야만 합니다.

ⓔ support는 여기서 '(넘어지지 않도록) 떠받치다[받치다]'라는 의미로 쓰였으므로 '튼튼하게 하다'라는 뜻의 strengthen으로 바꿔 쓸 수 없다.
▶ ⓐ 자세 ⓑ 가능하게 하다 ⓒ 생기다, 갖다 ⓓ 이상적인

30 그렇다면 우리는 어떻게 수분 섭취를 늘릴 수 있을까요? 우선, 저는 여러분이 청량음료나 주스 같은 설탕이 든 음료를 물로 대체할 것을 제안합니다. 이것은 여러분의 설탕 섭취를 줄이고 여러분이 포만감을 느낄 수 있도록 도와줄 것입니다. 여러분은 또한 과일과 채소를 더 많이 먹음으로써 수분 섭취를 늘릴 수 있습니다. 왜냐하면 이 음식들은 많은 양의 수분을 포함하고 있어서 우리 몸이 매일 필요로 하는 수분의 20%까지 제공할 수 있습니다. 식사 사이에 목이 마를 경우에 대비해 여러분은 물병을 가지고 다닐 수 있습니다. 여러분은 또한 물을 더 많이 즐기기 위해 과일이나 허브 같은 것들로 물에 풍미를 더할 수도 있습니다. 기억하십시오. 물을 많

이 마시는 것이 여러분을 더 나아 보이게 하고 더 기분 좋게 하는 데 도움이 될 것입니다.

(A) 문맥상 '청량음료나 주스 같은 설탕이 든 음료를 물로 대체할 것을 제안한다'는 의미가 되어야 적절하므로 빈칸에는 '대체하다'라는 뜻의 replace나 substitute가 적절하다.
(B) 과일과 채소를 더 많이 먹으라고 하는 이유는 이 음식들이 수분을 많이 포함하고 있기 때문이라는 내용이 되어야 적절하므로 빈칸에는 '포함하다, 함유하다'라는 뜻의 contain이 와야 적절하다.

31 대부분의 사람들에게, 수면에 가장 좋은 자세는 등을 대고 누워 자는 것입니다. 등을 대고 누워 자게 되면, 목과 등이 잠을 자는 동안 똑바로 펴지기 때문에, 목 통증과 허리 통증이 덜할 것입니다. 등을 대고 누워 자는 것은 또한 주름살을 예방해 주는데, 왜냐하면 잠을 잘 때, 어떤 것도 얼굴에 눌리지 않기 때문입니다. 이 자세의 한 가지 단점은 어떤 이들은 등을 대고 누워 잘 때, 코를 더 많이 곤다는 것입니다.
◆최적의 베개: 푹신한 것. 머리를 지나치게 들어 올리지 않고 머리와 목을 받쳐 주기 위한 목적입니다.

⑤ keep의 목적어인 your head and neck이 베개에 의해 떠받쳐지는 것이므로 수동의 의미를 나타내는 과거분사 supported가 되어야 알맞다.
① straight(똑바른, 반듯한)가 be동사 뒤에서 형용사로 쓰였다.
② 주어 역할을 하는 동명사로 어법상 적절하다.
③ 보어절을 이끄는 접속사 that으로 어법상 적절하다.
④ 앞에 나온 명사 pillow를 대신하는 부정대명사로 어법상 올바르다.

[32~33] 자신이 좋아하는 것을 찾으려고 노력해 보고 그것을 바로 시작해 보는 것은 어떨까요? 우선은 자신이 정말로 흥미를 가지고 있는 구체적인 활동들이 있나 잘 살펴보세요. 프로그램에 등록하고 전문가들과 이야기해 보고 지속적으로 (활동들에) 참여하는 것처럼 자신에게 주어지는 어떤 기회라도 활용할 준비를 갖추도록 하세요. 자신의 발가락을 물에 담가 보아[실제로 활동을 해 보고] 자신의 진정한 열정이 무엇인지 발견하도록 하세요.
여러분 중 일부는 자신이 진정으로 좋아하는 것을 발견하는 것이 어렵다고 느낄 수 있습니다. 그렇다면 학업에 충실하고 자신이 보다 잘하는 과목에 세밀한 주의를 기울이도록 하세요. 시간을 충분히 갖고 자신이 하고 싶은 일을 앞으로 30일 동안 꾸준히 해 보도록 하세요. 제 경험상 30일은 새로운 삶의 열정의 씨앗을 심을 수 있는 적절한 시간입니다. 그러니까 자신이 좋아할 것으로 생각되는 무언가를 지금 시작하여 앞으로 30일 동안 시도해 보는 것은 어떨까요? "달을 향해 쏴라[출발해라]. 설령 실패한다 할지라도, 당신은 별들 중 하나에 도달하게 될 것이다."라는 유명한 말처럼 말이죠.

32 (A) something을 선행사로 갖는 목적격 관계대명사 that이 빈칸에 적절하다.

(B), (D) 목적어절을 이끄는 접속사 that이 빈칸에 적절하다.

(C) 선행사를 포함한 관계대명사 what이 빈칸에 적절하다.

33 @와 ④의 it은 가목적어로 쓰였다.

① 「It is[was] ~ that ....」 강조용법의 it

② 날씨를 나타내는 비인칭주어 it

③ 가주어 it

⑤ 앞에 나온 명사를 대신하는 대명사 it

▶ ① 그를 죽게 한 것은 바로 말라리아였다.

② 나는 비가 올 거라고 생각했다.

③ Sara가 그 파티에 올 수 없어서 유감이다.

④ 새로운 법은 이혼하는 것을 더 쉽게 만들었다.

⑤ 나는 내 티켓을 찾을 수가 없다. 그것을 잃어버린 것이 분명하다.

1 ④	**2** ③	**3** ⑤	**4** ④	**5** ④	**6** of
7 ②	**8** ③	**9** ⑤	**10** ②	**11** ②	**12** ③
13 ④	**14** ①	**15** ⑤	**16** ③	**17** ①	
18 ⑤		**19** (A) post (B) difficult (C) concluded			
20 ⑤	**21** ③	**22** ④ → that you are really interested in, ⑤ → what your true passions are			
23 ③	**24** ①, ②	**25** ④	**26** ②		
27 ③	**28** ③	**29** ③	**30** ③	**31** ⑤	
32 ②	**33** ③				

1 M: Cathy, do you have any resolutions for the new school year?

W: Yes, I'm thinking of playing fewer games this year.

M: That sounds like a tough one.

W: Yeah, but we're starting the first year of high school, and I'm planning to focus more on my studies.

M: That's a good idea. Why don't you visit the living books for inspiration?

W: They are the experts who share their experiences with students, aren't they?

M: Yes, they are. I visited them last week, and got some great ideas for a new start.

W: Well, I don't know, but thank you anyway.

남: Cathy, 새 학년을 맞이해서 결심한 것이 있니?

여: 응, 올해는 게임을 더 적게 하려고 생각하고 있어.

남: 어려운 일처럼 들리는데.

여: 그렇기는 하지만 우리는 고등학교 첫해를 시작하니까 공부에 좀 더 집중할 계획이야.

남: 좋은 생각이야. 영감을 얻기 위해 '인간책(living books)'을 방문해 보지 그러니?

여: '인간책'이라면 학생들에게 자신의 경험을 나눠 주는 전문가를 말하는 거 아니니?

남: 응, 맞아. 난 지난주에 그들을 방문했는데, 새로운 출발에 도움이 될 멋진 아이디어를 얻었어.

여: 글쎄, 난 잘 모르겠지만, 아무튼 고마워.

두 사람은 모두 새 학년을 앞두고 있고(we're starting the first year of high school ~) 새 출발을 위해 각오와 의욕을 다지려는 학생들로 친구 관계이다.

2 M: Our school year begins in April and ends in March. Many of us bring a special lunch for the first day of school. The lunch usually contains rice with special sauce and eggs. This is believed to bring us good luck.

남: 우리의 학년은 4월에 시작해서 3월에 끝난다. 우리들 중 많은 학생은 개학 날에 특별한 점심을 싸 가지고 간다.

이 점심에는 일반적으로 특별한 소스와 달걀이 곁들여진 밥이 포함된다. 이 점심이 행운을 가져다준다고 믿는다.

새 학년의 첫날에는 학생들이 상징적인 의미를 띠는 특별한 메뉴의 도시락을 직접 싸 온다고(Many of us bring a special lunch for the first day of school.) 했다.

3 M: Suji and I are going to a movie. Would you like to come along?
W: Sorry. I'm going to go on a bike ride with Susan.
M: Do you ride your bike often?
W: Yes. As you know, it's important to exercise regularly. Riding a bicycle is really good exercise and it's fun.
M: Oh, that's how you stay healthy.

남: 수지랑 나는 영화 보러 갈 건데. 같이 갈래?
여: 미안해. 나는 Susan과 함께 자전거 타러 갈 거야.
남: 자전거를 자주 타니?
여: 응. 너도 알다시피, 규칙적으로 운동하는 게 중요하잖아. 자전거 타는 것은 정말 좋은 운동이고 재미있어.
남: 아, 그게 네가 건강을 유지하는 방법이구나.

여자가 마지막에 자전거 타는 것이 정말 좋은 운동이고 재미있다고 했으므로 이에 대한 남자의 응답으로 가장 적절한 것은 ⑤ '아, 그게 네가 건강을 유지하는 방법이구나.'이다.
▶ ① 그렇게 해서 요전 날 내가 자전거를 잃어버렸어.
② 알았어, 그럼 자전거 타는 법을 네게 가르쳐 줄게.
③ 규칙적으로 운동하는 것이 내 건강의 비결이야.
④ 나는 자전거 타는 게 안전한 것 같지 않아.

4 W: Hi, Daemin. What's wrong with your foot?
M: Hi, Suyeon. I broke my right big toe playing football yesterday.
W: Oh, it must have hurt a lot.
M: Yeah. It really hurt and it's still difficult to walk.
W: I'm sorry to hear that. Can I be of any help?
M: Well, can you help me get home after school?
W: Of course. Let me help you with your bag.
M: Thanks so much. I was afraid I'd have to carry my bag all the way home.

여: 대민아, 안녕. 발에 무슨 문제가 있니?
남: 안녕, 수연아. 어제 축구하다가 오른쪽 엄지발가락이 부러졌어.
여: 아, 많이 아팠겠구나.
남: 응. 정말 아팠어. 그리고 여전히 걷기 힘들어.
여: 안됐구나. 내가 도움이 될 수 있을까?
남: 글쎄, 방과 후에 집에 가는 걸 도와줄 수 있을까?
여: 물론이지. 내가 네 가방을 들어 줄게.
남: 정말 고마워. 집에 가는 내내 가방을 들고 가야 하는 게 걱정이었거든.

운동을 하다가 다치긴 했지만 현재 체육관(gym)이나 경기장(stadium)은 아니며, 다쳐서 지금 병원(hospital)에 있는 것도 아니다. 방과 후 집에 갈 걱정을 하고 있으므로 학교, 즉 교실(classroom)에서 반 친구와 나누는 대화로 보는 것이 가장 타당하다.

5 W: Would you like some Korean food?
M: Sure. I'd love some.
W: Have you heard about the wonderful new Korean restaurant near here? It just opened last month.
M: No, I haven't. What's so special about it?
W: The restaurant is said to be very 'global.'
M: Global? What makes it so?
W: Well, it offers delicious Korean dishes that are designed to suit the tastes of people from around the world.
M: Wow! I think foreigners as well as Koreans can enjoy eating there.
W: Right. I'm sure it has a wonderful menu.
M: Great. Let's go there now!

여: 한국 음식 좀 먹을래?
남: 좋아. 좀 먹고 싶어.
여: 여기 근처에 새로 연 근사한 한국 식당에 대해서 들어봤니? 지난달에 막 개업을 했어.
남: 아니, 못 들어봤어. 뭐가 그렇게 특별한데?
여: 그 식당은 매우 '세계적'이라고들 해.
남: 세계적이라고? 뭐 때문에 그렇대?
여: 음, 전 세계에서 온 사람들의 입맛에 맞게 디자인된 맛있는 한국 음식들을 제공한대.
남: 와우! 내 생각엔 한국인뿐만 아니라 외국인들도 거기서 먹는 걸 즐길 수 있을 것 같아.
여: 맞아. 나는 그곳에 멋진 메뉴가 있을 거라고 확신해.
남: 좋아. 지금 거기로 가자!

'global'이라는 평판에 걸맞게 전 세계인의 입맛에 맞춘 한국 요리를 제공하는(it offers delicious Korean dishes that are designed to suit the tastes of people from around the world) 식당이라고 했다.

6 • take the place of: ~을 대신하다
• get rid of: ~을 없애다, ~을 제거하다
• as a result of: ~의 결과로
▶ • 이메일을 보내는 것이 편지를 쓰는 것을 대신하고 있다.
• 그녀는 그 냄새를 없애기 위해 창문을 열었다.
• 최근의 판매 하락의 결과로 이윤이 감소했다.

7 ② 조건을 나타내는 접속사 in case(~할 경우에 대비하여)가 이끄는 절에서는 미래시제 대신 현재시제를 쓴다. 따라서 In case you have a visitor로 고쳐야 어법상 적절하다.
① 「with+명사+형용사」: ~가 …한 채로
③ 관계대명사 what이 이끄는 절이 문장의 보어로 쓰인 구조이다.(= This is exactly the thing that I saw in my dream.)

④ 동격의 of 뒤에 동명사구가 온 구조이다.
⑤ 「to one's+감정명사」: ~하게도
▶ ① 나는 입안이 가득 찬 채로 말하는 사람을 싫어한다.
② 누가 찾아올 경우에 대비해 셔츠를 입고 있어라.
③ 놀라워라! 이건 내가 꿈에서 본 그대로야!
④ 평생 노예로 살아간다는 생각은 끔찍하다.
⑤ 놀랍게도, 나는 유명한 한국 가수인 싸이로부터 이메일 답장을 받았다.

8 '…와 같은 ~'라는 뜻의 「the same ~ that …」 구문을 사용하여 영작한다. 우리말에 맞게 완전한 문장으로 쓰면 I hope you go to the same school that I went to.가 된다.

9 고등학생으로서 정말 잘하고 싶어요. 또 그렇게 하려고 굳게 결심도 했어요. 하지만 저는 내 자신이 미래에 무엇을 하고 싶은지 잘 모르겠어요. 솔직히 말해 내가 어떤 것도 잘할 수 있을지 확신이 서지 않아요. 어디서부터 시작해야 할까요?

(A) 빈칸 앞뒤의 내용이 대조를 이루므로 빈칸에는 역접의 접속사 However 또는 Yet이 와야 적절하다.
(B) 빈칸 앞과 마찬가지로 빈칸 뒤에도 필자의 혼란스러운 마음이 표현되어 있으므로 빈칸에는 속마음을 털어놓을 때 쓰는 To be honest가 문맥상 가장 적절하다.

[10~13] 당신은 서울의 여름에서 긴 낮과 덥고 잠 못 이루는 밤 이외에 또 무엇을 기대하는가? 또다시 한국의 여름이었고 나는 서울의 뜨거운 여름 거리 위의 아이의 손에 놓여진 아이스크림처럼 녹아 가고 있는 중이었다. 다행히도, 도시 한 가운데서, 나는 나를 신선하게 해 줄 완벽한 것을 발견하였고 나를 도울 완벽한 사람을 만났다. 종로 뒷골목을 따라 편안한 산책을 한 다음, 나는 우연히 한 국수 가게에 들렀고, 차가운 국수를 즐겼으며, 한 친절한 어르신을 만났다.
"우리는 여름의 열기가 도달하면, 차가운 국수를 즐기지요." 김 선생님께서 말씀하셨다. 그는 또한 내게 우리 몸의 냉기의 정도와 온기의 정도가 균형을 이룰 때 우리가 건강하다고 말씀하셨다. 이것은 정확히 내가 어떤 한국 문화와 철학에 관한 책에서 읽은 것이었다: 우리의 음과 양이 균형을 이루지 못할 때, 우리의 몸은 제대로 된 조정이 필요하다. "물론 한국의 여름에는 흔히 그것을 말로 하기가 실행하기보다 쉽지요. 그래서 우리는 여름에 차가운 국수를 즐기지요." 그는 덧붙였다.

10 ⑤ melt는 '녹다'라는 뜻인데, 주어진 영영풀이는 '기온이 매우 차가워서 얼음으로 변하다'라는 뜻으로 freeze(얼다)에 대한 설명이다.

11 (A) 분사구문을 완전한 절로 고치면 After I took a relaxing walk along the back streets of Jongno, ~.가 된다. 이 문장은 의미를 명확하게 하기 위해 분사구문에 접속사를 남겨 둔 형태이므로 After taking ~으로 써야 어법상 적절하다.

(B) 선행사를 포함한 관계대명사 what이 와야 할 자리이다.
(C) '그래서 ~이다, 그것이 ~한 이유이다'라는 뜻의 「that's why ~」 구문이 와야 적절하다.

12 한국의 여름 더위로 인해 괴로워하던 'I'가 운 좋게도 뜻하지 않게 그 더위를 물리쳐 줄 음식과 친절하게 설명을 해 줄 사람을 만난 이야기이다.
▶ ① 서울의 번화가를 산책하는 한 가지 어려움
② 나를 무더운 여름에서 구해 준 두 가지 음식
③ 무더운 한국의 여름 날에 있었던 운 좋은 만남
④ 외국 음식 탐구의 날
⑤ 뜨거움과 차가움 사이에 균형을 유지하는 것의 어려움

13 'I'는 한국에 대한 책을 읽었다고(This is exactly what I read about in a book on Korean culture and philosophy) 했으므로 ④ '필자는 그 노인을 만나기 전까지는 한국에 대해 아무것도 몰랐다.'는 글의 내용과 일치하지 않는다.
▶ ① 서울의 여름은 여느 때와 같이 무더웠다.
② 필자는 결국 그를 여름의 열기에서 구해 줄 완벽한 음식과 사람을 찾았다.
③ 그 노인은 낯선 사람들에게 응대해 줄 정도로 친절했다.
⑤ 그 노인은 한국 음식과 그것이 몸에 미치는 영향에 대해 많이 알고 있었다.

14 등(→ 배)을 대고 누워서 손을 어깨 아래에 놓고 천천히 팔꿈치를 똑바르게 펴 줍니다. 하체를 편안하게 유지하고 등을 할 수 있는 한 위로 들어 올립니다. 그런 다음, 편안하게 몸을 풀고 처음 자세로 돌아옵니다. 등은 통증이 허락하는 한까지만 들어 올립니다. 10번씩 반복해서 하루에 1~2회 실행합니다.

등이 아닌 배를 바닥에 대고 엎드린 자세이므로 back(등)이 아닌 stomach(배)로 고쳐야 적절하다.

[15~17] 이제 막 고등학교를 시작하였으니 새로운 사람들과 잘 어울리면서 전혀 새로운 환경에서 자신의 정체성을 유지하는 것이 쉽지는 않을 거예요. 하지만 그냥 자신의 평소 모습처럼 하지 그래요? 자기 스스로를 좋아하지 않으면 아무도 당신을 좋아하지 않을 거예요. 자신의 내적 자아, 즉 진정한 자신의 목소리를 들으면 들을수록 자기 자신에 대해서 자신감을 더 많이 느끼게 될 겁니다.
자신의 옷차림이나 외모에 대해서 뭔가 만족스럽지 않다고 느낄 때면 그저 자신이 할 수 있는 최선을 다하고 사회적 거울을 통해 자신을 바라보는 대신 내적 거울을 통해 자신을 바라보세요. 새롭고 익숙지 않은 것을 시도해 볼지 확신이 서지 않을 때에도 다른 사람들이 당신에 대해 어떻게 생각할지 걱정하기보다는 자기 자신의 감정에 초점을 맞추세요.

15 주어가 하는 행위가 주어 자신에게 미칠 때 목적어로 재귀대명사(-self)를 쓴다. 따라서 나머지 빈칸에는 yourself가 필요한데 ⑤에는 you가 들어가야 알맞다.

16 ⓐ와 ③의 since는 '~이기 때문에'라는 뜻의 이유를 나타내는 접속사로 쓰였다. 나머지는 '~이래 (죽), ~부터, 그 후 (죽곧)' 등의 의미로 쓰이는 전치사, 부사, 접속사로 쓰였다.

▶ ① 나는 점심시간 이후로 아무것도 먹지 못했다. (전치사)
② 그녀는 10년 전에 런던을 떠났고, 나는 그 이후로 그녀를 본 적이 없다. (부사)
③ 공휴일이기 때문에 모든 가게가 문을 닫았다. (접속사)
④ 우리는 1974년에 영국으로 왔고 그 이후로 죽 여기에 살고 있다. (부사)
⑤ 그녀는 10살 때 이후로 죽 다른 문화에 관심이 있다. (접속사)

17 ⓑ fit in with: ~와 어울리다, ~에 조화하다

[18~19] 안녕하세요, 여러분. 오늘 여기서 모두를 만나게 돼서 반갑습니다. 저는 오타와에서 온 Annie라고 합니다. 여러분은 이 노란색 접착 메모지가 무엇에 쓰이는지 알고 계실 것이며 아마도 많은 용도로 그것들을 사용하실 것입니다. 저는 여기에 제가 이것들을 어떻게 사용하는지 여러분께 말씀드리러 왔습니다. 그것은 사람들을 격려하고, 그들에게 힘을 주며 그들이 행복을 느끼도록 돕는 것입니다. 제가 중학생이었을 때, 누군가가 제 사물함을 억지로 열고 제 휴대폰을 사용해서 제 SNS 페이지에 혐오스러운 것들을 올렸습니다. 그 일은 제 마음을 너무 상하게 해서 극복하기 힘들었습니다. 하지만 많은 생각을 하고 부모님과 가장 가까운 친구들과 얘기를 나눈 끝에, 남을 괴롭히는 아이들은 말을 사람들을 상처 주기 위해 사용하지만, 저는 다른 이들을 격려하기 위해 그것을 사용해야 한다는 결론을 내렸습니다.

18 ⓐ 문맥상 '이 노란색 접착 메모지가 무엇에 쓰이는지'라는 의미가 되어야 히므로 의문대명사 what(무엇)이 빈칸에 적절하다.
ⓑ 문맥상 '제가 이것들을 어떻게 사용하는지'라는 의미가 되어야 하므로 의문사 how(어떻게)가 빈칸에 적절하다.

19 (A) 문맥상 'SNS 페이지에 혐오스러운 것들을 올렸다'라는 의미가 되어야 적절하므로 '게재하다, (글 등을) 올리다'라는 뜻의 post가 와야 한다. host는 '(파티 등을) 개최하다, 주인으로서 접대하다'라는 의미이다.
(B) 바로 앞에서 그 일이 마음을 무척 상하게 했다고 했으므로 difficult to overcome(극복하기 어려운)으로 연결되어야 문맥이 자연스럽다.
(C) 앞으로 어떻게 하겠다는 방침이 that절에 나오므로 '결론을 내리다'라는 뜻의 conclude가 문맥상 적절하다. exclude는 '제외하다, 배제하다'라는 의미이다.

20 당신은 아마도 다른 이들을 돕고 세상을 보다 더 살기 좋은 곳으로 만들기 위해 자신을 희생한 위대한 사람들에 대해서 알고 있을 것입니다. 슈바이처 박사가 하셨던 것에 맞추어 사는 것은 보통 사람들에게는 어렵거나 실질적으로 불가능한 것처럼 보일 수 있습니다. 하지만 우리가 일상생활 속에서 가족과 친구들을 위해 취하는 작은 행동들이 더 나은 세상을 만드는 데 변화를 만들어 낼 수 있습니다. 오늘 우리는 그러한 행동을 취했던 두 십 대들의 이야기를 들을 것입니다.

(A) live a better place가 아니라 live in a better place이므로 in이 필요한 자리이다.
(B) live up to: ~에 맞춰 살다, ~에 부응하다
(C) '나아가는 바, 지향하는 바'를 나타내므로 toward creating a better world가 문맥상 적절하다.

[21~24] 고등학교 생활을 시작했을 때, 저는 학교생활을 잘하고 싶었지만 제대로 되는 것이 아무것도 없었답니다. 친구들과 문제가 있었고 성적은 형편없었죠. 제가 진정으로 무엇을 하기 원하는지도 전혀 몰랐어요.
저는 변하고 싶어서 자신을 되돌아보기 시작했습니다. 제가 사진 찍는 것을 좋아한다는 것을 깨닫고는 그것(사진 찍는 일)을 한 달 동안 해 봤죠. 저는 사진 동아리에도 가입했어요. 하루 종일 사진을 쳐다보는 데서 실제로 찍는 데로 나아간 거죠. 오래지 않아 제가 좋아하는 것과 제가 되고 싶은 꿈을 발견하게 되었습니다.
자신이 좋아하는 것을 찾으려고 노력해 보고 그다음엔 그것을 바로 시작해 보는 것은 어떨까요? 우선은 자신이 정말로 흥미를 가지고 있는 구체적인 활동들이 있나 잘 살펴보세요. 프로그램에 등록하고 전문가들과 이야기해 보고 지속적으로 (활동들에) 참여하는 것처럼 자신에게 주어지는 어떤 기회라도 활용할 준비를 갖추도록 하세요. 자신의 발가락을 물에 담가 보아[실제로 활동을 해 보고] 자신의 진정한 열정이 무엇인지 발견하도록 하세요.

21 ⓐ와 ③의 go는 '~하게 되다'라는 뜻의 2형식 동사로, 뒤에 형용사 보어를 취한다.
▶ ① 나이가 들수록 시간이 더 빨리 흐르는 것 같다.
② 그 이메일은 회사에 있는 모든 사람들에게 보내졌다.
③ 나는 일이 잘못되어 갈 때 스트레스를 받지 않으려고 노력한다.
④ 나는 15살 때 처음 록 콘서트에 갔다.
⑤ 여기서 우리가 할 수 있는 일이 더 없다. 집으로 가자.

22 ④ you are interested in specific activities로 선행사 specific activities는 전치사 in의 목적어이므로 전치사 in이 필요하다.
⑤ find out의 목적어 자리이므로 의문문 어순(what are your true passions)이 아닌 간접의문문 어순(what your true passions are)이 되어야 적절하다.

23 ⓑ realize의 목적어절을 이끄는 접속사 that이 와야 한다.
ⓒ any chances를 선행사로 취하는 주격 관계대명사 that [which]이 와야 한다.

24 현재 고등학생으로서 어려움을 겪고 있는 독자의 공감을 이끌어 내기 위해 고등학교 시절의 자기 얘기로 시작했고, First ~, Then ~으로 이어지는 구체적인 방안까지 제시하고 있다.

▶ 글쓴이가 주장을 펴는 데 있어서 독자에게 강한 인상을 주기 위해 사용한 방법을 모두 고르시오.

① 필자는 문제를 해결하는 것에 대한 자기 자신의 이야기를 소개했다.

② 필자는 꿈을 찾기 위한 구체적인 행동 계획을 제시했다.

③ 필자는 학창시절 동안의 공부의 중요성을 강조했다.

④ 필자는 십 대들 사이에 어떤 직업이 인기 있는지에 대한 정보를 제공했다.

⑤ 필자는 학생들이 행동을 취하도록 고무시키기 위해 인용구 하나를 소개했다.

25 잠을 자는 데 가장 나쁜 자세는 배를 대고 엎드리는 것입니다. 왜냐하면 척추가 휘어지는 자세로 있게 되고 머리가 밤새 옆으로 돌려져 있기 때문입니다. 이것은 낮 동안에 등과 목의 통증을 <u>유발할</u> 수 있습니다. 여러분이 엎드려서 잔다면, 저는 아침에 스트레칭하는 것을 제안합니다. 몇 분간의 스트레칭은 여러분의 몸을 곧게 펴 주는 데 도움을 줄 것입니다.

◆도움이 되는 베개: 그냥 얇은 베개나 아예 베지 않는 것

'이것은 낮 동안에 등과 목의 통증을 유발한다.'라는 뜻이 되어야 하므로 '~로 이어지다, 유발하다, 초래하다'라는 뜻의 lead to가 빈칸에 적절한데, 이 표현은 cause, result in, bring about 등으로 바꿔 쓸 수 있다. ④ deal with는 '~을 다루다[처리하다]'라는 뜻이다.

[26~27] 고등학교 생활을 시작하자마자, 저는 행동을 취했습니다. 제 아이디어는 긍정적인 메시지를 담은 쪽지를 학교 여기저기에 붙여서 친절을 퍼뜨리는 것이었습니다. 저는 주말 내내 "너는 굉장해!"와 "너는 네가 생각하는 것보다 더 가치 있는 사람이야!"와 같은 긍정적인 메시지들을 만드는 데 보냈습니다. 그다음 월요일에 저는 학교 여기저기에 그것들을 붙였고 제 캠페인을 '긍정 포스트잇의 날'이라고 이름 붙였습니다.

다음에 무슨 일이 일어났을지 추측해 보세요. 저는 어질러 놓았다고 꾸지람을 들었답니다! 하지만 아직 실망하지는 마세요. 얼마 안 가서 제 캠페인이 <u>관심과 지지를 얻게 되었습니다.</u> 놀랍게도, 선생님들도 캠페인을 공식화하는 데 동의하셨고 친구들도 제가 캠페인을 위한 SNS 페이지를 만드는 데 동참했습니다. 우리는 지금 전 세계 사람들로부터 많은 격려를 받고 있습니다. 긍정적이고 강력한 말들이 우리 학교와, 우리 지역사회, 그리고 세상 속의 부정적이고 혐오스러운 말들을 대신하고 있습니다.

26 빈칸 앞의 아직 실망하지 말라는 말과 빈칸 뒤의 내용으로 보아 빈칸에는 긍정적인 결과가 제시되어야 적절하다.

▶ ① 완전한 실패임이 드러났다

② 관심과 지지를 얻었다

③ 보다 조직화된 노력이 필요했다

④ 사람들의 생각에 감명을 주지 못했다

⑤ 학교 폭력 예방을 목적으로 했다

27 필자는 생각했던 바를 실천에 옮길 만큼 적극적(active)이며 긍정의 힘을 믿고 긍정 메시지를 전파하는 긍정적인(positive) 사람이며 세상에 영향을 끼치려는 그 방식이 매우 창의적(creative)이며 처음에 예기치 않은 반대에 부딪쳤음에도 불구하고 계획을 꺾지 않고 계속해 나가는 단호한(determined) 태도를 보인다.

▶ 'I'를 묘사하는 말로 적절하지 않은 것은?

① 적극적인   ② 긍정적인   ③ 우유부단한

④ 창의적인   ⑤ 단호한, 결연한

[28~29] 그렇다면 우리는 어떻게 수분 섭취를 늘릴 수 있을까요? 우선, 저는 여러분이 청량음료나 주스 같은 설탕이 든 음료를 물로 대체할 것을 제안합니다. 이것은 여러분의 설탕 섭취를 줄이고 여러분이 포만감을 느낄 수 있도록 도와줄 것입니다. 여러분은 또한 과일과 채소를 더 많이 먹음으로써 수분 섭취를 늘릴 수 있습니다. 왜냐하면 이 음식들은 많은 양의 수분을 포함하고 있어서 우리 몸이 매일 필요로 하는 수분의 20%까지 제공할 수 있습니다. 식사 사이에 목이 마를 경우에 대비해 여러분은 물병을 가지고 다닐 수 있습니다. 여러분은 또한 물을 더 많이 즐기기 위해 과일이나 허브 같은 것들로 물에 풍미를 더할 수도 있습니다. 기억하십시오. 물을 많이 마시는 것이 여러분을 더 나아 보이게 하고 더 기분 좋게 하는 데 도움이 될 것입니다.

28 주어진 문장의 these foods가 가리키는 말이 fruits and vegetables이므로 주어진 문장이 들어갈 위치로 가장 적절한 곳은 ③이다.

29 물을 더 많이 마시는 방법으로 '설탕이 들어간 음료를 물로 대체하기(①), 신선한 과일과 채소를 더 많이 먹기(②), 가는 곳마다 물병 가지고 다니기(④), 물을 더 많이 즐기기 위해 물에 풍미를 더하기(⑤)' 등이 언급되었다.

▶ 다음 중 물을 더 많이 마시는 방법으로 언급된 것이 아닌 것은?

30 나는 (먹기) 시작할 가장 적당한 부분을 찾으며 닭을 돌려 가며 살펴보았다. 여전히 알지 못한 채로, 나는 부드러운 닭고기와 밥 그리고 국물 사이를 왔다 갔다 했다. 나는 국물 한 방울까지도 다 먹었다. Damil도 내게 그다지 뒤처지진 않았고, 우리 둘이서 김치 한 접시 전체, 고추 두 개씩, 그리고 오이를 정말 많이 먹었다. 말할 필요도 없이, 우리는 뼈 넣는 통을 빈닭 뼈들로 가득 채웠다.

우리는 식탁 위의 접시마다 깨끗이 비웠고 서로를 놀라며 바라보았다. 그곳에서 우리는 땀을 흘리며 배부르고 행복했다. 그리고 나서 우리는 주변을 둘러보았다. 우리는 혼자가 아니었다. 그 식당 전체는 먹고 땀 흘리고, 땀 흘리고 먹고 하는 사람들로 가득 차 있었다. 행복하지 않은 얼굴은 보이지 않았다.

③ far behind가 '많이 뒤처지다'라는 의미이므로 wasn't far behind me는 '나에게 많이 뒤처지지 않고 거의 비슷한 속도였다'라는 의미가 된다.

31 여러분 중 일부는 자신이 진정으로 좋아하는 것을 발견하는 것이 어렵다고 느낄 수 있습니다. 그렇다면 학업에 충실하고 자신이 보다 잘하는 과목에 세밀한 주의를 기울이도록 하세요. 시간을 충분히 갖고 자신이 하고 싶은 일을 앞으로 30일 동안 꾸준히 해 보도록 하세요. 제 경험상 30일은 새로운 삶의 열정의 씨앗을 심을 수 있는 적절한 시간입니다. 그러니까 자신이 좋아할 것으로 생각되는 무언가를 지금 시작하여 앞으로 30일 동안 시도해 보는 것은 어떨까요? "달을 향해 쏴라[출발해라]. 설령 맞힌다(→ 빗나간다) 할지라도, 당신은 별들 중 하나에 도달하게 될 것이다."라는 유명한 말처럼 말이죠.

⑤ 접속사 even if가 이끄는 절과 주절의 내용이 대조를 이루어야 하므로 hit(맞히다)을 miss(빗나가다)로 고쳐야 문맥이 자연스럽다.

[32~33] 우리가 그 식당을 떠났을 때, 나는 신선한 공기의 숨결을 느꼈다. 바람이 진짜건 상상이건 간에, 그리고 그 국물의 혜택이 진짜건 상상이건 간에, 나는 정말 상쾌해졌다. 그 느낌과 함께 '이열치열'의 지혜에 대한 갑작스러운 이해가 왔다: 정말 뜨거운 무언가를 즐겨라, 몸이 숨을 내쉬게 해라, 그리고 네 자신이 미풍에 상쾌해짐을 발견해라. 마침내, 서울의 여름 열기는 로스엔젤레스의 늦가을처럼 시원하고 신선하게 느껴졌다. Damil과 나는 바로 집에 가지 않았다. 우리는 또 다른 '이열치열'의 경험—뜨거운 온천에서 뜨거운 목욕을 한 다음 매운 라면을 즐길 기회—에 대해서 웃고 얘기하면서, 여름밤을 즐기기 위해 남아 있었다.

32 ⓐ와 나머지 모두는 동격을 나타내는 of인데, ②는 '~ (중)의' 이라는 뜻으로 부분을 나타낸다.
▶ ① 내 비행기가 연착할 가능성이 있다.
② Ann은 그녀의 친구들 중 몇 명을 그녀의 아파트에 초대했다.
③ 그는 유명한 배우가 되겠다는 그의 꿈을 이뤘다.
④ 어둡기 전에 산 정상에 도착할 희망은 없었다.
⑤ 나는 가족으로부터 그렇게 멀리 떨어져 산다는 생각을 좋아하지 않는다.

33 ①, ②, ④, ⑤는 각각 breathe(호흡하다), benefit(혜택), chance (기회), spring(온천)의 영영풀이다. ③은 gust(강풍)에 대한 영영풀이로 본문에는 breeze가 나왔다.
▶ ① 폐로 숨을 들이쉬고 다시 내보내다
② 어떤 것으로부터 얻는 이점, 개선 또는 도움
③ 짧고 강하게 갑작스럽게 몰아치는 바람
④ 뭔가를 할 기회
⑤ 물이 땅을 뚫고 위로 나오는 곳

정답과 해설

총괄평가 3회 pp.129~134

1 ⑤ **2** ② **3** ③ **4** ⑤ **5** ④ **6** ② **7** ④
8 ⑤ **9** ② **10** ③ **11** change, alter **12** ④
13 ② **14** ① **15** ① **16** ④ **17** ② **18** ②
19 ④ **20** He liked this little bird so much that he made a mate for it **21** ④ **22** ④ **23** ⓓ → in which **24** ② **25** is one of the best feelings ever
26 ⑤ **27** ④ **28** ④ **29** ③ **30** ③
31 ① **32** 어떻게 딱따구리는 단단한 표면에 세게 부딪치면서 다치지 않을 수 있는 걸까? **33** ④

1 M: What a lovely bag! It's so cool.
W: Thanks. I made this by myself.
M: No kidding!
W: I got the idea from a TV show. It showed how to make eco-bags out of old banners.
M: What a good idea! Isn't it a way of going green?
W: Yes, it is. I'm worried about the future of our planet, and we need to do something about it.
M: <u>Right, we ought to make every effort to save the earth.</u>

남: 사랑스러운 가방이네! 정말 멋지다.
여: 고마워. 내가 혼자 이걸 만들었어.
남: 설마!
여: 나는 아이디어를 한 TV 프로그램에서 얻었어. 그것은 오래된 현수막으로 에코백을 만드는 법을 보여 줬어.
남: 좋은 생각이다! 그것이 친환경적인 방법 아니니?
여: 맞아. 나는 우리 행성의 미래가 걱정되고, 우리는 그것에 대해 무언가를 할 필요가 있어.
남: <u>맞아, 우리는 지구를 구하기 위해서 모든 노력을 다해야만 해.</u>

두 사람은 여자가 친환경적인 방법으로 만든 에코백을 보며 대화를 나누고 있다. 따라서 우리 행성의 미래를 위해 무언가를 해야 한다는 여자의 말에 대한 남자의 응답으로 가장 적절한 것은 ⑤ '맞아, 우리는 지구를 구하기 위해서 모든 노력을 다해야만 해.'이다.
▶ ① 글쎄, 우리는 우리나라를 발전시킬 필요가 있어.
② 그래, 우리는 비닐봉지를 더 사용해야 해.
③ 좋아. 나는 새롭고 창의적인 무언가를 살 거야.
④ 동감이야. 우리는 식량원을 보호해야 해.

2 W: Protecting the environment is one of the most important issues today. I don't think that advances in science and technology will be able to provide the solutions we need. Why don't we reduce our use of energy and resources? How about reusing what we have already used? Without efforts such as these, we cannot save our planet.

여: 환경을 보호하는 것은 오늘날 가장 중요한 이슈들 중 하나이다. 나는 과학과 기술의 발전들이 우리가 필요한 해결책들을 제공할 수 있다고 생각하지 않는다. 우리가 에너지와 자원의 사용을 줄이는 게 어떻겠는가? 우리가 이미 사용한 것들을 재사용하면 어떻겠는가? 이러한 노력이 없다면, 우리는 지구를 구해 낼 수 없다.

여자는 에너지와 자원의 사용을 줄이는 것, 이미 사용한 것들을 재사용하는 것 등 환경을 보호하기 위해 우리가 여러 가지 노력을 해야 한다고 촉구하고 있다.

3 W: Minho, look at these pictures of koalas. Aren't they cute?
M: Yeah, Sujin. There's nothing cuter than a koala.
W: I always see them in trees. I wonder why they hug trees like that.
M: You know what? I had the same question, and learned that koalas hug trees to cool themselves down.
W: Oh, that makes sense. Australia has a very hot climate.

여: 민호야, 이 코알라 사진들 좀 봐. 귀엽지 않니?
남: 그래, 수진아. 코알라보다 귀여운 건 없어.
여: 나는 항상 그것들이 나무에 있는 것을 봐. 나는 왜 그들이 저렇게 나무를 안고 있는지 궁금해.
남: 너 그거 알아? 나도 같은 의문을 가지고 있었어, 그리고 코알라들이 그들 자신을 시원하게 하려고 나무를 안고 있는 거라는 걸 알았어.
여: 아, 그거 말이 되네. 호주는 매우 더운 기후잖아.

코알라가 왜 나무를 안고 있는지 궁금해 하는 수진이에게 민호가 자신도 예전에 같은 의문을 가지고 있었다고 했으므로 대화의 내용과 일치하지 않는 것은 ③이다.

4 M: Welcome! Is this your first visit to this city?
W: Yes, it is. Can you tell me about fun things to do here?
M: Well, I think the first thing is to have some tasty food at a traditional restaurant.
W: Excellent. I enjoy eating a variety of food. What else?
M: This city is famous for its outdoor concerts. You will have a great time if you go to one.
W: An outdoor concert! Is there one today?
M: Sure. It begins at 8 p.m. if it doesn't rain.
W: Perfect! I'm really looking forward to enjoying a concert under the night sky.

남: 어서 오세요! 이 도시에 처음 방문하시는 건가요?
여: 네, 그래요. 여기서 할 만한 재미있는 것들을 알려 주시겠어요?

남: 음, 제 생각에 가장 먼저 할 일은 전통 음식점에서 맛있는 음식을 먹는 것입니다.
여: 좋아요. 저는 다양한 음식 먹는 것을 즐겨요. 다른 것은요?
남: 이 도시는 야외 콘서트로 유명합니다. 가시면 즐거운 시간을 가질 수 있을 겁니다.
여: 야외 콘서트라구요! 오늘 공연이 있나요?
남: 네. 비만 안 오면 저녁 8시에 시작해요.
여: 잘됐어요! 저는 밤하늘 아래서 콘서트를 관람하는 게 정말 기대돼요.

대화 첫 부분의 내용으로 보아 관광 정보 센터 직원과 여행객 간의 대화임을 알 수 있다.

5 W: Today I'm going to tell you what to do when you notice a gas leak. First, open all the windows to let out the leaked gas. Then turn off the gas if it is open. Remember you're not supposed to turn on electrical devices such as fans and lights because electrical sparks can cause an explosion. And then call the gas company right away at the number displayed near the gas stove.

여: 오늘 여러분에게 가스 누출을 발견했을 때의 행동 지침을 알려드리겠습니다. 우선 누출된 가스가 빠져나가도록 모든 창문을 여십시오. 그러고 나서 가스가 열려 있다면 잠그십시오. 전기 불꽃이 폭발을 일으킬 수 있기 때문에 환풍기나 전등과 같은 전기 기구를 켜서는 안 된다는 것을 기억하십시오. 그런 다음 가스레인지 주변에 적혀 있는 번호로 즉시 가스 회사에 전화를 하십시오.

여자의 첫 번째 말 Today I'm going to tell you what to do when you notice a gas leak.으로 보아 여자가 하는 말의 주제로 가장 적절한 것은 ④ '가스 누출 시의 행동 지침'이다.

6 '사람들을 속이기 위해서 또는 재미로 어떤 것이 마치 사실인 것처럼 행동하다'에 해당하는 단어는 ② '~인 체하다'이다.
　▶ ① 달아나다, 탈출하다
　　③ 장식하다
　　④ (가게 안의 물건들을) 둘러보다
　　⑤ 조사하다

7 ④ as long as는 '~이기만[하기만] 하면, ~하는 한'이라는 의미이다.
　▶ ① 저는 당신이 이것보다 더 나은 아이디어를 내놓을 수 있기를 바랍니다.
　　② 몇 주 후에, 겨울이 봄으로 바뀌었다.
　　③ 이 가격에 항공료가 포함되어 있지 않다는 것을 명심해라.
　　④ 네가 뒤뜰에 있기만 한다면 놀기 위해 밖으로 나가도 된다.
　　⑤ 그녀는 파티에 무엇을 입고 갈지 고르는 데 한 시간이 걸렸다.

8 ⑤ 두 문장으로 고치면 I recently went back to the town. I was born in the town.이 되므로, which 앞에 전치사 in을 넣어 주거나 which를 관계부사 where로 고쳐야 어법상 적절하다.
▶ ① 만일 네가 그에게 이야기를 들려주지 않으면 그는 잠자리에 들지 않을 것이다.
② 그녀는 기차에 지갑을 두고 온 것 같다.
③ 간디는 이제까지 살았던 가장 현명한 사람들 중 한 명이었다.
④ 아마존 지역은 '세계의 허파'로 불려왔다.
⑤ 나는 최근에 내가 태어난 마을로 돌아갔다.

[9~10] 요즈음 최고의 디자이너들 또한 환경을 위한 아이디어와 실행 방법들을 가지고 작업을 하고 있다. 그들은 반드시 자신의 재료를 윤리적으로 <u>구하려</u> 하고 있고, 자신의 환경을 위한 실행을 홍보하고 있다. 예를 들어, 한 디자이너는 대나무와 <u>화학 비료를 쓰지 않은</u> 면을 재료로 한 티셔츠에 대한 아이디어를 생각해 냈다. 또 다른 디자이너는 새로운 환경 친화적인 안경 제품을 출시했는데, 이 안경의 차광알은 50퍼센트 이상 자연적이고 <u>재생 가능한</u> 재료로 만들어졌다.

9 (A) 문맥상 '(특정한 곳에서 무엇을) 얻다'라는 뜻의 source가 와야 적절하다. provide는 '제공하다'라는 뜻이다.

(B), (C) 디자이너들이 환경을 위한 아이디어와 실행 방법들을 가지고 작업한다고 했으므로 네모에는 각각 '유기농의, 화학 비료를 쓰지 않은'의 의미인 organic과 '재생 가능한'이라는 뜻의 renewable이 적절하다. original은 '원래의, 본래의'라는 뜻이고 disposable은 '사용 후 버릴 수 있는, 일회용의'라는 의미이다.

10 선행사 glasses가 관계대명사절에서 명사 shadows를 꾸며 주는 소유격으로 쓰이므로, 빈칸에는 소유격 관계대명사 whose가 와야 적절하다.

[11~12] Poppy는 패션에 대한 그녀만의 블로그를 가진 십 대입니다: "저는 제 나이에 많은 돈을 벌 수 없기 때문에 최신 패션들을 모두 살 수 있는 여유가 없어요. 그래서 '고쳐 가면서 오랫동안 쓰자!'가 제가 유념하고 싶은 것이에요. 한 번은 뭔가 새로운 것을 사는 데 돈을 쓰는 대신에 저는 할머니께서 제게 주신 오래된 옷을 찾아냈어요. 그다음에 저는 약간 모양을 바꿨는데, 마술처럼 저는 새것을 가지게 되었어요. 저는 또한 중고물품들을 사서 고쳐 입는 것을 좋아해요. 왜냐하면, 다른 누구도 같은 것을 가지고 있지 않기 때문이에요. 제가 고쳐 입은 옷들은 독창적이고, 그래서 아무도 제 패션을 따라 할 수 없어요. 무엇보다도 좋은 점은, 제가 지구도 생각하고 있다는 점이에요."

11 mend는 '고치다, 수선하다'라는 뜻으로 change나 alter(바꾸다, 고치다)와 같은 의미이다.

12 Poppy는 중고물품들을 사서 고쳐 입는 것을 좋아한다고 했으므로 ④ '그녀는 새 옷을 사서 그것을 자신의 스타일로 바꾸기를 좋아한다.'가 잘못된 설명이다.
▶ ① 그녀의 나이는 13세에서 19세 사이이다.
② 그녀는 패션에 관한 자신의 블로그를 가지고 있다.
③ 그녀는 전에 할머니의 낡은 옷을 수선해서 그것을 입은 적이 있다.
⑤ 그녀는 다른 사람들과 다른 것을 입기를 좋아한다.

[13~14] 오늘 아침 공항에 도착해서 수상 택시를 타고 섬으로 왔다. 긴 비행 끝에 보트를 타고 물살을 가로질러 이동하는 것은 상쾌했다. 심지어 운전기사는 여동생이 보트 조종을 할 수 있도록 해 주었고 그녀는 몹시 흥분했다! 마침내 나는 Portia처럼 뛰는 가슴을 안고 베니스에 들어섰다. 도시에 대한 나의 첫인상은 도시의 색이 매우 다채롭다는 것이었다. 벽들은 밝은 파란색, 녹색, 오렌지색과 여러 가지 색들로 덮여 있었다.

13 thrilled, pounding 등의 단어로 보아 글의 분위기로 가장 적절한 것은 ② '신나고 기대하는'이다.
▶ ① 차분하고 평화로운
③ 우울하고 희망이 없는
④ 지루하고 단조로운
⑤ 무섭고 신비로운

14 ⓐ it은 가주어로 to travel across the water by boat를 대신하고 있다. 보트를 타고 물살을 가로질러 이동하는 것이 '상쾌한' 것이므로 능동의 의미를 나타내는 현재분사형 형용사 refreshing으로 고쳐야 적절하다.

[15~16] 신들이 세상을 창조했을 때, 바오바브나무는 땅에 나타난 최초의 나무들 중 하나였다. 다음으로 우아한 야자수 나무가 왔다. 바오바브나무가 야자수 나무를 보았을 때, 그것은 신들에게 말했다. "제가 더 커질 수 있을까요?" 그때 아름다운 호주 벽오동이 그것의 붉은 꽃들과 함께 나났고 바오바브나무는 불평을 했다. "왜 저는 벽오동처럼 아름다운 꽃들을 가질 수 없나요?" 바오바브나무가 참으로 아름다운 무화과나무와 그 열매를 보았을 때 그것은 <u>질투심이 났다</u>. 그래서 바오바브나무는 신들에게 그도 역시 달콤한 열매를 가질 수 있는지 물었다. 신들이 이 불평들을 들었을 때, 그들은 그 나무에게 매우 화가 나서 그것을 뿌리 채 잡아서 들어 올렸다. 그런 다음 그들은 그것을 계속 조용히 있을 수 있도록 거꾸로 다시 심었다. 그 후에, 그 아름다운 나무는 단지 일 년에 한 번씩만 잎을 자라게 할 수 있었다. 일 년의 나머지는, 뿌리가 하늘을 향해 자라는 것처럼 보였다.

15 ⓐ appear는 '나타나다, 보이기 시작하다'라는 뜻인데, 주어진 영영풀이는 '더 이상 보이는 것이 불가능하게 된다'라는 뜻으로 disappear(사라지다, 보이지 않게 되다)에 대한 설명이다.

② ⓑ 꽃: 열매 전에 나무에 보이기 시작하는 꽃들
③ ⓒ 달콤한: 설탕 같은 맛을 가진
④ ⓓ 거꾸로[뒤집혀]: 바닥에 위가 있고 위에 바닥이 있는
⑤ ⓔ 참으로 아름다운: 매우 좋거나 아름다운

16 바오바브나무가 아름다운 무화과나무와 그 열매를 보았을 때 질투심을 느껴(jealous) 신들에게 불평(complaint)을 해서 그들을 화나게 한 내용이다.
▶ ① 화난 — 소음들   ② 화난 — 칭찬들
③ 질투하는 — 불평들   ④ 질투하는 — 칭찬들
⑤ 만족한 — 불평들

[17~19] 벌새는 세상에서 가장 작은 새이다. 이 새들은 그들의 특별한 맴도는 움직임과 화려한 깃털 덕분에 쉽게 알아볼 수 있다. 그들은 그들의 날개를 아주 빠르게 퍼덕거려서 그 날개들이 윙윙대는 소리를 만들게 되는데, 이것이 그들이 벌새라고 불리는 이유이다. 과학자들은 벌새들이 독특하고 빠른 날갯짓을 가지고 있고, 이것이 그들로 하여금 앞으로, 뒤로, 옆으로 날게 하고, 심지어 허공에서 멈출 수 있게 한다는 것을 발견했다. 비록 그들은 몸이 작지만, 시속 54킬로미터까지 날 수 있다. 그들은 또한 벌처럼 한 곳에 머무를 수 있는 능력을 가지고 있다. 어떻게 이것이 가능할까? 그들은 그들의 날개를 8자 모양 패턴으로 퍼덕거릴 수 있고, 이것이 그들로 하여금 한 자리에 맴도는 것을 가능하게 한다. 그들이 한 자리에 맴돌 때, 그들은 긴 혀를 사용해서 꽃으로부터 달콤한 액체를 가져간다. 그들의 한 가지 약점은 그들의 발이다. 그들은 너무 많이 비행을 하기 때문에 형편없이 발달된 발을 가지게 되었고, 그래서 이것은 걷는 데 사용될 수 없다.

17 ② 문맥상 '이것이 그들이 벌새라고 불리는 이유이다'라는 뜻이 되어야 하므로 '그래서 ~이다, 그것이 ~한 이유이다'라는 뜻의 「that's why ~」 구문을 사용해야 한다. 여기서는 관계대명사 which가 앞 문장 전체의 내용을 대신하며 관계부사 why의 이유에 해당하는 문장을 대신하고 있다.
① 「due to+명사(구)」: ~ 때문에
③ 「allow+목적어+to부정사」: ~로 하여금 …하게 하다, ~가 …하는 것을 허락[허용]하다
④ 전치사 at의 목적어 역할을 하는 동명사로 어법상 올바르다.
⑤ '발달된 발'이라는 뜻의 수동의 의미이므로 과거분사 developed는 올바른 표현이다.

18 (A) 빈칸 뒤의 종속절과 주절의 내용이 대조를 이루므로 빈칸에는 양보를 나타내는 접속사 although(~에도 불구하고)가 와야 한다.
(B) 빈칸 뒤의 종속절과 주절의 내용이 인과 관계를 이루므로 빈칸에는 이유를 나타내는 접속사 because(~이기 때문에)가 와야 한다.

19 ① 벌새라고 불리는 이유(→ 날개를 아주 빠르게 퍼덕거려서 그 날개들이 윙윙대는 소리를 만들어 내므로), ② 최고 비행 속도(→ 시속 54km), ③ 공중에서 한 곳에 머무를 수 있

는 이유(→ 날개를 8자 모양 패턴으로 퍼덕거릴 수 있어서), ⑤ 신체의 약점(→ 제대로 발달이 안 된 발) 등은 나와 있지만 ④ '주요 서식지'에 관한 내용은 본문에 나와 있지 않다.

[20~22] 태초에, 위대한 신은 모든 다른 새들을 만든 다음에 몇 개의 작은 나머지 조각들을 가지고 있었다. 그는 어떤 조각들도 버리고 싶지 않았다, 그래서 그는 그 나머지들을 이용해서 벌새를 만들었다. 위대한 신은 말했다. "나는 벌새가 너무 작으니까, 그것이 확실히 잘 날 수 있기를 원한다. 그래서 나는 그것에게 앞으로, 뒤로, 그리고 심지어 딱 한 장소에서 머물러 있을 수 있는 능력을 줄 것이다." 그는 이 작은 새를 무척 좋아해서 그것을 위해 짝을 만들어 주고 모든 다른 동물들을 그들의 결혼식에 초대했다. 소박한 회색 깃털만을 가진 벌새들을 제외하고는 결혼식에 대한 모든 것이 아름다웠다. 다른 새들은 그들이 불쌍해서, 서로에게 말했다. "우리의 아름다운 깃털을 그들에게 줘서 그들의 결혼식을 위해 장식하도록 해 주자." 그래서 벌새들은 많은 아름다운 깃털들을 받았다. 태양은 또한 벌새들이 태양을 향해 바라보는 한 그들의 깃털이 아름답게 빛나게 될 것임을 약속했다.

20 '너무 …해서 (그 결과) ~하다'라는 뜻의 「so+형용사[부사]+that+주어+동사」 구문을 사용하여 영작한다.

21 (B) '소박한 회색 깃털만을 가진 벌새들을 제외하고는 결혼식에 대한 모든 것이 아름다웠다.'라는 의미가 되어야 적절하므로 빈칸에는 '~을 제외하고는'이라는 뜻의 except for가 와야 알맞다.
(C) '태양은 벌새들이 태양을 향해 바라보는 한 그들의 깃털이 아름답게 빛나게 될 것임을 약속했다.'라는 의미가 되어야 적절하므로 빈칸에는 '~하는 한'이라는 뜻의 as long as가 와야 알맞다.

22 벌새의 결혼식이 얼마나 오래 지속되었는지는 본문을 통해 알 수 없다.
▶ ① 위대한 신은 작은 나머지 조각들로 무엇을 만들었는가?
② 신은 벌새에게 어떤 특별한 능력을 주었는가?
③ 다른 동물들 모두가 초대된 특별한 행사는 무엇이었는가?
⑤ 다른 새들은 왜 벌새를 불쌍하게 여겼는가?

[23~25] 친환경적이 되겠다고 결심하는 것은 사실 대단한 일이 아닙니다. 그것은 어렵지 않습니다. 어떤 사람들은 친환경적인 옷장을 가지는 것이 돈을 더 많이 들게 하고 지나치게 번거롭게 할 것이라고 생각합니다. 하지만 당신은 이미 당신이 생각하는 것보다 더 친환경적일 가능성이 있습니다. 당신은 이미 친구와 옷을 나누어 봤거나 당신의 오래된 옷을 자선 단체에 주었을 것입니다. 또는 당신은 옷을 버리는 대신 재사용했을 것입니다. 그저 '줄이자'를 당신의 친환경 목록에 더하세요, 그러면 당신은 환경에 진정한 변화를 만들 것입니다.

일단 당신이 친환경적이기 시작하면, 당신은 에코 패션의 세계로 들어갈 수 있는 많은 방법들을 찾을 것입니다. 당신은 또한 친환경적인 것이 얼마나 쉽고 보람 있는지를 발견할 것입니다. 단지 당신이 미래를 위해 지구를 보존하는 데 당신의 역할을 하고 있다는 것을 아는 것은 여태껏 최고로 좋은 느낌 중 하나입니다.

23 ⓓ 두 문장으로 고치면 Once you start to go green, you will find lots of ways. You can get into the eco-fashion scene in the ways.가 되므로 관계대명사절의 전치사가 관계대명사 앞으로 나간 형태인 in which로 고쳐야 어법상 적절하다.

24 빈칸 앞뒤의 내용이 상반되므로 빈칸에는 역접의 연결사 ② '하지만, 그러나'가 와야 적절하다.
▶ ① 그러므로 ③ 게다가 ④ 즉, 말하자면 ⑤ 예를 들어

25 「one of the + 최상급 형용사 + 복수명사」: 가장 ~한 것들 중 하나

26 우리는 8월의 학교 축제에서 공연하기 위해 연극반에서 셰익스피어의 연극 '베니스의 상인'을 준비하고 있는데, 나는 최고의 역할 Portia를 맡았다. Portia는 셰익스피어의 희곡들 중에서 가장 중요한 여자 인물들 중 하나이다. 그녀는 궁전에서 사는 공주가 아니다. 그녀는 베니스로 달아나, 변호사로 변장하고, 법정에서 변호를 하여 남편의 친구 Antonio의 목숨을 구한다. 어쨌든 나는 연극을 연습할수록 베니스에서의 그녀의 길을 더 가깝게 따르고 있는 것 같았다.

(A) '~가 …하기 위해서'라는 뜻의 「so that + 주어 + 동사」 구문으로 써야 적절하다.
(B) 「one of the + 최상급 형용사 + 복수명사」: 가장 ~한 것들 중 하나
(C) '~하면 할수록 더 …하다'라는 뜻의 「the + 비교급 ~, the + 비교급 …」 구문이 사용된 문장인데, 문맥상 '그녀의 길을 더 가깝게 따르다'라는 뜻의 부사의 의미가 되어야 하므로 the more closely로 써야 어법상 적절하다.

27 수상 안전에 대한 많은 잘못된 믿음들이 사람들에 의해 지속되어 왔다. 그것들 중 하나는 우리가 일단 수영을 배우기만 하면, 수상 활동 중에 구명조끼가 필요 없다는 것이다. 이것은 그야말로 잘못된 것이다. 구명조끼가 수영을 잘하는 사람들의 수많은 생명을 구해 왔다고 보고된다.

본문의 밑줄 친 that과 ④는 동격절을 이끄는 접속사로 쓰였다.
① 진주어절을 이끄는 접속사 ② 목적격 관계대명사 ③ 앞에 나온 명사를 대신하는 대명사 ⑤ 주격 관계대명사
▶ ① 그녀는 하루에 16시간을 일한다고들 한다.
② 내가 너에게 보여준 저 사진들을 기억하니?
③ 그의 경험은 그의 친구들의 그것과 달랐다.

④ 그것은 모두 사람들이 동등하게 창조되었다는 생각에 근거를 두고 있다.
⑤ 며칠 전에 그녀는 그녀의 삶을 바꾼 전화 한 통을 받았다.

[28~29] 그들의 목적은 상세한 비행 기록을 하는 항공기 장치인 블랙박스를 개선하는 것이었다. 블랙박스는 항공기 추락 사고의 원인을 밝혀내기 위해 사용되고, 따라서 추락의 충격을 견뎌 낼 수 있어야 한다.
연구자들은 블랙박스의 기록 장치를 자잘한 유리조각을 단단히 채워 넣은 알루미늄 용기 안에 넣었다. 이것은 딱따구리의 두개골 속의 스펀지 뼈의 효과를 재현하기 위해 행해진 것이다. 그들은 또한 충격을 흡수하도록 용기를 고무 층으로 덮고 그다음 그 전체를 강철 층으로 덮었다. 계획은 아주 성공적이었다. 새로운 블랙박스는 이전 형태보다 60배나 더 잘 보호가 되었다.

28 ⓐ와 ①, ③, ④, ⑤는 모두 '원인'이라는 의미로 쓰였는데, ②는 '대의명분'이라는 뜻으로 쓰였다.
▶ ① 실업이 가난의 주된 원인이다.
② 젊은이들은 자주 대의명분을 위하여 투쟁하기를 원한다.
③ 경찰이 여전히 화재의 원인을 조사하고 있다.
④ 술이 도로 사고의 가장 흔한 원인이다.
⑤ 유방암이 미국 40대 여성들의 주된 사망 원인이다.

29 ③ 연구진들이 블랙박스의 기록 장치 안을 유리조각들로 채운 것이 아니라 블랙박스의 기록 장치를 작은 유리조각들로 빡빡하게 채워진 알루미늄 용기 안에 넣은 것이다.

30 동물들과 식물들은 그들의 독특한 능력과 특징들 때문에 사람들에 의해 오랫동안 연구되어 왔다. 그것들 중 일부는 사람들을 고무시켜 새로운 기술을 발전시키도록 했다. 예를 들어, 새들은 레오나르도 다빈치에 의해 고안된 비행기의 본보기가 되었다고 알려져 있다. (B) 도마뱀과 캥거루 같은 다른 동물들은 다양한 로봇들을 위한 본보기로서 역할을 하고 있다. (C) 이 동물들은 날고, 벽 위를 걷고, 효율적으로 점프하는 그들의 특별한 능력들을 개발하면서 환경에 적응하기 위해 오랫동안 진화했다. (A) 생체 모방은 다양한 인간들의 문제를 해결할 수 있는 기술을 개발하기 위해 이러한 능력을 모방하는 것을 의미한다.

주어진 글은 사람들이 동물들과 식물들의 독특한 능력과 특징들을 연구해서 새로운 기술들을 발전시켰고 그 예로 새가 비행기의 본보기가 된 사실을 설명하고 있다. 따라서 뒤 이어 다른 동물들을 예로 든 (B)가 나오고 그러한 동물들의 다양한 능력들이 환경에 적응하기 위해 오랫동안 진화해 왔으며(C) 생체 모방은 다양한 인간들의 문제를 해결할 수 있는 기술을 개발하기 위해 이런 동물들의 능력을 모방한다는(A) 내용으로 이어져야 글의 흐름이 자연스럽다.

[31~32] 이것이 몇몇 과학자들이 딱따구리 연구가 그토록 중요하다고 믿는 이유이다. 그것들은 시속 20킬로미터가 넘는 속도로 부리로 나무를 망치질하듯 두드린다. 그것들은 초당 약 20회를 부리로 쫄 수 있다. 평균적으로 단단한 표면에 머리를 하루에 12,000번 부딪친다. 한 번의 충격은 인간에게 심각한 뇌 손상을 일으킬 수 있는 충격의 약 100배이다. 그러나 어쨌든 딱따구리는 어떠한 육체적, 정신적 손상도 전혀 입지 않는다. 왜 그럴까?
이것은 두 명의 한국 과학자 윤상희와 박성민이 흥미를 느낀 바로 그 질문이었다. 어떻게 딱따구리는 단단한 표면에 세게 부딪치면서 다치지 않을 수 있는 걸까?

31 (A) 진주어 to study woodpeckers를 대신하는 가주어(it)가 와야 할 자리이다.
(B) Each는 단수 취급하므로 단수동사 is가 적절하다.
(C) avoid는 동명사를 목적어로 취하는 동사이므로 hurting이 어법상 적절하다.

32 This는 앞부분에서 설명한 내용을 요약한 것으로 콜론(:) 뒤에 나오는 내용인 How do woodpeckers manage to avoid hurting themselves as they pound away at hard surfaces?를 가리킨다.

33 수억 마리의 새들이 창문의 유리로 곧바로 날아가서 죽임을 당해 왔다. 새들은 유리창이 거의 보이지 않기 때문만이 아니라 그것이 근처의 나무들, 하늘, 또는 새 자신들을 반사함으로써 새들을 혼란하게 하기 때문에 창문의 유리에 충돌한다. 이 문제를 해결하기 위해, 연구원들은 그들의 관심을 자외선을 반사하는 거미줄로 돌렸다. 반사된 자외선은 새들이 그 빛을 쉽게 볼 수 있기 때문에, 새들에게 거미줄 사이를 통과하여 나는 것을 피하도록 경고한다. 거미줄은 따라서 그들 자신이 파괴되는 것으로부터 자신을 지킬 수 있다. 이 사실에 영감을 받아, 연구원들은 최근에 새로운 종류의 유리를 개발했다. 그것은 마치 거미줄이 그러는 것처럼, 자외선을 반사하여 새들이 그것에 충돌하는 것을 막을 수 있다.

(A) 수억 마리의 새들이 죽임을 당해 온 것이므로 「have[has] been p.p.」 형태의 현재완료 수동태로 써야 적절하다.
(B) 분사구문을 원래의 절로 고치면 As researchers were inspired by this fact ~가 되므로 Being inspired by this fact ~에서 Being이 생략된 형태인 Inspired by가 빈칸에 적절하다.

---

1 ⑤	**2** ④	**3** ③	**4** ⑤	**5** ④	**6** ②	**7** as
8 ⑤	**9** ③	**10** ②	**11** ③	**12** ②	**13** ④	
14 ②	**15** ③	**16** ⓐ that ⓒ poorly developed feet				

17 hovering **18** ④ **19** ⑤ **20** the more, the more, seem to **21** (1) his mother if[whether] he could go outside to play (2) seems to have forgotten about bringing us some wet towels **22** ② **23** ④ **24** ② **25** professionally → professional
26 The bark of the baobab is used for cloth and rope, the leaves of the baobab are used for seasoning and medicines **27** ⑤ **28** ⑤ **29** defend **30** ④
31 This is why some scientists believe it is so important
32 ② **33** ②

---

1 W: Why are you keeping that water in the bucket?
M: I want to use it again later. I'm going to water the trees in the garden.
W: How thoughtful of you! We should all use less water.
M: <u>You can say that again. And today is World Water Day.</u>

여: 왜 물을 양동이에 담아 두고 있어?
남: 나는 이걸 나중에 다시 쓰고 싶어. 정원에 있는 나무들에 물을 주려고 해.
여: 사려 깊구나! 우리는 모두 물을 덜 사용해야 해.
남: <u>네 말이 맞아. 그리고 오늘은 세계 물의 날이야.</u>

두 사람은 사용한 물을 재사용하는 것에 대해 대화를 나누고 있다. 여자가 마지막에 '우리는 모두 물을 덜 사용해야 해.'라고 했으므로 이에 대한 남자의 응답으로 가장 적절한 것은 ⑤ '네 말이 맞아. 그리고 오늘은 세계 물의 날이야.'이다.
▶ ① 우리는 오래된 것으로부터 새것을 만들어야 해.
② 그래. 우리는 종이를 아끼고 나무를 구해야 해.
③ 맞아. 우리는 저 물을 다시 사용하면 안 돼.
④ 걱정하지 마. 난 비닐봉지를 더 이상 사용하지 않아.

2 W: Good morning. How may I help you?
M: Could you tell me about tourist attractions here in Hong Kong?
W: Sure. There are many things to see, but Victoria Peak is the best place to see the whole city.
M: Wow! We'll be sure to go there. What else would you suggest?
W: Ocean Park is also very popular. It's a world-famous aquarium. And Hong Kong has many beautiful temples, too.
M: We don't have much time today, so maybe we will visit the temples tomorrow. Thank you so much.

여: 안녕하세요. 무엇을 도와드릴까요?
남: 홍콩의 관광명소에 대해 알려 주시겠어요?
여: 네. 볼 것은 많지만 도시 전체를 볼 수 있는 가장 좋은 장소는 Victoria Peak입니다.
남: 와! 꼭 거기에 가야겠네요. 또 다른 곳을 추천해 주시겠어요?
여: Ocean Park도 아주 인기가 있습니다. 그곳은 세계적으로 유명한 수족관입니다. 그리고 홍콩에는 아름다운 절도 많이 있습니다.
남: 우리는 오늘 시간이 많지 않으니까 절은 내일 가야겠어요. 정말 감사합니다.

남자가 홍콩의 관광명소에 대해 묻고 있고 여자가 유명한 여러 관광지를 남자에게 안내해 주고 있으므로 대화가 일어난 장소로 가장 적절한 것은 ④ '관광 안내소'이다.

3 W: Hi, there! This Friday is Earth Day. We are going to exchange used things and make eco-friendly soap. We have a couple of special rules on that day. We shouldn't use single-use products, and we ought to bring our own reusable shopping bags.

여: 안녕, 여러분! 이번 주 금요일은 지구의 날이에요. 우리는 사용한 물건들을 교환하고 친환경 비누를 만들 거예요. 그날 몇 가지 특별한 규칙이 있어요. 일회용품을 사용하면 안 돼요. 그리고 우리는 각자 재사용할 수 있는 쇼핑백을 가지고 와야만 해요.

여자의 말 We are going to exchange used things and make eco-friendly soap.으로 보아 친환경 화장품이 아니라 친환경 비누를 만든다고 했음을 알 수 있다. 따라서 담화의 내용과 일치하지 않는 것은 ③이다.

4 M: Welcome to Living Wonders of Planet Earth. We are proud to present hundreds of animals and plants from the most remote areas on earth. We respectfully ask you to follow our rules while you enjoy the exhibition. Please do not take photos. Loud talking is not allowed, either. Lastly, you're not supposed to touch or feed the animals. Thank you for your cooperation.

남: '지구의 살아 있는 신비'에 오신 것을 환영합니다. 저희는 지구의 가장 외딴 지역에서 온 수백 종의 동식물들을 전시하게 되어 자랑스럽습니다. 저희는 여러분이 전시를 관람하는 동안 저희 규칙을 지켜 주실 것을 정중하게 요청드립니다. 사진 촬영을 하지 마십시오. 큰 소리로 이야기하는 것도 안 됩니다. 마지막으로 동물을 만지거나 먹이를 줘서는 안 됩니다. 협조해 주셔서 감사합니다.

남자의 말 We respectfully ask you to follow our rules while you enjoy the exhibition으로 보아 남자가 하는 말의 목적으로 가장 적

5 M: Do you wonder why kangaroos have pouches? Here's a myth about it. Long ago, a kangaroo's baby ran away, and the mother kangaroo went out to look for it. While she was looking for her baby, the mother kangaroo found a wombat. The wombat looked thirsty and tired, so the kangaroo let the wombat climb on her tail and took him to water. The wombat drank some water and recovered his strength. To thank her, the wombat gave her a pouch so that she would never again lose her baby.

남: 여러분은 캥거루는 왜 주머니가 있는지 궁금하시나요? 여기 그것에 대한 전설이 있습니다. 오래 전에, 캥거루의 새끼가 집을 나갔고, 어미 캥거루는 새끼를 찾으러 밖으로 나갔습니다. 어미가 새끼를 찾는 동안, 어미 캥거루는 웜뱃을 발견했습니다. 웜뱃은 목이 마르고 피곤해 보였고, 캥거루는 웜뱃을 꼬리에 타게 한 다음 물가로 데려 갔습니다. 웜뱃은 물을 좀 마시고 힘을 되찾았습니다. 캥거루에게 감사를 표하기 위해서, 웜뱃은 그녀에게 다시는 새끼를 잃어버리지 않도록 주머니를 주었습니다.

집을 나간 새끼를 찾으러 다니던 어미 캥거루가 목이 마르고 피곤해 보이는 웜뱃을 발견하고 도움을 주자 웜뱃이 고마움의 표시로 그녀에게 다시는 새끼를 잃어버리지 않도록 주머니를 주었다는 내용이다. 따라서 남자가 하는 말의 주제로 가장 적절한 것은 ④ '캥거루가 주머니를 가지게 된 유래'이다.

6 '누군가를 예기치 않게 만나다'와 '어떤 일, 특히 문제를 경험하다'에 해당하는 단어는 '(우연히) 만나다; (위험, 곤란 등)에 부닥치다, 직면하다'라는 뜻을 가진 encounter이다.
   ▶ ① 방어하다, 옹호하다 ③ 흡수하다
   ④ 불평하다 ⑤ 배달하다

7 • be known as: ~으로 알려지다
   • A as well as B: B뿐만 아니라 A도
   ▶ • Marie Curie는 현대 물리학의 어머니로 알려져 있다.
   • 그들은 스페인에 농장뿐만 아니라 그리스에 호텔을 소유하고 있다.

8 ⑤ cope with: ~에 대처하다
   ▶ ① 사자와 호랑이는 고양이 과에 속한다.
   ② 우리는 이번 달 지출을 줄여야 한다.
   ③ 상황을 돕기는커녕, 너는 지금 막 그것을 악화시켰다.
   ④ 우체국으로 가는 길 좀 알려 주시겠어요?
   ⑤ 지방 당국은 노숙자 문제에 대처해야 한다.

[9~11] 요즈음 최고의 디자이너들 또한 환경을 위한 아이디어와 실행 방법들을 가지고 작업을 하고 있다. 그들은 반드시 재료를 윤리적으로 구하려 하고 있고 그들의 환경을 위한 실행을 홍보하고 있다. 예를 들어, 한 디자이너는 대나무

와 유기 재배한 면을 재료로 한 티셔츠에 대한 아이디어를 생각해 냈다. 또 다른 디자이너는 새로운 환경 친화적인 안경 제품을 출시했는데, 이 안경의 차광알은 50퍼센트 이상 자연적이고 재생 가능한 재료들로 만들어졌다.

윤리적인 옷의 선구자들 중 한 사람은 Bono이다. 그와 그의 아내는 아프리카와 다른 개발도상국과의 무역에 중점을 둔 세계적인 패션 기구를 만드는 목표를 가지고 있다. 2007년에, 그들은 100퍼센트 아프리카에서 바느질된 티셔츠를 생산하는 의류 분과를 시작했다. 그들의 조직은 Conservation Cotton Initiative를 형성하기 위해 한 보호 단체와 힘을 합쳤다. 이 프로그램은 친환경적인 목화 재배를 홍보하고 농부들이 빈곤으로부터 올라서는 데 도움을 주고 있다.

9 ⓒ pioneer는 '선구자'라는 뜻인데, 주어진 영영풀이는 '보수를 받지 않고 기꺼이 일을 하는 사람'이라는 뜻으로 volunteer (자원봉사자)에 대한 설명이다.
▶ ① ⓐ 알리다, 홍보하다: 어떤 것을 대중에게 널리 알리다
② ⓑ ~을 생각해 내다, ~을 제안하다: 아이디어나 문제에 대한 해결책을 생각해 내다
④ ⓓ 시작하다: 어떤 것을 시작하다
⑤ ⓔ 가난, 빈곤: 가난한 상태

10 (A) T-shirts와 make가 수동 관계이므로 과거분사 made가 와야 적절하다.
(B) a clothing division과 produce가 능동 관계이므로 현재분사 producing이 와야 적절하다.

11 ③ Bono와 그의 부인은 아프리카와 다른 개발도상국과의 무역에 중점을 둔 세계적인 패션 기구를 만드는 목표를 가지고 있다고 했으므로 ③이 본문의 내용과 일치하지 않는다.

[12~13] 몇몇 인기 있는 상점들 또한 친환경적이 되고 있다. 많은 소매 의류 체인점들은 유기농으로 재배된 면의 사용을 늘리고 있다. 몇몇 상점들은 또한 재활용 섬유를 가지고 실험을 해오고 있다. 한편, 어떤 상점들은 소비자들이 재활용하도록 권장할 수 있는 방법들을 고려하고 있다. 2015년에, 한 주요 상점은 고객들이 그들의 오래된 청바지를 재활용될 수 있도록 기부할 때 새 청바지에 후한 할인을 제공함으로써 환경 표준을 개선하려 시도하였다.

12 ② 두 문장으로 고치면 Some stores are looking at ways. They can encourage customers to recycle in the ways.가 되므로 관계대명사절에 있던 전치사 in이 관계대명사 앞으로 나간 형태인 in which로 고쳐야 어법상 적절하다.

13 이 글은 많은 소매 의류 체인점이 유기농으로 재배된 면의 사용을 늘리고 있고, 몇몇 상점들은 재활용 섬유들을 가지고 실험을 해 왔으며, 또한 어떤 상점들은 소비자들을 재활용하도록 권장할 수 있는 방법들을 강구하고 있다는 내용이다. 따라서 이 글의 제목으로 가장 적절한 것은 ④ '친환경적이 되려는 상점들에 의한 노력'이다.

▶ ① 유기농 면의 사용
② 자선단체에 기부하는 방법
③ 할인을 제공하는 것의 이점들
⑤ 재활용 섬유를 가지고 하는 다양한 실험들

14 자연에 대한 어떤 관점을 여러분은 더 좋아하나요? 두 가지 보기가 보여 주는 것처럼, 우리는 신화와 과학적 설명 둘 다를 통해 통찰력을 얻을 수 있습니다. 비록 신화가 사실적으로는 정확하지 않을지 몰라도, 그것은 고대 사람들의 창의성의 실례를 보여 주며 우리에게 가치 있는 삶의 교훈을 가르쳐 줍니다. 과학적인 설명은 상상력이 덜 풍부하지만, 그것은 우리에게 우리 주변의 자연을 어떻게 이해할지를 가르쳐 줍니다. 다음에 여러분이 자연의 경이로움을 마주할 때, 여러분은 어떻게 그것에 반응할까요? 상상력을 가지고? 아니면 과학적인 눈으로? 아니면 둘 다?

(A) 빈칸 뒤에 이어지는 종속절과 주절의 내용이 대조를 이루므로 빈칸에는 양보의 접속사 although가 와야 적절하다.
(B) 빈칸 앞뒤의 내용이 대조를 이루므로 빈칸에는 역접의 접속사 but이 와야 적절하다.

15 신들이 세상을 창조했을 때, 바오바브나무는 땅에 나타난 최초의 나무들 중 하나였다. 다음으로 우아한 야자수 나무가 왔다. 바오바브나무가 야자수 나무를 보았을 때, 그것은 신들에게 말했다. "제가 더 커질 수 있을까요?" 그때 아름다운 호주 벽오동이 그것의 붉은 꽃들과 함께 나타났고 바오바브나무는 불평을 했다. "왜 저는 벽오동처럼 아름다운 꽃들을 가질 수 없나요?" 바오바브나무가 참으로 아름다운 무화과나무와 그 열매를 보았을 때 질투심이 났다. 그래서 바오바브나무는 신들에게 달콤한 열매를 자신도 역시 가질 수 있는지 물었다. 신들은 이 불평들을 들었을 때, 그 나무에게 매우 화가 나서 그것을 뿌리 채 잡아서 들어 올렸다. 그런 다음 그들은 그것을 계속 조용히 있을 수 있도록 거꾸로 다시 심었다.

주어진 문장에서 바오바브나무가 아름다운 무화과나무와 그것의 열매를 보고 질투가 났다고 했으므로 신들에게 달콤한 열매를 갖게 해 달라고 요청한 문장 앞인 ③에 주어진 문장이 들어가는 것이 가장 적절하다.

[16~18] 벌새들은 세상에서 가장 작은 새이다. 이 새들은 그들의 특별한 맴도는 움직임과 화려한 깃털 덕분에 쉽게 알아볼 수 있다. 그들은 날개를 아주 빠르게 퍼덕거려서 그 날개들이 윙윙대는 소리를 내게 되는데, 이것이 그들이 벌새라고 불리는 이유이다. 과학자들은 벌새들이 독특하고 빠른 날갯짓을 가지고 있고, 이것이 그들로 하여금 앞으로, 뒤로, 옆으로 날 수 있게 하고, 심지어 허공에서 멈출 수 있게 한다는 것을 발견했다. 비록 그들은 몸이 작지만, 한 시간에 54킬로미터까지 날 수 있다. 그들은 또한 벌처럼 한 곳에 머무를 수 있는 능력을 가지고 있다. 어떻게 이것이 가능할까? 그들은 날개를

8자 모양 패턴으로 퍼덕거릴 수 있고, 이것이 그들로 하여금 한 자리에 맴도는 것을 가능케 한다. 그들이 한 자리에 맴돌 때, 그들은 긴 혀를 사용해서 꽃으로부터 달콤한 액체를 가져간다. 그들의 한 가지 약점은 그들의 발이다. 그들은 너무 많이 비행을 하기 때문에 형편없이 발달된 발을 가지게 되었고, 그래서 이것은 걷는 데 사용될 수 없다.

16 ⓐ '너무 ~해서 (그 결과) …하다'라는 뜻의 「so+형용사[부사]+that+주어+동사」 구문에 사용되는 that과, have found의 목적어절을 이끄는 접속사 that이 빈칸에 필요하다. ⓒ 계속적 용법의 관계대명사 which는 앞 문장 전체나 일부를 선행사로 가지는데, 여기서는 앞에 나온 poorly developed feet가 선행사이다.

17 'staying in one place(한 곳에 머무는 것)'는 hovering(허공을 맴도는 것)와 바꿔 쓸 수 있다.

18 ④ 세계에 몇 종이나 되는 벌새가 있는지는 이 글을 통해 알 수 없다.
   ▶ ① 이 새들은 왜 벌새라고 불리는가?
   ② 무엇이 벌새로 하여금 벌처럼 한 곳에 머무르게 하는가?
   ③ 벌새는 얼마나 빨리 비행하는가?
   ⑤ 벌새는 왜 형편없이 발달된 발을 가지고 있는가?

[19~20] 우리는 8월의 학교 축제에서 공연하기 위해 연극반에서 셰익스피어의 연극 '베니스의 상인'을 준비하고 있는데, 나는 최고의 역할 Portia를 맡았다. Portia는 셰익스피어의 희곡들 중에서 가장 중요한 여성 등장인물 중 하나이다. 그녀는 그저 궁전에 사는 공주가 아니다. 그녀는 베니스로 달아나 변호사로 변장하고 재판에서 사건을 논쟁하여 남편의 친구 Antonio의 목숨을 구한다. 어쨌든 나는 연극을 더 많이 연습할수록 베니스에서의 그녀의 길을 더 가깝게 따르고 있는 것 같다.

19 ⓐ와 ⑤의 character는 '(책, 영화의) 등장인물'이라는 의미로 쓰였다. ①, ③, ④는 '성격'이라는 의미로, ②는 '문자, 글자'라는 뜻으로 쓰였다.
   ▶ ① 그는 밝지만 조용한 성격이다.
   ② 그 주소는 한자로 쓰여졌다.
   ③ 공손함은 전통적으로 영국 사람들의 성격의 일부이다.
   ④ 그녀는 우리의 국민성에 대해 대단히 많이 이해하고 있었다.
   ⑤ 영화에서 그녀는 매우 차갑고 계산적인 등장인물로 묘사되었다.

20 • 「the+비교급 ~, the+비교급 …」: ~하면 할수록 더 …하다
   • 「seem to+동사원형」: ~인 것 같다

21 (1) 의문사가 없는 의문문을 간접화법으로 전환할 때는 전달동사를 ask[asked]로 바꾸고 접속사 if나 whether를 사용하여 「if[whether]+주어+동사」의 간접의문문 어순으로 쓴다.

   ▶ Mike는 엄마에게 "밖에 나가서 놀아도 돼요?"라고 말했다.
   → Mike는 엄마에게 그가 밖에 나가서 놀아도 되는지 물었다.
   (2) 「It seems that+주어+동사」는 「주어+seem(s)+to부정사」 구문으로 바꿔 쓸 수 있는데, that절의 동사가 주절의 동사보다 이전에 일어난 일을 나타내므로 to부정사를 완료부정사(to have p.p.)로 써야 한다.
   ▶ 그 종업원은 우리에게 물건을 가져오는 것을 잊어버렸던 것 같다.

[22~23] 마침내 나는 Portia처럼 뛰는 가슴을 안고 베니스에 들어섰다. 도시에 대한 나의 첫인상은 도시의 색이 매우 다채롭다는 것이었다. 벽들은 밝은 파란색, 녹색, 오렌지색과 온갖 다른 색들로 덮여 있었다.
우리는 수백 년 전에 궁전이었던 건물에 묵었다. 그것은 가정집이었는데 아침식사를 제공하는 민박집으로 바뀌었고, 상냥한 노부인이 운영하고 있었다. 그 부인은 우리들에게 궁전과 그 지역에 관해서 많은 것들을 이야기해 주었다.
저녁 식사를 할 준비가 되었을 즈음에는 나는 무척이나 배가 고팠다. 전통적인 이탈리아 식당인 Dalla Marisa에 갔기 때문에 배가 몹시 고파서 다행이었다. 식당에는 메뉴가 없었다. 손님들은 그냥 Marisa가 그날 요리하는 것을 먹는다. 화요일이었기 때문에 우리는 빵과 샐러드를 곁들인 신선한 생선을 먹었다. 내가 먹을 수 있는 것보다 훨씬 많았지만 모두 맛있었다.

22 문맥상 '(과거에) ~이었다'라는 뜻의 조동사 used to가 빈칸에 적절하다.

23 (A) a home과 turn이 수동 관계이므로 과거분사 turned가 와야 어법상 올바르다. turn A into B: A를 B로 바꾸다
   (B) 문맥상 '~할 즈음, ~할 때까지'라는 뜻의 시간의 접속사 by the time이 와야 어법상 올바르다.
   (C) 문맥상 'Marisa가 그날 요리하는 것은 무엇이든지'라는 의미가 되어야 적절하므로 anything that과 바꿔 쓸 수 있는 표현인 whatever를 써야 한다.

[24~25] 엄마가 "곤돌라를 타지 않고서는 베니스를 갔다 왔다고 할 수 없단다."라고 말씀하셔서, 우리는 유명한 배 중 하나에 올라탔다. 곤돌라 사공은 운하를 따라 배를 저어 가며 'O Sole Mio'를 불렀는데, 그의 힘 있는 목소리는 거의 전문가처럼 들렸다.
곤돌라를 타고 나서 우리는 또 다른 배를 타고 유리 부는 장인들로 유명한 Murano 섬에 갔다. 우리는 유리 공장을 방문했고 매우 뜨거운 가마에서 유리를 녹이는 장인을 지켜보았다. 나는 그가 어떻게 뜨거운 유리 덩어리를 그의 도구를 단지 몇 번 능숙하게 움직이는 것으로 우아한 말로 만드는지 믿을 수가 없었다.

24 ②의 빈칸에 unless를 넣으면 '만일 네게 성냥이 없다면 불을 피우는 것이 쉽다.'라는 뜻이 되므로 문맥상 어색하다.
▶ ① 표가 없으면 입장하실 수 없습니다.
③ 부모님을 동반하지 않으면 아이들은 들어갈 수 없다.
④ 그들이 요청한대로 하지 않으면 그들은 그를 죽이겠다고 협박했다.
⑤ 담배를 끊지 않으면 그는 건강을 해칠 것이다.

25 sound가 '~하게 들리다'라는 뜻의 2형식 동사로 쓰일 때는 형용사를 보어로 취한다. (professionally → professional)

26 바오바브나무는 건조한 계절 동안 아프리카인들에게 소중한 물의 원천이 됩니다. 바오바브나무의 껍질, 잎, 열매, 몸통도 모두 유용합니다. 바오바브나무의 껍질은 옷감과 밧줄을 위해, 잎은 양념과 약을 위해 사용되는 한편, '원숭이 빵'이라 불리는 열매는 먹을 수 있습니다. 때때로 사람들은 거대한 나무의 몸통 속에서 살기도 합니다. 아프리카 사람들을 위해 얼마나 놀라운 생명의 원천인지!

반복을 피하기 위해 the leaves 뒤에 of the baobab are used를 생략했다.

[27~29] 셋째 날 우리는 Piero라는 여행 가이드와 함께 도시 관광을 했다. 우리는 베니스의 문화적 중심지인 산 마르코 광장에서 출발했다. 거기에서 우리는 수백 점의 눈부신 모자이크화와 환상적인 미술품이 있는 거대한 성당인 산 마르코 대성당을 볼 수 있었다. 산마르코 대성당 바로 옆에는 두칼레 궁전이 있는데, 우리는 안으로 들어갔다. 가장 인상적인 방들 중 하나가 Four Doors Room이었다. 그곳에는 그리스와 로마 신화를 다룬 그림들로 가득했다. 내가 가장 좋아하는 그림은 '베니스에 선물을 바치는 넵튠'인데, 신화 속 바다의 신인 넵튠이 베니스 도시에 바다의 보물들을 바치는 모습을 보여 주고 있다. 그다음에 우리의 여행 가이드는 우리를 Compass Room으로 데려갔다. 그가 이곳이 예전에 재판이 이루어지던 곳이었다는 설명을 했을 때, 나는 '베니스의 상인'을 변호하기 위해 Compass Room으로 입장하는 Portia가 된 내 자신을 상상할 수 있었다.

27 장소를 나타내는 부사구인 right next to St. Mark's Basilica가 의미를 강조하기 위해서 문두로 도치되어 주어와 동사의 어순이 바뀐 문장이다. 원래의 어순은 Doge's Palace is right next to St. Mark's Basilica이다.

28 ⓐ 선행사가 *Neptune Offering Gifts to Venice*로 사물이고, 빈칸을 포함한 문장이 선행사에 대한 부가적인 정보를 제공하므로 빈칸에는 계속적 용법에 사용되는 관계대명사 which가 와야 적절하다.
ⓑ 빈칸을 포함한 문장에 빠진 문장 성분이 없고 장소를 나타내므로 관계부사 where가 와야 적절하다. 이 문장의 빈칸 앞에는 장소를 나타내는 선행사 the place가 생략되어 있다.

29 '범죄 혐의가 있는 사람을 위해 변호사가 되다'에 해당하는 단어는 defend(변호하다, 옹호하다)이다.

30 과학자들은 딱따구리를 면밀하게 연구하여 그 새들이 두개골 앞부분에 스펀지 뼈를 가지고 있다는 것을 알아냈다. 딱따구리는 또한 단단하면서도 유연한 부리를 가지고 있다. 그들은 딱따구리의 뇌가 두개골 안에서 움직일 수 있는 공간이 아주 조금밖에 (또는 거의) 없다는 것도 발견했다. 과학자들은 딱따구리 머리의 유연성 있는 여러 부분이 충격을 흡수하는 데 도움을 주어 타격의 충격을 완화시킨다고 결론을 내렸다.

(A) that이 이끄는 관계대명사절의 선행사가 beaks로 복수이므로 복수동사 are가 와야 적절하다.
(B) to부정사인 to move around의 의미상의 주어 자리이므로 「for+목적격」 형태가 와야 한다.
(C) 이 문장에서 which는 앞 문장의 일부인 the flexibility of the various parts of a woodpecker's head helps to absorb shocks를 가리키므로 단수동사 softens가 어법상 적절하다.

[31~32] 이것이 몇몇 과학자들이 딱따구리를 연구하는 것이 그토록 중요하다고 믿는 이유이다. 그것들은 시속 20킬로미터가 넘는 속도로 부리로 나무를 망치질하듯 두드린다. 그것들은 초당 약 20회를 부리로 쫄 수 있다. 평균적으로 단단한 표면에 머리를 하루에 12,000번 부딪친다. 한 번의 충격은 인간에게 심각한 뇌 손상을 일으킬 수 있는 충격의 약 100배만큼 강력하다. 그러나 어쨌든 딱따구리는 어떠한 육체적, 정신적 손상도 전혀 입지 않는다. 왜 그럴까?

31 '이것이 ~한 이유이다. 그래서 ~이다'라는 뜻의 「This is why ~」 구문을 사용하여 영작한다.

32 '한 번의 충격은 인간에게 심각한 뇌 손상을 일으킬 수 있는 충격의 약 100배만큼 강력하다.'라는 의미가 되어야 하므로 형용사 powerful을 써야 하고 '…보다 (몇) 배 더 ~한'이라는 뜻의 「배수사+as+형용사의 원급+as …」 구문을 사용해야 한다.

33 그들은 윤과 박과 많은 부분에서 같은 결론에 도달했지만, 딱따구리의 부리 모양의 중요성도 발견했다. 위쪽 부리가 아래쪽 부리보다 더 길다. 부리가 나무를 쪼을 때, 그것은 아래쪽과 뒤쪽으로 구부러져서 충격의 일부를 흡수한다. 연구자들은 이런 발견들이 새로운 헬멧을 개발하는 데 아주 유용할 수 있다고 믿는다. 사실 몇몇 헬멧 제조업자들은 이미 그것의 선구적 기원이 프란츠 카프카까지 거슬러 올라가는 '딱따구리 헬멧'을 만들 방법을 열심히 찾고 있다.

a woodpecker helmet을 선행사로 가지면서, 바로 뒤의 명사 modern origin을 수식해 줄 수 있는 소유격 관계대명사 whose를 계속적 용법으로 써야 한다.

Memo

지은이

양현권 서울대학교 영어교육과

강규한 국민대학교 영어영문과

백순도 국민대학교 영어영문과

남택현 서울 수도여자고등학교

High School English
내신평정_평가문제집

펴 낸 이 주민홍

펴 낸 곳 서울특별시 마포구 월드컵북로 396(상암동) 누리꿈스퀘어 비즈니스타워 10층
(주)NE능률 (우편번호 03925)

펴 낸 날 2018년 1월 10일 초판 1쇄 발행
2019년 4월 5일 6쇄

전   화 02 2014 7114

팩   스 02 3142 0356

홈페이지 www.neungyule.com

등록번호 제 1-68호

I S B N 979-11-253-1975-7

정   가 11,000원

NE 능
률

고객센터

교재 내용 문의 : contact.nebooks.co.kr (별도의 가입 절차 없이 작성 가능)

제품 구매, 교환, 불량, 반품 문의 : 02-2014-7114

전화 문의 응답은 본사의 근무 시간 중에만 가능합니다.

NE능률 교재 MAP

아래 교재 MAP을 참고하여 본인의 현재 혹은 목표 수준에 따라 교재를 선택하세요.
NE능률 교재들과 함께 영어실력을 쑥쑥~ 올려보세요!
MP3 등 교재 부가 학습 서비스 및 자세한 교재 정보는 www.nebooks.co.kr 에서 확인하세요.

중1	중2	중2-3	중3
중학영어1 자습서 (김성곤_2015 개정)	중학영어2 자습서 (김성곤_2015개정)	생활 일본어 자습서 (2015 개정)	중학영어3 자습서 (김임득_2009 개정)
중학영어1 평가문제집 1학기 (김성곤_2015 개정)	중학영어2 평가문제집 1학기 (김성곤_2015개정)	생활 중국어 자습서 (2015 개정)	중학영어3 평가문제집 (김임득_2009 개정)
중학영어1 평가문제집 2학기 (김성곤_2015 개정)	중학영어2 평가문제집 2학기 (김성곤_2015개정)		중학영어3 자습서 (김충배_2009 개정)
중학영어1 자습서 (양현권_2015 개정)	중학영어2 자습서 (양현권_2015 개정)		중학영어3 평가문제집 (김충배_2009 개정)
중학영어1 평가문제집 1학기 (양현권_2015 개정)	중학영어2 평가문제집 1학기 (양현권_2015 개정)		
중학영어1 평가문제집 2학기 (양현권_2015 개정)	중학영어2 평가문제집 2학기 (양현권_2015 개정)		

고1	고1-2	고2	고2-3	고3
영어 자습서 (김성곤_2015 개정)	영어 I 자습서 (2015 개정)	영어 독해와 작문 자습서 (2015 개정)	일본어 II 자습서 (2015 개정)	영어 II 자습서 (2015 개정)
영어 평가문제집 (김성곤_2015 개정)	영어 I 평가문제집 (2015 개정)	영어 독해와 작문 평가문제집 (2015 개정)	중국어 II 자습서 (2015 개정)	영어 II 평가문제집 (2015 개정)
영어 자습서 (양현권_2015 개정)	실용 영어 자습서 (2015 개정)	영어 회화 자습서 (2015 개정)	영어 독해와 작문 자습서 (2009 개정)	영어 II 자습서 (2009 개정)
영어 평가문제집 (양현권_2015 개정)	실용 영어 평가문제집 (2015 개정)	실용 영어 II 자습서 (2009 개정)	영어 독해와 작문 평가문제집 (2009 개정)	영어 II 평가문제집 (2009 개정)
기초 영어 자습서 (2009 개정)	일본어 I 자습서 (2015 개정)	실용 영어 II 평가문제집 (2009 개정)		심화 영어 자습서 (2009 개정)
기초 영어 평가문제집 (2009 개정)	중국어 I 자습서 (2015 개정)	영어 회화 자습서 (2009 개정)		
실용 영어 I 자습서 (2009 개정)	실용 영어 독해와 작문 자습서 (2009 개정)			
실용 영어 I 평가문제집 (2009 개정)	실용 영어 독해와 작문 평가문제집 (2009 개정)			
실용 영어 회화 자습서 (2009 개정)				
영어 I 자습서 (2009 개정)				
영어 I 평가문제집 (2009 개정)				

영어 교육 전문가가 만든
NE능률 영어 교과서

HIGH SCHOOL
ENGLISH
내신평정 평가문제집

정가 11,000원

NE능률 교재 부가학습 사이트

www.nebooks.co.kr

NE Books 사이트에서 본 교재에 대한 상세 정보 및
부가학습 자료를 이용하실 수 있습니다.

※ 교재 내용 문의: contact.nebooks.co.kr

53740

9 791125 319757
ISBN 979-11-253-1975-7

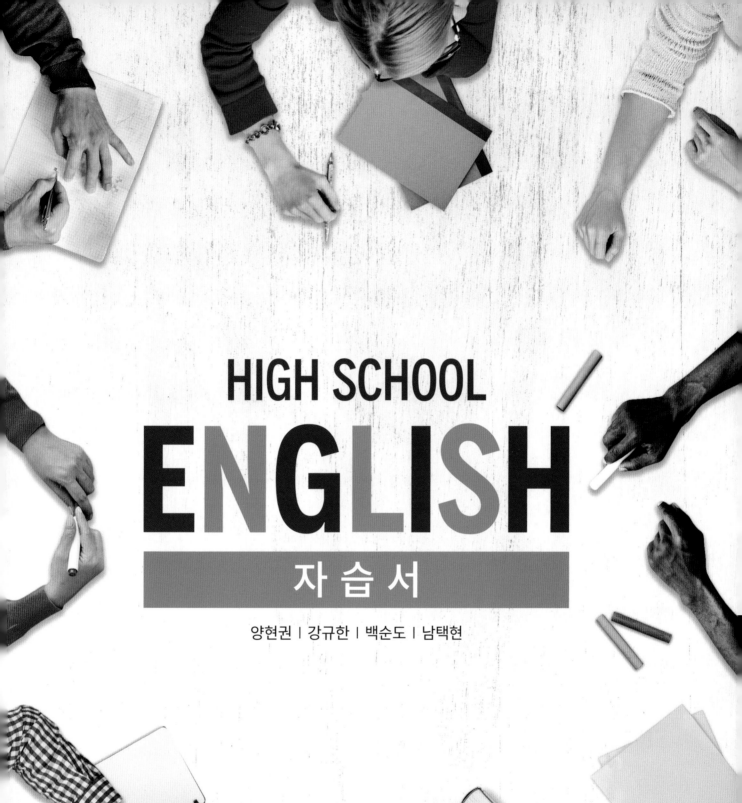

HIGH SCHOOL
ENGLISH
자습서

양현권 | 강규한 | 백순도 | 남택현

NE 능률

영어를 능률 하라!

고등학생이 가장 많이 쓰는 영어교과서
1,900만 명이 선택한 독해기본서
1,100만 명이 사랑한 베스트 어휘서
NE능률의 1등 노하우로 만들면 역시 다릅니다.

NE능률만의 탁월한 영어내공을 경험해보세요.
영어를 '능률'하면 영어공부가 더 쉽고 즐거워집니다.

NE 능률

중등 영어교과서   고등 영어교과서   주니어 능률VOCA   능률VOCA   주니어 리딩튜터   리딩튜터   그래머존